国际关系学院国际战略与安全研究中心

A Review of China's National Security in 2012

2012年中国国家安全概览

时事出版社

《2012年中国国家安全概览》
课题组成员名单

主　编： 林宏宇

副主编： 刘跃进　杨建英　李文良

撰稿人： 毕凤娜　毕雁英　陈裕邦　丛培影
储　斌　范来忠　韩慧慧　黄日涵
高红玲　姜微微　金　波　孔祥龙
李　渤　李天惠　李文良　李紫薇
刘理鼎　刘亚芹　刘跃进　鲁　义
罗英杰　林宏宇　马振超　孟晓旭
彭　博　齐　琳　申　林　师　丹
孙先伟　孙志明　宋希艳　苏　娟
唐纪宇　吴　雪　王　辉　王湘林
王小满　魏启晋　于　强　杨建英
杨华锋　张宁林　张士铨　张　卫
朱素梅　赵景芳　赵晓春　郑晓明
周绍东

目 录

第一编 国际环境

第二编　国内形势

第三编　重要事件

第四编　学术动态

第一编

国际环境

第一章

中国国家安全环境策析

[**内容提要**] 2012 年中国国家安全形势是自 2001 年以来最为严峻的一年，多个涉及中国核心国家安全利益的问题齐发，中国似乎面临着“9·11”事件以来空前的安全挑战，甚至战争的压力。其实，这种压力来自于中国恶劣的地缘政治环境，以及近年来中国快速崛起所引发的国际体系压力。我们应对此作认真的思考和评估，努力超越国际战争的阴霾，实现中国的和平崛起。

2012 年我国国家安全形势空前严峻，大有“山雨欲来风满楼”之势。中菲“黄岩岛之争”尚未平息，中日“钓鱼岛争端”危机化倾向又进一步加剧；美国 X－37B 空天飞机刚刚敏感飞越北京，中美战机又在东海“照面”；美国国会高票通过 2013 年国防授权法案，高调表明《美日安保条约》适用钓鱼岛，等等。早已习惯于和平环境的中国人民突然感到战争幽灵的迫近，爱好和平的中国人民似乎突然面临空前的战争压力。这使得我们不得不开始认真思考“战争与和平”——这一国际关系的永恒主题。

战争与和平是什么？当前中国的国家安全环境如何？中国该如何超越战争而实现和平崛起呢？本文试从以下几个方面回答上述问题。

一、关于战争与和平

战争与和平，是国际关系的两种状态，其中，战争状态时间似乎更长。如果从某个角度来看，一部国际关系史，就是一部世界战争史，因为战争充斥着国际关系史的太多时间。所以，有人甚至认为，和平只不过是战争的“中场休息”。例如，克劳塞维茨在《战争论》中写道：“战争是人类社会存在的一部分，是国际社会冲突的最高体现，而且这一冲突只能由战争来了结。”出于对人类理性的悲观看法，克劳塞维茨对人类保持和平的可能性几乎不抱任何希望。他认为民族国家虽然并不总是诉诸战争以获得或推进某个政治目标，但是它们却总是面临战争的危险，因为国际环境总是变化莫测，国家之间绝对的力量均衡很难建立。因此，克劳塞维茨认为，两个武装敌对的国家之间所出现的和平，不能以均势原则来解释，唯一的解释是它们都在等待最佳的行动时机，“和平只不过是战争的暂时缺失”。

如果有人问：“你喜欢战争吗?”我想大多数理性的人都会做出否定的回答，反战、厌战、求和平应是共同人性。但实际上，人们对战争的认识有一个历史的过程，有些时候，有些国家的人们甚至觉得战争是个好东西。他们认为战争可以磨砺民族的意志，通过对外扩张寻求出路，可以使国家变得强大。例如，1868年明治维新之后的日本，就是通过一场又一场的对外战争，快速崛起为身居亚洲的“西方国家”。1894年通过甲午战争打败中国获得天价的赔偿，2.3亿两白银造就了工业化的日本；1904年通过日俄战争打败俄国，攫取了沙俄在中国东北的诸多特权，跻身西方强国之列；1914年通过对德国宣战，攫取了德国在中国山东半岛的势力范围，进一步壮大了日本实力；1931年又通过炮制“九一八事变”，全面占领了中国东北三省。因此，在二战以前，包括许多普通日本人在内的日本国民都觉得战争是个好东西，每一次战争都能掠夺他国的财富，于是国家就能“强大”一次。这很可能是日本国内始终有一股军国主义狂热势力的原因，其国内右翼的军国主义分子绝对不是“一小撮”，而是“一大拨”。这也正如卢梭在《永久和平计划》中所写道的：“统治者总是贪得无厌，扩张领土和集权统治的欲望不断刺激着他们的野心。而民众被异化，歇斯底里地为统治者的征服与战争贡献财力和人力，他们丝毫没有意识到因此带来的痛苦，统治者的贪婪和民众的异化是相辅相成的。”今天，我们似乎又看到了日本国内民众的这种异化。例如，据2012年最新的日本媒体民调数据显示，约有6成的日本民众支持安倍晋三首相参拜靖国神社，这是非常少见的，不能不引起世人的警惕。

二、关于中国国家安全环境

当前中国国家安全环境是2001年以来最为严峻的时期。这主要表现在两个方面：其一，周边地缘安全问题突出；其二，海洋战略环境恶劣。

首先，我们看一下我国的周边地缘安全环境。

从历史视角来看，中国当前的周边地缘安全环境源于近代以来的欧亚大陆地缘政治格局的演变。中国周边地缘安全环境的演变大致可分为三个阶段：1.1840年“第一次鸦片战争”之后的东亚“朝贡体系”崩溃至1949年新中国成立，可视为中国近代以来地缘安全环境的第一阶段。这是一个激烈动荡、激烈抗争的阶段，古老的中国终于突破西方的围堵，重新屹立于世界的东方，重塑了东亚地缘战略环境结构。2.第二阶段从1949年至1991年冷战结束，这是一个调整的阶段，中国根据国际形势的变化，努力调整其国际角色，较好地适应了美苏争霸的地缘战略环境，并在苏东剧变之时成功转型生存下来。3.从1991年至2030年左右为第三阶段，这是中国努力突破西方新的一轮围堵，实现和平崛起的阶段。这个阶段中国的周边地缘安全环境将呈现从动荡渐趋于稳定的特点。当前的中国周边地缘环境正处在第三阶段的“时间中值”位置上，也即由不稳定趋向稳定的时间节点上。这个节点在宏观上表现为当前中国和平崛起进程遭遇现存国际体系的空前挑战，在微观上则表现为中国周边诸多不稳定因素能量的集中释放，周边安全问题频发。

从区域视角来看，中国当前的周边地缘不稳定因素主要分布于东北亚、东南亚、南亚与中亚四个次区域，形成环绕中国的“地缘不稳定圈”。在这个圈内，又有众多的双边与多边因素，涉及到美国、俄罗斯、日本、印度以及其他中小国家的国家利益。特殊的地缘特点与历史遗留问题决定了中国周边安全与争端将呈现出范围广、多发性、复杂性等特点。冷战结束后，世界出现了五条“地缘冲突带”：东欧与巴尔干半岛冲突带、中东地带、中亚地区、南亚次大陆的印巴地带以及亚太的“第一、二岛链”。中国处于亚太海陆交汇的地理位置决定了中国周边地缘不稳定因素的多方向性，后四条冲突带都与中国的周边地缘安全息息相关，是危及中国周边地缘安全的蛰伏地带。其中，与中国有较大利害关系的邻国正好位于多条“地缘冲突带”上，东北亚的日本、韩国与中国台湾地区，东南亚的越南、印尼、菲律宾、新加坡、缅甸，南亚的印度、巴基斯坦、阿富汗，中亚的吉尔吉斯斯坦等是关键点。这些国家（地区）要么和我国有领土、领海纠纷，要么因其特殊的地缘位置而成为大国争夺的焦点。在过去，这些矛盾基本属于单纯的双边性质，而在当前的特定时期，这四个次区域内的不稳定因素却产生了人为的“联动效应”：要么不发生，要么是同时或连续发生并呈逐一蔓延之势，导致中国周边地缘安全环境“到处冒烟”，而我国也疲于逐个应对，精力分散，战略安全处境较为被动。

其次，我们再看一下当前我国所处的海洋战略环境。

海洋覆盖着地球70％左右的面积，蕴藏着地球至少65％以上的自然资源，是人类在可预见的将来最重要的能源与矿产的来源。从人类未来的生存与发展来看，海洋至关重要，可以说，“得海洋者兴，失海洋者衰”。中国以龙自诩，中国人以龙的传人自称，龙本应属于海洋，但却搁浅于黄土高坡。近现代以来，中国饱受海洋之屈辱，陷于某种战略困境与尴尬境地。这主要表现为：1. 从客观实力地位来看，中国应是一个海洋大国，但却是一个海权小国，对海洋问题的发言权很小，这与中国的国际大国地位严重不相称。2. 海洋权益争端频发，任何国家似乎都敢欺负中国、挑衅中国，中国似乎总陷于被动应付、消极防御的状态。

笔者认为，造成这种尴尬的战略困境主要有两个方面的原因：

从外部客观因素来看，主要有三点：第一，我国的海洋地缘环境恶劣。从当今世界大国比较来看，美国的海洋地缘环境最好，它不受任何阻隔地直接面对3个大洋（太平洋、大西洋和北冰洋），大洋战略通道非常通畅；其次是俄罗斯，直接面对2个大洋（太平洋和北冰洋）；而我国的海洋地缘环境最为恶劣，仅一面向洋（太平洋），但在通向大洋的战略通道上却阻隔着许多政治制度与意识形态不同的国家和地区，海上战略通道非常狭窄，容易受制于人。如此狭小的出海洋面，从某个角度来看，我国可谓“有海无洋”。第二，历史遗留问题众多，矛盾涉及面广。且不说祖国宝岛——台湾，当前还孤悬海外，成为我国东部海权的缺口；在东海我国还与日本有钓鱼岛争端；在黄海与韩国有苏岩礁争议；在南海与多个国家存在岛礁争议；而且，这些岛礁争议有愈演愈烈之势。第三，中国崛起所带来的国际体系的压力。中国崛起是近30年来国际社会最重要的事件，它对国际格局与秩序产生了重大影响，也就不可避免地面临着重大的国际体系压力。尤其是近二三年以来，由于国际金融危机的影响，中国崛起的节奏“被加快”了，由此导致国际体系的压力也空前增加。目前对中国最大的压力来自美国，直接表现便是美国高调的“战略东移”与“重返亚洲”。

从内部主观因素来看，主要有两点：第一，我国整体海洋意识比较薄弱，海权观念淡薄。受传统的陆权文化的影响，再加上明清以来数百年的闭关锁国，我国国民对海洋变得生疏了，对海洋国土与海洋权益缺乏应有的关注。在许多中国人的意识中，老觉得海洋离我们很远，海南三亚就已是“天涯海角”，殊不知我们还有遥远的曾母暗沙。海洋意识的薄弱，导致我们对海权的忽视，对海权的忽视，又使得我们对海洋管控能力建设（比如海军建设、海洋监管机构建设等）重视不够，而这是致命的。第二，某些战略时机没能很好地抓住。由于我国缺乏系统的海洋大战略，加上陆权思想严重，致使我国在海洋权益的获取和维护方面，失去了某些战略良机，这又进一步加剧了我国目前的海洋困境。

三、关于我国的应对

当前严峻的国家安全环境对我国的和平崛起提出了严峻的挑战，我国面临着冷战结束以来空前的外部压力，甚至是战争的压力。如何才能超越战争并突破困境呢？笔者认为，要“知彼知己”，努力做到两点：1. 看清美国，处理好与美国的战略关系，反战但不惧战。2. 突破海洋战略困境，构建海洋强国。只有这样，中国才能“不战而屈人之兵”，才能真正赢得战略机遇期，实现和平崛起。

1. 我国当前面临的国家安全环境中，美国是最关键的因素。近年来，奉行“重返亚洲”战略的美国，把遏制中国过快崛起、管控中国的国际影响力作为其最重要的战略目标。

首先，扰乱中国的东南部地缘安全环境是美国遏制中国崛起的首要选择。当前的东亚（含东北亚、东南亚）地缘格局始于二战后，总体上是美日韩与中俄朝的南北对峙。在新时期，对于美国来说，具有冷战色彩的东亚对峙显然须让位于遏制中国崛起这一战略目标。此时，美国60多年前为中国“量身定做”的“第一、二岛链”就派上了用场，处在岛链上的诸如日本、韩国、菲律宾等美国盟友也就自然走上了前台，无独有偶，这些国家又与中国有领土、领海争端或有重大利益冲突，这为美国“定向引爆”岛链提供了绝佳机会。2008年金融危机后，美国单极霸权加速衰落，尽管美国在亚洲的强大影响与控制仍在，但随着中国在亚洲的强劲崛起，美国与中国在亚洲的现实利益、地缘政治及区域主导权争夺的较量将更激烈，这种“权力转移”与新地缘政治构建的过程，或为某些地区冲突潜能释放提供可能。美国加大对华遏制力度与周边国家“借美抑华”形成正向互动、“里应外合”。因此，当中日、中韩、朝韩、中菲之间出现双边问题时，我们总会看到美国的身影。

其次，扼守中国的海陆能源通道是美国遏制中国的第二选择。充足、安全、稳定的能源供应是中国和平崛起的必要条件，而目前中国90%的石油进口必须通过马六甲海峡和“第一岛链”，这两个地方很有可能成为美国遏制中国崛起的“战略阀门”。而中国要避开这个“战略阀门”有两个选择：一是修建经巴基斯坦到中国新疆的陆路通道；二是经海上运输至缅甸后再转陆运到中国西南边陲。为了破坏这两条可能的战略通道，处在岛链之外的印度、越南等国也被美国拉入遏制中国的行列。美国充分利用印度、越南与中国有领土与领海争端的背景，把印度、越南的特殊地缘位置变成扼守中国能源陆地通道的关键点。因此近年来，人们经常看到印度、越南在美国的挑动下频繁异动。而在缅甸方面也可看到美国的战略布局，通过对缅甸政府软硬兼施，意图打破中国既定能源战略。2011 年的“密松水电站事件”和近期的“克钦族事件”都是信号。

第三，破坏中国周边的区域经济合作也是美国遏制中国过快崛起的重要考虑。在实施扰乱中国东南部地缘形势、控制中国海陆能源通道后，遏制中国经济的进一步发展便是美国遏制中国崛起的另一个核心步骤。其中，破坏中国周边的区域经济合作就是近年来美国遏制中国过快崛起的重要内容。新世纪以来，中国先后构建了“中国—东盟自由贸易区”、“澜沧江—湄公河次区域合作区”、“中日韩自由贸易区”等周边区域经济合作机制，这些机制构成了中国地缘经济依托的根基。因此，不断冲击、破坏中国地缘政治依托，削弱中国地缘经济影响力，便成为美国遏制中国崛起的现实手段。在这种考虑下，美国近年在东北亚、台海、南海、南亚不断加强对中国的军事压力并不断恶化中国周边地缘安全形势，使菲律宾、韩国甚至日本等国家充当马前卒，为即将到来的美中博弈准备筹码，竭力阻止中国地缘经济依托的形成，维护美国西太平洋和南太平洋地区的经济主导权。因此，目前中日关系的紧张也是美国这个战略图谋的结果。

另外，冷战结束后，美国凭借着失去制衡的超强实力，成为世界上最大的战争始作俑者，波黑战争、阿富汗战争、伊拉克战争、利比亚战争（虽是北约名义，但美国是关键）等都是美国的“杰作”。美国之所以如此好战，除了外部因素外，还有一个重要的内部因素，那就是其国内存在一个影响巨大的军工利益复合体。这是一个规模庞大、结构复杂的利益集团，包括各级政客、军工企业、高校、科研机构、民间智库等。

据美国国会研究局统计，每10亿美元的军火消费，就可以创造约1万个就业机会，所以军工产业对美国经济举足轻重，其对美国GDP的贡献率超过23%，这在西方国家中是最高的。而军工产品属于“终极产品”，不像其他工业产品那样可以转化，它们只有被战争“消费”时，才能实现其价值。这样的宏观经济结构，就决定了美国有“好战”的经济利益动因。因此，从某种意义上可以说，美国是导致战争局势的最大因素。对此，我们要有充分的认识，要揭露、反对美国的战争图谋，但同时不能惧怕战争，惧怕没有任何用处，而要做好战争准备，包括心理准备，要克服长期和平的麻痹思想，不要以为和平就是理所应该的，是轻而易举的。

2. 中国应努力突破海洋战略困境，构建海洋强国。

首先，增强国民的海洋意识，培养国民对海洋的感情，努力发挥国民在维护海洋权益中的作用。提高国民海洋意识是一个系统工程，需要政府和社会各方面的共同努力。近年来，我国国民对海洋的关注已有很大的提高，越来越多的国民表现出很强的维护海洋权益的意识与激情。这是我们发挥民间力量维护海洋权益的良好基础。而从现代外交实践来看，民间力量在国际争端中扮演着非常特殊的角色，有时可以起到官方政府起不到的特殊作用。海洋权益争端也是如此，我们可以考虑对有争议的海洋国土采用官民结合的办法来诉争和维护。例如，可以考虑借鉴“希望工程”、“爱心工程”等模式，设立“南沙工程”，充分发挥民间爱国力量，由民间力量捐款“认养”南沙的一些无人岛礁，并以各地名称冠名。比如，北京地区的民间力量认养的可以叫“北京礁”，广州人认养的可以叫“广州礁”，各地可定期组织捐款的国民到这些岛礁进行海洋环保活动或海洋科学考察。这种民间的维权活动方式符合当今世界通行的NGO参与国际事务方式，容易得到国际社会的同情与支持。而且，这种维权方式还可以对国民进行爱国主义教育，给民间的爱国之情找到寄托之处。

其次，制定符合中国国情的海洋大战略，让未来我国对海洋的开发利用有明确的战略方向。应该说，我国客观上有天然的海洋地缘缺陷，北起阿留申群岛，南至新加坡的“第一岛链”把我国团团困住，从整体上看，我国处于被包围状态。要想突破这种包围困境，我国必须得有长远的海洋大战略，用一代人甚至数代人的努力去实现我们的海洋战略目标，实现从海洋大国向海洋强国转变。海洋大战略涵盖面很广，应包括政治、经济、军事等方面的战略目标，但不管这些战略目标如何设计，我们一定要有一条打破“第一岛链”包围圈的战略设计。我们要明确告诉外部世界“第一岛链”不是封锁中国的岛链，而是中国保卫东部国土安全的第一防线，我们不妨把它称为“东亚安全弧”，其位置基本与“第一岛链”重合。设置“东亚安全弧”的目的是为了构建战略防御纵深，保卫我国东部国土的安全，因为东部国土集中了我国60%以上的国家财富和最重要的政治经济文化中心（如北京、上海、广州）。未来我国海上力量将应该经常在“第一岛链”附近活动，得让西方国家尤其是日本适应这个事实，不要老是惊呼“中国海军又一次穿过第一岛链了”!

第三，大力培育海权，增强海洋竞争力。海权是海洋强国的基础，没有强大的海权，就没法保障国家的海洋权益。中国改革开放30年所创造的奇迹，很大程度得益于海洋，无论国际贸易、国际投资，还是沿海经济特区，都离不开海洋元素，而这些都需要强大的海权来维护。另外，随着中国的发展，中国未来的海外利益还在不断扩展中，这些海外利益也需要海权的保护。海军建设是海权构成中最重要的组成部分，我们要大力加强海军建设。新中国成立以来，我国海军建设取得了很大成绩，但这与我国的海洋大国地位还很不相称，与世界一流的海军强国相比更有着巨大的差距。对我国来说，发展强大海军至少有两个意义：一是突破岛链包围圈，获取远洋战略通道。二是形成强大威慑，“不战而屈人之兵”，维护亚太地区和平。为此，在战略思想上要改变近海消极防御的策略，把我国海军建成远洋海军。中国海军的创始人之一萧劲光大将就曾提出要组建太平洋舰队的战略构想，原中国海军司令员刘华清上将也曾提出中国海军要冲出第一、第二岛链，进入太平洋的宏伟目标。从海权理论来看，这些战略构想都具有远见卓识，中国海军的确要有这样的战略设计，否则就有可能被困死在浅海。笔者认为，未来中国海军的作战半径至少应扩大到第一岛链之外。这不仅是维护中国国家安全的需要，更是维护亚太地区和平的需要。只有中国海军实力达到与其国力相称的地步，才能达到“不战而屈人之兵”的目的。我们不想挑衅，不想打仗，但我们要有打大仗的实力才能达到这个目的。尤其是在南海问题上，只有当我国海军拥有绝对的优势时，与我国有争端的国家才不会冒险挑衅，如果优势不明显，则会激发他们军备竞赛的野心，试图靠购买几艘军舰的办法来挑战我国，继续侵占甚至扩大侵占我国的海洋国土，那样战争的可能性倒是增加了。

总之，2012年中国周边地缘安全环境的紧张是中国和平崛起的必然结果，是现存国际体系内权力转移的必然结果。美国因素是影响当前中国国家安全环境的首要因素，遏制中国过快崛起、管控中国的国际影响力是美国“重返亚洲”战略的首要目标。海洋战略困境是当前中国国家安全环境严峻的重要原因。我国要想实现和平崛起，就要处理好战争与和平的关系，我们要看清美国的战略图谋，处理好对美关系，做好必要准备，反战但不惧战；在钓鱼岛主权问题上决不退让，求和但绝不苟和。未来几年，中国仍将面临空前的周边安全压力，这种压力将一直持续到中国的力量强大到以美国为首的西方所认为的“难以打倒”的程度时才会自动消失，从而实现中国的和平崛起和中华民族的伟大复兴。

（林宏宇）

第二章

国际关系的演变与中国国际安全

［**内容提要**］2012年，受世界经济持续低迷、国际力量对比继续发生深刻变化、大国和热点地区国家领导人更迭的影响，世界各主要大国纷纷调整外交战略，美国推出亚太“再平衡”战略，日本外交“向右转”趋势明显，俄罗斯实施“欧亚联盟”战略，欧盟外交呈收缩之势。大国外交战略的调整，对于中国的国际安全既有有利的一面，也构成了不容忽视的严峻挑战。中国与世界主要大国关系出现新的变化，中日关系因钓鱼岛问题迅速恶化，中美之间战略互信缺乏的问题依然突出，中俄关系继续沿着稳定、积极、务实的轨道发展，中欧关系也得到持续发展。地区安全形势依然严峻，特别是热点集中的东亚与中东地区，旧的矛盾尚未解决，新的争端又迅速升温，威胁到中国周边安全环境和国际安全。

2012年，影响国际关系的主要变量有三：一是全球经济增速放缓，金融危机影响持续发酵，美、日经济复苏疲软，欧元区经济陷入衰退，新兴经济体面临经济增速放缓和通货膨胀的双重压力；二是国际力量对比继续发生深刻变化，特别是中国经济依然保持了7.8%的较高增长速度，科技进步如神九与天宫一号成功实现首次载人空间交会对接，军力增强，如“辽宁号”航母交接入列，其崛起势头令世界瞩目；三是世界主要大国扎堆换届，涉及到联合国五大常任理事国中的四个（中、美、俄、法）。在上述因素与国际安全形势变化的共同作用下，世界各主要大国外交战略出现新的调整，大国关系发生了新的变化，地区安全形势又有新的发展，并对中国的国际安全产生了重要影响。

一、大国战略调整与中国国际安全

2012年是世界各主要大国为应对新形势新挑战而对本国外交战略进行重大调整的一年。这些战略调整对于中国的国际安全既有有利的一面，也构成了不容忽视的严峻挑战。

首先，美、日对外战略的调整对中国的国际安全构成了严峻挑战。

亚太“再平衡”战略，是奥巴马政府在美国经济持续低迷，中国加速崛起背景下，对于美国全球战略重心东移进行新的补充与调整的产物。2012年1月5日，奥巴马政府公布了《维持美国的全球领导地位：21世纪国防的优先任务》的新军事战略报告。新军事战略的基本构想是：在努力确保美国“军事超强优势”地位的同时，今后10年内削减4890亿美元国防开支，减少在欧洲的军事存在，转而加强在亚太地区的军事存在，以维护亚太的“安全与繁荣”。6月2日，美国防长帕内塔在第11届香格里拉对话会上，发表《美国对亚太的再平衡》演讲，提出了美国亚太“再平衡“战略。这一战略的核心就是在战略重点上，实现欧亚地区的战略平衡，在欧洲安全形势总体趋缓的背景下，继续将美国的战略重点转向地区热点问题突出、经济增长富有活力、中国加速崛起的亚太地区；在军力分配上，要实现军事部署的平衡，即到2020年前，要将目前在太平洋与大西洋分别部署50％战舰的格局，改变为太平洋60％、大西洋40％；在与美国盟国的关系上，要求其盟国承担更多的责任，以平衡美国的国际负担。美国亚太“再平衡”战略甫一出笼，便引起国际社会的高度关注与热议，尽管美国防长帕内塔明确否认这一战略是以遏制中国崛起为目的，但国际社会普遍认为这一战略在相当程度上是针对中国的。

外交政策“向右转”，是2012年日本外交的一个突出特征。2012年9月21日，美国《华盛顿邮报》发表文章称，日本正出现“逐渐地、实质性地向右转”的趋势，日本在外交和军事战略方面采取比二战结束以来任何时候都更具有对抗性的政策。[①] 日本外交“向右转”的突出表现是：以所谓外来威胁为借口大力扩充军备；日本主流政客大力推动修改和平宪法第9条；日本政界领导人参拜靖国神社和公开否认日本侵略历史的事件频频发生；日本在与中国、俄罗斯、韩国围绕领土主权归属的争端中采取了较之以往更加强硬的对抗性政策等等。日本外交“向右转”在本质上是日本政治、社会急速右倾化在对外关系领域的反映，这一新的动向已引起亚太地区有关国家和国际社会的高度关注，并不可避免地对中国国际安全环境形成严峻挑战。

其次，俄罗斯外交战略的调整，不会导致中俄友好关系发生逆转。“欧亚联盟”战略，是普京于2012年3月再度当选俄罗斯总统后，为俄罗斯外交政策确立的优先方向和重中之重。“欧亚联盟”概念最早由哈萨克斯坦总统纳扎尔巴耶夫于1994年3月在莫斯科大学演讲时提出。2011年10月，普京在正式宣布将参加新一届俄罗斯总统大选之后，便将在前苏联国家范围内“创立一体化程度更高的欧亚联盟”的设想作为其外交政策竞选纲领提了出来。在就任总统之后，普京签署了《关于俄罗斯联盟对外方针的实施措施》，该措施明确提出，俄罗斯“把发展独联体空间的多边合作和一体化进程作为俄罗斯对外政策的关键方向”，“在俄罗斯、白俄罗斯和哈萨克斯坦关税联盟和统一经济空间范围内加深欧亚一体化，并在2015年建立欧亚经济联盟”。[②] 作为“多极世界”的积极倡导者，普京力推欧亚联盟战略，就是要通过地区整合，以前苏联地区国家为战略依托，重振俄罗斯的大国地位，争当国际格局中真正的一极。可以说，普京力推欧亚联盟的战略目标与中国的外交战略并不存在根本上的对立。一些国际舆论认为俄罗斯欧亚联盟战略是为了“防范和抵制中国”，或是

---

① 转引自钟声：《右倾化加剧日本外交政策对抗性》，《人民日报》，2012年9月25日，第3版。

② 普京上台推进“欧亚联盟”战略美媒称其复活苏联，http：//int.nfdaily.cn/content/2012－06/05/content_47321064.htm。

为了“与中国竞争”，是缺乏事实根据的。事实上，中国也并未把俄罗斯欧亚联盟战略视为威胁，而是将其视为一个可以与之进行合作、并乐见其成功的地区性国际组织。

第三，欧盟外交的调整并未影响到中欧关系的平稳发展。外交总体呈收缩之势是2012年欧盟外交的主要特点。受严重的主权债务危机的困扰，欧盟的总体实力和国际行动力不可避免地受到削弱，并反映到欧盟共同外交上。其一，在一些重大国际问题如气候变化、金融体系改革、反恐以及巴以冲突等热点问题上，欧盟的“发声”较前明显减弱，态度也更趋谨慎。其二，为度过危机以及在美国战略东移背景下提升欧盟应对安全与防务挑战的能力，继续推进欧盟的一体化建设。在经济上，除英国和捷克以外的欧盟25个成员国在欧盟春季峰会上签署了“财政契约”，并于2013年1月1日正式生效。在安全领域，欧盟27国领导人在12月14日召开的欧盟峰会上，承诺继续加强欧盟共同安全与防务建设，并将在2013年就防务问题举行专门峰会。其三，在主权债务危机背景下，调整欧盟的外交布局与优先行动方向，更加重视经济外交，更加重视事关欧盟安全、能源以及贸易等重大利益的周边地区，特别是更加重视发展与新兴国家的合作，其外交中的意识形态色彩有所淡化。

第四，针对国际形势的变化，中国外交在坚持一贯原则立场的同时也进行了新的调整。胡锦涛同志在党的十八大报告中强调指出，夺取中国特色社会主义新胜利，必须坚持和平发展。“中国将始终不渝走和平发展道路，坚定奉行独立自主的和平外交政策。”① “要坚持开放的发展、合作的发展、共赢的发展，通过争取和平国际环境发展自己，又以自身发展维护和促进世界和平，扩大同各方利益汇合点，推动建设持久和平、共同繁荣的和谐世界。”② 同时，十八大报告也与时俱进地展示了中国外交的新追求：包括中国“将扎实推进公共和人文外交，维护我国海外合法权益”；与发达国家“建立长期稳定健康发展的新型大国关系”；“支持

---

① 胡锦涛：《在中国共产党第十八次全国代表大会上的报告》，人民出版社，2012年11月第1版，第15页。

② 同上书，第47页。

扩大发展中国家在国际事务中的代表性和发言权”等①。胡锦涛的这些论述指明了新形势下中国外交政策的基本走向。

二、大国关系演变与中国国际安全

伴随着世界主要大国外交战略的调整、领导人的更迭，2012 年对于中国国际安全具有重要影响的大国关系，以及中国与主要大国的关系也发生了引人注目的变化。

美日关系出现进一步加强的趋势，是威胁中国国际安全的突出问题。2012 年，面对中国的迅速崛起，以及因钓鱼岛问题迅速恶化的中日关系，日本野田内阁谋求通过加强日美军事同盟，在与中国的竞争与对抗中获取优势。而日本的这一动向也恰恰迎合了美国奥巴马政府战略重心东移、防范中国的需要。正是在这一背景下，日美两国采取了一系列强化两国军事合作的措施。包括：日本决定购买美国 F—35 联合攻击机；日本同意在冲绳普天间美军基地部署美军 MV—22“鱼鹰”运输机，据报道这种飞机只需 40 分钟即可从冲绳普天间基地飞抵钓鱼岛；日美两军为提高联合作战能力频繁举行联合军演，特别是在钓鱼岛局势日趋紧张的情况下，日美两军动用了近 5 万兵力举行大规模军事演习，以显示日美共同行动的能力；美国方面还多次宣称，钓鱼岛及其附属岛屿适用于“日美安保条约”。2012 年 8 月日本防卫相森本敏在华盛顿与美国国防部长帕内塔会谈时，双方同意再次修改制定于 1997 年的日美防卫合作指针。据日本媒体报道，此次修改将把中国列入其中，重视在西南诸岛防卫等问题上的日美合作。2012 年 12 月，自民党总裁安倍晋三再次出任日本首相后，明确表示要进一步强化日美同盟。对于美日同盟加强这一系列新的动向，我们必须保持高度警惕。

---

① 胡锦涛：《在中国共产党第十八次全国代表大会上的报告》，人民出版社，2012 年 11 月第 1 版，第 48 页。

中美关系是当今国际关系中最重要、最复杂的双边关系之一。2012年，中美两国领导人同时换届，尽管中国问题在此次美国大选中成为各种政治力量竞相炒作的议题，甚至首次成为美国总统候选人电视辩论的专门议题。但总体来看，中美关系并未受到此轮美国选举政治周期的影响，发展比较平稳。在政治上，以2月中国国家副主席习近平访美为开端，两国高层互动不断，交流频繁，两国领导人就探索构建中美新型大国关系达成重要共识。在经贸关系上，两国的相互依存度进一步加深，双边贸易额在2012年有望突破5000亿美元。中美之间的军事交流在较高水平上继续发展，文化交流也十分活跃。但另一方面，中美在经贸、安全等领域互信不足问题仍然十分突出。在经贸领域，美国继续在人民币升值问题上对中国施压，对中国光伏、多晶硅、风能产业相继实行“双反”调查甚至制裁，特别是以国家安全为由设置政治壁垒，阻挠中国华为、中兴、三一重工集团等企业对美直接投资，已成为中美经贸关系中的突出问题。在安全领域，美国大力推进亚太“再平衡”战略，加强在亚太地区的军事存在，在南海领土争端问题上加大介入的力度和深度，多次表示钓鱼岛适用于《美日安保条约》，积极改善与缅甸的关系，联合亚太有关国家频繁举行军事演习，在巩固与传统盟友关系的同时尽力扩大新盟友。美国的这一系列举措事实上加剧了中美之间的“战略互疑”，并预示着奥巴马连任美国总统后的中美关系仍将呈现出合作与竞争并存的发展态势。

在日本外交“向右转”的背景下，2012年的中日关系矛盾频发，急剧恶化，跌至中日建交40年来的最低点。钓鱼岛主权争端，是导致中日关系恶化的核心问题。2012年4月，时任东京都知事的日本右翼保守势力头面人物石原慎太郎在美国宣称要以东京都的名义购买“尖阁列岛”（即中国钓鱼岛及其附属岛屿）。9月10日，日本野田内阁以“作为国家固有领土实施稳定管理”为由，宣布“购买”钓鱼岛及其附属的南小岛和北小岛，实施所谓“国有化”。钓鱼岛自古以来就是中国的固有领土，对于日本公然挑战中国国家的核心利益，中国政府理所当然地进行了坚决反击。正确认识侵略历史，是发展中日关系的重要政治基础，但在2012年，包括日本自民党总裁安倍晋三、野田内阁部分大臣、国会议员在内的日本政界头面人物仍然络绎不绝地前往靖国神社参拜。日本名古屋市市长河村隆之更是当着来访的中国南京市代表团的面，公开否认南京大屠杀。12 月 16 日，以政治理念右倾著称的安倍晋三出任新一任日本首相，未来中日关系的走向，将在很大程度上取决于安倍政权在其政治理念与务实外交之间做出何种选择。

中俄全面战略协作伙伴关系继续沿着稳定、积极、务实的轨道发展。两国战略与政治互信不断深化；在国际事务中立场一致、密切配合；双边贸易额在 2012 年有望达到 900 亿美元，中国已成为俄罗斯第一大贸易伙伴。中俄关系已进入到互为重要发展机遇、互为主要优先合作伙伴的新的发展阶段。此外，中欧全面战略伙伴关系也得到持续发展，双方经贸合作进一步加强，高层互访频繁，中欧高级别人文交流对话机制正式启动。与此同时，欧债危机使欧盟保护主义抬头，中欧经贸摩擦出现上升趋势。

三、地区安全形势的变化与中国国际安全

2012 年，地区安全形势依然严峻。特别是热点集中的东亚与中东地区，旧的矛盾尚未解决，新的争端又迅速升温，并威胁到中国周边安全环境和国际安全。

东亚地区有关国家围绕海洋领土主权归属的争端陡然升级，是 2012 年地区安全形势变化的一个突出问题。7 月 3 日，俄罗斯总理梅德韦杰夫再次登上俄日争议岛屿南千岛群岛（日本称北方四岛）的国后岛视察，引起日本的强烈反应和抗议，两国关系因此而降温。8 月 10 日，韩国总统李明博登上日本主张拥有主权的独岛（日本称竹岛），引发日本抗议并暂时中断了与韩国的高层交流。更引人注目的是，在美国战略重心东移的刺激下，一些同中国存在岛屿归属争端的国家错误估计形势，肆意侵犯中国的领土主权，致使中国与周边有关国家的海洋领土争端集中爆发。4 月 10 日，菲律宾军舰公然袭扰在黄岩岛潟湖内正常作业的中国渔船，

挑起“黄岩岛事件”；6月21日，越南国会通过《越南海洋法》，擅自将中国西沙群岛和南沙群岛纳入所谓越南“主权”范围；9月11日，日本政府不顾中方严正交涉，执意对钓鱼岛实施“国有化”。针对这些挑战，中国政府采取了强有力的反制措施，在南海，动用海监、渔政船只宣示主权；在钓鱼岛12海里海域内进行海空立体执法，常态化巡逻，其维权力度前所未有。同时中国政府的维权行动有理有利有节，坚持和平解决争端原则，竭力避免争端升级。从上述岛屿主权争端的发展趋势看，由于事关国家核心利益，加之域外大国的介入和干扰，争端各方难以在短时间内找到彻底解决问题的方法，有关各方的博弈仍将持续下去。尽管从目前来看，这种博弈升级为局部武装冲突的可能性不大，但它无疑已严重影响到亚太地区的安全与稳定，并对中国的周边安全构成了严峻的挑战。

对于中国周边安全具有重大影响的朝鲜半岛局势也变数不断。4月，金正恩就任朝鲜劳动党第一书记、国防委员会第一委员长，标志着“金正恩体制”正式确立。新领导体制确立以来，金正恩一方面着意树立个人的领导威望，塑造清新气象；一方面坚持“自主、先军、社会主义的道路”，继续执行既定的对内对外政策。在这一背景下，朝鲜宣布永远不再同李明博政府打交道，朝鲜半岛无核化进程未能重启，特别是朝鲜两度发射“光明星3号”卫星令半岛与地区局势再度趋紧。2012年底，韩国政府换届，主张改善韩朝关系的朴槿惠当选韩国首位女总统，朝韩关系出现一些缓和迹象。但朝鲜半岛紧张局势难以在短时期内出现根本缓和，其对中国周边安全构成的潜在威胁不容忽视。

对于中国国际安全具有重要影响的中东地区在历经2011年政局大动荡之后，形势并未趋于稳定，而是各种矛盾交替爆发，依然呈乱局之势。在叙利亚，巴沙尔政权与反政府武装的内战陷入胶着状态，美国等西方国家加大对巴沙尔政权的施压力度。在埃及，“后穆巴拉克时代”的首位总统穆尔西在推进修宪过程中，引发埃及世俗力量与宗教势力之间的激烈冲突与政局动荡。巴勒斯坦虽然于11月获得了联合国观察员国地位，但以色列对巴勒斯坦加沙地区发起“防务之柱”军事打击表明，巴勒斯坦“入联”并不会给巴以和平进程带来实质性变化。伊朗核问题谈判在

2012年毫无进展，美欧对伊制裁不断升级，欧盟对伊朗石油实施禁运，伊朗则以频繁军演展示“肌肉”，强硬回应。中国在中东地区拥有广泛的经济利益，特别是中东石油对于中国维护能源供应安全具有极为重要的意义。中东乱局，既不利于该地区的稳定与发展，也威胁到中国的国际安全。对此，中国政府一年来，秉持公正，劝谈促和，其原则立场得到了国际社会普遍重视，得到了越来越多的理解和支持，为缓和中东地区紧张局势做出了积极的贡献。

（赵晓春）

第三章

亚太格局新变化与中美关系

[**内容提要**] 亚太地区经济的持续快速增长、中国的加速崛起、美国“重返亚洲”带来的亚太同盟体系的强化使得亚太格局出现新的变化，这对于中美两国的战略判断和中美关系都造成重大影响。中美力量对比的变化是影响中美关系最重要的变量。两国战略互疑成为双边关系发展的最大障碍，也是很多人看衰中美关系前景的主要原因。但同时，中美在各领域交往的扩大和深化为两国避免走向冲突创造了条件。两国领导人在建设新型大国关系上达成的共识更是中美关系未来发展的正确方向。

2012年是尼克松总统首次访华40周年。中美两国经过这40年的交往，双边关系已进入相对成熟期。在中国加速崛起、美国“重返亚太”的背景下，中美关系在近三年经历了持续发展、但又波折不断的局面。特别是奥巴马上台后所进行的战略重心东移给中美关系和中国国家安全带来一些负面的影响。2012年，美国和中国相继进行了总统大选和中共中央领导班子的换届选举，使得2012年成为中美关系的又一个关键节点。中美关系的未来发展格外引人注目。其中，亚太形成的新格局正在并将持续对中美关系产生重要影响。

一、亚太格局的新变化

奥巴马上台以来，积极进行美国全球战略的调整，其中的一个重要原因是亚太地区出现的新变化，这也是影响近几年中美关系的一个重要变量。亚太格局出现的新变化体现在以下几个方面：

第一，亚太地区的地理概念发生了变化，奥巴马政府创造性地将南亚地区纳入亚太地区的地缘政治内涵中。希拉里在《美国的太平洋世纪》中提出，“亚太地区从印度次大陆一直延伸到美洲西海岸，横跨太平洋和印度洋两个大洋，由于交通运输和战略因素而日益紧密地联系在一起。”[①] 按照奥巴马政府的解释，“亚太”或“亚洲”，就是指东北亚、东南亚、南亚的印度洋沿岸国家，以及大洋洲的澳大利亚、新西兰和南太平洋国家。将南亚次大陆包括进亚太地区，反映了美国对于南海、马六甲海峡以及连接东南亚和南亚的缅甸地区的高度战略重视。[②] 美国亚太战略的重要内容之一，就是强化与印度的关系，鼓励印度发挥地区大国的作用，以此牵制中国的崛起。亚太的地理范畴扩大到印度洋区域，使得该地区在美国全球战略中的地位进一步加强。

第二，亚太地区在全球的地位有了很大的提高，持续的经济快速增长使之成为世界经济发展的重要引擎。21 世纪以来，以中国、印度为代表的新兴市场国家的群体性崛起带动了整个亚太地区的经济发展，亚太地区已成为世界上经济发展最具活力和财富最集中的地区之一，并拥有世界最大的新兴市场。根据高盛公司的预测，全球经济重心将继续加快向亚太地区转移。2050 年，全球排名前 10 位的经济体中有 4 个是亚洲

---

① Hillary Rodham Clinton. America’s Pacific Century. Nov. 11，2011. [EB/OL]，http：//www.state.gov/secretary/rm/2011/11/176999.htm，2012－1－17.

② 朱锋：《奥巴马政府“转身亚洲”战略与中美关系》，《现代国际关系》，2012 年第 4 期。

国家，8个是环太平洋国家，届时东亚经济将远远超过北美和欧洲。[①] 亚太地区对美国经济也起到越来越重要的作用。希拉里在《美国的太平洋世纪》中表示，“亚洲开放的市场为美国进行投资、贸易及获取尖端技术提供了前所未有的机遇。美国国内的经济复苏将取决于出口和美国公司开发亚洲广阔和不断增长的消费基群的能力”。[②]

第三，中国加速崛起，中日、中美力量对比发生了变化。2001年，中国的经济总量相当于日本经济总量的20%；2010年，中国GDP总量超过日本，成为世界第二经济大国；2011年，中国的经济总量已相当于日本的124%。受到阿富汗和伊拉克战争以及金融危机的影响，美国综合国力出现下降，而中国在经济总量上赶超美国的势头却在加快。2001年，中国GDP约占美国的12.8%，2011年这一数字上升到48.5%。中国制造业总产值也在2011年超过美国成为世界第一。中国除了硬实力的增长，在亚太地区的影响力也在增长。中美实力差距的缩小不但给两国关系带来影响，而且给整个亚太格局带来变化。

第四，美国“重返亚洲”的战略部署造成亚太地区各种力量相互关系的变化。美国从巩固亚太联盟体系入手，强化了与日本、韩国、澳大利亚的传统盟友关系。特别是利用朝韩矛盾和中日矛盾，与日本和韩国开展了史无前例的大规模军事演习，使得东亚地区安全形势日趋紧张。美国还加强了与东盟各国的伙伴关系。特别引人注目的是，美国迅速缓和并提升了与缅甸的关系。2011年，希拉里实现50年来美国国务卿对缅甸的首次访问；2012年，奥巴马实现连任后，首次出访亚洲就历史性地访问了缅甸。此外，美国签署《东南亚友好合作条约》和加入东亚峰会的行动，实际上解构了东亚合作进程，大幅降低了东亚合作的前进动力。[③] 经济上，美国积极推动跨太平洋战略经济伙伴协定（TPP）的扩大，力求将其建成新的亚太经济合作机制，借此逐步介入东亚区域经

① 杨鲁慧：《美国战略重心东移与中美关系》，《理论探讨》，2012年第5期。

② Hillary Rodham Clinton. America’s Pacific Century. Nov. 11，2011. [EB/OL]，http://www.state.gov/secretary/rm/2011/11/176999.html，2012-1-17.

③ 陈寒溪：《美国“重返亚洲”对东亚合作的影响》，《国际关系学报》，2012年第4期。

济一体化进程，抵消东盟、中国和日本等经济体的区域影响力，以此树立美国在亚太的经济主导权。美国的这些措施大大挤压了中国的战略空间。

第五，亚太地区各种矛盾和问题日趋复杂化，安全形势出现新特点。亚太地区基本形成了“经济上依靠中国、安全上依靠美国”的双轨体制。同时，地区传统热点问题依然存在，并有进一步恶化的趋势。朝鲜在2012年4月和12月先后进行了两次火箭发射，引发美日韩的强烈谴责；菲律宾借黄岩岛问题，不断向中国发难；而日本在钓鱼岛问题上的一意孤行更是严重地破坏了中日双边关系。安倍晋三再次当选日本首相后，积极拉拢东盟国家和印度，渲染所谓的“中国威胁论”，并意欲同美国加强合作，共同遏制中国崛起。

二、当前中美关系中的消极因素与积极因素

对于当前和未来的中美关系，大致存在两种对立的观点。一种认为中美将冲突不断，甚至会走向新冷战；另一种则持乐观的看法，认为中美可以突破以往守成大国与崛起大国必有一战的历史规律，找到一种在亚太地区“和平共处”的方式。之所以存在这两种截然相反的观点，是因为在当前中美关系中存在着诸多消极的因素，同时也有不少积极因素。

（一）消极因素

1. 实力对比的变化将给中美关系带来极大变数

据多家机构预测，2020年，中国的GDP总量将超过美国，跃居世界第一。而最乐观的预测则认为中国有可能在2016年就超越美国，成为世界头号经济体。中国贸易总量也将在2015年前后超过美国。未来10～15年，也就是中国经济由“世界第二”成为“世界第一”的时间段，将是中美关系的关键期。新的排序变化将带来整个国际体系结构

的变化，其意义和影响将远超之前中国先后超越德国和日本，成为世界第二大经济体的意义。根据权力转移理论，导致主导国和崛起的挑战国之间发生冲突的根源在于双方权力对比的变化。特别是在崛起国的实力接近处于下降地位的主导国，而双方的国际秩序理念又不同时，发生冲突的可能性极大。这就是一些学者认为中美必将走向武装冲突的主要理由。

2. 中美战略互疑加重，战略困境凸显

战略互信缺失是中美关系长期存在的问题。近年来，这种互信缺失进一步上升为战略互疑加重。由中美知名学者王缉思和李侃如合著的《中美战略互疑：解析与应对》报告于2012年出版。报告指出，中美“战略互疑”，是指双方在长远意图方面的互不信任，即认为对方国家实现其主要长期目标，是要以本国的核心发展前景和利益为综合代价的。令人担心的是，中美两国广泛的交流活动未能使任何一方建立对对方长远目标的信任。相反，缺乏互信的问题正日趋严重。这种观念一旦发酵，就会使之成为自我实现的预言，导致中美关系呈现全面敌对状态。[①] 具体来说，中国人普遍认为美国外交的终极目标是维护美国的霸权地位，因此，美国必然会阻止和牵制中国的崛起。尽管美国多次表示，美国“重返亚洲”并非针对中国，但是大多数中国人依然将其视为对中国崛起的遏制和防范。同时，中国也担心美国民主制度输出政策会影响中国共产党的执政地位。美国坚持对台军售更是令中国人认为美国一直在干涉中国内政，挑战中国核心国家利益。美国同样认为中国的发展和崛起存在很大的不确定性。尽管中国也多次强调，中国的崛起不会挑战美国的地位，但美国依然认为，中国实力的发展将提升中国在亚太地区的影响力，最终造成对美国霸权地位的挑战。美国对中国军事实力的增长也心存疑虑。希拉里表示，“美国与国际社会看到了中国进行军事现代化及扩充军备的努力，我们希望中国澄清这样做的意图。”[②] 在2012年美国大

① 王缉思、李侃如：《中国和美国为何互相不信任》，《南方周末》，2012年4月15日。

② Hillary Rodham Clinton. America’s Pacific Century. Nov. 11，2011. [EB/OL]，http：//www. state. gov/secretary/rm/2011/11/176999. htm，2012－1－17.

选的候选人电视辩论中，中国崛起首次成为独立辩题。对此，奥巴马表示，“中国既是一个对手，也是国际社会中一个潜在的朋友，如果它遵守规则的话。”所谓的“遵守规则”一定程度上反映了美国对于中国是否能够遵守美国主导的国际体系规则的不确定和不信任。

3. 中美结构性矛盾很难改变，并仍将给中美关系带来消极影响

中美不但在社会制度、意识形态、政治价值观方面存在差异和冲突，现在又出现了发展模式的较量。中国的崛起是仅有的社会主义国家的崛起。中国政治精英普遍认为中国的发展模式是西方民主和经验之外的另一种选择。“中国模式”（或者所谓“北京共识”）的特征是构建全方位强大的政治领导，从而确保能够有效地管理社会和经济事务。[①] 而美国不少学者也认为，“华盛顿共识”奠定了二战后美国主导的多边制度的基石，现在正遭到中国发展模式的对抗。中美结构性矛盾导致中美之间的一些老问题无法在短时期得到解决，而且加深了中美之间的战略互疑。

4. 中国快速崛起导致美国战略焦虑，而美国“重返亚洲”也造成中国国家安全和外交压力加大

一方面，中国的崛起速度超出美国的预期，造成美国对于中国崛起的种种不确定性的担忧。另一方面，近三年多，中国感受到美国战略重心东移所带来的各种压力。

军事上，美国不断强化在亚太地区的军事存在，特别是大规模的军事演习和盟友关系的升级，使中国的近海防御能力面临严峻挑战。根据美澳在2011年达成的协议，美军250名海军陆战队队员将在2012年进驻澳大利亚达尔文，计划5年内达到2500人，实现了美军历史上首次常驻南太平洋地区。在2012年6月3日闭幕的香格里拉对话会上，美国国防部长帕内塔提出了美国“亚太再平衡战略”，表示美国削减国防预算不会妨碍美国增加在亚太地区存在的战略部署。美国将在2020年前向亚太地区转移一批海军战舰，届时将把60%的美国战舰部署在太平洋。美国还将在太平洋地区部署具有更高技术含量的战舰。“亚太再平衡战略”被

---

① 王缉思、李侃如：《中国和美国为何互相不信任》，《南方周末》，2012年4月15日。

视为美国“重返亚太战略”的修订和补充。

外交上，美国除了加强与传统盟国的关系外，还加强了与中国有领土争端的国家的关系。在涉及中国领土争端问题上，偏袒挑起事端的国家。如中菲黄岩岛事件后，美国承诺帮助菲律宾加强海军。2012年11月29日，美国参议院全体会议决定，在2013财年国防授权法案中加入一条补充条款，规定钓鱼岛及其附属岛屿是《日美安保条约》第五条适用对象。

以上因素都对中美关系的健康发展提出了挑战，造成了障碍，也是中美两国部分学者、媒体以及民众对中美关系未来前景感到悲观的主要原因。

（二）积极因素

中美关系存在的积极因素体现在以下几个方面：

1. 官方交流频繁，对话机制众多

近年来，中美官方交流频繁。从1972年尼克松访华至今，中美两国领导人的最高层会晤共有24次，而胡锦涛主席与奥巴马总统的会晤就有13次之多。2012年2月，中国国家副主席习近平访美，受到美方的高规格接待。5月，中国国务委员兼国防部长梁光烈上将访美，与美国国防部长帕内塔举行大小范围会谈，还会见了美国总统国家安全事务助理多尼隆、代理国务卿伯恩斯和美军前参联会主席迈尔斯等。时隔9年的中国国防部长对美国的再次访问，是2012年中美军事交往的一件大事，不但达到了落实胡锦涛主席与奥巴马总统就发展中美合作伙伴关系达成的重要共识的目的，而且增进了两军的相互了解，促进了两军关系的发展。9月，帕内塔对中国进行了回访。

目前，中美对话机制已有60多个，涵盖外交、经贸、金融、能源、环境、执法、人文和安全各个领域。2012年5月3～4日，在北京举行的第四轮中美战略与经济对话取得了一些突破性的成果。在本轮对话中，中方首次提出了中美“两国协调”（C2）的全新概念，而且得到了美方的理解和支持。美方在经济对话中承诺，在出口管制体系改革过程中，充分考虑中方提出给予公平待遇的要求，将努力促进民用高技术对华民用最终用户和民用最终用途的出口。在战略对话中，双方支持中国海事局与美国海岸警卫队建立“中美海事安全对话机制”；还决定为商务、旅游、留学和其他商定类别签证人员颁发五年多次签证举行专门会谈，体现了中美在战略领域的更深层次合作。

2. 经贸合作关系继续发展，经济相互依赖不断加深

1979 年中美建交时，双边贸易额仅为 24 亿美元，2011 年则达到 4466.4 亿美元，增长 180 多倍；2003 年双方贸易额突破 1000 亿美元，2005 年突破 2000 亿美元，2007 年突破 3000 亿美元，增长势头强劲；中美现已互为第二大贸易伙伴，截至 2011 年底，美国对华投资项目累计 61068 个，累计合同外资 1623 亿美元，实际投入 675.9 亿美元。中国在美投资也在逐年增加，2011 年底非金融类直接投资累计达 60 亿美元。[①] 2012 年前 8 个月，中美双边贸易总值为 3129.7 亿美元，增长 9.6%。[②] 全年有望突破 5000 亿美元。近 10 年来，美国对华出口增长 468%，中国已成为美国增长最快的出口市场。金融上，据美国财政部数据，截至 2012 年 1 月中国拥有美国国债 1.16 万亿美元，占中国外汇储备总额（约 3.2 万亿美元）的 36%，占外国持有美国债（约 5.05 万亿美元）的 23%，占美国债总额（约 15.3 万亿美元）的 7.6%。[③] 经济相互依赖的不断加深，既是中美合作互利共赢的表现，也是今后中美关系平稳发展的重要保证。

3. 社会和文化方面的交往不断深入

据美国国际教育学会年度报告，2010—2011 学年中国留美学生人数比上一学年增长 22%，总人数近 15.8 万人，中国连续第二年成为美国国际学生的最大来源国。同期，美国赴中国留学人数增长 2%，接近 1.4 万人。目前全美已有 48 个州设立了 81 所孔子学院和 299 个孔子课堂，美国成为全世界设立孔子学院和孔子课堂最多的国家。美国开设汉语课

---

① 马振岗：《中美关系的现在与未来》，《国际问题研究》，2012 年第 4 期。

② 2012 年 8 月份中美双边贸易总值分析，[EB/OL]，http：//www.chinairn.com/news/20120929/828548.html，2012—12—24。

③ 袁鹏：《关于构建中美新型大国关系的战略思考》，《现代国际关系》，2012 年第 5 期。

的公立大、中、小学超过5000所，学习汉语的学生突破20万。[①] 奥巴马表示要使美国在华留学人员达到10万人。正是在两国民众交往扩大和加深的基础上，促成了中美人文交流高层磋商机制的建成。

4. 共同利益增多

中美在亚太地区没有领土争端，美国在此有军事优势，中国有经济优势，中美并没有全面性对抗，而双方在全球和地区热点问题上的共同利益在增多。冷战期间，中美关系的解冻和缓和在于有共同的威胁，而冷战后双边关系的发展动力之一在于共同利益的不断增多。在诸如反恐、应对气候变化、朝核、伊核等问题上，中美都存在共同利益，拥有共同责任，双方的合作与磋商不断增多。

5. 两国有加强合作、推动双边关系健康发展的积极意愿

中美两国高层领导人都对双边关系的发展持谨慎乐观的态度，并采取了积极的政策。中国一贯将对美关系放在中国外交的重中之重。习近平访美之前，在接受美国《华盛顿邮报》记者采访时强调，"太平洋大到有足够空间容纳中国和美国，我们欢迎美国在推动地区和平、稳定、繁荣上面的正面作用，我们还希望美国会全面尊重和配合亚太国家的主要利益和合法诉求。"[②] 希拉里也表示："一个欣欣向荣的美国对中国有利；一个欣欣向荣的中国也对美国有利。通过合作而不是对抗，我们两国均能显著获益。"[③] 此外，美国2012年以来还采取了不少行动推进中美合作关系，如高规格接待习近平副主席访美、高规格举行尼克松访华40周年纪念活动、在台湾大选期间间接支持马英九继续执政、开始向中国打开美国资本市场和高科技市场，等等。凡此种种，都反映美国在加紧战略东移的同时，也在努力推进中美战略合作及中美在各个层面的合作、

① 袁鹏：《关于构建中美新型大国关系的战略思考》，《现代国际关系》，2012年第5期。

② 《习近平访美前夕接受美国〈华盛顿邮报〉书面采访》，[EB/OL]，http://www.gov.cn/ldhd/2012－02/13/content_2065584.htm，2012－12－24.

③ Hillary Rodham Clinton. America's Pacific Century. Nov. 11，2011.［EB/OL］，http：//www.state.gov/secretary/rm/2011/11/176999.htm，2012－1－17.

力避中美关系走向对抗。[①]

三、新型大国关系的提出与构建前景

2012年2月，中国国家副主席习近平访美期间，提出中美要“携手走出一条大国之间和谐相处、良性竞争、合作共赢的新型道路”。[②] 这一思想和主张是在2011年胡锦涛主席访美期间，中美两国达成“致力于共同努力建设相互尊重、互利共赢的合作伙伴关系”的重要共识的基础上提出的。新型大国关系的提出成为2012年中美关系中的一大亮点，也得到美国的积极回应。在中美关系史上，这是中方第一次主动提出政策倡议并被美方接受，是中国主动塑造中美关系的一次积极尝试。

3月7日，希拉里在美国和平研究所纪念尼克松访华40周年的讲话中表示：“2012年的美中关系课题已完全不同。……我们在努力避免陷入不健康的竞争、对抗或冲突；避免以牺牲他方利益进而损害相互关系作为成功的代价；并且做到不疏于履行我们对于国际社会的责任。我们在共同树立典范，力争在合作和竞争之间达到一种稳定和彼此都能接受的平衡。这是没有先例的做法。”[③]

5月4日，胡锦涛主席在第四轮中美战略与经济对话开幕式上，发表《推进互利共赢合作，发展新型大国关系》的致辞，就如何发展中美新型大国关系提出“创新思维、相互信任、平等互谅、积极行动、厚植

---

① 林立民：《以攻为守：美国“战略东移”的战略本质评析》，《当代世界》，2012年第9期。

② 习近平：《着眼长远，携手开创中美合作新局面》，《人民日报》，2012年2月19日。

③ Hillary Rodham Clinton. Remarks at the U. S. Institute of Peace China Conference. [EB/OL]，http：//www. state. gov/secretary/rm/2012/03/185402. htm，2012－12－24.

友谊”的五点构想。[①] 此后，在中美第三轮人文交流高层磋商、墨西哥二十国集团会议期间的“胡奥会”以及东盟地区论坛系列会议上的两国外长会谈，都把构建新型大国关系作为会谈的重要内容。

作为当今世界上最复杂的一对双边关系，中美关系既竞争又合作，既存在结构性矛盾，又有多重利益汇合点。如何破解新兴大国与守成大国相处这一历史难题，构建新型大国关系对于中美两国都是新课题。可贵的是，中美两国高层已经认识到，时代变了，国际环境和亚太格局也都变了，中美关系不能重蹈历史上大国武力争霸、你输我赢、零和博弈的覆辙，必须打破“大国政治悲剧”的魔咒，创造出一条新路。这种新型关系是中美关系最可取和最有利的发展目标。

新型大国关系到底是一种什么样的关系呢？从美好的政治意愿到两国领导人共识，到理论，再到实践，又应该如何构建呢？按照中方的说法，它是以相互尊重、互利共赢的合作伙伴关系为核心特征的；按照美方的说法，它是对“崛起国与守成国必然冲突”这一历史魔咒的打破，是以“新答案”解决“老问题”。[②] 简言之，它既不同于之前的中美“一超一强”的关系，也不同于历史上守成大国和崛起大国的关系。

构建一种“前无古人，但后启来者”的新型大国关系，其过程无疑是曲折、复杂的，也必将充满各种挑战和困难。

首先，中国应加强内功的修炼，就是要“把中国自己的事办好”，妥善处理好国内存在的种种问题，“尤其是把中国的经济发展模式由过去30年来的出口、投资导向转向以内需为主，减少对美国市场的依赖，真正做到不但在政治、安全事务方面‘独立自主’，而且在经济发展这一主要‘核心利益’方面也做到‘独立自主’”[③]，真正实现国家富强和社会

---

① 胡锦涛：《推进互利共赢合作，发展新型大国关系·在第四轮中美战略与经济对话开幕式上的致辞》，《人民日报》，2012年5月4日。

② 王鸿刚：《构建新型大国关系，中美要有新思考》，http：//www.zhgpl.com/crn-webapp/doc/docDetailCreate.jsp? coluid = 93&kindid = 2777&docid = 102172098，2012－12－24。

③ 楚树龙、应琛：《对中美关系的理性考量和展望》，《当代世界与社会主义》，2012年第4期。

和谐，实现和平崛起。

其次，构筑中美新型大国关系的最大障碍在于两国战略互信不足。因此，降低双方的“信任赤字”，扩大共识与相互理解是两国需要共同努力的方向。在保持高层频繁接触的同时，应该进一步鼓励和扩大两国各领域、各层次的交往与沟通，特别是加强两国民众的相互了解与认知。虽然中美两国人民的交往已达到前所未有的深度和广度，但是对彼此的认知还存在不少盲点和误解。构建新型大国关系应充分发挥中美两个社会的力量，使中美在社会层面达成共识。

第三，中国应加强在中美关系中的主动塑造能力，而不是一味的被动适应和应对。对美工作应大力加强主动性，引导美国的决策者和学术界对此进行深入、广泛地探讨，以形成共识。这需要中国必须既要有长远的战略规划，又要有具体的实施方案，不能只停留在口号和理论争论上。

结束语

2013 年，中国将进入以习近平为首的新一届政府，美国则进入奥巴马总统的第二个任期。中美两国都将出现新的外交一线领导人。美国全球战略有望继续奥巴马第一个任期开拓的“重心东移”，继续进行“亚太再平衡”战略的推进和夯实。美国新的外交团队有可能重新评估和调整对华政策，但是基于中美关系的整体状况，美国对华政策不太可能出现大的转折。中国则应该充分抓住构建新型大国关系的历史机遇，为两国关系的未来发展谋好局、开好头。

（吴　雪）

第四章

中美新型大国关系的安全视角分析

[内容提要] 十八大报告明确提出推动与发达国家建立长期稳定健康发展的新型大国关系。新型大国关系主要针对美国提出，发展中美新型大国关系是对和平发展道路的深化与延伸，目标在于构建中美新安全观。发展中美新型大国关系应更加侧重政治与安全层面，中美在这些领域有很多利益交汇点，有进行深化合作的空间，双方需要用更加长远的眼光来审视和思考未来中美新型关系。

当今世界处于大变革大调整之中，尤其是席卷全球的2008年全球金融危机发生后，主要大国实力对比发生新的变化，美国作为唯一超级大国实力相对下降，欧洲、日本受经济衰退影响，实力大不如前，中国却一直保持经济高速增长，成为全球经济复苏与发展新引擎。2010年中国国内生产总值（GDP）达到5.88万亿美元，超过日本的5.47万亿美元，仅次于美国居世界第二。全球化的背景下，中国作为世界第二大经济体和新兴大国，如何与美国实现良性战略与安全互动，是中国外交面临的重要课题。

20世纪90年代，中国在总体外交布局中就将大国关系列为关键。十八大报告将发展新型大国关系提升为国家对外战略重心，提出中国将改善和发展同发达国家的关系，拓宽合作领域，妥善处理分歧，推动建立长期稳定健康发展的新型大国关系。中美新型大国关系是在中美关系40年发展经验的基础上总结而来的，从提出到成为中国外交战略有重要的理论价值和现实意义。它是对原有大国关系的超越，也是对国际格局全面的理解与分析，是对今后中国和平发展道路的深化与发展。

一、中美新型大国关系的内涵分析

中美新型大国关系，是对原有大国关系模式的超越。“新型大国关系”这个概念在 20 世纪 90 年代就已经被提出。冷战结束后，中国一直奉行独立自主的外交政策，并努力推进国际关系民主化和世界多极化的进程。中国积极发展同主要大国的关系，目标是营造自身发展和实现现代化的良好战略环境。因此，在上个世纪末，中国主张同主要大国建立新型伙伴关系。这一时期，中俄之间建立了“战略协作伙伴关系”，中美之间建立了“建设性战略伙伴关系”，中法之间建立了“全面伙伴关系”，中日之间建立了“致力于和平和发展的友好合作伙伴关系”。[①] 中美新型大国关系与上述关系不同的是时代背景的变化，也就是在美国将中国认定为潜在的安全威胁与最大竞争对手后，如何重新定位与发展中美关系。更为重要的是中美新型大国关系的提出更加强调政治与安全层面，发展中美新型大国关系的目标是构建中美新安全观。

(一) 中美新型大国关系概念的提出

2011 年 1 月，胡锦涛主席访美期间，中美两国元首达成“致力于共同努力建设相互尊重、互利共赢的合作伙伴”的重要共识；2012 年 2 月，习近平副主席访美期间，就如何落实两国元首共识、进一步突出中美之间建立一种“前无古人，但后启来者”的新型合作伙伴关系举行会谈。[②] 2012 年 5 月 3 日，胡锦涛主席在第四轮中美战略与经济对话开幕

① 李义虎：《论 21 世纪的新型大国关系》，《教学与研究》，1999 年第 5 期，第 69—70 页。

② 袁鹏：《关于构建中美新型大国关系的战略思考》，《现代国际关系》，2012 年第 5 期，第 1 页。

式上，就如何发展中美新型大国关系提出“创新思维、相互信任、平等互谅、积极行动、厚植友谊”的五点构想。[①]

美国对中国提出的发展中美新型大国关系反应积极。美国总统奥巴马多次表示，中国的崛起有利于美国，正如美国的繁荣有利于中国。[②]美国国务卿希拉里说，中美之间在共同树立典范，力争在合作和竞争之间达成一种稳定和彼此都能接受的平衡。这是前无古人的。[③] 作为美国国家战略的指导性文件，2010年发布的《美国四年防务评估报告》中也提到：“美国欢迎一个强大、繁荣和成功的中国，在全球范围内发挥更大作用，希望与中国进行更加务实紧密的合作。”

中美两国都认识到，发展中美新型大国关系能够破解体系内崛起大国与霸权国家因权力转移而爆发冲突的难题，确保两国实现共同安全，促进中美两国在各个领域务实有效的合作，推进两国在全球治理机制中发挥更积极作用。

（二）新型大国关系旨在构建中美新安全观

发展中美新型大国关系旨在构建中美新安全观，是对中国新安全观的创新性发展。中国的新安全观是1995年在东盟地区论坛上提出的，在后来的实践中经过发展和完善，成为了中国对外战略的核心内容。2002年，参加东盟地区论坛外长会议的中国代表团向大会提交了《中方关于新安全观的立场文件》，对中国在新形势下的新安全观进行了全面系统的阐述。根据该文件，中国新安全观的核心内容是：互信、互利、平等、协作。新安全观的实质是“超越单方面安全范畴，以互利合作寻求共同安全”。发展中美新型大国关系的初衷是要防止与美国发生直接军事冲

---

① 胡锦涛：《推进互利共赢合作发展新型大国关系—在第四轮中美战略与经济对话开幕式上的致辞》，《中国科技产业》，2012年第5期，第8—9页。

② 《胡锦涛同美国总统奥巴马举行会谈—双方一致同意，共同努力建设二十一世纪积极合作全面的中美关系，并将采取切实行动稳步建立应对共同挑战的伙伴关系》，人民网—《人民日报》，2009—11—18，http：//politics. people. com. cn/GB/1024/10397202. html。

③ 美国国务院国际信息局：“美国务卿高度评价中美关系40年来取得的成就”，http：//afdc. mof. gov. cn/pdlb/wmkzg/201203/t20120309 _ 634059. html。

突，以合作方式寻求中美之间共同安全，以保持亚太地区乃至与全球的和平稳定。发展中美新型大国关系是中国向国际社会尤其是美国，清晰地表达合作的意愿。中美关系正常化40年来，双方都认识到中美之间“合则两利，斗则两败”。因此，将发展中美新型大国关系上升到国家的对外战略层面，表明中国通过合作寻求安全的理念在实践中得到了不断创新与发展。

新型大国关系的基础是中美之间在安全领域中的互信，体现的是一种共同安全的概念。共同安全强调国家之间的安全是相互依赖，安全是共有的，必须共同维护，任何国家都不能、也不该在损害他国利益下维护和增进自身利益。中美安全关系呈现出越来越复杂的局面，在地缘安全关系方面已超越地区层面，虽然亚太仍然是两国地缘安全关系中最主要的地区，但是中美在安全领域有足够发展空间。在安全空间问题上，中美不再局限在陆地与海上，已经扩展到空间；在交流合作领域中，也不再局限在传统的政治、经济领域，而是已扩展到军事、气候、能源和网络等多个领域。中美新型大国关系既要涵盖双边关系的复杂概念，更要通过建立沟通机制，达到安全领域的互信，更好地实现互利共赢。

二、中美新型大国关系的安全视角分析

中美新型大国关系的提出对于中美之间在安全领域的合作具有重要指导意义。中美之间的实力对比呈现出一种此消彼长的态势。虽然美国依然保持着领先的地位，但不可否认的是中美之间的实力差距在不断缩小。实力对比的变化使两国心态发生了变化，美国在处理对华关系时，恐惧和担忧增多，中国在实力增长后，战略自信增强。心态对比使两国表现出不同的战略态势，双方都将对方的防守战略视为战略进攻态势。这些都在安全层面构成了对中美关系的挑战。但挑战与分歧不能掩盖中美之间在安全领域存在的利益交汇点，中美之间在传统与非传统安全领

域都存在广阔的合作空间。

(一) 中美关系面临的安全挑战

中美之间构建新型大国关系将面临诸多的现实挑战。主要可归结为两方面的差异。实力的相对衰落导致心态的失衡，心态的失衡导致战略焦虑，战略焦虑导致过度防御，进而使双方陷入安全两难的困境中。

1. 实力认知差异

世纪之初，美国发动的两场战争以及2008年席卷全球的金融危机，使美国整体实力衰落。中国延续改革开放政策，在实践中探索出有中国特色的社会主义道路。特别是2002年以来，中国国内生产总值一直都保持着年均10%的增长率。世界开始聚焦“中国模式”。尤其在全球金融危机爆发后，主要的西方资本主义国家陷入低迷甚至是负增长，“中国模式”变得更具世界影响力。随着实力提升，中国战略自信逐步增强。相反，在这样的大背景下，美国的世界影响力受到了中国强有力的冲击。在2006年，美国还是127个国家的最大贸易伙伴，而中国只是70个国家的最大贸易伙伴。到2011年，两国明显换了位置，中国是124个国家的最大贸易伙伴，美国变成了76个国家的最大贸易伙伴。[①] 同时，世界开始将目光转向中国经济总量何时能够超过美国。更令美国担忧的是，中国会将经济实力的提升转化为军事实力的提升，进而挑战美国的全球领导权。面对如此外部压力，美国国内从普通民众到决策者必然会产生不同程度的心态失衡。心态失衡的直接后果是产生心理焦虑。奥巴马在上台后，明确提出了美国战略重心东移，要重返亚太，实现美国战略再平衡。中国反复表达对华盛顿所谓“亚洲重心”战略关切。但美国并不承认重返亚太是针对中国提出的。美国国务卿希拉里表示，“亚洲重心”战略对中国并不构成威胁。她说，这些均与围堵中国无关，而是着眼于在亚太地区推动建立一套基于规则之上并且将促进未来数十年和平与繁荣的秩

---

① “今日海外言论：中国武器声名大噪”，新华网，2012—12—01，http://news.xinhuanet.com/world/2012-12/01/c_124031890.htm。

序。但是事实表明，重返亚太战略已成为双方构建战略互信的重大障碍。

2. 攻防认知差异

中美之间在亚太地区必然会出现利益碰撞。国内因素经常会影响中美关系对对方的战略认知。美国一直以来都依靠“假想敌”来支撑本国霸权，依靠外部威胁来提升美国的军事实力。[①] 中国适时地成为了美国的假想敌。美国借机过度夸大中国对其超级大国地位构成的威胁，将中国维护本国利益的正常外交与军事行动解读为中国的对外扩张，这一点在钓鱼岛和南海问题上就是很好的例证。传统权力转移理论认为，在国际体系中，如果崛起国家的实力达到主导大国实力的80%，就有可能改变现有国际秩序，挑战国际体系内的主导国家，中国和印度被视为现有国际体系内美国的潜在挑战者。[②] 同时，美国的战略文化过于强调理性因素，更侧重于眼前的利益得失。中国在领土主权问题上的一般表态很容易被美国理解为主动进攻，威胁其在亚太地区利益。胡锦涛主席在会见奥巴马总统时明确表示，中国尊重美方在亚太地区的正当利益，并欢迎美国在亚太事务中发挥建设性作用。中国在被认定为美国的亚太潜在竞争对手后，也在探索如何与美国实现良性战略互动的方法和路径。中国十分希望美国能够接受并尊重其崛起的事实和选择的道路。理论和历史都没有给中国提供与美国相处的经验。霸权转移理论和两次世界大战的现实使中国对美国对中国的战略选择充满疑虑。尤其是美国的亚太再平衡战略和跨太平洋经济伙伴关系协定（TPP）使中国高度警觉。在这样的前提下，双方都将对方采取的防守战略理解为进攻战略，而这将对中美新型大国关系的构建提出严峻挑战。

（二）发展中美新型大国关系对中国国家安全的意义

1. 对传统安全合作的意义

在传统的现实主义理论的框架下，崛起大国与霸权国家的冲突似

---

① Kevin J. Cooner，Yoichiro Sato：The Rise of China and International Security，London and NewYork：Routledge Taylor and Francis Group，2009，p56。

② 朱锋：《权力转移理论：霸权性现实主义?》，《国际政治研究》，2006年第3期，第25—26页。

乎是不可避免的，中美新型大国关系是在“共同安全”与“合作安全”的框架下，打破现实主义理论的束缚，构建新的大国合作—竞争互动模式，因此，发展中美新型大国关系旨在打破中美之间的安全困境。

在现行国际体系下，只有两个因素能够对中国国家安全构成挑战：一是中美之间爆发直接冲突的威胁；二是中国自身受到的民族分离主义威胁。这都将成为影响中国继续发展、威胁中国国家安全的不确定因素。中国与周边国家在领土方面存在争端，而美国又是东亚地区很多国家的军事盟国，于是中国的周边国家往往依靠与美国的同盟关系，在领土争端等问题上表现出对华强硬的态势。中国的国家安全重心在东亚地区。中国的核心安全利益就是维护国家主权统一和领土完整，因此中国关注的问题是如何防止国家分裂和维护领土完整。中美之间在经贸领域虽然有矛盾与摩擦，但是中美战略经济对话机制已经趋于成熟。

安全合作领域最成熟的标识就是建立安全合作机制。发展中美新型大国关系为中美之间形成良性正常的安全合作机制提供了契机，中美新型大国关系可以看作是中美新安全观的体现。在钓鱼岛问题、南海问题、西藏和台湾问题上，中国无法绕开美国。同样，美国在朝核问题、伊朗核问题以及叙利亚问题上也离不开中国。因此，两国在安全问题上有很多共同的利益。双方在中美战略经济对话的框架内，已经建立了中美战略安全对话机制。双方军界高层已经对共同关心的战略安全、综合安全问题深入交换了意见，加深了相互了解。中美双方同意继续发展好中美战略安全对话机制，使之为增进两国战略互信发挥更大作用。2012年，中美两国国防部长实现了互访。总体而言，近年来中美之间的军事合作水平正在稳步提升。

中国主张在国际社会上，国家之间应该相互尊重、平等协商、共同推进国际关系民主化，要维护联合国在世界事务中的核心地位，遵循联合国宪章宗旨和原则，恪守国际法和公认的国际关系准则，在国际关系中弘扬民主、和睦、协作、共赢精神。美国在其国家安全战略报告中也表示，积极寻求与中国建立积极的、建设性的和全面的伙伴关系，欢迎中国承担起领导角色与美国共同应对全球治理问题。虽然中美在意识形态、价值观念、文化传统、宗教信仰、历史背景等方面有诸多的不同，两国对问题的看法甚至有严重的分歧与矛盾，但是这都是正常的。中美关系正常化40年来的历史证明，中美之间的分歧并不可怕，只要双方妥善缩小分歧、积极化解分歧，不断超越分歧、有效管理分歧、妥善处理分歧，在中美共同关心的和面临的全局性、战略性、长期性问题中，广泛凝聚共识，最大限度地寻求共同利益，不断扩大彼此合作领域，中美新型大国关系就会注入新的发展动力。①

2. 对非传统安全合作的意义

发展中美新型大国关系重要的支点是“积极行动”。积极行动是在全球化背景下对中美关系最新的界定。美国是全球超级大国，中国是最大的发展中国家，两国在全球治理共同应对全球化引发的非传统安全问题上有诸多的利益交汇点。在非传统安全领域，双方可以实现积极合作。

中美在防核扩散领域有许多利益交汇点。两国都不希望看到核武器的扩散，都担心恐怖组织掌握核弹或“脏弹”。防核扩散近年来成为中美合作的一个热门领域和新的增长点。特别是第二次朝核危机出现后，中国主办六方会谈，为解决朝核问题做出的重大努力得到了有关各方的赞扬。在“防扩散安全倡议”问题上，中国理解该“倡议”参加国对扩散问题的关切，支持该“倡议”的防扩散宗旨和目标，赞同参加国在国际法范畴内开展合作。②

中美之间在气候变化上存在共同利益。曾任美国副国务卿和驻菲律宾大使的约翰·内格罗蓬特（John D. Negroponte）认为，中美在应对气候变化的问题上可以开展合作。他说，“我相信中国人对于这样一个事实不会有异议，那就是在碳排放量方面，中国已经和美国齐平，那么很明显，我们以及世界其他国家就要知道他们打算如何应对这一现状。”在内

① 孔根红：《在新的历史起点上：开辟中美新型大国关系之路》，《当代世界》，2012年第5期，第20页。

② 夏立平：《论美国反核扩散战略与防核扩散政策》，《国际问题研究》，2008年第1期。

格罗蓬特看来，中国将成为美国在应对气候变化问题上的同盟。[1] 在气候变化问题上，中国和美国既有政策对话渠道，也有务实合作的项目。双方通过磋商的机制缩小大家的分歧，找到更多的共识，推动整个谈判取得积极的进展。

21世纪是网络信息时代，网络信息已经融入到人们的生活当中。中美之间虽然在网络安全方面存在分歧，美国更加强调网络自由，而中国更加强调网络信息舆论安全。但是两国在打击网络犯罪、防范和打击网络恐怖主义、保护本国民用设施的网络信息安全问题上存在合作的空间。双方之间可以实现信息与技术的共享，同时也可以建立双方合作机制。

三、中美新型大国关系的安全与战略思考

发展中美新型大国关系面临诸多的难题，需要中美双方共同努力，营造友好合作的氛围，增强相互理解，加强相互交流，促进相互信任，推动中美之间向着更加稳定健康的方向发展。

（一）加强沟通交流，减少战略误判

中美之间不缺少沟通机制。中美领导人在三年间总计会晤11次，双方互访不断，中美双方都将发展与对方的关系视为重中之重。中美之间已经建立了60多个磋商机制，涵盖外交、经贸、金融、能源、环境、执法、人文与安全等各领域。双方既有共同关注的问题，又有成熟的磋商机制，关键是如何通过这些机制减少相互之间的战略误判。美国学者约瑟夫·奈（Joseph S. Nye）认为，美国应该避免过度夸大中国崛起产生的恐惧，否则将会变成自我实现的预言，只有谨慎对待恐惧本身才能使

---

① 聂鲁彬：《美前高官促美多看与华积极方面　吁中美气候合作》，环球网，2013—01—23。

中美两国更加安全。[①] 在双方存在分歧的问题上，应该加强沟通，双方应着眼中美关系的大局，明确基本原则与基本立场，在此基础上努力达成战略共识。

（二）推进公共外交和民间外交的发展

中美战略互动都要考虑到国内因素，两国友好关系是需要培育的。有调查显示，两国民众普遍认可中美两国关系的重要性。美国71%的受访者认为“非常重要”或者“比较重要”；精英人士更是倾向于鼓励中美之间的良好关系，他们中的85%认可重要性。同样，美国民众希望中美之间有更多的合作，尤其是在经济和能源问题上。在中国民众对中美关系重要性的调查中，有九成以上的中国民众认为中美关系“重要”，其中表示中美关系“非常重要”的比例约为50%。[②] 中国正努力向世界说明自己，证明自己是出于善意、出于友好的。中国正赋予公共外交和民间外交以新的含义：公共外交与民间外交是一种亲善行为。因此，利用公共外交和民间外交可以化解中美之间的形象误差，进一步加强和改善中美关系。

（三）构建亚太地区集体互信机制

中美双方已经有了战略共识，即如果彼此之间相互警惕，相互猜忌将会威胁亚太地区的稳定乃至世界的和平。美国在亚太地区有主要的盟国，中国在亚太地区也有关系密切的友好国家。新加坡国立大学郑永年教授曾提出构建亚太地区的集体安全机制概念。具体而言，是一个包括中国、美国和亚洲国家在内的多边集体安全机制。[③] 近年来，中美两国

---

① Joseph S. Nye：The Future of China-US Relations，Remarks Presented a “30 Anniversary of the Establishment of PRC-US Diplamatic Relations：Past，Present and Future.” Dec. 15－16，2008，Beijing，PRC. Ed. Washington Journal of Modern China.

② “调查显示：中美两国民众普遍认可中美关系的重要性”，中国日报网站，2012—02—09，http：//www. chinadaily. com. cn/hqzx/2012 — 02/09/content _ 14572142. htm。

③ 郑永年：《亚洲的安全困境与亚洲集体安全体系建设》，《和平与发展》，2011年第5期。

都认识到了共同安全对中国今后发展和美国在亚洲存在的重要意义。双方的不安全感会影响甚至阻碍今后中美关系的发展。同时，地区小国在两大国之间也存在两难，既希望与中国保持经贸关系，又希望得到美国的安全保护。构建亚太地区的集体互信机制，可以通过地区安全机制解决地区矛盾与冲突，同时也会增强中美两国的安全感，并使亚太地区的其他国家能够更加客观理性地保持与中美之间的关系。

（丛培影）

第五章
中俄战略协作伙伴关系述评

［内容提要］2012 年中俄战略协作伙伴关系稳步发展，中俄政治安全互信进一步加强，双边经济合作不断扩展，除经贸关系迅猛发展外，能源和运输领域合作取得重大突破；人文交流成果不断，继成功举办“国家年”和“语言年”后，中国成功举办了“旅游年”，留学生交流继续深入；在国际热点和地区事务中中俄保持高度协调一致。虽然中俄关系发展中仍然存在某些不确定的因素，但稳定因素依然占据主导地位。

2012 年国际局势风云变化，“阿拉伯之春”依然在中东蔓延，欧债危机持续发酵，国际社会一度担忧世界经济二次见底，而这一年又恰逢中俄两国最高领导层的“换届年”。但是中俄战略协作伙伴关系的良好发展势头并没有受到冲击，各领域发展取得积极进展。

一、政治安全互信持续增强

中俄两国高层间的互访、会晤已经实现机制化、常态化，已经建立了国家元首互访和总理定期会晤机制，这是中俄政治安全互信增强的重要标志。

2012年3月，中俄两国元首在新德里金砖国家峰会上举行会晤。三四月间，俄罗斯两位副总理先后访华，而中国国务院副总理李克强也在4月访问俄罗斯。在短短的两个月时间里，中俄两国高层之间如此密集互动，这在国家关系中并不多见。[①]

普京在总统选举前曾撰文表示，包括中国在内的亚太地区是俄罗斯外交最优先的方向。俄罗斯在2012年5月正式实现“王车易位”之后，普京首轮出访哪些国家一直为外界关注。继缺席在美国举行的八国集团峰会后，应中国国家主席胡锦涛邀请，普京于6月5—7日访问中国，并出席在北京举行的上海合作组织成员国元首理事会第十二次会议。这是普京就任俄总统后的首轮出访，而在华停留时间最长。访华期间，胡锦涛主席同普京举行了坦诚、深入、务实的会谈，确定今后一个时期中俄关系发展的原则、方向和重点合作领域，为双边关系发展注入了新的动力。期间两国元首签署《中华人民共和国和俄罗斯联邦关于进一步深化平等信任的中俄全面战略协作伙伴关系的联合声明》。联合声明表示，中俄双方将致力于进一步加强平等信任、相互支持、共同繁荣、世代友好的中俄全面战略协作伙伴关系，恪守尊重彼此利益和自主选择社会制度和发展道路的权利，互不干涉内政，在主权、领土完整和安全等核心利益问题上相互支持，互利共赢，坚持不对抗的原则。声明中强调，这一方针是两国外交最主要优先方向之一，符合两国的根本国家利益，有利于实现两国的发展繁荣，有利于维护地区及世界的和平、安全与稳定。声明中还指出，中俄本着睦邻友好、彼此理解、相互信任、平等互利的精神深化两国边境地区的合作，包括对国界线进行联合检查、落实边境地区军事领域相互信任和裁减军事力量的措施。[②] 分析人士和媒体普遍认为，两国元首的会晤对未来一个时期中俄关系的发展具有重大战略意义，必将有助于中俄战略协作伙伴关系的深入发展。

---

① “普京总统新任期内首次访华，中俄高层互动频繁”。http：//www. chinanews. com/gj/2012/06－05/3938013. shtml。

② “中俄联合声明：将裁减两国边境军事力量（全文）”，http：//news. cntv. cn/china/20120606/113817. shtml。

9月7日，胡锦涛出席在俄罗斯符拉迪沃斯托克举办的亚太经合组织（APEC）第二十次领导人非正式会议并再次会见俄罗斯总统普京。双方就深化中俄全面战略协作伙伴关系及共同关心的重大问题深入交换意见，达成重要共识。对中俄关系，胡主席提出了七点建议：要深化战略互信，加大政治支持，确保两国政治关系继续在高水平上向前发展；要加强投资、高技术、创新等重点领域合作，推动战略性大项目合作，同步提高经贸合作规模和质量；要积极商谈《〈中俄睦邻友好合作条约〉实施纲要（2013年至2016年）》，落实好条约宗旨、原则、精神；要建立中俄执法安全合作机制，巩固和发展两军友好合作关系；要建立中俄地区领导人定期会晤机制；要商定未来10年中俄人文合作行动计划，办好中俄旅游年，推进两国青年交往；密切双方在重大国际和地区问题上的协调和配合，维护联合国宪章宗旨和原则、国际关系基本准则，维护国际公平正义，促进地区及世界和平、安全、稳定。①

中俄在安全领域的合作也不乏“大手笔”。4月，中俄在青岛举行了为期六天的海上联合军演。从2003年开始，中俄两国曾组织和共同参与过6次联合军事演习，这次中俄海上联演已经是近年来中俄双方进行的第7次联合军事演习，从中不难看出中俄军事演习逐渐常态化。这次军演无疑将有助于发展两军的友好合作关系，加强两军的务实性合作，共同探索两军建立维护海上安全合作的新机制。事实上，近年来中俄两军之间的友好合作关系一直在不断加强，并保持了稳定发展的势头。1996年以来，我军已向俄罗斯派遣了近千名军事留学生。两国在军事安全领域如此密集的合作与交流，其意义早已突破了技术层面。从军事战略角度看，有利于提高两军的合作水平，同时使中俄两军就共同关注的国际安全问题取得共识。其更重要的意义在于政治层面，这表明中俄双方在安全领域的合作已经达到了一个较高的层次。

---

① “胡锦涛会见普京，就中俄深化合作提七点建议”，http：//gb.cri.cn/27824/2012/09/07/6651s3842100.htm。

二、双边经济合作不断扩展

从2001年中俄贸易额106亿美元到2011年的近800亿美元，经贸关系在中俄关系中的地位愈发突出，两国之间的经济联系日益密切。2012年中俄经济合作继续保持着良好的发展势头。

第一，经贸联系不断加强。2011年中俄两国双边贸易总值高达792.4亿美元，中国连续两年成为俄罗斯的第一大贸易伙伴，这表明中国作为俄罗斯第一大贸易伙伴的地位已经得到巩固。这一良好势头在2012年得到延续。据海关统计，2012年前三季度我国对俄罗斯进出口达661.7亿美元，较上年同期增长14.2%，比同期我国外贸进出口总体平均水平高8%。其中，对俄出口325.8亿美元，增长14.5%，较同期我国外贸出口增速高7.1%；自俄进口335.9亿美元，增长13.9%，较同期我国外贸进口增速高9.1%。[①] 12月5日，中国商务部副部长钟山在莫斯科对媒体说，前10个月，中俄贸易额达到736亿美元，同比增长13.4%。目前中国是俄罗斯第一大贸易伙伴，俄罗斯是中国的主要贸易伙伴。两国投资和经济技术合作规模不断扩大，相互累计投资额已达41亿美元。[②] 受全球需求萎缩等因素影响，中俄贸易增速出现一定的回落，但是两国保持了互为重要贸易伙伴的格局，双边贸易额连续创历史新高的势头没有改变。

第二，能源合作深入发展。中国从俄罗斯的进口以能源、资源型产品为主。2012年前三个季度中国从俄罗斯进口原油153.8亿美元，增长32.8%；成品油进口46亿美元，增长27.5%；煤及褐煤进口19亿美

---

① “中俄贸易稳定增长，出口形势优于进口”，http：//www.mzlnews.com.cn/article.asp？articleid=31863。

② “商务部副部长：今年中俄贸易额有望再创新高”，http：//www.nmg.xinhuanet.com/nmgwq/zem/xwzx/2012—12/06/c_113931889.htm。

元，增长 75.4%。[①] 能源进口的持续增加使得 6 月普京总统访华时各大媒体普遍认为天然气在内的能源合作将成为两国元首正式会谈的主要议题。此外，由于近些年美国页岩气大发展，俄罗斯天然气出口面临严峻挑战。美国的液化天然气进口量已从 2000 年的 1000 亿立方米剧减至 2010 年的 200 亿立方米，美国因而取消了大量进口合同或进口意向，俄罗斯对美天然气出口首当其冲。这给中俄天然气合作带来了新契机。

中俄能源合作早已突破石化燃料领域。2012 年 4 月 28 日，中俄贸易和投资促进会议在莫斯科举行，国家电网公司参加会议并发表了题为"扩大中俄电力能源合作，推进两国经贸发展"的主旨发言。国家电网公司表示，电力合作已纳入中俄两国政府间合作框架并成为重要组成部分，国家电网公司与俄罗斯电力企业在电力贸易、生物质能源合作等方面签署了一系列协议，比如与俄罗斯东方能源公司签署了中俄长期购售电合同。未来 25 年，每年将有 40 亿千瓦时的清洁能源从俄罗斯远东地区输送至我国东北地区。

第三，中俄有意深化运输合作。2012 年 8 月 27～31 日，中俄总理定期会晤委员会运输合作分委会第十六次会议在俄罗斯新西伯利亚召开。中方派出了由交通运输部、铁道部、海关总署及民航局等中央运输部门参加的庞大代表团，俄方代表团由俄运输部、俄联邦海运和河运署、俄联邦边界建设署以及俄罗斯铁路股份公司代表组成。双方就海运、河运、汽车运输和公路方面的 14 项议题深入交换了意见，并特别在开通国际道路运输线路、陆海联运合作、建设中俄界河公路桥、建设浮箱固冰通道、中俄双方船舶在黑龙江流域旅客运输以及商签中俄交通基础设施合作文件、研究协商海上航行安全和界河船舶航行安全备忘录等事项上达成一致意见。双方就开辟中俄两国区域间直达航班和进出境点以及商签《民用航空器搜救协议》等问题达成共识。相信在不远的将来这将从根本上改变目前中俄边境陆上只有一条西伯利亚大铁路相连、没有一条直通的高速公路的落后状况。

---

① "中俄贸易稳定增长，出口形势优于进口"，http：//www. mzlnews. com. cn/article. asp？articleid＝31863。

在2012年俄罗斯总统大选期间，普京在竞选纲领中强调“俄罗斯的‘经济之帆’需要乘上‘中国风’”。[①] 外界认为，这是普京在向俄罗斯和中国，乃至整个国际社会释放一个信号，那就是俄罗斯并没有将中国经济发展视为威胁，而是把中国的经济发展看成是带动俄罗斯发展的一个重要的推动力。无论是口号还是真实的战略考量，作为一个成熟的政治家，普京深知复兴俄罗斯的成败取决于俄罗斯的经济发展，而俄罗斯经济发展的前景在一定程度上依赖于中俄之间不断扩大的经贸合作。

中国驻俄罗斯大使馆公使衔经济商务参赞凌激对中俄经贸关系的发展充满了信心，他认为，中俄经贸关系发展将逐步转入从规模扩大到质量提升的阶段，中国将更关注提高与俄罗斯经贸合作的质量，推动两国经贸关系实现可持续发展。通过在投资和经济技术领域实施大项目，中俄经贸合作将展现出更广阔的发展前景。[②]

三、更加注重人文领域交流

政府和高层层面的交流固然对两国双边关系发展有着直接促进作用，但是如果只有政治、经济往来而缺乏民众之间的交流，这样的双边关系就缺乏民意基础，因此国家之间的人文交流对促进双方关系全面、深入的发展具有重要的意义。中国和俄罗斯作为具有世界影响力的文化大国，拥有丰富的资源和经验，在外交领域两国长期有着注重文化交流的传统。这是近年来中俄民间交流和人文交流异常活跃的主要原因之一。

继成功互办“国家年”和“语言年”后，根据中国和俄罗斯两国商定，2012年和2013年中俄将互办“旅游年”。2012年中国举办“俄罗

① “普京总统新任期内首次访华，中俄高层互动频繁”，http：//www. chinanews. com/gj/2012/06－05/3938013. shtml。

② “2012年中俄贸易额创新高”，http：//news. xinhuanet. com/world/2013－01/18/c_114412992. htm。

斯旅游年"，这是中俄两国举办的又一重大主题年活动。在2012年中国"俄罗斯旅游年"期间，俄罗斯在中国举办了旅游年开幕式、合作论坛等16项大型活动，俄罗斯各地区政府也在中国举办了上百场宣传推介活动。11月16日，中国"俄罗斯旅游年"在上海落下帷幕。闭幕前夕，俄罗斯旅游署署长拉季科夫在接受中国国际广播电台的专访时总结了中国"俄罗斯旅游年"所取得的成果，他特别提到2012年前9个月，中国赴俄罗斯旅游人数同比增长了40%，这一骄人的数据为中国"俄罗斯旅游年"圆满落幕送上了一份满意的答卷。拉季科夫称俄方对中国"俄罗斯旅游年"所取得的成果表示满意，并对2013年俄罗斯举办"中国旅游年"以及未来两国旅游合作前景充满希望。①

中俄留学生的交流也日趋频繁。近些年中俄留学生规模不断扩大，截至2012年上半年，俄罗斯在华留学生为2万人，而中国在俄罗斯留学生也有1.3万人。留学生之间的交流也在逐渐增多。2012年6月19日，由中俄国际信息交流平台发起，北京科技协作中心主办的首届中俄留学生座谈会在北京圆满召开。座谈会以发明与创新、创业与就业等为主题，吸引了双方教育界许多代表参加。中方成员为中国教育部、科技部、中国对外友协、北京科技协作中心、教育部留学中心俄罗斯部的代表，俄方的代表来自俄罗斯亚洲商务合作中心、俄罗斯原驻华商务处，他们通过远程视频连线了会议现场并参与了交流发言。据悉，双方有意今后每年召开一次中俄留学生会议，并期待更多的企业和留学生参加，以扩大中俄留学生会议的影响力，并取得更多的实际成果。有理由相信，随着两国交流的加深，两国留学生的规模还将扩大，这个特殊的群体必将成为中俄两国友谊的坚实纽带。

根据6月中俄签署的联合声明的方针，未来中俄在进一步扩大双方人文交流的同时，还将推动与国际社会的协调，努力加强人文领域的合作。其中，既要保持民族特色，又相互借鉴。要尊重文化多样性，促进消除各国民众之间的精神隔阂和意识形态偏见，努力建立真正的文明对

---

① "中国'俄罗斯旅游年'成果颇丰　赴俄旅游人数显著增长"，http://gb.cri.cn/27824/2012/11/17/3245s3929168.htm。

话，将文化交流作为促进国际关系和谐的有效工具。[①] 种种事实证明，中俄正在力争使两国的人文交流成为国际人文合作的一个榜样。

四、地区事务中合作不断加强

地区事务合作力度是衡量两国关系的一个非常重要的指标。近些年，中俄在地区合作领域取得了很多成果。2012 年，中俄在地区事务中继续保持密切磋商和协调，在维护双方的国家利益，以及维护世界和平和地区稳定方面发挥着重大的作用。

在中东地区，2011 年爆发的"阿拉伯之春"依然没有停息。叙利亚危机持续发酵，但西方国家出于一己私利，在调节叙利亚危机过程中一味地偏袒叙利亚反对派，向反对派提供包括军事援助在内的各种援助，致使叙利亚危机迟迟得不到解决，目前叙利亚的持续动荡已经开始危及到周边地区的稳定。以美国为首的西方，在联合国积极推动外部军事干预，试图将所谓的"利比亚模式"在叙利亚重演。而中俄两国从维护国际秩序民主化和中东地区长远利益出发，密切沟通协调，积极推动叙利亚问题通过政治途径解决。特别是在 2 月 5 日，中国和俄罗斯两国联手在联合国安理会否决了由摩洛哥提交的、西方国家及有关阿拉伯国家等共同起草的涉叙决议草案，从而使某些国家武装干涉叙利亚、强行推动叙利亚政权更迭的希望化为泡影，为通过政治途径和平解决叙利亚问题留下了空间。在 6 月签署的联合声明中，中俄双方重申，坚决支持维护阿拉伯叙利亚共和国的主权、独立、统一和领土完整，恪守《联合国宪章》的宗旨和原则，强调叙利亚局势发展对中东乃至世界和平、稳定具有重要意义。双方坚定地认为，叙利亚危机必须通过冲突各方停止暴力，开启全面政治对话，并在没有外来干涉的情况下寻求公正、和平解决。

---

① "中俄联合声明：将裁减两国边境军事力量（全文）"，http：//news. cntv. cn/china/20120606/113817. shtml。

双方坚决反对通过外来武力干涉解决叙利亚危机的图谋以及在联合国安理会等场合强行推动“政权更迭”。中俄认为，国际社会必须加强协作，共同支持联合国—阿盟叙利亚危机联合特使安南的斡旋努力，敦促叙冲突各方立即停止武装对抗，全面落实安南“六点建议”和平计划及联合国安理会有关决议。为此，中俄双方欢迎在严格遵守联合国安理会 2043 号决议基础上在叙部署联合国监督团。同时，双方还呼吁叙政府及所有反对派尽快开启政治对话，努力推动叙局势正常化，恢复叙国内安全和法律秩序。[①]

在中亚。上海合作组织（以下简称“上合组织”）目前已成为成员国共同应对新威胁和新挑战、维护地区和平稳定和加强彼此交流合作的重要平台。在上合组织框架内，中俄两国是有影响力的大国，两国军事合作越来越向深度和广度方向发展，在打击三股势力、维护地区稳定方面双方有共同的利益。某些西方媒体煽动挑拨中俄关系，提出中俄正在中亚地区为主导权展开激烈的争夺，认为普京积极推动欧亚联盟的建立就是平衡中国在该地区，尤其是在上合组织内部日益增长的影响力的一个战略举措。对此，普京多次予以驳斥，在公开场合多次强调建立欧亚联盟“不是恢复苏联”，其目的是要建立一个“新的超国家联合体”，并且表示“这是一个开放项目”，“首先欢迎独联体国家加入，也欢迎其他伙伴加入”。在 2012 年上合组织北京峰会上，中俄发表了《上海合作组织成员国元首关于构建持久和平、共同繁荣地区的宣言》。宣言中说，上合组织成员国对围绕本组织观察员国伊朗的有关事态发展深表担忧，认为任何以武力解决伊朗问题的企图都是不可接受的，“这种企图将产生不可预见的严重后果，威胁地区乃至世界的稳定与安全。”[②] 随着 2014 年以美国为首的北约联军从阿富汗撤军，稳定阿富汗局势、防止中亚地区出现大规模动荡成为中俄在中亚的共同利益诉求。这更加需要中俄积极发挥上合组织的作用，在中亚地区开展紧密的合作。

---

① “中俄进一步深化全面战略协作伙伴关系的联合声明”，http：//www.gov.cn/jrzg/2012－06/06/content_2154854.htm。

② “上合组织宣言称武力解决伊朗问题不可接受”，http：//news.china.com/focus/scobj/11121758/20120607/17245169.html。

在亚太。以2008年俄格战争和2010年亲俄的亚努科维奇当选乌克兰总统为标志，俄罗斯南部和西部边境的安全状况已经较为改观。北约东扩步伐暂缓，美俄也就美国在欧洲部署导弹防御计划达成了某种“默契”。随着亚太在世界经济中地位的抬升和美国战略东移步伐的加快，亚太成为了大国竞争的新舞台。2009年底，时任俄罗斯总理的普京批准了《俄罗斯联邦2025年前远东和贝加尔地区经济发展战略》，这表明在国家发展战略上，亚太对俄罗斯具有举足轻重的地位。2012年9月，俄罗斯远东城市符拉迪沃斯托克举办了APEC峰会，这一度被外界解读为俄罗斯进军亚太的标志。而中国的经济重心几乎全部位于亚太沿岸地区，亚太对于中国的战略意义自不待言。集中精力发展经济，是中俄两国目前的主要任务。因此，维护亚太地区的稳定繁荣，无论是从发展经济的角度来看，还是维护国家战略安全角度来看，都对两国具有十分重要的意义。尤其是在美国大举重返亚太，对中俄两国造成巨大的战略压力的背景下，更需两国展开紧密地沟通合作。

为应对亚太地区诸多挑战与威胁，中俄双方确定了未来两国的优先任务，那就是加强相互协作，推动两国元首共同倡议，致力于在亚太地区构筑安全和可持续发展的格局，以维护该地区各国共同利益，保持稳定与安全环境。为此，双方支持在包括上海合作组织、亚太经济合作组织、东亚峰会、东盟地区论坛、东盟与对话伙伴国防长会议、亚洲相互协作和信任措施会议、亚洲合作对话在内的地区组织、论坛和对话机制之间发展伙伴关系，双方也愿意在上述及其他多边机制框架内密切协调。①

五、中俄关系前景依然乐观

尽管中俄两国近年来双边关系发展很快，但双边关系中依然存在一

① “中俄进一步深化全面战略协作伙伴关系的联合声明”，http：//www.gov.cn/jrzg/2012－06/06/content_2154854.htm。

些负面因素。一是两国发展速度差距较大，既有“量”的差距，也有“质”的差距。1990 年时，俄罗斯的 GDP 是中国的 2.4 倍，可是到了 2011 年，中国的 GDP 为 73011 亿美元，而同期俄罗斯的 GDP 为 18496 亿美元。即使 2012 年中国的经济增速下滑至 8%左右，也依然接近俄罗斯的两倍。中俄两国经济实力的差距真正体现在“质”上。仅以 2012 年前三季度进出口产品构成为例，我国自俄进口以能源、资源型产品为主，前十位的主要商品总额为 288.4 亿美元，占同期我国自俄进口总额的 85.9%。而我国对俄出口机电产品 166.6 亿美元，增长 23.3%，占同期我国对俄出口总额的 51.1%，比重较上年同期高 3.6 个百分点。[①] 两国实力的巨大逆转刺激了俄罗斯国内民族主义情绪，在某种程度上推动了“中国威胁论”等言论在俄罗斯的传播。二是经济交往与两国的整体进出口实力不符。尽管中俄双边贸易额迅速增长，但在各自贸易中的比重依然“微不足道”。2011 年俄罗斯对外贸易额 8213 亿美元，[②] 中俄 2011 年的贸易额也不过是 792.5 亿美元。中国仅 2012 年前三季度的进出口总额就高达 2.84247 万亿美元，[③] 而同期的中俄贸易总额是 661.7 亿美元。中俄关系中的“政热经冷”使得中俄交往的稳定性受到影响。

但是这些都不能构成对中俄关系未来的发展产生悲观的理由。首先，中俄之间的边境问题已经彻底解决，这扫除了中俄交往中的一大障碍。其次，中俄经贸合作虽然规模较小，但发展势头迅猛。毕竟对比 2006 年中俄双边贸易额的 333.9 亿美元，近几年增量已经相当可观。更重要的是，双方领导人都有志于将两国经贸合作提升一个档次。2011 年，中俄两国领导人还提出了将“2020 年达到 2000 亿美元”[④] 作为未来十年中俄经贸关系的发展目标。再次，中俄对于国际事务主张高度一致。除上文

---

① “中俄贸易稳定增长，出口形势优于进口”，http：//www.mzlnews.com.cn/article.asp? articleid=31863

② “俄罗斯 2011 年对外贸易额较 2010 年上涨 31.2%”，http：//www.hlj.gov.cn/zerx/system/2012/02/08/010294252.shtml。

③ “国家统计局公布 2012 年前三季度主要经济数据指标”，http：//finance.sina.com.cn/roll/20121018/095513408040.shtml。

④ “中俄贸易稳定增长，出口形势优于进口”，http：//www.mzlnews.com.cn/article.asp? articleid=31863。

已经提到的地区事务外，反对美国霸权也是两国共同的战略诉求。美国的“再平衡战略”虽然主要是针对中国，可是同样在远东地区对俄罗斯也造成了巨大的战略压力，更何况反导系统问题依然是美俄两国最脆弱的神经。最后，两国对于建立国际经济新秩序有着共同的诉求，尤其是在俄罗斯2011年12月16日加入WTO后，公平合理的国际经济秩序将会成为中俄的现实利益诉求。

（罗英杰　张帅）

第六章
中印关系的博弈分析

[内容提要] 近年来，因存在多年难以达成共识的边界划分等政治问题，中印在政治、军事领域的关系处于某种“僵持”状态，其他领域关系的发展也受到一定影响。并且双方互信退步，存有猜疑心理，一方相对实力的提升会被认为是对另一方安全的威胁。中印关系似显处于囚徒困境之势。但在2012年，随着双方互动增强，出现了一些新的可喜的迹象，一些陈旧囚徒困境问题在逐渐转向温和猎鹿博弈。双方更加重视长期合作关系，不单纯追求单边利益最大化，而注重集体收益，更多考虑对方的立场。

2012年被中印两国领导人确立为“中印友好合作年”，是继2011年“中印文化交流年”后又一两国关系大力发展的年份。两国关系在军事互信、经贸往来、文化教育、能源合作、边界问题等方面都取得了不少进展，为进一步合作营造了良好氛围。但与此同时，也有一些亟待解决的问题依旧处于停滞阶段，例如西藏问题、战略选择等。但总的来说，2012年中印关系保持了健康上升的积极势头。正如印度总理辛格所说：“中印关系是世界上最重要的双边关系之一，两国关系已经超越双边范畴，具有全球性意义。”①

① “印度总理辛格会见梁光烈，称重视印中两军合作交流”，http://news.ifeng.com/mil/1/detail_2012_09/05/17366683_0.shtml。

博弈论在国际关系中可以灵活的运用至各种政治关系或争议问题中，并且使得相互冲突的现实主义与自由主义能够在同一个研究框架中，"'国际政治的博弈理论'有助于我们阐明和更新'霍布斯式无政府状态'和'国际组织'这样广泛使用的隐喻，正是这些隐喻分隔和模糊了我们对国际政治的理解"。① 其中，囚徒困境与猎鹿博弈是国际关系分析中两个常用的模型，本文拟从囚徒困境与猎鹿博弈模型转化的角度，依据2012年中印关系的进展予以分析、探讨。

一、囚徒困境与猎鹿博弈转化模型分析

囚徒困境是学界熟知的经典博弈模型。我们都知道实际的结果是在没有外在约束、信息互通，以及双方均为理性人的前提下，两个犯人会从自身利益最大化角度决策，即选择"背叛"对方。最后得到的结果就是，A、B均选择坦白，各被判处8年徒刑。由此可以得出囚徒困境模型的收益排序为DC>CC>DD>CD。② 作为一种典型的非合作博弈，囚徒困境反映了"基于个人理性的个体最佳选择并非集体最佳选择"。③ 由此，可将A和B目前的选择用一矩阵进行表示：

表1　囚徒困境

		犯人B	
		不坦白	坦白
犯人A	不坦白	(1，1)	(10，0)
	坦白	(0，10)	(8，8)

① 邓肯·斯耐德尔：《国际政治的博弈理论》，选自［美］奥耶编，田野、辛平译：《无政府状态下的合作》，上海人民出版社，2010年版，第50页。

② C代表Cooperation，D代表Defection，原式意为对A来说，A背叛B合作优于A、B背叛，优于两者合作，优于A合作B背叛。

③ 南旭光：《博弈与决策》，北京：外语教学与研究出版社，2012年版，第53页。

囚徒困境是国际关系中普遍存在的现象。在国际政治现实中，“背叛”与合作常常具有隐蔽性，难以通过国家的一个行为简单判定是合作抑或背叛。但从导致结果来看，囚徒困境中双边关系陷入停滞，问题无法得到根本解决，严重情况下甚至产生相互报复的恶性循环。

猎鹿博弈最早由卢梭提出，在猎人A和B的周围只有鹿和兔子可以捕获。他们各自都能单独捕获一只兔子，一只兔子能够吃4天。两人必须合作才能捕获体型较大的鹿，而一只鹿够两个人各吃10天。也就是说，A和B有两种选择：一是自己独自去抓兔子，获得4天粮食；二是两人合作捕鹿，获得10天的粮食。而一旦一个人选择猎鹿，另一个人临时变卦决定猎兔，那么选择抓鹿的人将一无所获，抓兔的人依旧可以抓到兔子。做成矩阵为：

表2　猎鹿博弈

		猎人B	
		猎鹿	猎兔
猎人A	猎鹿	(10，10)	(0，4)
	猎兔	(4，0)	(4，4)

从矩阵中可以得出，收益排序为CC>DC>DD>CD，在此模型中有两个纳什均衡，[①] 即(4，4)和(10，10)，而后者的帕累托显然优于前者。但是由于A与B并不确定另一个人的选择，因此他们的选择并不明确。若采取保守路线，则选择猎兔；若甘于冒风险，则选择猎鹿；这不仅取决于对另一方行为的预期，还取决于承担风险的能力和对高收益的渴望程度。

在积极型猎鹿博弈中，双方重视远期收益，愿意为关系的持久性而

① 纳什均衡指在一个策略组合s中，在其他参与人都不会改变已有策略的条件下，如果没有参与人有激励去改变自身的策略，则称s为纳什均衡。[美] 艾里克·拉斯穆森：《博弈与信息：博弈论概论（第四版）》，北京：中国人民大学出版社，2009年版，第30页。

做出自身利益的让步。

但我们知道，在当今高度相互依赖的国际社会，或国与国交往日益密切的现实中，几乎不存在绝对的囚徒困境样式，尽管有这样或那样的难题，关系一时出现紧张或对立的双方还会努力趋向合作。双方或当事方都会依据时局或其他既定条件，努力突破所面临的某种“困局”，积极拓展彼此间的可能或必要的合作关系。

从数理上分析，囚徒困境到猎鹿博弈的转化主要源于β的取值，即背叛的收益有多大，以及α的大小，即双方都背叛时所受到的惩罚严重程度。而从实践层面分析，两个模型的转化条件主要是在重复博弈中，双方均应意识到合作比背叛带来的收益更大。

为了减少变量，假定双方均背叛行为所引起的损失数值上为零，以此α_1、α_2、β_1、β_2、γ_1、γ_2在规定的损失值上做相对取值，但相互之间的差值不改变。在具体博弈过程中，α_1与α_2、β_1与β_2是不一定相等的，其数值大小取决于两方实力、利益分配等，在此从宏观上看，$\alpha_1 \approx \alpha_2$，$\beta_1 \approx \beta_2$，因此主要以α与β的大小关系讨论中印关系中囚徒困境与猎鹿博弈的转化。由于讨论模型的转化，假定α_1、α_2、β_1、β_2、γ_1、γ_2的值都在根据环境变化而变化。

表3 囚徒困境与猎鹿博弈转化模型

		B	
		合作（C）	背叛（D）
A	合作（C）	（α_1，α_2）	（γ_1，β_2）
	背叛（D）	（β_1，γ_2）	（0，0）

在实际情况中，重复博弈是一个必须纳入考虑的情况，尤其是当博弈论模型运用至国际关系领域时。重复博弈可以分为有限期重复博弈与无限期重复博弈。有限期重复博弈，顾名思义，即次数有一定限制，而无限期重复博弈指没有最后期限或无法明确最后期限的重复博弈。有限期的博弈一般会陷入一种极端情况：假设双方共博弈100次，那么在第100次时A、B都知道这是最后一次博弈，那么在背叛明显比合作的收益

高时，一定会选择背叛；而倒推到第99次，A、B选择合作的动机是在第100次时继续两人的合作，而第100次已经明确要背叛了，第99次也就失去了合作动机，因此双方在第99次依然选择“背叛”，由此倒推整个重复博弈过程依然为囚徒困境。

而在现实生活中，尤其在国际关系领域，由于全球化背景下国家之间的关系总是延续的，因此可看作是一个无限期重复博弈。在此种博弈中，博弈双方都更加注重长期收益，因此在博弈不断重复的过程中会逐渐倾向于合作。同时不可忽视的是，参与者依然有背叛的可能，这是理性人的天性使然。

二、2012年中印关系：突破“困（僵）局”，深化合作内涵

中印关系目前总体来说竞争大于合作，另一方相对实力的提升会被认为是对自身安全的威胁。不仅在军事领域，两国在边界领土谈判、西藏问题处理、经贸纠纷解决等方面都陷入了彼此猜疑、相互遏制的境地。但是2012年，随着双方互动增强，却出现了一些新的可喜的迹象：一些旧有的囚徒困境问题在逐渐转向温和猎鹿博弈。如2012年12月，中印双方都认为在解决争议问题方面取得了缓慢进步。[①] 双方更加重视长期合作关系，不单纯追求单边利益最大化，而注重合作收益。

从图三的转化模型来看，中印当前不同领域的关系处在不同的进度之中，大致可分为四种情况：

（一）$\alpha \gg \beta$

在α远大于β的情况中，双方收益排列为：CC>DC>DD>CD，由

---

① “戴秉国：早日解决中印边界问题符合两国利益”，http://news.china.com/domestic/945/20121210/17573987_1.html；张雪：《印度外长称中印边界谈判正朝正确方向前进》，载于《环球时报》2012年11日。

于合作的收益远远大于背叛的收益，双方选择合作的倾向非常明显，由此形成积极型的猎鹿博弈。

中印之间的文化关系就是此种情况。两国文化交往的历史悠久，不存在竞争，反而在保护、宣扬本国传统文化方面具有共同的立场。

事实上，国家从某次文化交流中获得的收益对国家实力的提升及对国家安全方面的影响是潜在、缓慢的过程。双方采取合作态度的主要原因是β值过低，有时为零甚至为负值，也就是说国家的背叛行为在文化博弈中难以即时带来可见的高收益，因此国家选择背叛的意愿几乎没有。虽然文化博弈中双方积极合作带来的实质收益“不高”，却是中印合作关系发展快速、顺畅，内容不断丰富的一个领域。

2011年“中印交流年”与“中印文化旅游年”为中印文化交流开启了一个新阶段，2012年中印通过多种多样的活动将这种友好关系继续深入推进。例如，两国开展了“印度公路”展、第六届中国瑜伽体位大赛、孟买“中国旅游之夜”、“脉动中国”图片展等丰富多彩的文化活动。同时，两国通过人员往来增进互动，加深了解、创造好感。[①] 印度为了满足国内青少年对汉语学习的需求，与中国签署《国家汉办与印度中等教育委员会谅解备忘录》，决定从2012年4月起将汉语列入外语课程，首期在500所中学开设汉语课，并逐步在其下辖的11500所中学普及。

中印两国在全球化冲击下尚且都处于文化弱势，在文化发展上没有利益冲突，也没有一国的文化能够强大到对另一国的国家安全造成影响。同时，文化关系的积极型猎鹿博弈是两国在此方面交往成熟的体现，这也为其他方面的博弈创造了良好的合作氛围。文化作为一种软性因素，能够以“润物细无声”的方式加强双方联系，提升相互认识。可以预计，在将来相当长的一段时间内，中印文化关系仍将作为积极型猎鹿博弈稳定存在。

---

① “驻印度大使出席‘中国欢乐健康游’印度启动仪式”，http：//www.china.com.cn/international/txt/2012－02/29/content_24763659.htm。

（二）总体 α>β，有时 α≤β

在此种情况下，α 与 β 的差值不大，收益排列为：CC>DC>DD>CD；在偶然情况下会出现 α 小于等于 β 的情况，此时收益排列变为：DC>CC>DD>CD；因此是一般型猎鹿博弈。但由于两国关系总的是一种重复博弈，因此在那些少数背叛收益大于合作收益的情况下，双方会考虑到以后的交往而尽量选择不背叛。在实际情况中，国家有时会为了抚慰国内情绪、巩固政权而选择背叛，但是这种背叛是个别案例，造成的损失在总体交往收益中占比不大。中印之间的经贸关系可归为此类。两国经济结构的强互补性、经济发展战略的非冲突性都使得从总体上看 α>β，即双方合作的收益大于背叛的收益。中国经济发展重硬件，其基础设施经过 30 年建设已达到了世界领先水平；而印度经济重软件，即架构健康的产业结构，以信息技术、生物制药等高科技产业为贸易主要构成部分。在这一方面，中印具有极强的贸易互补性。中国可以参与印度地铁、发电站、机场等修建工作，而印度可以将高科技产品输入中国。在经济发展战略上，中国“十二五”规划提出大力发展服务业，而印度国家规划将集中发展制造业，这意味着未来中印两国可以实现产业互补。[①]

进入 21 世纪后，两国经贸合作发展迅速，“CHINDIA”[②] 也越来越多地出现在了国际机构的报告和各种外交场合中。目前，中国已是印度的最大贸易伙伴。2012 年，虽然由于中国经济放缓，前 6 个月中印双边贸易额回落至 340 亿美元，较去年同期下降约 4%，但是随着下半年经济形势的好转，预计 2012 年全年中印双边贸易额将达到 750 亿美元，[③]

---

① “印度削减贸易赤字剑指中国”，http：//epaper.21cbh.com/html/2012－11/01/content_36841.htm? div=－1。

② “Chindia”由“China”和“India”两个词组合而成，［印］杰伦兰密施：《理解 CHINDIA—关于中国和印度的思考》，银川：宁夏人民出版社，2006 年版，第 34 页。

③ “印度《电讯报》报道驻加尔各答总领事张利忠在商人商会的演讲”，中国外交部网站，

将略超出2011年的贸易额。两国预设目标是2015年实现1000亿美元的贸易额。

随着中印两国对经贸关系认识的提高，政府层面对经贸交流总量期待的增高，以及民间对相互投资的需求不断旺盛，两国之间的经贸交流会议、展览逐年增加。自2011年9月26日中印举行首次战略经济对话会议后，2012年无论是由中央部委层面牵头，还是地方政府组织，抑或行业商会自行发动，中印之间都进行了各个层次、各种目的的经济对话，签署了一系列合作协议。特别是8月，中国商务部长陈德铭与印度商业与工业部部长夏尔马共同主持中印企业家对话和中印经贸科技联合小组第九次会议，两国决定建立一个处理贸易争端的工作小组并出台一项两国未来五年合作计划。[①]

但是随着两国经济合作的加深，旧有矛盾未获完全解决，新的问题不断增多，主要是：印度认为在经贸数额上中国的收益大于印度（$\alpha 1 > \alpha 2$）。2011—2012财年，印度对华贸易逆差猛增42%，接近400亿美元。[②] 据印度商工部国务部长辛迪亚表示，这一数字在2006—2007财年还仅为91.5亿美元。造成贸易逆差巨大的重要原因之一是两国贸易构成的不均衡：印度对中国的出口主要为初级产品，2011—2012年度，有色金属、铁矿石、棉花占到出口总额的53%；而印度从中国的进口一半以上产品都为电力设备、反应堆、机械、锅炉等。[③]

通过合作，印度也收益不少，但对中国的相对收益偏小，这样产生

---

① 原文为：The two Asian economies have decided to set up a joint working group to address trade issues and also work on a five-year plan for furthering economic co-operation. "The joint working group will be established soon and it will give its recommendations in 90 days. We have also agreed to work on a five-year plan on economic co-operation. These have been proposed by Deming and we have welcomed and endorsed it," said Anand Sharma, commerce minister after a meeting with his Chinese counterpart Chen Deming. http://www.hindustantimes.com/India-news/NewDelhi/New-India-China-working-group-to-tackle-trade-issues/Article1-920187.aspx。

② "中印贸易顺差扩大'龙象'须共舞求贸易平衡"，http://www.cfi.net.cn/p20120807000524.html。

③ "印度高官承认减少对华贸易逆差的努力没能成功"，http://www.mofcom.gov.cn/aarticle/i/jyjl/j/201209/20120908319348.html。

的结果是印度国内压力增大，在博弈中“背叛”的倾向增重。明显的事例是，近两年印度对中国反倾销案件数量增多，导致包括太阳能电池、发电设备等中国产品被强制征收进口税。过去 3 年印度本土企业针对中国公司提出了 35 项倾销投诉，而印度政府 22 次采取了征收新税的保护主义政策。[①] 另外，印度政府也出台了一些不利于中国企业的规定，例如电信部明文限制中国企业参与基础设施和宽带网络建设，而欢迎美日韩等国家的企业。

国家之间，特别是经济大国之间，不存在贸易冲突的可能性几乎没有。要维护健康、持续的合作关系，使博弈关系由一般型猎鹿博弈向积极型猎鹿博弈转化，需要增大 α 与 β 的差值，也就是说需要提升两国合作所带来的收益。因而扩展利益交合、增进合作关系成为中印两国未来需要追求的目标。

（三）总体 $\alpha<\beta$，有时 $\alpha\geqslant\beta$

在这种情况下，大部分时候“背叛”收益大于合作收益，收益排列为：DC＞CC＞DD＞CD；在个别案例中合作收益大于背叛收益，收益排列为：CC＞DC＞DD＞CD。在这种博弈模型中，虽然双方尚处于囚徒困境中，但是由于已经认识到了重复博弈中合作对未来收益的重要性，遂 α 与 β 的差值有缩小趋势，博弈关系向一般型猎鹿博弈转化。在这种转化过程中，双方为了推动转化的继续进行，虽时而会选择背叛，但总体倾向合作。

2011 年中印关系曾一度紧张，两国甚至推迟了原定于 11 月举行的第 15 轮边界会谈。但是从 2012 年开始，中印政治军事关系稳步回升，基本摆脱了 2011 年的阴霾气氛，双方大力开展合作。

军事上，双方交流频繁，对冲突问题保持克制。5 月，中国海军“郑和”号训练舰抵达印度科钦港开始为期 4 天的友好访问。6 月，四艘印度海军舰艇访问上海。在中印边界战争 50 周年纪念期间，双方达成默

---

① “陈德铭新德里承诺进口更多印度产品”，财政一东方早报网，2012 年 8 月 28 日。

契，都以平和、冷静的态度谨慎对待。《印度斯坦时报》调查称超过80%的中国人都不知道1962年战争，[①] 而《印度时报》更以“是该埋葬1962年幽灵的时候了”[②] 为题，呼吁与中国和平相处。中国国务委员兼国防部长梁光烈9月2日访问印度，这是8年来中国国防部长首次访问印度。印度国防部长安东尼对会面高度评价：“我们对所有议题，包括边境地区问题进行了非常坦诚直率的讨论。”[③]

政治上，两国往来密切，将战略伙伴关系推进到一个新的高度。2012年初，国务委员戴秉国前往印度参加中印边界问题特别代表第十五次会晤，并会见印度总理辛格。访问期间，他在《印度教徒报》发表文章阐释中国善意，称“丝毫不存在所谓中国要进攻印度、打压印度的问题”。[④] 随后，中印两国外长通过互访或在多边舞台上的对话，对一系列问题进行了讨论。6月20日，总理温家宝在里约热内卢会见辛格。在印度新德里举办的金砖会议上，中国国家主席胡锦涛会见了辛格总理，两位领导人共同宣布2012年为“中印友好合作年”。

中印积极配合，共同应对国际重大问题。两国共同的发展中大国属性，以及相似的资源禀赋决定了其在国际舞台上的战略契合。两国不仅利用双边方式进行会谈，还广泛在包括金砖国家峰会、二十国集团会议、中俄印三国外长会晤、东亚峰会、孟中印缅地区合作论坛等国际机制中

---

① 原文为：“More than 80% of the Chinese population have no knowledge of the 1962 war with India and want the two neighbours to walk out of the shadow of conflict, a survey by state-run media said.” http://www.hindustantimes.com/world-news/China/Over－80－Chinese-have-no-knowledge-of-1962－war-survey/Article1－947522.aspx。

② “印媒呼吁印度‘埋葬战争幽灵’与中国和平相处”，http://world.huanqiu.com/exclusive/2012－10/3168777.html。

③ 原文为：“We covered a lot about the situation in the South Asia, Asia-Pacific region and we have covered a lot of issues,” Antony said, “We had a very frank and heart-to-heart discussion on all the issues … including in the border areas.” http://www.hindustantimes.com/India-news/NewDelhi/India-China-to-resume-joint-military-exercises/Article1－924266.aspx。

④ “1月16日，国务委员戴秉国在《印度教徒报》上发表署名文章称，丝毫不存在所谓中国要进攻印度、打压印度的问题”，“中国否认要进攻印度打压印度”，http://www.dfdaily.com/html/51/2012/1/17/731697.shtml。

进行合作。两国在气候谈判、利比亚、叙利亚等国际问题上也有着接近立场。

在热烈而友好的氛围中，中印关系中也存在着杂音：印度仍以夸大中国威胁为借口，大举扩充军备。印度军费增加惊人，2012 年至 2013 年财政年度军费开支大约为 400 亿美元，比上一年度增长 17.8%。据斯德哥尔摩国际和平研究所统计，印度 2007 年至 2011 年间成为全球最大武器买家。① 2012 年 4 月，印度试射了射程覆盖全中国、超过 5000 公里且能够携带核弹头的“烈火—5”型远程导弹，从而成功跻身洲际导弹俱乐部。

必须看到，在第三种情况中，虽然总体上双方更倾向于合作，但是不能消除 α＜β，即合作收益小于“背叛”收益所带来的影响，双方基于短期得失选择“背叛”的可能性依然存在。由于多年来的军事紧张感及历史冲突等原因，两国政治、军事关系不可能马上由“困境”完全过渡到合作，必然要经历一个有所反复、相互逐步达成共识，再逐步妥协或让步的阶段。

而在这个阶段中，两国政治军事关系的进步将会逐步降低“背叛”的可能性。如在边界问题上，两国通过签署《中华人民共和国政府和印度共和国政府关于建立中印边境事务磋商和协调工作机制的协定》，为维护边境地区和平安宁，加强信息沟通与交流提供了平台，增加了互信。相比以往，现在双方已经能够更加有效地避免冲突、降低军事紧张度，从机制上减小了“背叛”行为发生的可能性。

（四）α≪β

α 远小于 β 的这种情况中，博弈双方的收益排列为：DC＞CC＞DD＞CD。从数值意义上分析，此种结果产生的原因是合作所带来的收益过小；从实际情况分析，是双方共同的利益诉求过小，难以产生合作动力所致。另外，缺乏互信以及对未来的低预期值使得双方即使认识到了博

① “印度 2013 年军费开支将增加 17%”，http：//news. xinhuanet. com/mil/2012—03/19/c_122854085. htm。

弈将重复进行下去，也不会轻易改变选择。

因为，第一，不仅α与β差值大，α本身也过小，也就说多次合作的收益甚至远远不及一次背叛的收益多；第二，γ（己方合作对方背叛的收益）为负，且绝对值较大，即一旦自己选择合作而对方选择背叛，所遭受的损失是惨重的。此时，双方的博弈属于典型的囚徒困境，在博弈中，任意一方都不会轻易选择合作。

这种博弈模型主要是指双方有着利益的结构性矛盾，例如中印两国在地缘战略上的冲突，是两国崛起中实力提升的必然结果。印度的印度洋战略和东向政策与中国的周边战略有着根本上的冲突。冷战后，印度将中亚、东南亚、西亚和海湾国家视为“延伸的邻国”，[①] 定期与新加坡、泰国、越南和印尼等国举行联合演习，与日本、韩国等国发展军事交流。2012年印度与日本举行首次联合军演并召开了外务和防卫副部级对话，印军还对扼守马六甲海峡的安达曼—尼科巴群岛军事基地启动扩建计划。印度国防部长费尔南德斯2000年时就曾说过：“与印度有利害关系的地区将从阿拉伯海北部扩大到南中国海域。”[②] 印度支持本国公司争夺具有争议性质的128号油田事件，可被视作近年印度干涉南海事务较为明显的事例。

印度在战略上一步步紧逼中国的同时，中国也没有放慢在南亚的步伐。除了与巴基斯坦保持传统友谊外，中国也在谋求与尼泊尔、斯里兰卡、孟加拉国、缅甸进一步合作。2012年6月，温家宝总理在巴西会见不丹首相，提出愿意与不丹建立正式外交关系，早日划定两国边界。印度对中国海军舰队在印度洋护航，参与开发孟加拉的吉大港、巴基斯坦的瓜德尔港、斯里兰卡的汉班托特港和缅甸的实兑港都感到极度不安，认为中国在印度洋日益增强的海军实力会撼动印度的绝对优势。

全球化进程中，国家利益不仅限于国内，而且遍布全球，这就要求国家必须扩张相应的实力和影响力才能维护本国利益。另外，需求的增

---

① 蓝建学：《中印对外战略异同与双边关系》，载于《外交评论》2008年第3期，第38页。

② “美国斯特拉特福咨询公司：《印度在南中国海挑战中国》”，http://www.chinanews.com/2000-09-07/26/45297.html。

大也使得国家必须走出国门到周边地区，甚至世界各地获取资源，以确保本国的发展。因此，无论是印度的东向政策或是中国的周边战略都是不可逆转的，扩大影响力、推进与该地区国家合作是必然的选择。但是相近的新兴大国属性，又使双方形成了竞争关系。

在模型中，从两国关系的总体发展来看，要减弱选择“背叛”的倾向，主要有两种方式。第一种是提高 α 取值，即增大合作带来的收益。这种方式主要运用了两国关系中博弈的联动性，它不创造直接动力，因为双方即使选择合作，收益主要不来自本领域博弈，但是考虑到它可以为其他领域博弈创造互信氛围、促进合作进展而取得收益，双方也能获得某种间接的合作动力。

在美国重返亚太政策中，增强美印合作被列为了重要的一环。2012年，面对美国评价印度为“关键伙伴”、[①]“最重要的全球性伙伴之一”[②]的频频示好，印度政府应对非常谨慎。印度非常清楚，虽然与美国接近可以获得经济技术、军事实力的提升，[③]对印度入常的支持，以及联美制华带来的地缘安全优势。但是，疏远中国并不符合两国正在快速发展的经贸、科技、文化关系，也不利于边界问题、巴基斯坦问题等问题的解决。

第二种方法是减小 β，即减少背叛带来的收益。这种方式在国际关系中主要通过对另一方的背叛行为实施惩罚来减小其实际收益。它虽然具有一定的缺陷，因为在国际政治博弈中有时难以分清合作和“背叛”行为或者“背叛”行为所造成的损失短期内是不可见的，但在一些具体事件中却可以起到很好的警醒作用，消极却有效地促进双方合作。2009

① “2012年6月美国国防部长帕内塔访问印度时表示，印度是美国在该地区的‘关键伙伴’”，Leon Panetta calls for closer defence ties with India，http：//www.bbc.co.uk/news/world-asia－18336854。

② “2012年10月26日，美国常务副国务卿伯恩斯发表演讲时指出，随着印度的经济崛起及其在国际体系中日益增长的影响，印度已经上升成为美国‘最重要的全球性伙伴之一’”。

③ “实际上，在过去10年间，美国向印度出售的武器达到80多亿美元，其中53亿美元是在过去两年出售的，另外还有100亿美元军售正在进行中。美印军方在2011年联合进行了56项活动，是所有国家中最多的，其中包括多项联合军演”。

年，达赖访问藏南地区后，克什米尔反政府武装组织负责人法鲁克公开宣称将受邀访华，这被很多媒体解读为中国对印度的报复行为。无论中国是否真的在报复印度，触碰克什米尔这根敏锐神经已是对印度的重大提醒。2012年辛格在会见胡锦涛时再次表示，印度承认西藏自治区是中国领土一部分，不允许藏人在印从事反华活动。针对印度领导人对西藏问题的表示，中国主动释放善意，邀请印度驻华大使苏杰生访问西藏地区，这是十年来印度大使对西藏的首次访问。针锋相对的报复性措施虽然在短时间内会为两国关系罩上阴霾，但是从长期来看有利于双方学会以负责任的态度参与博弈。

三、中印关系展望：以重复博弈的视角

在探究囚徒困境的合作模式上，美国学者罗伯特·阿克塞尔罗德教授提出了一个著名的阿克塞尔罗德实验，[①] 这个实验得出“一报还一报”是能够获得相对最好结果的方法。阿克塞尔罗德认为，“一报还一报”能够获得稳定成功的原因是它综合了善良性、报复性、宽容性和清晰性。善良性，即不首先背叛，防止它陷入对方一连串的背叛中，减少了不必要的麻烦；报复性，即对方背叛后在下一轮博弈中立即背叛，可以使对方背叛一次后不敢再背叛；宽容性使得参与者不因对方的一次背叛而没完没了的报复，因此有助于迅速恢复合作关系；清晰性便于对方正确理解自身下一步的意向，从而达到长期合作。最后，他指出，参与者不应该妒忌，即参与者不应纠结于相对收益，不能要小聪明去占对方便宜，这样才能使合作顺利开展。

---

① 这个实验主要是，邀请不同参赛者设计程序参与一个模拟囚徒困境的计算机竞赛，参赛程序会被打乱分成不同的组合，每轮试验进行200次以上，在程序中双方均合作则每人得3分，若是一人背叛一人合作，则背叛者得5分，合作者得0分。参见［美］罗伯特·阿克塞尔罗德：《合作的进化》，吴坚忠译，上海世纪出版集团，2007年版。

国际政治现实比理论实验远为复杂，此外国际环境因素、领导人因素等也使分析更加困难，但是阿克塞尔罗德得出的这五点对当前中印关系的维护与发展也有不少借鉴意义。

第一，持续拓展、深化各层次交往，增强互信氛围。中印是亚洲最大的两个新兴国家，在许多方面有着相似的利益诉求，但是由于历史与政治上的原因，中印之间互动较少，两国彼此信心不足，交往层次还有待拓展。2012 年两国政府间互访频繁，几乎达到每月一次访问，这无疑对两国增进认识，交流对国内国际事务看法很有益处。但是两国民间层次的往来却较少，两国大众与精英层对两国关系认识脱节，民众多对对方国有误解，对中印应加强合作的认识不深，这是未来阻碍两国健康发展的一大隐患。与其他国际关系不同的是，媒体报道是中印关系的一大影响因素，两国领导人多次呼吁媒体客观报道，为中印关系营造良好氛围，但媒体失实报道的根本原因还是民间层次的互动较少，认识不深。

第二，加强机制化建设，提高各自战略透明度，避免战略误读，有效解决纷争。中印两国的冲突既有历史遗留问题，也有发展中产生的经贸、战略、军事等问题。与其他大国关系相比，中印机制化建立仍处在起步阶段，这就容易造成战略误读或误判、心理错觉等合作障碍。两国应逐步加强并完善各个领域的机制建设，不仅需要达成显性的明文规范，也需培养隐性的合作默契，明确彼此态度、意见，积极协调双方既定立场，避免不负责任的行为，甚至对“背叛”行为进行惩罚。这样在面对两国之间矛盾或国际重大事件时，双方能够避免过多猜忌，迅速启动一套程序进行有效磋商。

第三，培养大国风范，宽容对待相对得失问题。中印均已经意识到自己从一个发展中经济体正逐步迈向发达经济体，国家综合国力有了长足的进步，但在认识程度上，两国还只建立起了大国信心，尚未培养起大国风范。大国风范首先体现在宽容、开放，为了未来更持久的合作，允许对方在博弈中的相对收益多于自己。而目前，中印两国对对方实力增长，特别是军事实力、国际影响力的提升过于敏感，把任何多于自己的优势视作“背叛”，从而走入“困境”。

近年来虽然能够看到一些中印心态逐渐开放的迹象，例如中国接纳印度成为上海合作组织观察国，而印度则欢迎中国成为南亚区域合作联盟观察国，但是双方认识依然没有大幅度的改变。中国学者唐世平曾提出，中国在南亚的战略不是要遏制印度，而是要保证印度在南亚的领导地位不威胁中国的利益，中国的南亚战略应该是一种类似当年英国对欧洲大陆的战略：即若远若近的平衡。[①] 对于印度来说，政府及精英阶层已经认识到了消除对中国威胁的错误认知、正确认识中国的周边战略的必要性。中印均应学会尊重对方的国家利益，理解对方的战略抱负，支持对方的外交行动。2012年中印关系呈现合作趋进的良好态势，在未来双方需要共同努力，继续保持中印关系的稳定友好发展。

（杜宇　李渤）

① 唐世平：《中国—印度关系的博弈和中国的南亚战略》，载于《世界经济与政治》2000年第9期，第28页。

第七章
中非关系面临的机遇与挑战

［**内容提要**］2012 年，中非政治互信不断强化，经贸合作持续快速发展，中国与非盟的关系全面发展。中国已经成为非洲最有影响力的行为体之一。随着非洲经济的发展和国际形势的变化，中非关系也进入了一个新的历史发展时期。非洲经济的发展为中非经济合作提供了更多的机遇；非洲日益成为中国和平崛起重要的国际支持力量。与此同时，中非关系也面临新的挑战。中非间的政治分歧增加、经济摩擦上升；中非关系面临日益激烈的大国竞争；非洲一些国家政局动荡，中国公民的人身安全和投资安全问题日益突出。

金融危机以来，国际形势发生了深刻的变化。西方发达经济体先后陷入困境，全球范围内的“权力转移”正在加速，世界中心与边缘的关系出现历史性转换的趋势，国际体系转型进入关键期。随着非洲经济发展步伐不断加快，非洲国家的内部形势与对外关系都发生了较大的变化。中非关系也进入了一个新的历史时期，面临新的机遇与挑战。

一、稳定发展的中非新型战略伙伴关系

2012 年，非洲政治经济形势总体稳定，非洲国家的区域经济合作和

集体安全建设取得积极的进展，中非关系在各个领域的合作达到了一个新的高度。

(一) 中非政治关系全面发展

高层互访已成为中非关系的一个重要特征，2012年中非领导人互访与对话势头继续保持。

中国方面，中国外交部长杨洁篪于2012年初首访科特迪瓦、尼日尔、纳米比亚等西非三国。杨洁篪分别与三国签署了多项双边经济技术合作协定。在同纳米比亚外长乌托尼会谈时，杨洁篪强调“加强中非友好合作关系是中国对外政策的重要基石，也是中方长期、坚定的战略抉择”。[1]2012年，贾庆林、回良玉、李源潮等党和国家领导人分别对埃塞俄比亚等10个非洲国家进行了访问。通过访问，中非友谊得到巩固，双方互信进一步增强，为中非经贸合作全面、快速和持续发展奠定了基础。

在非洲方面，南非总统祖马、南苏丹总统基尔、埃及总统穆罕默德·穆尔西等13个非洲国家领导人相继访华。尤其引人注目的是，2012年7月在北京举行的中非合作论坛第五届部长会议中，包括南非总统祖马、非盟委员会主席让·平等多位非洲国家领导人在内，50个同中国建交的非洲国家部长和部分非洲地区及国际组织代表来华出席会议。胡锦涛主席出席了会议开幕式并发表重要讲话。多位中国领导人分别会见了来华与会的非洲国家领导人以及国际和地区组织负责人，温家宝总理和一些非洲国家领导人共同出席了第四届中非企业家大会开幕式，习近平副主席同一些非洲前政要一道出席了第二届中非民间论坛。会议通过了《中非合作论坛第五届部长级会议北京宣言》和《中非合作论坛第五届部长级会议北京行动计划》两个成果文件。会议的成功举行标志着，作为在平等互利基础上的集体对话合作机制，中非合作论坛不但促进了中非政治互信和经贸合作，而且成为引领中非新型战略伙伴关系发展的重要引擎。

在国际和地区事务方面，中非保持了密切的合作。中非双方在应对国际金融危机、气候变化、世界贸易组织多哈回合谈判等全球性问题上，继续保持了密切沟通与配合。中国常驻联合国副代表王民10月17日在纽约联合国总部在讨论非洲的发展议题时提出：发达国家应提高政治意愿，尽快全面履行各项对非援助和减债承诺。国际社会应努力扩大对非援助规模，加大对非促贸援助力度；应加强联合国对非洲的支持。[2]联合国应继续优先考虑非洲的特殊发展需要，确保联合国系统各机构工作重点与“非洲发展新伙伴计划”优先领域保持一致。2015 年后发展议程和联合国可持续发展大会成果后续落实也应特别照顾非洲的需要。非洲国家继续在涉及中国核心和重大利益的问题上给予中方坚定支持。在 2012 年底的联合国多哈气候大会上，同为“基础四国”成员的中国和南非保持了密切的沟通与合作。

中国政府积极回应非方诉求，不断拓展与非洲区域组织的合作。2012 年，中国与非盟的战略对话机制运行良好并取得积极成果。进入新世纪以来，在非盟的框架下，非洲国家的区域经济合作和集体安全建设取得积极的进展。中方重视非盟的“非洲发展新伙伴计划”在促进非洲发展和一体化方面的作用，支持非盟在解决本地区问题上的主导地位，支持非盟的“非洲和平与安全框架”建设，支持其为自主解决地区冲突所作的努力，反对外部势力出于自身利益干涉非洲内部事务。中方邀请非盟委员会加入中非合作论坛，加强中国与非盟在中非合作论坛框架下的对话与合作。中方宣布自 2012 年起 3 年内向非盟提供 6 亿元人民币无偿援助。[3]中国政府通过跨国跨区域基础设施建设、人力资源开发等多种方式，加大对非盟和非洲次区域组织能力建设的支持。2012 年，中国还与西非经济共同体建立经贸联委会机制。继东非共同体之后，中国与非洲次区域组织建立了第二个经贸合作机制。

（二）中非经贸合作保持快速发展势头

2012 年，在全球经济复苏乏力、欧债危机持续恶化的背景下，中国和非洲大陆仍然保持了较高的经济增长速度。中国经济稳健增长，增速约为 7.7%。据国际货币基金组织发布的报告，撒哈拉以南地区经济增长率为 4.8%，远高于全球 3.25%的增速。[4]基于中国与非洲双方经济活力，中国与非洲的经济关系和贸易关系显著增强。中国商务部数据显示，截至 2012 年 10 月，中非贸易保持了 20%的增速，高于全国外贸平均增速14个百分点，总额达到1639亿美元。中国对非洲的非金融类直接投资达到15亿美元，同比增加17%。[5]中国民间在非洲投资存量超过1000亿美元，再创历史新高。中国连续第二年成为非洲最大贸易伙伴，非洲已成为中国企业海外投资的重要目的地之一。在贸易总额增长的同时，中非贸易结构趋于优化。中国在非洲的投资与工程合作也取得一定进展。截至2012年10月，中国企业在非新签承包工程合同额382亿美元，完成营业额289亿美元，同比分别增长27%和6%，占同期中国对外承包工程营业总额的1/3。非洲已成为中国企业的第二大海外承包工程市场。[6]

随着中国经济的快速发展，中国已经成为非洲发展援助的最主要提供者之一。自2011年4月颁布《中国的对外援助》白皮书以来，中国对非洲援助步入了一个机制化的新阶段。中国对非援助稳步增长，为非洲国家援建了100多所学校、30所医院、30个抗疟中心和20个农业技术示范中心。中国兑现了向非洲提供150亿美元优惠性质贷款的承诺。[7]在2012年7月召开的中非合作论坛第五届部长级会议上，胡锦涛主席宣布了继续深化中非务实合作的新举措，明确了未来三年双方合作的方向和领域。中国政府承诺，中方将重点扩大投资合作、发展援助和支持非洲一体化建设三个方面的措施力度，回应了非洲人民的热切期待，得到与会各方代表的高度评价和国际社会的广泛关注。

（二）中国加大参与非洲和平与安全事务的力度

在安全合作方面，中国正日益参与到对非洲大陆的冲突与安全威胁的应对之中。中国在联合国安理会同非洲国家密切沟通协调，向非洲国家增派维和人员，在亚丁湾、索马里海域开展护航行动，积极参与非洲热点问题调解。进入21世纪以来，中国向联合国维持和平行动提供的维和人员增长了近20倍。中国维和部队主要部署在非洲，中国在非洲参与了所有7个维和行动，派出1500多名维和人员，是5个联合国常任理事国中派出维和人员最多的国家。中国积极参与非洲冲突后国家的经济重建。中国为非盟在苏丹、索马里和西非等地区的维和行动提供了相应的财政支持。中国为新独立的南苏丹提供了大量的安全支持，其中的投资为南苏丹的经济发展起到了重要作用。在基础设施援建、增加投资和就业机会方面，中国为相关国家的重建作出了重要贡献。中国政府承诺，为促进非洲和平稳定，中国将发起“中非和平安全合作伙伴倡议”，[8]深化同非盟和非洲国家在非洲和平安全领域的合作，为非盟在非开展维和行动、常备军建设等提供资金支持，增加为非盟培训和平安全事务官员和维和人员数量。

二、中非新型战略伙伴关系的新机遇

随着中国经济的发展和世界影响力的扩大，西方对中国战略疑虑日益加深。美国加快了战略东移的步伐，中国周边安全环境日益动荡。在新的国际形势下，为实现和平崛起的战略目标，中国更需借助国际力量的支持。深化中非战略伙伴关系，对我国创造战略机遇期日益重要。

（一）非洲经济发展为中非经贸合作提供更多的机遇

尽管全球经济形势复苏乏力，新兴经济体增长速度趋于放缓，但撒哈拉以南非洲地区表现良好。过去 10 年里，全球范围内 10 个经济增长最快的经济体中，有 6 个是非洲国家。[9]非洲经济发展的蓝图正在变成现实，非洲崛起的趋势愈加明显。

我国与非洲国家处于工业化进程的不同阶段，中非在经济结构优化、产业升级方面互补性较强。非洲是我国最具潜力的商品、服务贸易和工程承包市场。随着我国经济的快速发展，资源需求的缺口越来越大。进入 21 世纪以来，非洲石油已占到中国进口总量的 1/3。从趋势上看，我国战略资源的对外依存度将不断提高，非洲作为我国战略资源、原材料来源地的重要地位还将进一步凸显。

经济可持续发展和区域经济一体化在 2012 年成为非洲发展新的方向。越来越多的国家意识到可持续发展的重要性，开始摆脱依靠资源出口的依附型经济模式，大力发展工业，提高出口产品的附加值。随着非洲人口增加、经济复苏，我国在非洲商品市场存在较大拓展空间。非洲的经济增长将为我国拓展对非贸易和提升经贸合作水平提供新的机遇。中国与非洲将相互成为重要的经济合作伙伴，经贸合作作为中非关系的基础和驱动力的作用更加明显。

（三）非洲在中国外交战略的作用日益重要

在国际多边舞台的博弈中，非洲国家是中国外交相对稳定的国际力量。对中国而言，非洲不仅是我国经济可持续发展的战略支点，更是中国全面的战略伙伴，是中国推动国际秩序变革可以倚重的国际力量。继续加强中非在国际事务中的团结与合作，对中国拓展多边舞台的空间至关重要。

中国发展同非洲国家关系存在许多有利的条件。不同于中国与西方大国或周边国家的关系，中非关系基本上不存在战略冲突、领土主权争端，所面临的问题更多的是在利益层面。中非同属发展中国家，双方在许多国际问题上有共同立场。中国对非洲国家社会经济发展的援助和支持也为中非关系发展奠定了稳固的基础，中非双方都有进一步发展双边关系的强烈愿望。

随着中国跃升为世界第二大经济体，中国的经济增长与非洲的经济增长存在较强的互动关系。非洲国家更加看重中国的大国地位和作用，普遍看好中非合作前景。非盟轮值国主席贝宁总统亚伊在中非合作论坛第五届部长级会议上表示，当前，非洲国家联合自强，实现和平、稳定、发展的愿望更加强烈，希望同中国加强合作，共同应对粮食安全、可持续发展等方面的挑战；在国际事务中加强协调和配合，推动国际秩序朝更加公正合理的方向发展。[10]中非在政治、经济方面存在着广阔的合作空间。

三、中非关系面临的挑战

虽然从总体上看，我国发展对非关系存在诸多有利的条件，但随着国际政治、世界经济环境的变化，非洲内部形势和对外关系都发生了较大变化，其中的一些变化对中非关系的消极影响不容忽视。

（一）非洲民主化进程

中非合作关系所面临的新问题或新挑战，有相当大一部分均与非洲国家内政、外交方面的变化密切相关。始于20世纪90年代的政治民主化已经成为非洲形势发展的趋势。随着非洲民主化进程的推进，非洲国家的社会趋于多元化。加上非洲民主政体下的言论自由，以及政治派系的权力斗争，中非关系快速发展中出现的一些负面问题被放大，使中非关系所面临的社会和舆论环境趋于复杂化。政党轮替使得非洲国家政权更迭频率加快，新一代通过民选且接受欧美教育的领导人上台，非洲政治生态环境就将发生变化。这既不利于维系政府政策的连续性，也容易导致国家内部的权力斗争影响中非关系发展。中非在国内政治层面的政治诉求差异性扩大，将使中国在非洲发展面临更大安全风险和新的政治难题。

（二）利益冲突与资源民族主义

虽然总体而言，中非经济存在互补性，但具体到一些特定的产业，却可能是一种竞争关系。随着中非关系的不断推进与经贸合作的深化，中非利益失衡的现象正在出现。中国的产品对非洲部分朝阳产业的冲击已经引发争议。加上政党竞争、选举因素的影响，促使非洲国家的各种政治势力更加关注利益得失。近年来中非经济利益摩擦事件呈上升趋势。非洲经济虽然持续保持增长势头，但非洲多数国家经济是一种外向型经济，易受国际经济环境变化的影响。在世界经济走势仍充满变数，非洲自身经济基础比较薄弱、结构性问题突出、经济走势存在较大不确定性的情况下，多数非洲国家的经济发展缺乏内驱力，与我国经济合作中的利益敏感度越来越高。

随着跨国公司开拓非洲资源市场的延展，非洲国家资源民族主义思潮开始兴起，出现了资源国对本国资源强化控制的趋势。2012年，加纳政府宣布外国矿业公司向政府缴纳的公司税由25%提高到35%；对所有矿业公司征收10%的超级利润税。在赞比亚，政府提出将外国矿业公司的矿业金属开采权利金提高一倍，达到6%。在几内亚，政府提出其在铁矿开采的股份应不少于15%，远期目标是占股20%。世界经济复苏的不确定性，不仅使中国和非洲国家的经济面临严峻挑战，同时，也将使中非经济合作中的政治风险上升。

（三）非洲日益成为大国博弈的舞台

中国作为经济与政治强国的崛起得益于与其他发展中国家保持良好的合作关系。随着中非合作涉及的利益攸关方不断增多，中非关系在国际体系层面所面临的问题将越来越具挑战性。中国在非洲的活动愈益引起国际社会的关切。不仅西方大国基于战略利益考虑出台一系列军事重返非洲的举措，一些新兴国家也纷纷提升其对非战略的层级，加大对非洲的关注和投入力度。世界主要国家，特别是西方大国都是在非洲极具影响力的国家，其对非战略或政策的调整，必然使我国开展对非合作面临激烈的国际竞争。

在西方看来，中国的发展模式及对非合作的政策理念、行为方式，不仅局限于经济层面，还具有价值观意义。西方与中国在经济或观念层面的博弈日益包含战略含义，认为中国在非洲的活动已经对西方主导的国际秩序构成挑战。中非关系发展面临新的压力和挑战，中国模式所体现的价值理念以及发展方式，不断遭到西方歪曲和抨击。不断增加的各种对非合作机制压缩了中非合作论坛的发展空间。我国与西方大国在非洲的经济利益博弈、价值观冲突、地缘政治竞争的态势已然显现。

随着中非关系面临竞争压力的加大，非洲对华友好立场也产生了分化。非洲国家更加注重维系与大国关系的平衡，并欲借大国之争实现利益最大化。其在对外关系中实用主义色彩愈加突出。绝大多数非洲国家对大国参与在非洲的竞争和合作理念的多样化都持欢迎态度，认为这将为非洲提供更多的机会。作为非洲头号大国的南非，视自身是外部通往非洲的“通道”，希望能与中国在非洲开展三边合作。[11]

中国要想在非洲获得长期、稳定的利益，避免在“走进非洲”的进程中发生剧烈的正面冲突，就必须正视和化解与西方的分歧。实际上，在维护非洲大陆的安全稳定等许多方面，中国与西方并不是完全的竞争关系，有必要加强与西方国家的协调与合作。我国应以更加开放的姿态，适度参与包括三方合作在内的国际经贸合作。

（四）和平与安全合作面临新形势

由于种种原因，非洲大陆近年来战乱与冲突频发，面临的和平与安全威胁呈上升态势。相关国家的乱局不仅对周边国家产生示范效应，而且直接影响到次区域局势稳定。部分国家政局动荡成为域外大国武力干涉内政的借口。政局动荡和外来势力干涉致使一些国家领导人非正常更替。

2012 年 3 月，一场军事政变推翻了马里民主选举产生的政府。随后分离主义者和与“基地”组织北非分支有联系的伊斯兰派系控制了马里的大半土地。4 月初，刚果（金）发生军事政变，组成了反政府武装“3 月 23 日运动”（M23 运动）。该组织在 11 月占领了北基伍省首府戈马，并引发了严重的人道主义灾难。造成刚果（金）国内 240 多万人流离失所，其中 6%为妇女儿童。安理会强烈谴责了其对平民、联合国驻刚果（金）维和部队和人道主义人员的袭击。[12] 11 月，埃及总统穆尔西颁布宪法声明，引发埃及各地穆尔西支持者与反对者的冲突。为平息国内的示威和冲突，穆尔西宣布对宪法草案进行公投。虽然宪法草案最终以微弱多数通过，但以穆斯林兄弟会（穆兄会）为首的伊斯兰势力与自由世俗派别之间，围绕宪法草案及宪法声明产生尖锐矛盾，国内政治力量分化为对立两派。[13] 中东其他民主转型国家突尼斯、利比亚、也门同样面临如何稳定政局、振兴经济、改善民生、实现全国和解等严峻挑战。在非传统安全方面的挑战也日益严峻，马里的“伊斯兰马格里布基地组织”、索马里“伊斯兰青年运动”和尼日利亚“博科圣地”等恐怖组织呈现出互相联系、互相渗透的趋势，未来可能会造成更大的威胁。[14]

随着中国公司在非洲投资的增加，非洲的和平与安全对中国投资安全的影响日益突出。自 2011 年 7 月苏丹通过公投实现南北分治之后，双方在边界划分、石油利益分配等问题上争议不断。2012 年 4 月，双方因南北交界处哈季利季油田的归属问题再次爆发武装冲突。虽然在国际社会的努力下，双方于8月达成了有关协议，但直到目前仍未实现完全复产。中国是独立后南苏丹的最大石油投资国，南北苏丹占中国原油进口量的5%以上，是中国在非洲的主要海外原油供应国。经过多年运作，中石油已在南北苏丹拥有其在海外最大、最完整的石油产业链，覆盖上中下游及相关港口设施。此次石油生产的中断，对于中国在非石油利益造成严重冲击。事实上，中国在非其他能源合作区域大多处于动荡地带，也面临相似的境遇。

如同其他国家在非洲的公司所面临的情况一样，中国在非洲的设施和工人也日益成为多个国家的非政府武装的攻击目标，涉及中国公民在非人身安全事件频发。2012年1月29日，苏丹反政府武装扣押了29名中国人。两天后，又有25名中国人在埃及遭到绑架。这两起中国工人遭受绑架的恶性事件的共通之处是，通过绑架中国人向政府施压，满足自己的政治诉求。在3月份的马里军事政变中，在其首都巴马科发生了多起抢砸华人经营商店的案件。在非洲华人大多生活在动荡或治安环境差的地区，如何向当地中国公民提供保护，是中国面临的紧迫问题。

参考文献：

[1] 新华网：杨洁篪同纳米比亚外长举行会谈，http://news.xinhuanet.com/2012－01/05/c_111379596.htm。

[2] 中国新闻网：中方在联合国就促进非洲稳定与繁荣提出三点建议，http://news.sina.com.cn/o/2012－10－18/050325381507.shtml。

[3] 新浪网：我国将在3年内向非盟提供6亿元人民币无偿援助，http://news.sina.com.cn/c/2012－01－29/032623850082.shtml。

[4] IMF：World Economic Outlook Update，http://www.imf.org/external/pubs/ft/weo/2013/update/01/index.htm。

[5] 中国商务部：中非经贸合作在互利共赢中深化发展，http://www.mofcom.gov.cn/aarticle/ae/ai/201212/20121208500977.html。

[6] 中国商务部：中非经贸合作在互利共赢中深化发展，http://www.mofcom.gov.cn/aarticle/ae/ai/201212/20121208500977.html。

[7] 胡锦涛：开创中非新型战略伙伴关系新局面，http://www.gov.cn/ldhd/2012－07/19/content_2187072.htm。

［8］胡锦涛：开创中非新型战略伙伴关系新局面，http：//www. gov. cn/ldhd/2012－07/19/content_2187072. htm。

［9］新华网："回望 2012"关注撒哈拉以南非洲地区，http：//news. xinhuanet. com/video/2012－12/26/c_124153102. htm。

［10］新华网："回望 2012"关注撒哈拉以南非洲地区，http：//news. xinhuanet. com/video/2012－12/26/c_124153102. htm。

［11］"South Africa：Country Strengthens Its African Position At Brics，"AllAfrica，28 March 2012，http：//allafrica. com/stories/201203280841. html。

［12］人民网：安理会敦促刚果（金）反政府武装撤离戈马，http：//world. people. com. cn/n/2012/1121/c157278－19652722. html。

［13］人民网：埃及新宪法草案获通过反对派呼吁抵制，http：//world. people. com. cn/n/2012/1226/c157278－20016011. html。

［14］新华网："回望 2012"关注撒哈拉以南非洲地区，http：//news. xinhuanet. com/video/2012－12/26/c_124153102. html。

（王辉）

第八章

国际反恐形势述评

[内容提要] 2012年美国加快从阿富汗撤军步伐，小布什“反恐至上”的反恐时代正式结束，但国际恐怖活动并未因反恐时代的终结而消失。2012年伊拉克、巴基斯坦和阿富汗的国内安全依然受恐怖活动困扰，非洲的反恐形势进一步恶化，索马里、尼日利亚的恐怖活动继续攀升。马里的恐怖活动与混乱的内战交织在一起，成为国际社会关注的焦点。中国新疆和田的“6·29”劫机事件反映了中国面临的恐怖主义的严重威胁。伴随着中东、西亚局势的动荡，伊斯兰极端力量重新抬头，极端宗教势力在中东、中亚等地区有再次兴起的势头，这将对中国西部边境形成新的威胁。

2012年是“后拉登”时代国际反恐的重要一年，以美国全面调整阿富汗政策、加快从阿富汗撤军步伐为标志，小布什“反恐至上”的反恐时代正式结束。

根据“经济与和平研究所”发布的《2012全球恐怖活动指数》报告，自2007年以来，恐怖袭击死亡人数下降了25%，国际恐怖活动的烈度呈下降趋势。[1] “基地”组织的势力也受到显著削弱，继2011年拉登被击毙后，2012年“基地”再遭打击，6月4日，美国无人机炸死“基地”组织二号人物阿布·叶海亚·利比；12月9日，被认为是利比接班人的“基地”高级领导人阿布·扎伊德·科威又被美国发动的无人机击毙。

然而恐怖活动并未因反恐时代的终结而消失。2012 年，恐怖主义依然是国际社会中最引人瞩目和敏感的话题之一。伊拉克、巴基斯坦和阿富汗的国内安全依然受恐怖活动困扰。在马里，恐怖活动与混乱的内战交织在一起，成为国际社会关注的焦点。新疆和田“6·29”劫机事件的发生则反映了中国面临恐怖主义的严重威胁。

一、伊拉克、巴基斯坦和阿富汗依然是受恐怖活动影响最严重的国家

(一) 伊拉克

2011 年底美军撤离后，伊拉克国内暴力事件减少，国际社会对伊安全形势的好转一度感到乐观。然而，伴随叙利亚危机的升级，2012 年伊拉克的恐怖活动大有卷土重来之势。7 月 23 日，伊拉克全国多地发生大规模恐怖袭击“浪潮”。据英国 G4S 安保公司驻伊派出机构统计，当天死亡人数为 111 人，受伤 214 人，成为 2011 年 8 月以来伊拉克最血腥的一天。7 月 24 日，又有多地发生袭击事件。

伊拉克安全形势再度恶化的原因主要有两点：首先，西亚北非的乱局，特别是叙利亚的乱局对伊拉克局势产生了直接的影响。自叙利亚局势恶化以来，一些西方国家为支持叙利亚反对派，对一些极端势力采取了纵容和支持的态度，甚至不惜为恐怖分子提供武器，这实际上帮助了“基地”势力在伊拉克重新抬头。7 月 22 日，“基地”组织伊拉克分支通过互联网公然宣称要在伊拉克发动新攻势，随后两天的血腥恐怖事件也证明这并非戏言。“基地”势力卷土重来，对包括伊拉克在内的叙利亚等周边国家都将产生巨大威胁。其次，叙利亚问题再度加剧了伊拉克教派对立，这是伊安全形势不稳的另一个重要原因。2011 年底美军撤离后，伊拉克的教派矛盾弱化，暴力事件减少，伊拉克安全形势一度朝着好的方向发展。但随着叙利亚动荡的加剧，伊教派矛盾再度激化，暴力冲突

又现抬头之势。随着伊拉克宗教和种族矛盾的不断激化以及“基地”组织等极端势力的重新活跃，伊拉克动荡不定的局势将长期化。

（二）阿富汗

按照调整后的阿富汗政策，2012年美国与西方国家加快了从阿富汗撤军的步伐，继2011年从阿富汗撤出1万名士兵后，美国在2012年又完成2.3万的撤军计划。到2014年底，美军所有作战部队将撤出阿富汗。美国和西方国家希望在其帮助下，阿富汗安全部队将逐渐接管本国安全事务。

然而，伴随着西方国家撤军的脚步声，阿富汗境内的恐怖爆炸也不断响起。由于2月20日发生了驻阿富汗巴格拉姆空军基地的美军士兵焚烧《古兰经》等宗教书籍的行为，塔利班声言要进行报复。2月27日，阿富汗东部一个军民两用机场遭汽车炸弹袭击，造成10人死亡，12人受伤，塔利班宣布对袭击事件负责。4月15日，塔利班武装分子在阿富汗首都和另外三座城市的7个地点，针对美国和北约部队基地、阿议会和一些西方国家使馆发动了一系列攻击。进入5月，塔利班的春季攻势越来越猛，频繁袭击北约领导的驻阿国际安全援助部队、阿安全部队和阿政府高官，并造成大量平民伤亡。驻阿富汗国际安全援助部队（ISAF）的数据显示，自春季以来，阿境内塔利班发动的各类袭击事件数量呈上升趋势。据统计，武装分子在2012年5、6月份，每个月的恐怖袭击事件达3000起，同比2011年上升21%。

到2012年10月7日，阿富汗战争整整打了12个年头。塔利班当天发表声明，嘲笑美国在阿富汗的军事行动，认为失败令美国得到“惩戒性的历史教训”。阿富汗的恐怖袭击持续到年底，12月2日，一名自杀式袭击者在美军驻阿富汗一个重要基地外引爆炸弹并发射火箭导致12人死亡。12月6日，阿富汗国家安全局局长在一次塔利班制造的恐怖爆炸袭击中受重伤。

这些事件凸显了阿富汗在2014年北约战斗部队撤出前面临的安全挑战。

塔利班之所以频繁实施暴力袭击活动，除了对美军焚烧古兰经的行为实施报复外，还意在向美国和阿富汗政府显示自己的实力，同时也是为今后的谈判争取更多的筹码，在为今后谈判桌上得到的一些好处。看来随着阿富汗部队逐渐接管本国安全事务，阿富汗将面临一段艰难的过渡时期。

（三）巴基斯坦

巴基斯坦近年被绑在美国在阿富汗的反恐战车上而不能自拔，陷入恐怖主义内战[2]，雪上加霜的是，由于2011年美巴间接连发生的恶性事件，尤其是2011年11月底北约越境空袭致巴基斯坦士兵死伤事件让两国间裂痕一再加深直至破裂边缘。自2001年美巴建立反恐同盟以来，美国在反恐问题上在很大程度上依赖于与巴基斯坦的合作。美国不断对巴基斯坦予以经济援助，巴基斯坦也在清剿阿富汗武装分子等方面给予美国情报信息上的配合。美巴关系的恶化对两国的国家利益尤其是美巴反恐合作构成了严重损害。

截至2012年12月16日，2012年巴基斯坦在恐怖袭击中丧生的人数为5962人[3]，从死亡人数看这一数字比2010年和2011年有所下降，但巴基斯坦整体安全形势依然严峻。巴基斯坦与美国军事合作等助美反恐行为引起巴基斯坦塔利班的严重不满。2012年，位于巴基斯坦西北部落区、被认为是巴基斯坦塔利班据点的白沙瓦频频遭到袭击。3月15日，白沙瓦发生自杀式炸弹袭击事件，造成至少3名警察死亡；9月3日，白沙瓦的美国领事馆及外国援助机构驻地附近发生炸弹爆炸，有2名美国人在爆炸中丧生；12月15日晚，白沙瓦国际机场遭汽车炸弹和火箭弹袭击，造成10人死亡，50多人受伤；12月22日晚，一名自杀袭击者在白沙瓦的一个政治集会上引爆炸弹，造成巴基斯坦开伯尔—普什图省高级部长巴希尔·比洛尔及另外9人死亡。

巴基斯坦政府在反恐方面既要面临来自美国霸权主义的强势外交政策，又面临国内分离主义和极端主义的泛滥。其中，巴基斯坦分离武装“俾路支解放军”的破坏性最大。“俾路支解放军”长期活跃在俾路支省附近，近年策划并实施多起针对政府、军方及外国工程人员的袭击事件。2012年1月12日，“俾路支解放军”袭击了在俾路支省巴利达地区的巴基斯坦巡逻车队，造成14人死亡；1月31日晚俾路支省的3个检查站遭袭，造成至少16名安全部队士兵丧生；8月7日，巴基斯坦准军事部队的一辆汽车又在俾路支省遭路边炸弹袭击，造成3人死亡。截至12月9日，2012年俾路支省恐怖爆炸事件的死亡和受伤人数分别为182人和641人，创下近年最高纪录。

值得注意的是，除了上述伊拉克、巴基斯坦和阿富汗三国外，中东、西亚一些国家的伊斯兰极端势力借着中东政局动荡的机会趁机扩大影响，如在叙利亚的动荡局势中，“基地”组织等极端势力的活动使叙利亚的安全局势更加复杂化。2012年年初以来，叙利亚不断遭遇恐怖袭击，5月10日，首都大马士革接连遭遇两起爆炸袭击，造成至少55人死亡，两起爆炸显现了“基地”组织袭击战术。5月11日，叙利亚第二大城市阿勒颇的执政党党部遭遇爆炸袭击并发生枪战，一名安全保卫人员丧生。同一天，叙利亚安全部队在阿勒颇截获一辆搭载1.2吨爆炸物的汽车，挫败自杀袭击阴谋。据称这些爆炸事件是一个名为“胜利阵线”的恐怖组织制造的，媒体认为该组织与伊拉克境内的“基地”组织有密切联系。考虑到恐怖活动对叙利亚安全的破坏性，美国已将“胜利阵线”列入恐怖组织名单。

2012年也门的反恐形势也进一步恶化。自2011年也门局势发生动荡以来，“基地”组织阿拉伯半岛分支趁乱夺取了南部阿比扬省和舍卜瓦省多处城镇，并与政府军激烈对抗。也门政府为压缩“基地”组织的势力范围，采取了严厉的打击措施。2012年6月，在美军无人机和美国军事专家的协助下，也门政府重新夺回南部阿比扬省等主要省份，这招致了“基地”组织的疯狂报复。5月21日，穿着安全部队士兵制服的“基地”组织成员在阅兵仪式排练现场引爆身上的炸药，这起严重自杀式袭击造成至少90多名士兵死亡，200余人受伤。8月18日，也门南部港口城市亚丁的军方情报总部遭汽车炸弹袭击，造成至少14名士兵死亡。

也门政治学专家阿卜杜—哈尼·马维里指出，在这场政府和恐怖主义组织的长期对抗中，“基地”组织趁乱局扩大了实力，而政府军为了保存实力却在内部消耗中四分五裂，这就导致也门恐怖袭击事件越来越升级，国家安全受到严重威胁。

除了“基地”组织，盘踞在也门南部的分裂势力“南方运动”以及北部的胡塞反政府武装也都是也门政府难以铲除的恐怖主义根源。

二、非洲反恐形势进一步恶化

（一）尼日利亚

根据“经济与和平研究所”发布的“全球恐怖活动指数”最新分析报告[4]，全球恐怖袭击指数最高的前十位国家中，非洲国家有两个，即索马里和尼日利亚。除索马里的反恐形势继续恶化以外，尼日利亚近年的安全局势也堪忧。该报告显示，2008年“全球恐怖活动指数”尼排名第16位，2009年为第11位。2011年，尼发生恐怖活动168起，共造成437人死亡、614人受伤，全球恐怖主义指数（GTI）为7.24，在158个国家和地区中排名第7位。

2012年尼日利亚的恐怖活动继续攀升。尼日利亚的伊斯兰极端组织“博科圣地”于2012年1月份发动的几波恐怖袭击就造成近千人丧失生命，其中1月20日对北方第二大城卡诺警察局、省安全局和移民局的攻击，受害者就高达200多名。“博科圣地”在中东变局后的发展十分迅速，与伊斯兰马格里布基地组织的联系日趋密切，并大有向撒哈拉以南非洲蔓延的态势。

尼日利亚国内最大的反政府武装——“尼日尔河三角洲解放运动”，因经济利益的分配不均和对尼日利亚政府的不满而多次制造破坏石油设施的袭击活动，该组织2月4日袭击了该国东南部巴耶尔萨州的一条石油管道。

（二）马里

西非另一国家马里2012年陷入混乱的内战，成为国际社会关注的焦点。3月21日马里突发军事政变，民主选举的政府被推翻。“基地”组织分支等极端势力乘虚而入。有消息证实，占领北部军事重镇通布图的一支叛军与伊斯兰马格里布基地组织存在紧密的联系，他们试图结盟在马里全境建立一个“伊斯兰政权”。目前，马里北部通布图、加奥和基达尔三大区已被“西非圣战统一运动”和“伊斯兰马格里布基地组织”等极端宗教组织和恐怖势力占领。

由于担心马里成为又一个“阿富汗”，国际社会多次磋商解决方案。12月20日，联合国安理会通过决议，授权一支以非洲国家为主导的国际部队进驻马里，重建自政变以来混乱不堪的军队，并打击马里北部与“基地”组织有关的恐怖组织。

（三）利比亚

后卡扎菲时代的利比亚局势也不稳定。在电影《穆斯林的无知》所引发的反美浪潮中，美国驻利比亚班加西领事馆于9月11日遭遇恐怖袭击，美国驻利比亚大使克里斯托弗·史蒂文斯和3名馆员在袭击中丧生。恰逢“9·11”周年，美国驻班加西领事馆遇袭被认为“不是巧合”。美国参议院情报委员会主席迈克·罗杰斯认为：“一些细节仍然模糊，但清晰的是，它（袭击）带有‘基地’袭击的全部特征。”

三、中国的反恐形势依然严峻

不可否认，中国的反恐已经取得重大成就，公安部2012年4月初表示：中国公安机关近年来会同有关部门立足境内境外两条战线，成功侦破了数十起恐怖活动案件，挫败了恐怖袭击图谋，沉重打击了“东伊运”恐怖活动组织，打掉其在境外建立的多个招募人员接应站点，有效阻止了一批企图非法出境加入其组织的“三股势力”人员。与此同时，反恐怖各方面工作取得了长足的进步和发展，反恐怖能力得到提高。[5]

但受近期国际局势和国际恐怖主义活动的影响，中国依然面临严峻的反恐形势。2012年“全球恐怖活动指数”（GTI）的最新分析报告指出，在恐怖主义影响程度的国家排名中，中国在158个国家中排名第23

位[6]，这意味着中国比美国和欧洲国家（美国排名第41，英国排名第28）更容易遭受恐怖分子袭击。尤其是伴随着中东、西亚局势的动荡，伊斯兰极端力量重新抬头，极端宗教势力在中东、中亚等地区有再次兴起的势头，这将对中国西部边境形成新的威胁。

阿富汗和巴基斯坦安全局势的走向与中国的西部安全密切相关。早在20世纪90年代阿富汗内战期间，“东突厥斯坦伊斯兰运动”等“疆独”势力就曾藏身于阿富汗境内的“基地”组织训练营，并在实战中学习爆炸、刺杀等恐怖技能，对中国国家安全构成严重威胁。[7]现今随着美国等西方国家撤军进程的加快，美国在阿富汗和巴基斯坦的军事存在必然受到削弱，“基地”组织有可能再度崛起，“东伊运”等恐怖组织也会跟随“基地”组织的“复活”而活跃。

在中亚，美国削减在阿富汗驻军很有可能给“乌伊运”等极端恐怖组织提供更大活动空间，甚至不排除其在中亚建立根据地、收留包括“疆独”分子在内的极端势力、成为中亚地区恐怖活动策源地的可能。专家认为，鉴于塔吉克斯坦、吉尔吉斯斯坦等国与中国新疆地区接壤，其安全形势恶化必将“外溢”至新疆，部分恐怖分子或将以新疆为跳板向东部地区渗透，威胁中国西部边陲稳定乃至整体国家安全。[8]

尤其值得注意的是，中亚的宗教极端组织“伊扎布特”近年加大了对中国边疆地区的渗透，其明显的暴力恐怖化倾向给中国国家安全带来现实的威胁。

伴随着叙利亚局势的恶化，中国国内的恐怖组织与国际恐怖组织实现了内外勾连。根据10月29日《环球时报》的报道，2012年5月以来，“东突”组织依照“基地”组织的指令纠集成员，组成“圣战”小组潜入叙利亚参与内战。中国现代国际关系研究院安全与战略研究所所长李伟认为：“东突”恐怖分子介入叙利亚局势的目的很大程度上是为了获得其他国际恐怖势力的认同与支持，企图借此在未来得到“帮助”。

2012年中国国内的恐怖主义情势也引起国内外的关注。6月29日新疆和田至乌鲁木齐航班上发生劫机未遂事件。10月8～9日，国内先后有三架航班收到恐怖威胁信息，对航行秩序造成严重的影响。近年来国际恐怖组织把发布虚假恐怖信息作为干扰国际反恐的一种手段，2012年发生在国内的这几起事件引起人们对航空安全的担忧。

从2012年世界恐怖活动的发展来看，中东西亚持续的动荡局势给国际恐怖主义势力以可乘之机，叙利亚、马里等国的恐怖活动说明大多数恐怖袭击发生在广泛的冲突背景中，大国的有倾向性的干预可能会使动荡的局势雪上加霜。国际社会和中国仍面临长期而严峻的安全挑战。

参考文献：

［1］The Institute for Economics and Peace（IEP），2012 Global Terrorism Index，http：//reliefweb. int/report/world/2012－global-terrorism-index-capturing-impact-terrorism－2002－2011，上网时间：2012年12月10日。

［2］王世达：《全面调整阿富汗政策及其影响》，《南亚研究》2012年第2期。

［3］www. satp. org，南亚恐怖主义研究网站，上网时间：2012年12月18日。

［4］The Institute for Economics and Peace（IEP），2012 Global Terrorism Index，http：//reliefweb. int/report/world/2012－global-terrorism-index-capturing-impact-terrorism－2002－2011，上网时间：2012年12月10日。

［5］"公安部公布第三批认定的恐怖活动人员名单"，新华网，http：//news. xinhuanet. com/legal/2012－04/06/c_122933328. htm，上网时间：2012年12月1日。

［6］The Institute for Economics and Peace（IEP），2012 Global Terrorism Index，http：//reliefweb. int/report/world/2012－global-terrorism-index-capturing-impact-terrorism－2002－2011，上网时间：2012年12月10日。

［7］王世达：《全面调整阿富汗政策及其影响》，《南亚研究》2012年第2期。

［8］王世达：《全面调整阿富汗政策及其影响》，《南亚研究》2012年第2期。

（朱素梅）

第九章
东南亚形势与中国周边安全

［**内容提要**］2012年东盟与中国关系继续向前发展：经济合作不断深化，双方高层往来频繁，防务和安全领域的交流与合作进一步加强，这为中国创造了和谐有利的周边环境。2012年缅甸的变革令世人瞩目，缅甸国内因民族问题而爆发的武装冲突影响到了中国的能源和边境安全。东南亚一些国家在南海不断挑起事端，使南海问题继续发酵，对地区和平、安全和稳定造成了挑战。在美国“重返”东南亚政策进一步实施的同时，其他一些域外大国也加大了对东南亚的投入，中国在东南亚面临更加复杂的大国博弈。

2012年的东盟与中国关系发展如何？处于重要变革中的缅甸是与中国山水相连的友好邻国，其国内民族武装冲突对中国的安全有何影响？2012年南海争端有何发展变化？美国调整亚太战略，在亚太布局，2012年如何加大对东南亚的投入？其他大国与重要性日益凸显的东南亚又如何增强双方关系？本文拟对上述与中国周边安全环境和态势密切相关的问题进行综述和分析。

一、东盟与中国关系深入发展，有利于中国创造和谐的周边环境

（一）双方经济合作进一步发展，加深了区域经济融合

2012年是《中国—东盟全面经济合作框架协议》签订10周年，也是中国—东盟自由贸易区建设10周年，双方经贸关系更加密切。1月1日，《关于实施中国—东盟自贸区〈服务贸易协议〉第二批具体承诺的议定书》正式生效，这是中国与东盟在自贸区建成后取得的又一重要成果，进一步促进了中国与东盟各国经济的融合。2012年，中国与东盟贸易额创历史新高，达4000.93亿美元，增长了10.2%。中国已连续四年是东盟的最大贸易伙伴，东盟继续是中国的第三大贸易伙伴。[①] 同时，中国—东盟自贸区协定进一步完善。11月19日，在金边举行的东亚系列峰会期间，中国与东盟签署了在中国—东盟自贸区框架下的两份议定书，其主要内容分别是明确中国—东盟自贸区联合委员会的法律地位和职责范围，确定中国与东盟国家之间的沟通协调机制，及时磋商解决各方企业遇到的技术性贸易壁垒问题，从而为广大工商界营造更加优惠便利的经营环境，促进各国经济的共同发展。

中国—东盟博览会继续发挥着自贸区“助推器”的重要作用。9月下旬，以“科技合作”为主题的第九届中国—东盟博览会、中国—东盟商务与投资峰会、中国—东盟自由贸易区论坛在南宁举行。中国和东盟各国政要高规格出席本次盛会，习近平副主席在开幕式主旨演讲中提出了要更大力度提升自贸区建设水平、深化双向投资合作、推进互联互通

① “2012年中国—东盟贸易额再创历史新高”，中国新闻周刊，http：//news.inewsweek.cn/news－42917.html，2013年1月11日。

建设和促进社会人文交流的四点建议。[①]

2012年的东亚峰会上，东盟10国和中国、日本、韩国、印度、澳大利亚和新西兰领导人宣布将于2013年启动《区域全面经济伙伴关系协议》（RCEP）谈判，计划2015年底完成谈判。RCEP将是区域经济一体化发展的最新产物。

（二）双方高层往来频繁，增进了理解、互信与合作

3月，印尼总统苏西洛访华，会后发表的联合声明宣布两国将加强在政治、防务和安全、经济发展、海上合作等各领域的合作。3月底4月初，胡锦涛主席访问柬埔寨并发表联合声明，表示中柬愿密切配合，将中国—东盟战略伙伴关系推向新的高度，并表示愿共同维护南海和平稳定。4月中旬，泰国总理英拉访华，双方发表了关于建立全面战略伙伴关系的联合声明。11月，温家宝总理访问泰国，签署了中泰双边合作文件。9月，新加坡总理李显龙对中国进行为期6天的正式访问，进一步深化和扩大了中新经济合作，也加深了双方领导人之间的理解和互信。

中国与东盟国家领导人还利用共同参加国际会议的机会进行双边会谈或访问，显示了高层对双方关系的重视。9月2日，温家宝总理在乌鲁木齐会见出席第二届中国—亚欧博览会的柬埔寨首相洪森。9月7日，在亚太经合组织第二十次领导人会议期间，胡锦涛主席会见越南国家主席张晋创，就巩固和发展中越关系坦诚深入地交换了意见。11月，温家宝总理在老挝万象出席第九届亚欧首脑会议期间访问老挝。11月，温家宝总理访问柬埔寨并在中国—东盟金边峰会之前会见印尼总统苏西洛和马来西亚总理纳吉布。

11月19日，第十五次中国—东盟领导人会议在金边举行。温家宝总理积极评价了过去一年来中国与东盟关系的发展，就深化双方政治、经贸、互联互通、海洋、科技、人文等各领域合作提出设想和倡议。会

① “习近平在东盟商务与投资峰会开幕式上发表演讲”，中国—东盟自由贸易区网站，http://www.cafta.org.cn/show.php?contentid=65540，2012年9月25日。

议期间签署了中国—东盟自贸区框架下的两个协议。东盟国家则感谢中国坚定支持东盟一体化，愿同中国共同努力，推动东盟—中国面向和平与繁荣的战略伙伴关系继续向前发展。会议还发表了《纪念〈南海各方行为宣言〉签署10周年联合声明》。中国—东盟峰会已成为双方高层交流和增进互信合作的重要平台。

(三) 双方加强防务和安全领域的交流与合作，有利于增信释疑和维护地区安全

一方面，通过各种双边机制进行交流与合作。如，7月，中国和印尼两军特种部队举行代号为"利刃—2012"的反恐联合训练，双方各派出70余人的特种分队参加。9月，中国军事代表团与越南举行第六次防务安全磋商，与马来西亚举行国防部首次防务安全磋商，与新加坡举行国防部第四次防务政策对话。

另一方面，通过多边机制来推动相互信任与合作。5月，中国与东盟国防部长磋商会在柬埔寨举行。6月，一年一度的香格里拉对话会召开，重点讨论亚太区域安全问题。此外，从2011年12月10日开始，中、老、缅、泰在湄公河流域进行联合巡逻执法，四国以联合武装护航的新机制来共同维护湄公河流域的安全和稳定。

二、缅甸的发展变化令人瞩目，克钦战事影响中国安全

2012年，变革中的缅甸无疑仍是东南亚最令人关注的国家之一。吴登盛政府继续推行大刀阔斧的改革。政治上，切实推进民主化进程。1月，吴登盛政府再次释放大批政治犯。3月，新《劳工法》颁布实施。4月，缅甸举行新政府2011年3月成立以来的首次议会补选，允许以全国民主联盟为代表的反对派参加补选，民盟主席昂山素季当选联邦议会人民院议员。8月20日，缅甸政府信息部宣布废除针对所有本地出版物的

审查制度。9月7日，议会批准了吴登盛上任以来最大规模的一次政府改组。经济上，继续进行务实改革。例如，3月28日，缅甸中央银行宣布自4月1日起实行有管理的浮动汇率。此前的缅甸官方汇率和黑市汇率并存，这次汇制改革改变了长期存在的混乱汇率，有利于宏观经济的稳定和发展。11月2日，总统吴登盛签署并颁布了新的《外国投资法》，放宽对外企的限制，通过吸引外资，促进本国经济发展。在民族问题上，倡导政治解决民族问题。3月，吴登盛在议会演讲中明确提出了实现民族和解的路线图。4月，政府与国内最大的反政府武装克伦民族联盟正式签署和平协议，结束了双方长达近半个世纪的武装冲突。5月，成立了以吴登盛为主席的联邦和平中央委员会和以副总统赛茂康为主席的联邦和平工作委员会，以推动政府与少数民族武装之间的和谈进程，争取实现国家的永久和平。

缅甸改革取得了不少成就，同时也面临诸多难题和挑战，其中民族问题由来已久，要真正实现民族和解并非易事。缅政府与老牌的反政府武装组织——克钦独立军还未正式达成停火协议，双方之间的武装冲突不能不让中国为相关边境地区的安全而担忧。

缅甸政府军与克钦独立军之间17年的停火状态于2011年6月被打破，导火索是政府与克钦独立军对中国投资的太平江水电站项目区域控制权的争夺。至今，双方的交火已造成重大人员和财产损失，也对中国的能源和边境安全造成了不利影响。中缅油气管道缅甸段所经区域大都是缅甸政府军与克钦民族武装战斗最为激烈的地区，如果管道沿线长期处于战乱，则无法保障能源安全。此外，2012年年底，3发缅军炮弹落入中国一侧的盈江县，炸毁了一幢民居。克钦战事已使昔日繁忙的盈江口岸受到冲击，经济损失惨重。

三、东南亚有关国家在南海再挑事端，不利于地区和平与稳定

（一）南海事端频发

2012年南海地区最引人关注的事件是中菲黄岩岛对峙。4月10日，菲律宾海军闯入中国黄岩岛海域，并在“维护主权”的旗号下对避风停靠在黄岩岛的12艘中国渔船进行袭扰，试图逮捕两名中国渔民。事发后，中国渔政船赶至黄岩岛海域，菲律宾海军抓捕中国渔民的企图未能得逞，双方发生对峙。之后，菲律宾声称要和中国去国际海洋法法庭打官司，宣布要在中业岛开设学校，并将黄岩岛改称“帕纳塔格礁”。黄岩岛事件使中菲关系一度陷入紧张。6月初，黄岩岛紧张局势得到缓解。6月21日，中菲在黄岩岛海域再次发生对峙。10月下旬，中菲外交磋商会上，双方同意恢复正常关系。

除了菲律宾挑起黄岩岛事件之外，菲、越还在南海地区频频挑起各种事端，动作不断。

5月18日，中国渔船在中国海域内作业时，遭到3艘越南炮艇的追袭，之后中国渔政310船逼退了越南炮艇。

在南海局势不稳的敏感时刻，6月18日，越南战机飞往南沙群岛进行空中“巡逻”。6月21日，越南国会通过《越南海洋法》，把南沙群岛和西沙群岛列入越南“主权”和“管辖”范围。这不仅侵犯了中国的主权，也加剧了南海紧张局势。

6月22日，越南“强烈反对”中国设立三沙市。26日，越南“强烈抗议”并要求中国停止对南海争议海域9个区块的招标，诬称中国严重侵犯越南的主权。

9月12日，菲律宾总统阿基诺三世签署行政命令，把中国南海改名为西菲律宾海。

12月，菲律宾外交部发表声明，“强烈反对”中国海巡21船赴南海巡航。

（二）菲律宾借机大力扩充军力和增加南海驻军

5月，菲律宾国防部部长加斯明表示，菲律宾正加速采购最新武器装备，用于未来5年“保卫领土”的装备现代化项目多达138个。7月，阿基诺三世在国情咨文中宣布了价值18亿美元的军事现代化计划。11月，菲律宾与加拿大签署了一项防务与军事装备采购协议，菲据此将从加拿大防务公司购买与国防安全有关的军事设备及相关技术。12月，菲国防部宣布已与意大利和韩国公司签订价值总额约16.3亿比索的军购合同，以“现代化”菲军备，展示出“保护国家主权和领土完整的意图”。①

从10月开始，菲律宾向南沙群岛9个岛屿增派海军陆战队，个别岛屿的常驻士兵已达到过去的两倍左右。

（三）菲律宾、越南力推南海争端东盟化、国际化

在金边举行的第四十五届东盟外长会议上，因为菲律宾执意要将中菲黄岩岛争端写入联合公报而遭到柬埔寨等国的反对，使得会议45年来首次未能发表联合公报，“严重影响了东盟的信誉和可信度”。② 作为对会议未能通过联合声明的补偿，7月20日，第四十五届东盟外长会议公布了“东盟关于解决南海问题6点原则”，其中包括完全履行2002年签署的《南海各方行为宣言》，遵守国际性的海洋法以及不使用武力等内容，这说明东盟成员国的主流还是要和中国发展友好合作关系。

4月的东盟峰会期间，菲总统阿基诺三世力推东盟内部先就南海争端达成统一立场，然后再跟中国谈。11月的东盟峰会上，东盟在南海问题上达成了尽快展开关于《南海行为准则》的谈判，反对把南海争端国际化的共识。但在第二天，当柬埔寨首相洪森开始会议总结时，阿基诺

① “菲律宾抗议中国三沙投资计划”，《环球时报》，2012年12月28日。

② “东盟外长会在争吵中结束”，《环球时报》，2012年7月14日。

三世突然举手插话，否认上述共识。

东亚峰会期间，菲律宾邀请越南、马来西亚和文莱在马尼拉召开四国副外长级南海问题会议。这次四方会议后来由于马来西亚和文莱政府告知菲律宾将缺席而被取消。

在南海争端中，菲、越希望域外势力介入南海事务，力争联手域外势力，围堵和制衡中国。菲律宾是争取“外援”最积极的国家，美国是菲、越最为倚重的“外援”。菲、越还积极拉拢周边一些国家介入南海争端。7月初，正在日本访问的越南副总理阮春福呼吁日越加深南中国海合作，确保航行自由。9月，印度和越南在新德里就南海问题举行会谈。在12月举行的印度—东盟纪念峰会上，菲律宾和越南呼吁印度参与南海事务。12月10日，菲律宾外交部发言人赫尔南德斯称：“我们希望日本支持和平解决这里（指南海）的争端”，“结交更强大的盟友符合菲律宾利益”。[①] 10月，阿基诺三世访问澳大利亚，为南海争端寻求支持。

菲律宾在东盟系列会议上强推南海议题，干扰了会议，影响了东盟团结，其拉东盟抗衡中国的企图也未能得逞。而菲、越积极拉拢域外势力插手南海争端，力推南海争端国际化，使得南海争端复杂化，这不仅无助于问题的解决，也丝毫无益于地区的和平、安全与稳定。

四、域外大国纷纷加大对东南亚投入，中国面临复杂的大国博弈

（一）美国

美国自2011年首次参加东亚峰会之后，2012年对东南亚国家的投入又进一步加大。

首先，加强与东南亚盟友的关系，尤其是加强与菲律宾的军事关系。

① “非外长罕见宣称支持日本军事化”，《环球时报》，2012年12月11日。

1月，美国和菲律宾在华盛顿举行第二次双边防务对话。4月，菲律宾与美国举行第二十八次“肩并肩”联合军事演习。这次演习与以往有很大不同：一是规模空前，美军出兵4500人，为历史之最，菲方有2300名士兵参加；二是日本、韩国、澳大利亚、越南、新加坡这些以前不参与的国家，此次悉数加入；三是地点发生变化，以前在菲律宾南部地区，这次改到离争议海域不远的地方。4月底，双方外交部部长和国防部部长在华盛顿举行“2+2”会议。5月，美国通过的对外军事资助计划将拨款3000万美元给菲律宾，而2011年是1190万美元。[①] 6月，美军参谋长联席会议主席马丁·登普西访菲时承诺美国将加强在菲律宾的轮换驻防，并与菲律宾国防部副部长阿斯库埃塔强调需要举行更多的双边演习，加强美菲部队的联合作战能力。10月，美菲在吕宋岛举行年度联合两栖登陆演习；美国核动力航母“乔治·华盛顿号”抵达马尼拉访问。美菲双方还确认了美方人员将在苏比克湾半永久性驻扎。[②] 12月，美菲在马尼拉举行第三次双边战略对话，商谈加强两国军事及经济合作的计划。

其次，改善和发展与东南亚“陆上国家”的关系，并推动美缅关系实现突破。

自2010年美国国务卿克林顿访越以来，美越之间的军事交流一直很频繁。2012年4月，美国第七舰队的3艘军舰访问越南岘港。6月初，美国防长帕内塔访越，越南宣布将新开放三处地区供美国寻找越战士兵的残骸。这被法新社解读为“对中国力量日益增长充满警惕的两个国家关系更加紧密的最新信号”。[③]

美国国务卿希拉里7月的亚洲之行重点放在东南亚，并访问了越、老、柬三国。这次对越南的访问是希拉里就任国务卿以来的第三次。在越南，希拉里与越南总理阮晋勇就近期南海问题和湄公河流域合作交换了意见。在老挝，双方讨论了老挝湄公河大坝兴建计划等问题，希拉里

---

① “菲与法律专家洽商准备状告中国”，《参考消息》，2012年5月5日。

② “美国海军将重返苏比克湾”，《环球时报》，2012年10月17日。

③ “越南会成美国新盟友吗?”，《环球时报》，2012年6月5日。

是时隔57年后再次访问老挝的第一位美国国务卿。在金边，希拉里参加了东盟地区论坛系列外长会。10月，美国海军护卫舰和救援舰抵达西哈努克港，参加第三次柬美“海上联合战备训练演习”。

美国总统奥巴马竞选连任成功后，则把首次出访定为东南亚。11月17～20日，奥巴马出访泰国、缅甸、柬埔寨，并在柬出席东亚峰会。这其中，缅甸之行被称为“历史性访问”，奥巴马成为美国首位访缅的在任总统。为了纪念这次“历史性访问”，奥巴马宣布对缅甸提供一笔1.7亿美元的援助。

2012年，美国对缅政策的进一步调整令人关注。1月，国务卿希拉里宣布美国将开始着手准备同缅甸互换大使。7月，美国宣布解除对缅甸的投资限制，允许美国企业在缅甸拓展业务。9月，缅甸总统吴登盛访问美国，这是46年来缅甸领导人首度访美。10月6日，奥巴马签署行政命令，解除对缅甸的国际金融限制。之后，美国政府代表团访缅，其中包括美军在太平洋地区的指挥官威尔辛斯基中将，这是自缅甸与西方接触以来到访的最高级别的美国军方官员。

第三，继续加强与东盟组织及其他东南亚国家的关系。5月，东盟—美国对话会议在马尼拉举行。9月，国务卿希拉里访问印尼。她表示，印尼经济发展强劲，美国将通过在基础设施领域的合作与投资促进印尼的发展，并承诺提供支持教育发展的经费。① 随后，希拉里首次访问了东帝汶和文莱。

（二）日本

2012年日本加大了对东南亚的投入，尤其是把湄公河流域作为重点援助地区以及积极发展与菲、越的军事和安全关系。

3月，日本国际协力机构一周内与越南签署了8项日元贷款协议。4月21日，日本—湄公河流域国家第四次峰会在东京举行，在会议上制定了《日本—湄公河合作2012年东京战略》，取代了第一次峰会通过的《东京宣言》，并决定制定新的行动计划，取代第一次峰会通过的《湄公

① “美在东南亚猛打‘经济重返牌’”，《环球时报》，2012年9月5日。

河流域国家与日本 63 项行动计划》。11 月，日本宣布年内将向缅甸提供 500 亿日元贷款，以援助其民主化进程，这是日本 27 年来首次向缅提供日元贷款。

4 月，黄岩岛对峙发生后，日本向菲提供 10 艘全新的巡逻舰艇并与之达成协议，菲同意日本自卫队使用菲律宾巴拉望岛或吕宋岛的军事基地。5 月，日本海上自卫队 3 艘训练舰抵达菲律宾进行访问，以加强两国海上部队的关系。6 月 28 日，日本外相玄叶光一郎与来访的菲外长德尔罗萨里奥会谈，双方就强化在海上安全领域的合作达成共识。7 月 2 日，日本防卫大臣森本敏与来访的菲国防部部长加斯明举行会谈，双方签署了旨在加强海上安全保障领域合作的防卫合作备忘录。7 月，玄叶光一郎访越，与越南外长范平明会谈，两人除了出席与经济领域相关的“日越合作委员会”会议并就在越南合作兴建核电站和开采稀土达成共识之外，双方还就海上安全领域加强合作，由日本协助越南提高沿岸警备能力达成共识。日本是企图利用菲、越在对华主权争端方面与日本“同病相怜”来拉近彼此关系联合对抗中国，并趁机将军事力量渗入东南亚。

（三）印度

印度一直在实施“向东看”战略。随着中国与东南亚国家经济关系的不断密切以及印度经济发展的需要，近年来印度更进一步地努力深化与东南亚的关系。5 月，印度总理辛格访问缅甸，这是 25 年来首位访缅的印度总理，缅印双方同意加强两国多领域的合作，推动双边关系发展。11 月，第一届东盟—印度能源部长会议在印度举行。12 月 20 日，“印度—东盟纪念峰会”在新德里举行，印度和东盟宣布双方关系升级为“战略伙伴”关系，并声明将加强在政治、经济、安全、社会及文化发展等方面的合作，还设定了 2015 年双边贸易额的目标为 1000 亿美元。美国对印度加强与东盟的联系表示了支持。值得注意的是，此次纪念峰会文件中提到双方要加强在海洋安全领域的防务合作，印度此举意在染指南海。

（四）欧盟

随着缅甸的民主改革和逐渐开放，欧盟2012年进一步调整对缅政策，意在通过接触提高其对缅甸的影响力。1月，法国外长朱佩访问缅甸。英国外交大臣黑格也访问了缅甸，他表示将在未来四年通过非政府组织向缅甸提供2.89亿美元的卫生和教育项目援助。2月，欧盟取消了包括吴登盛在内的87位缅甸政府官员的“签证禁令”。4月，英国首相卡梅伦访问了印尼、马来西亚和缅甸。4月23日，欧盟外长会议作出“实质性减少或全面取消对缅甸制裁”的决定。随后，欧盟在仰光正式开设驻缅甸办事处，以加强与缅甸政府的联系。

结语

2012年中国—东盟关系全面发展，务实合作不断深化，有利于地区和平、稳定和发展，有利于为中国创造和谐的周边环境。同时，我们也看到，缅甸国内民族关系紧张及武装冲突，对中国相关边境的安全造成了压力。此外，由于有关国家仍不时挑起南海事端、姿态强硬以及域外势力介入，中国面临的南海安全形势愈发不容乐观。而随着中国的崛起和东南亚重要性的日渐凸显，美国加强介入东南亚地区，包括展开外交攻势、不断加强在东南亚的军事存在和经济存在。美国“重返”东南亚，最终不仅是要为本国经济利益服务，还要强化对东南亚的影响力，并对中国的崛起形成牵制。伴随美国对亚太战略的调整，日本、印度、欧盟等国家和组织也从各自利益出发，加大对东南亚的投入。各方力量纷纷进入东南亚地区，将深刻影响中国周边安全态势，并使得中国在东南亚面临更加复杂的大国博弈。

（郑晓明）

第十章
“日遗化武”问题新进展与中日关系

[**内容提要**] 日本战败投降前夕，在中国大陆遗弃了大量的化学武器。根据国际《禁止化学武器公约》的规定，这些“日遗化武”由日方负责彻底销毁。日方从一开始就态度消极、推卸责任，公约规定的销毁时限被一拖再拖。鉴于“日遗化武”对中国民众造成的严重伤害，日方又在销毁问题上一直采取的消极态度，以及日本社会始终有人歪曲历史，干扰销毁作业的现实，笔者建议，我国有关方面应重视“日遗化武”问题的严重性，采取强有力的措施推促日方加快工作，保证在承诺的时限内彻底销毁日遗化武。

国际《禁止化学武器公约》自 1997 年 4 月生效以来，至今已经整整过去了 15 年。日本政府承诺依据《公约》规定，销毁战时遗弃在华的化学武器（以下称“日遗化武”）的工作，拖拖拉拉也已经进行十多年了。现在，公约规定的最后时限已过，日方真正意义上的销毁工作才刚刚开始不久。那么，在这十多年的时间里，中日双方围绕日遗化武进行过怎样的交涉和斗争？日方的工作进展状况如何？中方在哪些方面需要总结和强化应对措施？笔者基于手头掌握的资料，拟对以上问题进行评价与思考。

一、日方工作过程评价：态度消极，销毁时限一拖再拖

从上个世纪90年代开始，截止2012年6月，日本实施销毁日遗化武的工作大致可以分为三个阶段。

(一) 谈判与交涉阶段 (1990—1999年)

日本战败投降前夕，在中国大陆到底遗弃了多少化学武器？目前尚不清楚。根据中方统计，截止2006年9月，在中国大陆北自黑龙江、南至广东的19个省、市、自治区的近100个地点相继发现了日遗化武，[①]而且数量巨大，估计约200万发（件）。其中发现地点最多的省份是黑龙江省，而在同一地点埋藏最多的是吉林省敦化市的哈尔巴岭，该处埋有各类化学炮弹和毒剂筒高达几十万发（件）。1990年，中方正式向日方发出照会，通报了中国境内的日遗化武问题，要求日本政府负起责任，采取妥善处理措施。但是，日方反应消极，甚至公然否认侵华期间使用和遗弃过化学弹剂。直到1995年5月，日方派员到敦化市哈尔巴岭现场挖掘和实地确认，才不得不承认遗弃化武的事实。此后，中方同日方进行过多次交涉，要求日方妥善解决，甚至在两国首脑会谈时也多次提到这一问题。[②] 日方口头

① 石建华：《日本遗弃化学武器回收技术规程》，中国经济出版社，2007年版，第2页。

② 1995年5月日本首相村山富市访华时表示，“日本政府愿意以诚实的态度努力解决这一问题”。1996年3月，李鹏总理和桥本首相会见时再次提到这一问题。李鹏指出：“这一问题存在已达半个多世纪，中国人民希望日方以对历史负责的态度，切实承担起销毁战时遗弃的化学武器的义务，尽快解决这一问题。”桥本对此表示：“日本政府高度重视这一问题，将充分履行日方应尽的处理之责，愿尽早派团继续调查，在此基础上尽快与中国政府协商研究解决的办法。”2003年10月，在印尼巴厘岛召开的东盟与中日韩首脑峰会上，温家宝总理与小泉首相会见时指出，希望日方妥善处理齐齐哈尔事件，并以此为契机，加快销毁日遗化武的工作。同月，国家主席胡锦涛与小泉首相在泰国召开的亚太经合组织峰会上会见时，再次敦促日方快速、妥善处理日遗化武问题。

上表示“尽快与中国政府协商研究解决的办法”，但在行动上并不积极，更没有实质性的动作。

促使日方态度发生明显变化的最直接原因，是1997年4月开始生效的国际《禁止化学武器公约》。《公约》规定，所有缔约国要在10年内销毁现有的化学武器及生产设施。同时明确规定，对以往遗弃在其他国家的化学武器，由遗弃国负责销毁。日本和中国都是公约的签字国，日本理所当然地要履行国际公约规定的责任和义务。在此背景下，从1997年起，中日双方就销毁日遗化武的技术性问题先后举行四次会谈，并于1999年7月签署《关于销毁中国境内日本遗弃化学武器的备忘录》。其主要内容是：（1）两国政府经过多次联合调查，确认在中国境内存在大量的日遗化武。日本政府根据国际公约，切实履行作为遗弃国应承担的销毁义务。（2）在进行上述销毁时，日本政府提供一切必要的资金、技术、专家、设施和其他资源。中方对销毁提供适当合作。（3）日方确认，在进行销毁作业时遵守中国法律，最优先确保不对中方的生态环境造成污染及保证人员安全。在此基础上，中方同意日方在中国境内进行销毁。（4）环境标准和环境监测，原则上采用中国国家标准。（5）两国政府商定，将选定在销毁效果、安全及环境方面充分可靠、成熟的销毁技术，具体销毁技术的种类将在中日双方专家充分研究、论证后，以确保透明性和公正性的方法最终确定。（6）销毁工作自备忘录签署之日起实施。

备忘录的签定，是中方就日遗化武问题与日方经过反复交涉和斗争所取得的一项重要成果。它再次明确了日方负责销毁日遗化武的责任和义务，并规定了原则与标准，为下一步具体实施奠定了极为重要的基础。

（二）多种准备阶段（1999—2010年）

1999年4月，日本政府在总理府下设“遗弃化学武器处理担当室”[①]，其职员分别来自外务、防卫、大藏、通产、厚生、科学技术和环

① 1997年日本政府成立“遗弃化学武器处理对策联络调整会议”，议长由内阁

境等省厅，负责日遗化武的处理工作。这一阶段，日方的工作主要分为三个方面：找寻和研发无害化处理日遗化武的对应技术；对已知的日遗化武埋藏点进行清理、挖掘和回收；对不能如期履行《公约》作出提前应对。

一般说来，销毁日遗化武要经过这样几道程序，即挖掘回收、辨认分类、临时封存和无害化处理。其中，无害化处理是销毁工作最终所要达到的结果。它不仅仅是销毁日遗化武弹体本身，还要对销毁过程中的排烟、排水、排气和由此产生的废弃物，以及在挖掘回收过程中被弹体污染的土壤等进行处理，全部实现无害化。这些程序全都完成，销毁工作才算结束。在20世纪90年代，世界各国销毁化武主要是采用“高温燃烧”或者是“化学中和”的方法，处理量很小。这两种技术都不太适合日本。因为日军当年制造的化学弹剂执意追求提高杀伤力，主要以砷为原料。砷是剧毒物质，无害化处理很难。直到2004年4月，日方才最终确定技术选项和建设大型销毁工厂的方案。该方案得到了中方的认可。

与此同时，日方对先后发现的日遗化武埋藏点进行挖掘和回收。根据日方的统计，截至2010年度，日方派员来华作业26次，对南京、北安、广州等地多处埋藏点进行清理，共挖掘回收日遗化武4.7万余发，并对其实施了封存处理。[①]然而，这只是日遗化武总量中的一小部分。日遗化武数量最多、作业条件最为复杂的敦化市哈尔巴岭的挖掘回收工作尚未开始。日方在近十年的时间里，别说无害化处理，就连最基础的第一道工序，即对已知的日遗化武埋藏点的挖掘工作还没做完，可见其进展的缓慢程度。

针对日方行动迟缓，销毁工作严重滞后的状况，中方在许多场合明确表示不满和担忧，并一再敦促日方加快处理进程。早在1999年签署中

官房副长官担任，负责协调有关日遗化武的处理工作。同年10月，在内阁官房成立“遗弃化学武器处理对策室”。1999年4月在总理府设立实体性机构“遗弃化学武器处理担当室”，专门负责日遗化武的处理工作。2001年日本行政机构改革后，该机构改为归内阁府管辖。

① これまでの遺棄化学兵器発掘回収事業状況（ハルバ嶺を除く中国各地域の発掘回収事業等）[N/OL]．http：//wwwa. cao. go. jp/acw/jigyobetsu/jigyobetsu. html. 2010－06－25.

日备忘录的仪式上，中方就明确指出，日方的“有关工作进展缓慢，中方对此是不满意的”。在国际禁化组织召开的历届大会上，中国代表均提请大会关注日遗化武问题，指出：“日本遗弃在华的化学武器问题是中国的重大关切，遗弃化学武器一直严重威胁着中国人民的生命财产安全和生态环境”。日方的“处理进程已经落后，销毁前景令人担忧”，敦促日方加快进程，但日方始终置若罔闻，动作缓慢。

依据《公约》对销毁时限及数量的规定，日方应在1999年建成必要的销毁设施并完成相关试验，应于2000年销毁日遗化武总量的10％以上，2002年销毁20％，2004年销毁45％，10年内即2007年4月全部销毁完毕。如果届时不能完成，经当事国双方协商同意可以延长，但最长不得超过5年。眼见销毁工作严重滞后，在公约规定的时限内根本不能完成工作，于是日方在2006年4月提出将销毁时限推迟5年，即在2012年4月完成。考虑到当时的实际情况，中方别无选择，只能同意其要求。

按理说，自身要求得以满足的日方应该积极回报中方的善意，就此加快处理速度。但人们看到的实际情况是，以后的进展依然迟缓。

（三）实施销毁阶段（2010年—?）

2007年4月温家宝总理访日，在和日本首相安倍晋三的会谈中再次涉及日遗化武问题。会谈后发表的《联合新闻公报》指出，双方对设立“处理日本遗弃在华化学武器日中联合机构”表示欢迎。为加快销毁进程，日方表示将根据中方提议引进移动式处理设备进行作业，中方对此表示欢迎。[①] 2008年4月中日两国外长举行会谈，就移动式处理等具体事项进行磋商，同意先在南京开展试验性销毁工作。所谓移动式处理，是鉴于中国境内日遗化武数量巨大、分布广泛的特点，在大型销毁工厂建成之前而采取的一种临时处理的方式。它的特点是，设备体积小，运输方便，各个部分如预处理装置、爆破炉、排气处理装置、发电机等部分都可以拆卸，方便装进集装箱，可运载到距日遗化武最

① 《中日联合新闻公报》，《人民日报》，2007年4月11日。

近的地点开展销毁作业。其作业方式是在完全封闭的环境下进行，不会对环境产生污染。而销毁过程中产生的弹片、废液等统一运送到敦化市哈尔巴岭，以便给在那里即将建设的大型销毁工厂处理。2009年2月，日本神户制钢和川崎重工业公司开始生产该设备，当年9月完成。

2010年9月，中日两国在南京举行仪式，宣布正式启动销毁日本遗弃在中国的化学武器。截至2011年2月，日方利用该设备在南京销毁日遗化武1万余发。根据日方的计划，以后还要在石家庄、武汉等地开展移动式销毁作业。

日方采用移动式设备开始销毁化武，值得肯定。但是必须指出，移动式销毁作业只是一种临时性处理措施，它只是日方早就应该进行的销毁作业的刚刚开始。日方的作业严重滞后，在2012年根本不可能完成销毁任务。针对这种情况，2011年9月以后，中日双方就处理日遗化武销毁逾期问题以及其他相关事项举行了多轮磋商，最终就签署有关备忘录达成共识。日方承诺在《公约》规定的销毁期限、即2012年4月29日以后继续诚实履行公约规定的义务，双方制定了销毁计划，对今后销毁日遗化武工作做出了具体安排，并设定了完成有关工作的相应目标时限。① 在此基础上，日方提出将销毁时限再延长10年，即2022年4月29日前完成，中方对此表示同意。

汉语中有个成语，叫做“一而再、再而三”，还有另一个成语叫做“得寸进尺”，意为反复无常，贪得无厌。在国际交往中，这是最令人厌恶，嗤之以鼻的行为。现在我们看到的日方无视国际公约，不守承诺的上述行为，就是对这两个成语最为形象且最为实际的解释。销毁日遗化武的时限就这样被一拖再拖。对日方来说，这是处心积虑、孜孜以求的如愿结果；但对中方来讲，这是日方故意拖延、中方推促不力，不得不接受的现实。

---

① “中日对销毁日遗化武作出安排　就签备忘录达共识”，新华网，2012年2月16日。

二、日方处理策略评价：推卸责任，千方百计减轻负担

围绕如何处理日遗化武问题，从 1990 年算起，中日两国已经打了 20 多年的交道，仅政府层面的磋商和专家组间的谈判就有几百次之多。尽管日方口头上一再表示，要履行公约规定的责任，妥善解决日遗化武问题。但在实际行动上则完全是另外一种打算，另外一种做法。日方的打算和做法可以归纳为以下几个方面。

（一）竭力否认在华遗弃化学武器

前面已经指出，日遗化武先后在许多地方被发现，而且数量巨大，分布广泛。这在中国国内特别是日遗化武埋藏地是众所周知的事实。但在中国政府向日方通报情况后，日方却矢口否认，根本不承认在侵华战争结束前在华遗弃过化学武器。1989 年秋，中方在日遗化武埋藏数量最多的敦化市哈尔巴岭，小心翼翼地挖出几枚毒气弹，有些弹体上的日文字样依然清晰可辨。几个月后，当这些弹体上印有日本文字的毒气弹出现在日内瓦裁军会议现场时，日方才不得不承认。2003 年 8 月 4 日，黑龙江省齐齐哈尔市发生日遗化武伤人事件，造成 1 人死亡 42 人受伤。这是和平时期中国民众无辜遭受战争遗弃物伤害的最为严重事件，国际社会为之震惊。然而，日方调查组抵达现场后，却以毒剂桶“严重锈蚀，辨识不清”为由，认为“没有足够证据证实是当年日军遗弃的化学武器”。在中方提出翔实的证据后，日方才最终承担了全部责任。解放军防化指挥工程学院陈海平教授是国内知名的化武专家，他作为处理日遗化武的中方首席专家，曾百余次参加与日方的谈判。他说，日方在谈判中是百般抵赖，“能不做就不做，能少做就少做”。

（二）千方百计减少自身负担

在铁证如山的事实面前，日方不得不表示承担销毁日遗化武的责任。但是，在涉及到如何销毁等具体问题上，日方总是机关算尽，打利己主义的小算盘。在最初的谈判中，日方以“国内法律不允许”、“运输安全难以保障”为由，极力主张在中国境内销毁日遗化武。中国作为日遗化武的受害国，鉴于当时的实际情况，从有利于尽快销毁的考虑出发，同意了日方的要求。应该说，中方做出这样的决定是非常不容易的，要承担相当大的风险和做出巨大的牺牲。销毁日遗化武，不仅技术复杂，还需要大量的资金投入。上个世纪70年代，日本国内在位于北海道的屈斜路湖发现了26枚化学弹剂，最终的处理费用据称高达8亿日元，平均每枚弹剂花费了3000万日元。日遗化武数量巨大，照此算来，销毁资金无疑是一笔天文数字。1997年时日本有人估算，如果在中国建一座大型销毁工厂，包括道路、供电、安全设施在内至少得5000亿日元。[①] 为了减少财政支出，日方从一开始就在千方百计地寻找“最佳”的省钱路径。它力促中方同意在敦化市周边建设销毁工厂，这样可以利用城区已有的道路、供水、供电、通讯等基础设施，减少这些方面的支出，同时来华工作的日方人员及其家属的生活福利也便于安排。在大型销毁工厂的建设方案完成之前，先搞一个小型处理设施，这样可以暂缓巨额资金投入，为日后大规模销毁积累经验，更重要的是可以应付国际机构对其履约状况的“飞行检查”，可谓是一箭多雕。再如，日方计划在敦化建大型销毁工厂，涉及到土地占用和毁坏周边林地问题。北京中林联林业咨询有限公司从2006年1月起，历时2年8个月，完成了对该项目的土地使用权值和森林资产损失评估。其间，中日双方在许多问题上进行过激烈交锋。首先是关于补偿金的计算方法。日方坚持按中国国内建设项目征占林地的相关规定给以补偿，中方则坚持按市场评估的公允价值进行赔偿，两者价差约3亿元人民币。经过多轮艰苦谈判，日方同意按中方的计算方法补偿。在中林联公司的评估报告做出后，日方派出了林业、评估、生

① 鲁义：《日遗化学武器处理问题再析》，《东北亚学刊》，2002年第3期。

态、法律等方面的多名专家，对评估报告的内容提出了三大方面的数百个问题，要求中方予以解释。由于中方准备细致，资料和证据充分，在前后8轮的会谈中逐一回答了日方的问题，日方才最终接受了评估结果。[①] 显而易见，日方提出上述问题的目的，就是要找寻评估报告中的疏漏或不足之处，以减轻日方的负担。

（三）煽动民众情绪，干扰销毁工作

在日遗化武的处理过程中，日本有些媒体置基本事实于不顾，经常发布一些不负责任的报道和信息，在日本社会和民众中制造混乱，干扰销毁工作，其中影响最大的是所谓“新发现的重要史料”。2006年，有人在日本山形县“西伯利亚史料馆”发现了一批日本投降时被解除武装的记录——手抄的“武器交接书”。这批文书共600余份，详细记载了日本战败投降后驻山西日军向当地的国民党军缴械的情况，其中包括各种枪支弹药的种类及数量，还有日军代表和中方接收者的签名及手印。日本《正论》杂志以此为题，从当年的第6期起连续刊载系列文章，对这些文书进行大胆分析和肆意推断。文章称，日本战败时将武器弹药全部缴械给中国军队和苏联军队了，这其中自然包括化学武器，因此日方不存在遗弃行为。如果说遗弃的话，也不是日本遗弃的，而是中国和苏联军队在接收之后由他们遗弃的。甚至有日本老兵出来作证，说当年在敦化，日军将化学武器交给了苏军。[②] 上述文章发表后，在日本社会引起极大反响。有人欢呼雀跃，称日本遗弃化学武器的说法将会“发生180度的转变”，日本“不用再承担销毁的责任”了；也有人义愤填膺，痛骂时任日本首相村山富市和外相河野洋平是“卖国贼”，对中方“忍气吞

---

① 中国林业咨询网：“日遗化武项目”. http：//www. zlu-fc. com/result/case/92. html. 2011－8－22.

② 《正论》杂志从2006年6月号开始连续十期刊载文章，极力否认日本遗弃化学武器。文章的题目极具煽动力，例如：《“遺棄化学兵器”は中国に引き渡されていた》（2006年6月号）、《日本の金で処理される70万発の大ウソ》（2006年7月号）、《私は化学兵器を確かに引き渡した》（2006年10月号）、《真相究明する気があるのか》（2007年1月号）、《対談：先人の名誉を傷つける行為を許すな》（2007年3月号），等等。由于内容较多，在此不一一列举。

声”；甚至还有人提出，要中国在国际社会给日本“恢复名誉”，使日本“摆脱罪恶感和自责的痛苦”。[①] 日本政府“遗弃化学武器处理担当室”室长高松明在众议院回答质询时也说，“如果能够发现将化学武器直接交给中国或苏联的正式文书的话，（日本负责销毁日遗化武的）基本结构就会发生变化”。日本政府对此事非常重视，时任内阁官房长官安倍晋三表示，政府将会对此事进行认真的调查。[②] 历史就是历史，不是任何人想篡改就篡改得了的。时至今日，日方也没能找到所希望的相关证据。然而，日方的上述舆论在日本和国际社会造成的恶劣影响却是不可低估的。或许正是对上述推测抱有某种程度的幻想，日方的销毁作业才严重滞后，迟迟没有实质性的推进。

（四）诋毁中方的善意与配合工作

中方对日遗化武工作极为重视，在外交部专设“日遗化武办公室”，领导和协调日遗化武的处理工作。在其领导下，协同单位有解放军防化指挥工程学院、地方军分区、医疗、环保等专业机构和保障部门，组成了一套完整的体系。为了尽快清除日遗化武，中方对日方的工作始终给以大力支持和积极协助。在每次的挖掘回收作业现场，中方都派出专家协助日方工作，同时还派出保卫、医护等相关人员予以配合。对已经挖掘回收但尚未进行无害化处理的大量日遗化武，中方在东北、华北、华东等地专门设置了7个日遗化武托管库，在尚未建库的其他地区租用了10处设施作为临时托管所，进行集中保管，并安排警卫人员进行24小时值守，以确保万无一失。2009年3月，中方协助日方对广州市番禺区明星村新发现的3枚日遗化武进行回收作业，广东省军区为此组织疏散

① 《正论》杂志从2006年6月号开始连续十期刊载文章，极力否认日本遗弃化学武器。文章的题目极具煽动力，例如：《“遺棄化学兵器”は中国に引き渡されていた》（2006年6月号）、《日本の金で処理される70万発の大ウソ》（2006年7月号）、《私は化学兵器を確かに引き渡した》（2006年10月号）、《真相症究明する気があるのか》（2007年1月号）、《対談：先人の名誉を傷つける行為を許すな》（2007年3月号），等等。由于内容较多，在此不一一列举。

② http://www.sankei.co.jp/news/060903/sha043.htm.

船只1050艘（次），群众750余人，并对周边120米范围内1万余名受其影响的群众进行宣传及简易防护知识教育。类似这样的例子有很多。根据中方的统计，截至2010年末，中方协助日方进行现场调查、挖掘、回收、鉴别作业达150次，回收日遗化武近5万件。[①] 军队卫生系统提供卫勤保障现场作业近1800天，派出保障人员近600人次。[②] 中方在协助日方处理日遗化武方面尽职尽责，做了大量艰苦细致的工作。日本官方对此非常满意，称如果没有中方的支持和配合，完成现场作业“简直是不可想象的”。[③] 然而，日方媒体对中方的工作却视而不见，鲜有报道，反倒是有媒体无中生有地编造谣言或者发布不实消息，称中方利用销毁日遗化武之机“另有所图”，要求日方修建的设施“有军事方面的考虑”，日后“可以转为军用”等等，极力诋毁中方的善意和所付出的努力。由于这些报道实在是太离谱，日方“遗弃化学武器处理担当室”破例发表声明，称报道内容“不符合事实”、“纯为猜想”。[④]

三、关于妥善应对日遗化武问题的思考

鉴于近年来日遗化武对中国民众造成的严重伤害，日方在销毁问题上一直采取消极、拖延的态度，以及日本社会始终有人歪曲历史，干扰销毁作业的现实，笔者呼吁，我国有关方面应重视日遗化武问题的严重性，进一步加强对这一问题的研究，采取强有力的措施敦促日方加快工作，保证在这次承诺的时限内彻底销毁日遗化武，使当地民众能够过上安全、安心、安定的生活。当下，销毁日遗化武还有大量的工作要做，

---

① 中国主张加强现有多边军控、裁军和防扩散体系［N/OL］。

② 我军过去5个月成功销毁1万余枚日军遗留化武［N/OL］。

③ 须田明夫．‘負の遺産’から‘プラスの価値’を——未曾有の大プロジェクト‘遺棄化学兵器廃棄事業’に取り組む［J］．外交フォーラム，2000（9）．

④ 最近の一部の新聞報道について［N/OL］．http：//www8.cao.go.jp/ikka-gaku，2006－01－20.

而且许多具体工作是由日方来完成。但是应该看到，日遗化武埋藏地在中国，受害者和潜在受害者都是我们自己的同胞，为了维护国家安全，切实保护国民的生命、生活和环境，中方同样有许多工作要做，而且必须要做好。笔者认为，做好以下几方面的工作，在当前或许最为实际。

（一）加强对日遗化武危害性的宣传，减少不必要的伤害

从已经发生的多起日遗化武伤人事件可以看出，日遗化武的遗弃地点散乱，无规律可循，大多是在城建施工、农业耕作或者当地居民正常的生产生活过程中被偶然发现的，而且当事人是在对其没有任何警觉、甚至完全无知的状态下受到伤害的。因此，加强对日遗化武危害性的宣传就显得格外重要。在这方面各级政府和有关部门已经做了许多工作。例如，吉林省政府在齐齐哈尔事件发生后立即发出《关于进一步加强防范措施，防止日本遗弃化学武器伤害的通知》，要求各地要予以高度重视，切实采取有效措施，防止日遗化武伤人事件的发生。随后，又制定了《预防和处置日本遗弃化学武器突发事件应急预案》。与此相配合，《吉林日报》专门刊发文章，图文并茂地介绍关于日遗化武的安全防护常识。吉林省军区还成立了处理日遗化武办公室，有关军分区、人武部也建立了相应机构，并向军、地有关各方和社会公布了值班电话和联络方式，实行24小时专人值班，重点地区的街道、乡镇基层武装部也都指定了专门责任人，确保在最快的时间内掌握情况，及时做出反应。

鉴于日遗化武的遗弃地点无规律可循，而且一旦受到伤害，后果极其严重的这一状况，决定了宣传工作要做到有效性和持久性。所谓有效性是指，关于日遗化武的宣传应该包括日遗化武的种类、危害性、简单的识别方法、发现可疑之物的报警办法，以及一旦受到伤害后的自救措施等等，使群众易懂，又便于操作。所谓持久性是指，相关的宣传要持之以恒、落到实处。日遗化武分布广泛，且各地遗弃数量不同。除重点地区要结合各地实际情况加强宣传外，非重点地区也不可掉以轻心，要采取切实可行的宣传方式，减少盲区，提高民众的防范

知识。避免在个别地方出现的“突发事件一出，媒体漫天报道；一旦事态平息，从此无人再提”的现象。各地的实践已经证明，只要平时做到预防在先，一旦发生情况就能应对及时、处理得当，减少不必要的伤害。

（二）及时公开必要的信息，推促日方加快工作

日遗化武对中国民众生命安全和生态环境构成严重威胁，但是中国民众对日遗化武的分布情况、中日双方围绕该问题的交涉、日方应承担的责任、特别是日方处理的最新进展状况等信息知之甚少，有些重点区域的民众甚至根本就不知晓。近年来国内媒体对相关情况作过一些报道，但主要是以突发性事件为中心，就事论事，而且内容零散，极为有限。而反观日本，则是另外一种情况。日本政府有专门网站发布消息（日、中、英文），内容及时更新，介绍与中方会谈的内容，以及日方相关工作的最新进展状况。日本媒体还就此事经常进行报道，其中包括一些随意猜测性和歪曲事实的报道。于是，就出现了这样一种奇怪的现象：中日双方信息严重不对称。远在几千里之外，原本对此事不那么关心，而且根本不会受到任何影响的日本人的知晓程度，却远远高于与日遗化武为邻，担心自身生命受到威胁，生产和生活环境受到影响，而且理应知晓相关信息的中国人。更令人难以理解的是，中国民众本应知晓的一些信息，有些竟然是通过某些日本媒体不实报道造成影响之后，中国官方才不得不出面加以说明或者要求澄清的所谓“出口转内销”的途径了解到的。

之所以会出现上述状况，主要原因是中方的相关信息不公开。毫无疑问，涉密之事自然应该保密。但事实上，关于日遗化武的一些基本事实、两国间已经达成的共识、日方已经完成的作业进展状况等并非全都涉及到保密。如果是出于维护社会稳定，考虑到当地民众的情绪，避免产生不必要的恐慌，有关方面对日方挖掘现场和作业进展情况采取一定程度的保密措施，是可以理解的。但是，这只能是暂时的、阶段性的措施。一旦作业任务结束，便应向民众公开处理结果和当地安全质量状况。及时公开必要的信息，不仅可以提高国内公众的认知程度，减少当地民

众的担心和不必要的恐慌，缓释政府压力，还可以增加国际社会对当年日本发动的侵华战争对中国民众至今依然造成伤害的认识，提高国际社会对这一问题的关注度。及时公开必要的信息，有利于将官方敦促、民众情绪表达和国内外舆论压力等多个要素形成合力，推促日方加快履约，其力量可能要比仅仅是官方的“重大关切”“不满”等外交辞令强大许多。

（三）与日方交涉，为日遗化武受害者提供援助

有资料统计，新中国成立以来，日遗化武受害者为2000多人，其中近些年受到伤害的就有几十人。[①] 长期以来，日遗化武受害者忍受伤痛和精神上的折磨，饱受摧残，有些人年纪轻轻就丧失了劳动能力，生活极端困苦；有的人因此家破人亡，妻离子散。日遗化武受害者是在和平时期因日本侵华战争遗弃物而无辜受害的特殊群体，责任完全在日方，理应获得赔偿。从20世纪90年代起，有多位日遗化武受害者向日本提起诉讼，要求日方赔偿，但迄今无一例胜诉。从目前的情况看，今后类似的诉讼，胜诉的可能性也不大。齐齐哈尔事件发生后，迫于国内外舆论的强大压力，日本政府向受害人支付了“医疗费”和“慰问金”，但不承认是赔偿。日方为什么拒绝对中方受害者进行赔偿？表面上看，所谓异地管辖权是其拒绝承担赔偿责任的理由，而实际上，日方最为担心的是因某一赔偿判例所引起的连锁反应。日本侵华战争给中国民众造成了极大的灾难。现在，中国民众对日索赔诉讼案件有几十起，日方均以各种理由推脱责任，判中方败诉。拒绝赔偿是日方坚守的底线。它可以承认“遗弃化武”，承认化武“对中国人造成了伤害”，甚至可以承认“侵略”，但就是拒绝赔偿，不愿为历史承担责任。对日方来说，如果只对某一案件的受害人给以赔偿或许并不难，但该判决一旦确立，就犹如其防线被撕开了一道口子，整个大坝就会有全面决堤的危险，这是日方绝对不愿意看到的。况且，赔偿还直接涉及到对侵略历史事实的认定等问题，

① 2003年齐齐哈尔发生日遗化武伤人事件后，在吉林敦化莲花泡、黑龙江吉安、广州番禺、山西太原、天津开发区等地又相继发生了多起日遗化武伤人事件。

日方当然不希望将原本就比较复杂、他们一直不愿直面的历史问题因此搞得更加复杂，当然更不希望在历史问题上本来就陷入被动的局面因此更加被动。

日方不给赔偿，日遗化武受害者还在困苦中挣扎，怎么办？笔者认为，对这一群体要采取特殊的、有针对性的援助方式，例如建立受害者援护制度，依其伤害程度发放生活或医疗补助金；组织医疗部门定期为其做免费体检、康复保健和心理咨询等等，使其逐步摆脱困境，过上正常的生活。所需资金如何解决？除国内筹措部分外，大部分最好取自于日方。当然，这取决于中方对日交涉的情况和双方的认同。在政府层面，可否考虑要求日方设立“日遗化武受害者援助基金”，来解决上述财力问题。既然通过法律途径解决起来困难重重，希望不大，那么不妨从人道主义角度全力争取。对日方来说，此等支出不是问题，它看重的可能是“名分”。“基金”可能比“赔偿”容易接受，可操作性更强。对中方受害者来说，在索赔无果的情况下，如果能得到基金的援助，至少可以缓解一些当下的困难。

（四）加强对后续工作的研究和对应措施

依据双方协商结果，日方将销毁日遗化武的最后时限又推迟了10年。数量巨大的日遗化武严重威胁着当地居民生命安全和生态环境，是有可能导致突发事件或影响社会稳定的一个重要隐患。而且，日遗化武埋藏时间越久，诱发不稳定的因素就越大，销毁任务越加紧迫。彻底销毁日遗化武，使当地民众能够过上安全、安心、安定的生活，是中方的强烈愿望和要求，同时也要求中方有确保实施的行动与步骤。现在，距日方的最后销毁期限还有9年多的时间，这次日方能够信守承诺，认真履行其责任和义务吗？从目前日方的作业进度分析，笔者对此依然表示担忧。严酷的现实逼迫中方必须认真考虑这样的问题：尽管双方“对今后销毁工作做出了具体安排，并设定了相应目标时限”，在今后有限的时间内，采取怎样的措施才能够保证日方切实履约？如果日方依然不能完成销毁工作，中方有怎样的强制性对应措施？在2022年4月之后如果新发现了日遗化武，尽管已经规定了日方承担销毁的责任，但保障措施该如何落实？类似问题需要有关方面认真研究，尽早考虑预案和应对措施。

（鲁义）

第十一章
欧债危机新进展及其影响

［**内容提要**］2012年，欧债危机持续发酵，甚至有愈演愈烈之势。作为全球金融危机的延续和升级，欧债危机给全球经济复苏蒙上了一层阴影。一直持续的欧债危机为何迟迟得不到解决？已经成为困扰各国的难题。然而，四年的欧债危机却为我们反思今天中国的发展道路提供了一个重要的参考，本文试图在以往学者研究的基础上从理念的层面探讨欧债危机带给我们的三点安全启示。

2012年对于欧洲来说，依然是没有度过的寒冬。自2009年12月8日全球三大国际评级机构之一的惠誉国际将希腊的信贷评级由A－下调至BBB＋，并将前景展望评为负面以来，欧债危机已经经历了四个年头，对全球经济的发展造成了非常恶劣的影响。关于欧债危机的研究与反思已经在世界范围内广泛开展，我们国家的很多学者也就欧债危机产生的原因以及对我国经济发展的启示进行了非常详细的分析，取得了不少有益的成果。比如肖潇就在其《欧债危机的近况及影响》一文中将欧债危机的起因归结为五个主要的方面：一是欧洲的人口老龄化问题越来越严重。二是高福利的社会保障体系造成了高额的财政负担。三是经济危机带来的衰退使得财政收入减少。四是苦乐不均的欧洲一体化使得相对落后国家更加被动。五是欧元区主要领导人的战略失误。[1]当然，除此之外有些学者也提出了导致欧债危机的一些其他原因，比如国际货币体系的不合理[2]、经济结构的空心化[3]等等。但是探讨欧债危机爆发的原因并非最终目的，更重要的是欧债危机本身已经成为我国经济发展的一个重要参考，通过对原因的分析可以帮助我们不断地反省和修正在发展的过程可能出现的种种问题，避免我们在未来的发展中也走上危机的道路。

纵观学者们的研究，主要还是集中在经济领域，针对一些具体的经济问题。这当然无可厚非，因为欧债危机本身就是一个经济领域的问题，从经济视域进行研究自然可以获得最直观的结果。但欧债危机所带来的启示绝不应该仅仅局限于经济的方面，它还可以帮助我们反思近代以来资本主义经济发展道路以及与此相关的发展理念。自从邓小平同志提出“以经济建设为中心”以来，我国的发展明确了前进的道路，这几十年来我们也取得了巨大的发展成就。但邓小平同志同时也指出我们是“摸着石头”过河，这意味着我们在这条道路上没有经验可言，基本上属于摸索前进。所以这些年的发展我们开始越来越依赖西方的经济理念以及经济发展经验，而随着经济不断地发展相关的问题也开始逐渐显现。因此，在今天我们需要去反思西方的发展理念，而不是简单的依赖，这也是我们建设中国特色社会主义发展道路的题中之义。这不仅关系到我们国家未来的发展，同时也关系到我们的国家安全。

一、发展与衰退

刚刚结束的中国共产党的第十八次全国代表大会，将胡锦涛同志提出的“科学发展观”写入了党章，这意味着在下个十年中“发展”依然是我党工作的重中之重。按照西方的传统观念，世界的发展基本上是线性进步的。这样的传统在很早的时候就已经出现，古希腊时期的亚里士多德就认为事物的发展总是朝向某个目的地。近代以来马克思主义的历史观也受此影响，共产主义社会是人类历史的终点，随着生产力的不断进步，整个社会形态沿着原始社会、奴隶社会、封建社会、资本主义社会以及社会主义社会这样的规律发展变化。其实从整个人类历史发展的角度来看，确实如此。但值得注意的是，从一国或者一种文明的角度来看，没有哪一个国家、甚至文明可以持续地发展和进步。因此，在中国古代的思想中历史的发展从来都不是不断前进的，而是呈现出一种波浪的形态，即有盛必有衰、有治必有乱。《孟子》中就讲：“天下之生久矣，一治一乱。”这句脱口而出的话体现出中国人的历史观。这句话是说人类文明已经很久了，治乱的循环总是不可避免的，治久必乱，乱久必治。基本上古代的中国人把“一治一乱”当作是历史的规律。因为在古代的政治环境里，一代英雄人物出现以后，这些英雄人物用自己的理念治理国家，这个国家的规模、秩序将调整到一种前所未有的程度。但第一代立法者所开创的规模和取得的成绩却会随着时代的延伸无法得到延续，这是因为开创者最初所面对的局面在后代可能已经发生变化。这里面会存在两种可能：一种可能是立法者原来面对的局势到后代已经发生根本性的变化，而后代人还迂腐地恪守着前代的一切制度安排；另一种可能是立法者制度创立背后的基本精神到了后代，由于某种时势的变化难以延续下去。每一代都如此，所以“一治一乱”这样的循环基本上被认为是历史发展的法则。或者简单地讲，古代中国人基本上从来不认为这个世界可以一直好下去，或者说可以一直维持一种持续发展的态势，这和西方人现在所理解的线性发展的世界观存在很大差异。中国人的观念认为人生顺境永远少于逆境，人生的顺境是不多的。在我们很小的时候，父母就常讲人生之中十有八九是不如意事，这也是中国人所固有的一种历史观的体现。所以在很长一段时期里，中国人在生活中大多数的时候都在为可能发生的逆境做准备，不管怎样，绝大多数中国人都不会把自己家里的钱花光，一定是有存款，有某方面财富的积累和保证，因为要准备“过冬”。《周易》里有六十四卦三百八十四爻，这三百八十四爻的爻辞里最后以“吉”、“亨”为结尾的非常少，绝大多数的爻都是“凶”、“吝”、“悔”、“咎”这样的词语，基本上不是已经处于不祥的境地，就是马上要倒霉的，倒霉的卦远远多于吉祥的卦。所以这样一种心态对于中国人、中国文化、中国人的行为表现来说都很重要，也深刻影响了中国人的基本经济生活。但今天在我们的思想观念中，西方这样一种持续发展的理念却占据了主流，国家和政府所指定的目标常常指向经济的持续的发展，比如追求每年保持 GDP 要达到百分之几的增长。其实有些学者已经开始意识到这样的一种发展观所带来的一些问题，中央电视台财经频道特约评论员马光远先生在一次访谈中就曾经提出，中国能不能把经济增长的速度降下来，先来进行政治体制和经济体制方面的改革。今天不论是欧债危机还是美债危机都告诉我们要想保持一个持续的、稳定的增长几乎是不可能的，总会有衰退的时候。今天在中国，似乎更多的人都在思考我们要如何发展、怎么样持续地发展。其实，我们同时也应该开始思考，当我们有一天不能如此快的发展，甚至我们不再发展、出现衰退的时候应该如何去应对，或者说我们今天在还可以保持发展的时候如何去准备将来所面临的经济继续增长的情况。这两个问题或许同样重要，因为从整个人类历史发展来看，这会是我们持续发展之后所面对的必然结果。

二、实体经济与虚拟经济

在学者关于本次欧债危机起因的研究中，很多学者都将欧元区国家本身的产业结构失衡和实体经济空心化作为一个重要的因素，耿万华就在其《欧债危机对我国经济结构调整及转型的启示》一文中对这一问题有过比较详细的论述，他对欧洲国家实体经济空心化表述为四个具体的方面：第一，严重依赖旅游业和航运业的希腊经济难以抵御危机的冲击。第二，依靠出口加工制造业和旅游业拉动经济的意大利在危机面前显得力不从心。第三，依靠房地产和建筑业投资拉动的西班牙经济和爱尔兰经济本身存在致命缺陷。第四，工业基础薄弱，主要依靠服务业推动经济发展的葡萄牙经济基础比较脆弱。[4]与之相对的，则是欧洲金融资本对危机的推波助澜作用。有学者就指出：与次贷危机成因类似，在此次欧债危机中，金融领域再次成为了推动危机扩大和恶化的工具。事实上，近年来，欧洲银行业的信贷扩张也很疯狂，致使其经营风险急剧增加，这特别表现在其杠杆乘数（即总资产与核心资本之比）甚至超过受次贷冲击的美国同行。[5]如此一来，实体经济与虚拟经济二者在国民经济发展的关系再次成为人们所关注的焦点。从 2012 年 CCTV 中国年度经济人物评选活动来看，本次评选以“实业的使命”为主题，以实业为核心价值，以“创新、责任、影响力、推动力、年度贡献度”为标准，寻找实业代表人物。获奖的企业家更是覆盖了机械制造、互联网、保险、建材、房地产、船舶、航天军工、移动设备及软件、粮油等实体行业。[6]可见，在今天中国经济界，大家已经开始意识到实体经济在国家发展以及保障国家安全方面所发挥的重要作用。但与之相对的，虽然国家和社会开始意识到实体经济的重要性，可是调查却显示，越来越多的“富二代”不愿接替父辈们辛苦的实体产业，转而热衷于用父辈们积攒下来的第一桶金，奔波于“来钱快”的资本市场。之所以如此的原因就在于：做实体经济起早贪黑一年，利润最多 10%，而找准一个 PE 项目，动辄有数倍利润。因此，在原材料、劳动力成本不断上涨的情况下，很多“富二代”纷纷借助父辈们积攒下来的第一桶金，在资本市场上展开腾挪术。[7]趋向以及获取利润当然是每一个身在市场经济中的个体的自然追求，这无可厚非。但是当利润等同时，获取方式更为简便的就自然会成为人们趋之若鹜的对象。而相比于实体经济，虚拟经济不仅从获利的方式上更为轻松和容易，而且获取的利润率也往往高于实体经济数倍，数十倍甚至数百倍，所以随着经济的发展，经济领域中趋向虚拟经济在某种意义上成为必然。因此，在世界范围内，相比于欠发达国家，发达国家的虚拟经济的规模都要远胜于实体经济。甚至我们可以这样说，随着我国经济的不断发展，趋向虚拟经济的势头会越来越明显、越来越强劲。这意味着在社会中创造实实在在的财富的人会越来越少，而从事“以钱生钱”这样一种财富的创造方式的人会越来越多。[8]而在中国古代，传统的财富观则认为：“生财有大道，生之者众，食之者寡，为之者疾，用之者舒，则财恒足矣。”[10]这句话告诉我们积累财富有一个大的原则：生产财物的人多，消费财物的人少，创造财物的人生产迅速，使用财物的人消费舒缓，那么国家的财富就总是充足的了。如果我们用这个简单的原则来衡量欧美的生产模式和生活方式，我们就会发现他们的生活方式恰恰是用之者疾，他们的生产方式恰恰是生之者寡、食之者众。即一方面，为了经济的增长不断地鼓励人们消费，甚至去消费未来还没有创造的财富；另一方面，在物质生产方面，从事生产劳动的人越来越少，创造实实在在的财富的人越来越少。从前面的分析我们可以看出来，这些似乎不能仅仅归咎于欧美国家劳动力成本高以及产业结构调整等原因。而更多的是人类持续追求利润以及人性固有趋向所造成的必然结果。那么，对于今天还处在发展中国家地位的中国来说，思考如何使人们不趋向虚拟经济已经成为一个越来越紧迫的问题。

经过之前的分析我们发现人们一有机会就会普遍趋向于虚拟经济主要有两个原因：第一，在虚拟经济中往往可以获得比实体经济更丰厚的利润；第二，这种获取利润的方式相比于从事生产劳动更为简易。因此，在解决这一问题时应该从这两个方面着手：首先应该从制度层面限制通过虚拟经济获得利润的数量，或者如果更广泛地讲，应该限制一切不通过生产劳动就获得的财富。其次，在财富的分配方式中坚持马克思的“劳动价值论”，即坚持以劳动作为财富分配的最重要的依据，让劳动真正成为评判财富分配的最终、甚至是唯一的尺度。今天有学者在分析欧债危机的起因时更多的从劳动力成本高低的角度来思考，认为随着全球贸易一体化的深入，新兴市场的劳动力成本优势吸引全球制造业逐步向新兴市场转移，南欧国家的劳动力优势早已不复存在，而这些国家又不能及时调整产业结构，使得经济在危机冲击下显得异常脆弱。以希腊为例，2010年服务业在其GDP中占比达到52.57%，而工业占GDP的比重仅有14.62%。按照这样的思路，我们应该把关注点放在控制劳动力成本上。这固然重要，但如何吸引更多的人从事生产劳动似乎更为根本。因此，建立一种以劳动为标准的财富分配方式对于我国未来的经济发展至关重要。这一问题同时也涉及到一个社会的公平和正义，对于保证我们国家的和谐和稳定起着重要的作用。

三、国家与个体

在2012年里，欧债危机持续发酵。已经走过了四个年头的欧债危机，为何迟迟得不到有效的解决？究其原因，一方面是由于导致欧债危机的原因非常复杂，不是仅仅依靠作出某种单一的改革或调整就能解决，它广泛涉及到经济和政治领域的各个方面，所以解决起来困难重重；另一方面，则是由于人为的一些阻力所造成，比如从欧盟内部来看，欧洲债务救助的政治阻力在加大：北欧的一些富裕国家对升级欧洲金融稳定机制有较大的抵触情绪，而欧洲危机国家的财政整顿又引发了持续不断的社会动荡。[11]这在某种程度上也延缓了解决欧债危机的脚步。在这里，我们看到第一个方面的原因是欧债危机本身所造成的，是长期在经济和政治领域内积累的矛盾所致，而第二个方面的原因则是人为的因素。如果从反思的角度来看，我们应该更加重视第二个方面的原因，这有助于我们在解决危机时避免一些外在因素所带来的阻力。但今天学者们在关注外部阻力时似乎更关注欧元区国家内部的政治角力，而往往忽视国家内部政府与人民之间存在的矛盾。据报道称：2012 年的欧洲国家十分“热闹”：葡萄牙工会联合会组织了据称是葡萄牙历史上规模最大的全国总罢工，全国海陆空交通中断，医院和银行停止服务，首都里斯本等城市处于“半瘫痪”状态。同时，英国和意大利数十个城市的大学生举行示威游行，致使多个城市陷入混乱。此外，爱尔兰政府公布 4 年期财政治理计划，政府危机有可能一触即发。与此同时，在希腊、法国等已经爆发过大规模抗议活动的国家，新的抗议和罢工潮正在酝酿之中。[12]为削减财政赤字和公共债务，欧洲国家目前纷纷推出了治理财政的紧缩措施。虽然各国的措施略有不同，但归纳起来就是两个：节支与增收。节支，就是削减公共开支，削减薪水和养老金。增收，就是提高消费税、财产税和所得税。而这些举措无疑触动了习惯了富足生活的欧洲人的神经，因此各国的游行抗议不断。而这些游行和抗议在很大程度上阻碍了欧债危机的解决进程。当然，有些人会认为这是西方民主的成熟表现，民众可以通过游行和抗议来表达自己的政治诉求。但同时我们也不能不看到，在欧债危机的解决过程中民众为了自身的利益甚至会抵抗一些国家所制定的合理的改革方案。换句话说，民众在很大程度上不愿意为了国家去做出某些牺牲。这样的事情在提倡个人权利的欧美国家屡屡发生，我们已经看到由于个人主义思潮的盛行导致二战以来在世界范围内的国家权威的削弱。因此，在某些危机时刻需要国家权威来保障和推行改革的时候常常由于民众的阻挠而不能进行。在这里我们看到，思考如何平衡国家与个体的关系以及确定二者的界限已经逐渐成为有关国家发展的一个重要课题。一方面，要节制政府和国家的权力，以防其对个人基本权利的侵害；另一方面，也不能过分强调个人权利，以防其阻碍政府和国家在一些关键时刻不能有效地行使权力以保障国家的基本利益和安全。

参考文献：

[1] 肖潇：《欧债危机的近况及影响》，《国际金融》，2011年10期，第56—57页。

[2] 参见王汉儒：《欧债危机爆发根源的再思考——基于国际货币体系视角的分析》，《当代财经》，2012年第11期。

[3] 耿万华：《欧债危机对我国经济结构调整及转型的启示》，《北方经济》，2012年第9期。

[4] 耿万华：《欧债危机对我国经济结构调整及转型的启示》，《北方经济》，2012年第9期，第83页。

[5] 周逢民：《欧债危机成因及对我国的启示》，《哈尔滨金融学院学报》，2012年第2期，第2页。

[6] 参见"2012年CCTV中国经济年度人物揭晓"，http://finance.qq.com/a/20121212/006311.htm。

[7] 参见"商二代不爱'实体'爱'虚拟'"，http://finance.ifeng.com/gem/vc/20121107/7264504.shtml。

[8] 按照成思危先生对"虚拟经济"所下的定义：虚拟经济是指与虚拟资本以金融系统为主要依托的循环运动有关的经济活动，简单地说就是直接以钱生钱的活动。

[9] 参见《四书章句集注》中《大学章句》的部分。

[10] 周逢民：《欧债危机成因及对我国的启示》，《哈尔滨金融学院学报》，2012年第2期，第2页。

[11] 肖潇：《欧债危机的近况及影响》，《国际金融》，2011年10期，第59页。

[12] "债务危机引发欧洲社会动荡　多国爆发游行和罢工"，http://www.china.com.cn/international/txt/2010-11/25/content_21420809.htm。

（唐纪宇）

第十二章

东盟安全机制及其影响

［内容提要］自从 1967 年东盟成立以来，东盟经过 40 多年的发展，其东盟安全机制基本框架初步形成。随着中国综合国力的提升，中国威胁论在东盟国家蔓延，为此，东盟安全机制呈现出大国平衡性和制约中国的针对性等特点。2012 年，东盟除继续通过东盟地区论坛、中国一东盟自由贸易区等安全合作机制推行大国平衡安全战略外，部分与中国存在领海争议的成员国如菲律宾、越南积极配合美国战略重心东移战略，甘当美国的马前卒，不断挑起南海事端，借重美、日、印制约中国的针对性也越来越明了。

简单地说，国家安全是指国家具有免受干扰、侵蚀、威胁和颠覆的状态和能力。安全机制是指确保国家具有免受干扰、侵蚀、威胁和颠覆状态和能力的一系列“原则、规则和规范”。东盟安全机制是指确保东盟成员国之间实现国家安全的一系列“原则、规则和规范”。斯蒂芬·克拉斯纳对“原则、规则和规范”的内涵进行了解读，他认为．“原则是关于事实、原因和公正的信念；规范是以权利和义务定义的行为标准；规则是对行动特别的指示或禁止。”[①] 2012 年东盟安全机制继续彰显出大国平衡性和制约中国的针对性。

① 王杰：《国际机制论》，北京：新华出版社 2002 年版，第 237 页。

一、大国平衡：东盟安全机制的战略性

冷战结束后，随着美国、俄罗斯分别从菲律宾和越南军事基地撤出。东盟国家认为，由于两个超级大国从东盟地区军事基地撤出导致的权力真空只是暂时的，这种态势必定会由后来崛起的新兴大国如日本、中国、印度等填充、打破。这是由东盟国家地缘政治和资源政治因素决定的。“东南亚既处在太平洋和印度洋之间，又处于亚洲大陆和大洋洲之间的连接带上，是两大洋与两大洲之间的‘十字路口’，是沟通亚洲、非洲、欧洲以及大洋洲之间海上航行的咽喉。”① 同时，东盟国家拥有丰富的橡胶、锡、石油、天然气等战略资源。为此，东南亚地区自然就成了大国角力场。谁掌控了东南亚地区无疑在一定程度上掐住了其他大国未来发展的命脉，恰恰如此，对于任何梦想单独控制、支配东盟地区的企图必将遭到其他大国的联合抵制。也正是这种大国力量在东盟地区造成的均衡和制约，为东盟国家在安全机制中凸显“大国平衡”提供了契机。2012年东盟继续通过东盟地区论坛、中国—东盟自由贸易区等安全合作机制推行大国平衡安全战略。

东盟地区论坛（ARF）是一个高级安全协商对话机构，论坛成员每年举行一次会议。会议均由东盟成员国外长担任主席，由东盟决定会议议程。安全合作是其主要议题。2012年7月，东盟第19届外长会议在柬埔寨举行。涉及安全合作的议题有防扩散、反恐等，审议并通过了《ARF防扩散与裁军工作计划》、《ARF维护网络安全合作声明》。外交部长杨洁篪出席了ARF第19届外长会议。杨外长在讲话中指出：在全球化日益深入发展、各国利益日益密切的今天，通过对话与合作谋求共同

---

① 李松寒、王森：《与大国共舞—东盟的大国平衡战略》，载《东南亚纵横》，2012年第9期第3页。

发展、共同安全，是实现长治久安的唯一可行道路，也是各方的共同责任。[①] 东盟地区论坛一方面在东盟国家和亚太周边大国之间搭建起安全对话平台，建立互信，实现东盟区域安全；另一方面"那就是通过这种对话与磋商机制，影响美国、日本和中国等大国在本区域的行动，让各大国互相制约，最终达到由东盟来主导本区域的安全事务的目的。"[②]

另外，东盟继续积极推动中国—东盟自由贸易区构想的实施来平衡在经济安全方面对美日的过度依赖。东盟经济无论在市场方面还是资本方面长期依赖美国和日本，使东盟国家经济安全受到极大挑战。人们形象地讲，"美国和日本经济一打喷嚏，东盟就感冒。" 2012 年，在中国—东盟自由贸易区建设 10 周年之际，中国与东盟贸易额创历史新高，达 4000.93 亿美元，增长了 10.2%，中国已连续四年是东盟的最大贸易伙伴，东盟继续是中国的第三大贸易伙伴。[③] 这样，中国—东盟经贸关系的加强，不但进一步增强东盟区域经济实力，也减少了对美日经济安全的依赖性，东盟区域安全得到巩固。

二、借重美日印制约中国：东盟安全机制的针对性

2012 年，随着改革开放进一步深化，中国综合国力得到很大提升。虽然恪守和平发展的方针，但由于东盟国家对中国过去曾支持东南亚的共产主义运动及历史遗留的华侨问题存在误解，特别是中国与个别东盟国家间存在领土争议，东盟国家对中国综合国力的迅速提升表示极大忧虑，中国威胁论在东盟国家继续存在。因此，东盟国家借重区域外大国

---

① http://www.fmprc.gov.cn/mfa_chn/gjhdq_603914/gjhdqzz_609676/lhg_610254/jbqk_610256.

② 曹云华、唐翀：《新中国—东盟关系论》，北京：世界知识出版社，2005 年版，第 83 页。

③ http://news.inewsweek.cn/news—42917.html，2013 年 1 月 11 日。

力量制约中国的意图日益明显，认为新加坡资政李光耀所言仍然适用于今天，李光耀曾说："我们不得不接受这一事实，不管东盟各国如何联合力量，都无法顶住中国的军事对抗。除非有美国这样的外部力量介人，否则，该地区是无法实现平衡的。"可见，在东盟国家眼中美国的力量是制约中国影响力的首选。2012年初，菲律宾军方表示，菲律宾开始与美国政府探讨强化同盟关系的具体方案，包括同意美军在菲国内的军事基地部署舰船等。另外，双方就部署舰船、巡逻机、海军陆战队的规模、场所等交换了意见。2012年4月17日，在中菲黄岩岛对峙之际，菲外长阿尔韦特·德尔罗萨里奥表示，菲律宾希望与美国举行更多联合军演，并希望有更多美军轮流驻守菲律宾。他说，菲律宾与美国"安排更多联合军演可以提高双方协同作战能力和让他们轮流地、更频繁地驻军"。[①]美菲自从1991联合举行"肩并肩"军演以来，虽然在1995—1999年期间中断，但截至2012年4月27日"肩并肩—2012"军演结束时，已经是第28次了。"肩并肩"美菲军演从16日开始到27日结束，菲律宾作为东道主，出动兵力2300人，而美军则出动4500人，为美军参与历届"肩并肩"联合演习中出动兵力最多的一次，这次的演习内容还包括一项所谓的油气平台攻占演练，虽然美其名曰是防止恐怖分子对油气田的袭击，但明显另有所指。加盟的还有一些东盟国家，如越南和新加坡等，派出人员参与计算机模拟指挥训练。[②]美国的军事盟友泰国自1982年以来，就与美国共同举行"金色眼镜蛇"联合军演，2012年已经是第31次军演，并且印尼、新加坡和马来西亚等国也参加了第31次军演，这次演习于2月7日开始，2月17日结束，参演的人数达1.3万人。近几年，越南加强与美国的军事安全议题合作。特别是2010年8月10日，美国"约翰·麦凯恩"号宙斯盾驱逐舰在越南岘港附近海面与越南举行首次联合海军演习，这标志着美越关系达到一个新高峰。2012年10月22日，越南政府和安全官员登上正在南海海域巡航的美国"乔治·华盛顿"号核动力航空母舰。他们表示"乐于接受曾经的敌人美国的帮助来

---

① http：//forum. home. news. cn/thread/93699519/1. html2012－01－30.

② http：//world. people. com. cn/GB/14549/17670660. htm.

防备中国”。[①] 事实上，美国也需要东盟这种因抑制中国影响力而对美依赖所提供的契机，彰显美国“地区军事影响力和强化美国的地区优势”，进而推进美国战略重心东移，达到遏制中国崛起的目的。从 2009 年美国与东盟签署《东南亚友好合作条约》开始，在东南亚地区就不断扩大与东盟国家的军事合作。2012 年美国与东盟国家军事合作更是频繁。2012 年 4 月 23 日，美国第七舰队三艘军舰对越南展开为期 5 天的访问。6 月 3 日，美国国防部长帕内塔考察了越南金兰湾的前美军基地，从而成为自越战结束后首位访问金兰湾的美国防长。4 日他还分别会见了越南总理阮晋勇和国防部长冯光青，探讨了两国的军事合作前景。同月，美国对来访的菲律宾总统阿基诺三世进行鼓气撑腰，国务卿希拉里表示美国支持菲律宾国家海岸警戒系统建设，开展海上情报交流，资助菲律宾建设国家海岸警戒系统中心。另外，美国将向菲律宾提供价值 5300 万美元的雷达系统，加强菲律宾海岸警务部门的监视范围，资助菲律宾在其南部的棉兰老岛海岸沿线建设监听站和通讯站，通联在苏禄海和苏拉威西海活动的菲律宾海军和空军。[②] 10 月，美国政府代表团对缅甸进行了为期两天的访问，代表团成员中有数名高级文职官员和军方官员，其中包括美军在太平洋地区的指挥官弗朗西斯·威尔辛斯基中将。这是自缅甸与西方接触以来到访的最高级别的美国军方官员，标志着美国与这个长期被孤立的国家之间的关系迅速解冻。11 月 19 日，奥巴马在连任美国总统后的首次出访就把缅甸纳入了出访行程。这是历史上美国总统对缅甸的首次访问，为双方建立军事新关系迈出了重要的一步。12 月，美国官员表示，美国准备采取“初步措施”，开启与缅甸的军事关系，包括对缅甸军队进行“非杀伤性”培训。总之，美国与东盟国家密切接触，特别是成功连任美国总统的奥巴马首访泰国、缅甸和柬埔寨东南亚三国，且不顾中国的多次抗议，在柬埔寨金边东盟 10＋1 东盟会上，呼吁中国与东盟共同体（ASEAN）各国降低对东南海的主权争议。既凸显对东盟

---

① http：//news. xinhuanet. com/cankao/2012－10/22/c_131921288. htm

② 李斌、黄保明：《美菲军事合作及其对南海问题的影响》，载《学理论》，2012 年第 10 期。

的重视，也再次宣誓“亚洲轴心”战略的坚守。

由于地缘政治因素的影响，东盟也希望日本和印度在制衡中国方面发挥一定的作用。冷战前后，日本因在柬埔寨、缅甸问题上与东盟国家保持一致而赢得东盟好感。冷战后，为了减少美国军力从东盟地区削弱所带来的安全隐患，东盟国家希望日本在地区安全方面发挥应有的作用，维护东盟区域安全稳定。为此，东盟与日本在柬埔寨维和、打击海盗等方面进行合作。另外，“出于对日本的信任和期待，东盟多次邀请日本加入《东南亚友好合作条约》。”日本最终于2003年加入。近几年来，东盟一些国家在配合美国“亚洲轴心”战略的同时，不断加大与日本海上安全合作，增强制约中国的实力。2012年4月，越南总理阮晋勇访问日本时表示，希望日本“能够积极参与解决南海问题”。12月，菲律宾外长阿尔韦特·德尔罗萨里奥在马尼拉表示，“菲律宾将强烈支持日本修改和平宪法，重整军备，以抗衡中国不断增长的军事自信。”[①] 面对东盟国家的“信任和期待”，日本当然积极回应，特别是1977年8月日本首相福田访问东盟主要国家马来西亚、缅甸、印度尼西亚、新加波、泰国和菲律宾，并发表“我国的东南亚政策”的演讲，史称福田主义，“为以后日本与东盟国家关系的发展定下了基调。”尤其是近年来，“面对中国周边海上邻国纷纷围堵中国的‘大好时机’以及美国的‘纵容’，日本开始启动‘合纵连横’的海洋战略。”……在南中国海主权争端问题上积极参与，并与东盟（尤其是与印度尼西亚）密切合作，在南中国海出现不测事态时，为维持该地区的海上安全发挥主导作用。2012年4月，日本政府初步决定，将通过政府开发援助（ODA）向菲律宾提供巡逻艇，7月，日本驻菲律宾大使清水慎介接受采访时称，日本将于2014年交付菲海岸警卫队12艘“崭新的”巡逻艇，如果这一决定得到落实，这将是日本放宽武器出口限制后首次向他国提供武器。也是在4月，据日本《产经新闻》报道，日美菲三个国家正在对日本自卫队使用菲律宾巴拉望岛或吕宋岛的美军基地方案进行积极协商。如果此方案得到实施，日本自卫队

① “菲日急欲打造遏华统一战线”，［英］《金融时报》网站，2012年12月11日。

将在驻菲律宾美军基地进行长期驻扎。这充分暴露出日本通过插手南海海域争端问题，给中国施压，与菲律宾一起图谋在东海问题和钓鱼岛问题上渔利，妄想打造遏制中国的统一战线的野心。

另外，东盟国家认为，从地缘政治来看，印度和中国处于东盟的西面和北面，这两个正在崛起的大国对于东盟区域安全具有重要意义，尤其二者彼此制衡就会加大东盟区域安全和稳定系数。特别是面对中国在东盟地区的安全影响力特别是中国对南中国海争端管控力不断提升的事实，东盟愿意紧紧抓住印度推行“东向政策”的时机，把印度看作是制约中国的重要管道。正如新加坡学者所言，印度在东南亚地区的存在与利益为该地区提供了一支平衡力量，有利于抵消中国在这一地区的影响力。在 2012 年 12 月举行的东盟与印度峰会上，东盟与印度关系得到进一步提升，由对话伙伴关系升级为战略伙伴关系。东盟各国对此给予积极认同，如泰国总理英拉称，印度的“东向政策”与东盟的“西进政策”相得益彰，欢迎印度更深入地参与东盟事务。印度总理辛格也是积极回应，在 12 月 20 日下午举行的峰会开幕式上，他说：“随着双方关系实现战略升级，合作有望扩展至政治、安全特别是海上安全等领域。”《印度快报》更是直言不讳，它这样评论道：“在国际政治场，印度想制衡中国从不是个秘密。”①

事实上，东盟正是通过上述一系列安全合作，使“印度在地区安全中的‘大国’形象得到迅速提升”，进而在一定程度上制约了中国影响力的发挥。

三、结语

在 2012 年东盟安全机制构建中，东盟国家继续通过大国平衡战略，在引入区域外大国力量不断增强自身实力的同时，又可以通过“不干涉

① http：//news. xinhuanet. com/world/2012－12/21/c_124126657. htm。

内政”的安全机制原则有效阻止大国的干预，的确提升了自身在国际事务、特别是安全事务中话语权的份量。同时，东盟在安全机制中继续依重美国、日本、印度等区域外大国制约中国，这种针对性与多年来西方国家企图把东盟打造成牵制中国发展的一支重要力量的野心形成交集，这必将使中国周边特别是南海地区的安全形势更加复杂化。为此，为了应对这种挑战，我们必须把中国周边特别是南海地区的安全形势放在与中国和平发展、地区稳定和发展、世界和平与发展的全局中去考量，并做出战略选择。

（李文良　朱进　赵清芳）

第十三章

蒙古国“第三邻国”外交的深化及其影响

［**内容提要**］冷战后不久，蒙古国即实行“第三邻国”外交。2012年以来，蒙古国的“第三邻国”外交进一步深化，在一定程度上破坏了其外交的平衡。蒙古国深化“第三邻国”外交是主要是为了更好地维护自身的安全，同时也想获得更多的外援；由于其位置的特殊性，蒙古国深化“第三邻国”外交的举动得到“第三邻国”的积极响应。蒙古国“第三邻国”外交的深化对中国国家安全的影响是：一方面，蒙古国进一步成为西方遏制中国的前沿阵地，但作用有限；另一方面，在客观上促进了中俄两国的团结与合作。

蒙古国是亚洲内陆国家，夹在俄罗斯和中国两个大国之间。冷战结束之后，蒙古国摆脱了苏联的控制，开始实行独立自主的外交政策。1994年，蒙古国颁布了《蒙古国对外政策构想》，提出实行“不结盟、等距离、全方位”的多支点外交方针，其基本含义是：除优先发展与中俄两国的关系外，还积极发展与美、日、印、北约、欧安组织、欧盟等“第三邻国”关系。但最近一年的蒙古国外交表明，蒙古国与“第三邻国”的关系有了显著性的变化，这对中国的国家安全产生了一定的影响。

一、蒙古国“第三邻国”外交回顾及新变化

冷战后，蒙古国积极开展与“第三邻国”的外交，大力发展与“第三邻国”的关系，但同时还努力保持其与蒙中关系和蒙俄关系的平衡。然而，自2011年10月以来，蒙古国“第三邻国”外交出现了新变化，它与“第三邻国”的关系有了明显的深化，其平衡外交在一定程度上被打破，这是一个值得注意的新动向。

(一) 蒙古国“第三邻国”外交回顾

在蒙古国“第三邻国”中，美国、日本和印度是比较重要的国家，欧盟、北约和欧安组织是比较重要的国际组织。其中，美国对蒙古国是最重要的。冷战时期由于美苏对峙，作为苏联卫星国的蒙古国直到1987年才与美国建交。冷战后，蒙美关系迅速升温。1996年，蒙古国和美国先后签署了《蒙美军事领域交流与互访协定》和《蒙美安全保障合作协定》两个协定，赋予双方派遣部队进入对方国家的权利。2000年，美国国防部副部长斯洛科姆、太平洋司令部总司令布莱尔先后访蒙，开始建立双边安全磋商机制。2004年7月，蒙古国总统巴嘎班迪访问美国，与美国确立建立全面伙伴关系。2005年9月，蒙古国总统恩赫巴亚尔访问美国，表达了加强与美国进行军事合作的强烈愿望。11月，美国总统布什对蒙古国进行访问，两国一致表示将深化全面伙伴关系。2007年10月，恩赫巴亚尔再次访问美国。2008年奥巴马当选美国总统后，虽然一直没有访问过蒙古国，但两国的关系一直向前发展。2011年6月，蒙古国总统额勒贝格道尔吉访问美国，双方重申建立全面伙伴关系。在美国的推动下，蒙古国还从2011年7月开始担任“全球民主联盟”轮值国主席。

在蒙古国的“第三邻国”中，日本的重要性仅次于美国。1972年，蒙古国与日本建交。苏东剧变后，蒙古国与日本的关系迅速升温。1989年日

本外相宇野宗佑访蒙。1990 年蒙古国部长会议主席索德诺姆访日，开启了蒙古国与日本的高层互访。1991 年 8 月，日本首相海部俊树应邀访问蒙古，这是日本最高领导人首次访问蒙古国。1997 年 2 月，蒙古国总理访问日本时，双方确定要建立“面向 21 世纪的全面伙伴关系”。1998 年 5 月蒙古国总统巴嘎班迪访问日本和 1999 年 7 月日本首相小渊惠三访问蒙古国时，两国都再次重申要建立全面伙伴关系。2000 年恩赫巴亚尔当选蒙古国总理和 2006 年恩赫包勒德当选蒙古国总理后，首次出访的都是日本。2006 年 8 月，日本首相小泉纯一郎访问蒙古国。2007 年 2 月，蒙古国总统恩赫巴亚尔访问日本，并与日本签署了《两国关系未来十年发展纲要》。2010 年 11 月，蒙古国总统额勒贝格道尔吉访日，两国发表联合声明，表示将建立战略伙伴关系。

印度也是蒙古国“第三邻国”的重要国家之一。蒙古国与印度于 1955 年建交。冷战结束后，蒙印关系有了新发展。虽然 1994 年两国签署《蒙印友好关系与合作条约》，但在 2000 年之前，蒙古国与印度的来往有限。进入 21 世纪后，两国关系密切起来。2001 年，蒙古国总统巴嘎班迪访问印度，与印度签署《蒙印联合宣言》、《国防合作协议》等多项重要文件。2004 年 1 月，蒙古国总理恩赫巴亚尔访印，两国一致同意深化和加强军事交流合作。恩赫巴亚尔还表示，蒙古国支持印度成为联合国安理会常任理事国。2006 年 5 月和 2007 年 7 月，印度国防部长拉久和国家安全委员会联合情报委员会主席普拉丹相继访问蒙古国。恩赫巴亚尔总统在会见普拉丹时表示，印度对于蒙古国在国际上日益独立地位的加强发挥了重要作用，蒙古国视印度为重要伙伴和“第三邻国”。[1] 2009 年，额勒贝格道尔吉当选蒙古国总统后，首次出访的国家就是印度。2011 年 7 月，印度总统帕蒂尔访问蒙古国。

欧盟、北约和欧安组织等国际组织也是蒙古国重要的“第三邻国”。在与欧盟的关系方面，1989 年，蒙古国与欧盟的前身欧共体建立外交关系。此后，蒙古国与欧盟的关系不断向前发展。现在蒙古国正在争取与欧盟签署合作伙伴协议。在与北约的关系方面，20 世纪 90 年代蒙古国就要求加入北约“和平伙伴关系计划”。自 2003 年以来，蒙古国先后共派遣 1300 名士兵参加北约领导的国际安全援助部队。2010 年 11 月，蒙古国总统额勒贝格道尔吉参加了在葡萄牙首都里斯本举行的北约峰会。在与欧安组织的关系方面，蒙古国于2004年成为欧安组织的亚洲伙伴国。

（二）蒙古国“第三邻国”外交新变化

2011年10月以来，蒙古国“第三邻国”外交发生了明显的新变化，这主要体现在与欧安组织和北约关系的进一步深化上。蒙古国作为上合组织的观察国多年，但缺乏加入的热情。蒙古国外交部周边国家司副司长巴布盐曾表示，蒙古国不想参加上合组织是因为它是与军事有关的地区性组织。[2]但对于欧安组织、北约这样的政治、军事组织，蒙古国则是另一种态度。在与欧安组织关系方面，2011年10月，蒙古国向欧安组织正式提出加入申请。2012年11月，蒙古国的申请获得欧安组织的批准，蒙古国正式成为欧安组织的成员。在与北约关系方面，2012年3月，蒙古国与北约正式签署了合作伙伴协议，双方的关系有了实质性的突破。5月，北约峰会在美国芝加哥召开，蒙古国首次以北约“全球伙伴关系”框架内的“和平伙伴关系国地位”参会。蒙古国与欧安组织和北约关系的进一步深化表明，其“第三邻国”外交已进入一个新阶段。

二、蒙古国深化“第三邻国”外交的原因和有利条件

蒙古国深化其“第三邻国”外交有多个方面的原因，其中最重要的原因在于对中俄两国的不信任，想通过与“第三邻国”之间建立一种更加密切的关系来维护自身的安全。由于蒙古国地处中俄之间的重要战略地位，能够成为制约中俄两国的重要棋子，所以，蒙古国深化“第三邻国”外交政策得到了“第三邻国”的积极响应，这为它的实行提供了有利条件。

（一）蒙古国深化“第三邻国”外交的原因

蒙古国深化“第三邻国”外交有多种目的，其首要目的是通过深化与“第三邻国”的关系来维护自身的独立与安全。这既是冷战后蒙古国的一贯思维，也是近来蒙古国对中俄日益强大不安的体现。

首先，深化“第三邻国”外交是冷战后蒙古国的一贯思维。冷战后，蒙古国摆脱了苏联的控制，获得了自主的地位。但作为一个身处中俄两大强国之间的弱国，蒙古国担心再次成为中国或俄罗斯的附庸或者其国家利益受到中俄两国的侵犯。蒙古国科学院国际问题研究所所长海桑岱表达了这种担忧：“任何国家都有自己的大政方针，我觉得蒙古国在对外政策上，不应该总是服从来自俄罗斯或是中国政策的影响。”[3]1995 年发表于蒙古国《独立报》的一篇文章设想了蒙古国遭受外敌入侵的八种可能性，其中六到七种来自中国或俄罗斯。[4]为此，一方面，蒙古国平衡发展与中俄两国的关系，使其相互制约。另一方面，蒙古国借助“对保障本国国家安全具有影响的第三支力量”也就是“第三邻国”的力量来制约中俄两国。蒙古国前总统恩赫巴亚尔表示，邻国并非一定是从地理上划分的，当蒙古国拥有足够多的邻国时，就会变得更加安全。[5]其中，美国被蒙古国视为最重要的安全伙伴。在蒙古国看来，美国是能够对中俄两个邻国产生重要影响的唯一国家，是保障蒙古国安全的主要依托力量，是蒙古国不至于沦为中俄附庸的重要保证。[6]与美国的密切关系使得蒙古国对自身的防卫安全倍感自信。2005 年，当蒙古国国防部长被问及“地处俄中两个大国之间的蒙古国是否感到担心与害怕”的时候，蒙古国国防部长这样回答：“以美蒙目前的军事关系，我对两个邻国一点也不感到担心。”[7]

其次，深化“第三邻国外交是当下蒙古国对中俄日益强大不安的体现。本世纪以来，中国经济长期保持高速增长，经济实力不断增强。2007 年中国国民生产总值超过德国，2010 年中国国民生产总值又超过日本，已居世界第二位。在经济实力不断增强的同时，中国的军事实力、科技水平也在不断提高，国际影响力也越来越强。俄罗斯自本世纪以来，经济也保持着相对高速的发展，国家实力进一步增强，国际影响力也越来越大。与此同时，中俄两国与美国等西方国家之间的差距也在缩小。

在这种情况下，蒙古国对中俄的担心日益增强，试图通过进一步加强与“第三邻国”的关系，来缓解对中俄的恐惧心理。

除了对国家安全的政治考虑外，蒙古国还想通过深化“第三邻国”外交获得更多的援助。蒙古国是一个经济和科技落后、人民生活相对贫困的国家，摆脱落后和贫困是摆在蒙古国政府面前的一项重大任务。美国、日本和欧盟国家都是经济和科技比较发达的国家，积极发展与它们的关系可以获得资金、技术、设备等各方面的援助。冷战后，蒙古国确实从美国、日本等国家获得大量的经济和技术援助。以美国和日本为例，美国方面，从1994年起，美国每年对蒙古国的无偿援助折合约1200万美元，截至2004年底，美国对蒙古国的无偿援助已达到1.5亿美元。[8] 2005年美国宣布向蒙古国提供1100万美元的无偿军事援助。[9] 2007年，美国总统布什批准向蒙古国提供2.85亿美元的无偿援助。[10] 2010年美国再次向蒙古国无偿援助950万美元。[11] 除了无偿援助之外，美国还给予蒙古国长期最惠国待遇。美国还帮助蒙古国改进现有的军事装备。蒙古国军队的武器装备也在发生变化，由以前的苏式装备陆续换装成美式装备。[12] 日本方面，作为冷战后蒙古国最大的援助国，从1991年到2006年，日本平均每年对蒙援助1亿美元，其中3000万—3500万美元为无偿援助，另有约1000万美元为技术合作援助。[13] 2009年，日本宣布向蒙古国提供9.4亿日元的无偿援助。[14] 2010年日本宣布向蒙古国提供13亿日元的无偿援助。[15] 日本还将提供288亿日元贷款用于蒙古国修建国际新机场。[16] 总之，蒙古国从外援中得到了很多好处。近来蒙古国加入欧安组织的一个重要目的也是为了增加更多的外援渠道，获得更多的援助和帮助。

（二）蒙古国深化“第三邻国”外交的有利条件

蒙古国之所以能加入欧安组织，能和北约之间建立合作伙伴关系，关键在于得到了欧安组织、北约和它们的主导国美国的积极响应；而欧安组织、北约和美国之所以积极响应，是因为它们看好了蒙古国在地理上的特殊价值。这为蒙古国深化“第三邻国”外交创造了有利条件。

首先，蒙古国对于美国制约中俄两国非常有利。其一，蒙古国位于中俄两国之间，与中俄两国有着漫长的边界线。如果美国控制蒙古国，就等于是在中俄之间打进一个楔子。利用蒙古国的战略位置，美国可以形成北抑俄罗斯、南遏中国的有利态势；美国还可以利用蒙古国有利的位置，监听中俄两国重要情报。美国战略专家罗佐弗曾声称，“蒙古国是五角大楼安插在中俄之间的特洛伊木马”。[17]其二，蒙古国处于中亚和东北亚之间，美国在中亚地区和东北亚地区都有自己的军事基地，一旦控制蒙古，就在其中亚地区与东北亚地区的军事基地之间建立了一个连接枢纽，这样就进一步强化了美国在亚洲的军事存在，并对中俄两国和上合组织构成更有力的抑制。其三，蒙古国也是美国向中俄两国输出美国政治理念的前沿阵地。美国极力向外输出自己的政治理念；在美国看来，中俄两国都与自己的政治理念不同，需要加以演化。而蒙古国的政治理念与自身相同，蒙古国的位置正好是向中俄两国输出美国政治理念的前沿阵地。2012 年 7 月，美国国务卿希拉里·克里顿访问蒙古国时就别有用心地声称，蒙古国的进步有力“破除了民主是一种西方价值观的神话”[18]。

其次，蒙古国对于北约和欧安组织具有重要的地缘意义。冷战之后，北约不断东扩，不但把原苏联势力范围内的一些东欧国家扩进去，还把原苏联的一些加盟共和国扩进去，但这些都限于俄罗斯的西线。如果北约和蒙古国建立一种比较密切的关系，在一定程度上掌控蒙古国，就能在南线构筑对俄罗斯的战略包围，进一步挤压俄罗斯的战略空间，达到更好地抑制俄罗斯的目的。欧安组织吸纳蒙古国也是看好了蒙古国的地缘价值。尽管欧安组织与北约一样，也是受美国主导，但俄罗斯毕竟是其中的成员，所以，欧安组织吸纳蒙古国与北约发展和蒙古国的关系有所不同，北约主要针对的是俄罗斯，欧安组织主要针对的是中国。蒙古国是欧安组织遏制中国的前沿阵地。

三、蒙古国“第三邻国”外交的深化对中国国家安全的影响

蒙古国对“第三邻国”外交的深化，一方面使蒙古国进一步成为西

方遏制中国的前沿阵地，另一方面又在客观上促进了中俄两国之间的团结，这些对中国国家安全都会产生一定影响。

（一）蒙古国将进一步成为遏制中国的前沿阵地

蒙古国推行“第三邻国”外交以来就开始成为西方国家遏制中国的前沿阵地。首先，美国等西方国家在蒙古国进行联合军演，矛头直指中国。1996年蒙古国和美国签订军事协定后，就赋予了美国军队进入蒙古国的权利。同年，蒙美两国开始举行联合民防演习，后来发展为联合军事演习。自2003年以来，蒙美两国每年都在蒙古国境内举行代号为“可汗探索”的联合军事演习，自2006年起发展为日本、印度等多国参加的联合军事演习。蒙古国与印度两国在2004年就开始进行联合军演，此后，两国多次进行联合军演。比如，在2007年的“可汗探索”多国联合军事演习结束不久，蒙印两国又在蒙古国单独进行了名为“游牧之象”的联合军事演习。其次，蒙古国自愿在军事上与“第三邻国”合作，允许它们在自己国内设置监听站，刺探中国情报。自2003年起，美国在台湾当局的协助下，在蒙古国设立对中国的监听站，监听中国新疆、内蒙古、东北等地区的电讯情报。[19]2004年，印度在蒙古国建立了一个雷达监听站，用于刺探中国导弹的研发情况。[20]近来蒙古国对“第三邻国”外交的深化必将使蒙古国成为美国等西方国家和西方政治组织遏制中国的前沿阵地。美国有可能会在蒙古部署导弹，这对中国的国家国安全会构成严重威胁。

不过，作为西方遏制中国的前沿阵地，蒙古国的作用也是有限的。蒙古国深化“第三邻国”外交不但损害了中国国家安全，也损害了俄罗斯的国家安全，因此，中俄两国不会坐视自身的国家利益受到侵害，但出于维护其与蒙古国关系大局的考虑，会在一定程度上容忍蒙古国“第三邻国”外交的越位。但如果蒙古国的“第三邻国”外交在越位的道路上越走越远，超过了中俄两国的容忍度，中俄两国势必要采取某些应对措施。毕竟蒙古国被包围在中俄之间，没有其他对外的通道，如果两国禁止蒙古国经由自己的领土和“第三邻国”进行交往，蒙古国就会陷入极大的困境，这是蒙古国不得不考虑的。

（二）在客观上促进了中俄之间的团结

蒙古国深化“第三邻国”外交在客观上还促进了中俄之间的团结。冷战以后，中俄关系不断向前发展，两国关系比较融洽，但两国之间仍然存在着一些问题。其一，历史上关于领土的纠纷。虽然现在中俄边界问题已经得到了妥善解决，但历史上关于两国领土纠纷的记忆仍然铭记在中俄两国国民的心中，成为影响中俄关系的一个因素。其二，现实中俄罗斯对中国的担忧。苏联解体后继承苏联衣钵的俄罗斯的实力远不如苏联，而中国则在改革开放后不断崛起，现在，中国不但在经济总量上远远超过俄罗斯，而且在高科技的某些领域也超过了俄罗斯，这使从前作为“老大哥”的俄罗斯感到很不适应，并担心中国的崛起会危及到俄罗斯的利益，因而，“中国威胁论”在俄罗斯具有一定的市场。虽然冷战后尤其是新世纪以来中俄双方高层交往比较密切，但俄罗斯对中国根深蒂固的芥蒂难以消除，这影响了中俄之间的关系，也对中国的国家安全产生了一定的负面影响，毕竟俄罗斯和中国有着漫长的边界线。

在俄罗斯对中国心存芥蒂的情况下，中俄关系能够发展到今天，一个非常重要也可能是最重要的原因就在于中俄面临共同的外在压力。在美国的咄咄进逼下，中俄之间存在着共同的利益，因而在政治上形成了比较密切的关系。当下，蒙古国深化“第三邻国”外交，加紧向西方靠拢，这同时损害了中俄两国的战略利益。为了共同对付西方和遏制蒙古国的西化倾向，中俄两国之间会形成更加密切的政治合作关系，这对于中俄两国的团结是有利的。中俄之间的团结与合作在一定程度上会有利于中国的国家安全。

参考文献：

[1] “蒙古国总统表示：蒙古视印度为重要伙伴”，中国经济网，http：//www. ce. cn/xwzx/gjss/gdxw/200707/31/t20070731_12373752. shtml。

[2] 中国社科院亚太所 2007 年访蒙考察报告。

[3] “蒙古推行‘第三邻国’外交”，环球网，http：//world. huanqiu. com/roll/2011－09/1988731. html。

[4]“蒙古国的中立化道路”，中国亚太研究网，http：//iaps. cass. cn/news/ 58267. htm。

[5]“美蒙舞剑意在何方”，浙江日报，2006年8月22日。

[6] 娜琳：“蒙美关系发展的动力是互需”，《东北亚论坛》，1999年第3期。

[7]“美国欲拉蒙古加入对华包围圈”，世界报，http：//www. legaldaily. com. cn/zbzk/ sjb/116/wz06. htm。

[8]“布什为何去蒙古”，人民网，http：//world. people. com. cn/GB/ 3867623. html。

[9]“美国将向蒙古提供1100万美元的军事援助”，新华网，http：//news. xinhuanet. com/mil/2005－11/23/content_3822073. htm。

[10]“美国总统布什批准对蒙古提供2.85亿美元的援助”，人民网，http：//world. people. com. cn/GB/1029/6418968. html。

[11]“美国拟向蒙古国提供950万美元无偿援助”，财经网，http：//www. caijing. com. cn/2010－09－28/110531749. html。

[12]《蒙古国的现状与发展趋势》，中国俄罗斯东欧中亚研究网，http：//euroasia. cass. cn/news/61002. htm。

[13] 徐芳：“日蒙‘热恋’的背后”，《新民周刊》，2006年第33期。

[14]“日本将向蒙古国提供9.4亿日元无偿援助”，新华网，http：//news. xinhuanet. com/world/2009－07/22/content_11755460. htm。

[15]“日本向蒙古国提供13亿日元无偿援助”，人民网，http：//world. people. com. cn/GB/57507/11517923. html。

[16]“蒙古国新国际机场2015年建成　日本将提供288亿日元贷款”，人民网，http：//world. people. com. cn/GB/14557693. html。

[17]“美国的反导系统将如何进入蒙古共和国?”，战略网，http：//grass. chinaiiss. com/html/20125/24/wa8bd1_2. html。

[18]“西方打算加强与蒙古关系”，美国《防务新闻》周刊，2012年8月6日。

[19]“台湾监听站遍布海外包围大陆”，《国防时报》，2008年11月21日。

[20]“印度三面出击监视中国导弹”，新华网，http：//news. xinhuanet. com/mil/2007－08/20/content_6568784. htm。

（申林）

第十四章
国际文化话语权提升与国家文化安全

［**内容提要**］2012年中国在提升与拓展国际文化话语权方面取得显著成就，在国际文化话语平台上由被动变主动，中国文化“走出去”进一步赢得国际文化话语权，尤其是莫言、王澍获得世界大奖，为中国文学艺术拓展了国际文化话语权。但是，中国和平崛起的国际文化话语权需求与现存国际话语格局之间还存在巨大落差，“西强中弱”的国际文化话语权态势尚未根本改变，西方话语已经渗透到中国各学科、各领域、各行业，国际文化传播领域话语主导权依然被美英少数发达国家媒体所掌控，中国文化话语权重镇的学术研究领域“西化”倾向严重。面对严峻挑战，中国必须继续提高国家硬实力，不断增强国家文化软实力，加快建构中国特色社会主义话语体系，加强中国文化话语国际传播能力，提升、拓展国际文化话语权，才能在这场“包装在话语权背后的国家利益之争”中捍卫自己的文化权益，捍卫中国国家文化安全。

随着中国与国际社会的交流日益紧密，中国文化正在逐渐被世界认识和认同，中国文化国际影响力日益提高。民族复兴需要民族文化复兴，中国崛起需要中国话语权崛起。

所谓话语权，就是指说话的权力，是通过语言来运用和体现的权力，该权力能以非暴力、非强制的方式改变他人、他国的思想和行为。[1]国家的话语权，是指国家层面上的国际话语权，即一个国家在国际上政治、军事、经济、文化等的综合话语权。一个国家国际话语权的大小，直接取决于该国在国际社会实力的强弱以及实力的有效使用。国际话语权是国家软实力的重要体现，是国家意识形态特别是价值观的国际吸引力和影响力。国际文化话语权是国际话语权的重要组成部分，是国家主权在国际文化领域里的集中体现，是一个国家出于经济、政治、文化发展和国家安全的需要，自主地提出、表达、传播、交流文化话语、维护文化权益和国家文化安全的权利，包括文化话语的创造权、文化话语的表达权、文化话语的传播权、文化议题的设置权和文化发展的自主权。[2]国际文化话语权本质上是一个国家的文化主导权，其建设和主导的能力越强，越能增强本国的文化权力，行使本国的文化权利，维护本国的文化权益。拥有和掌控国际文化话语权，就能增强国家文化软实力，提升国家的综合实力和国际竞争力，进而有效地维护本国的国家文化安全；反之若丧失了国际文化话语权，就会削弱本国的文化软实力，威胁到本国的国家文化安全，损害国家的综合实力和国际竞争力，甚至危及本国的国家利益和国家安全。

总之，国际文化话语权不仅是一种权利，还是一种权力，更是一种能力。国际文化话语权已经成为表达、维护和实现国家文化权益、政治利益、经济利益，乃至国家安全的重要手段。当前中国国家文化战略的旨归，就是要面对西方文化霸权，有针对性地加强中国国际文化话语权建设，不断提升中国国际文化话语权，更好地维护中国国家文化安全。

一、2012年中国国际文化话语权逐步提升

2012年中国各项事业取得了辉煌成就。经济上，在国际金融危机的大背景下，中国继续实行积极的财政政策和稳健的货币政策，注重调整经济结构和改善民生，实现了经济平衡快速发展。科技上，“神舟九号”载人飞船发射，与“天宫1号”成功交汇对接。“蛟龙号”载人潜水器

7000米下潜成功，深海探测技术有了新突破。军事上，中国第一艘航空母舰“辽宁号”航母入列，歼15等中国最先进的歼击机试飞成功。经济、科技、军事等硬实力的快速发展，为中国文化软实力崛起奠定了良好基础。与此同时，中国在国际社会积极拓展文化话语平台，不断加大国际文化传播力度；在国内积极开展文化建设和促进文化创新，提高中华文化竞争力，取得了很好的效果。国际国内双管齐下，使中国国际文化话语权得到进一步的提升与拓展。

(一) 在国际文化话语平台上由被动变主动

积极开展与联合国教科文组织的合作，利用国际文化话语平台传播中华文化，参与国际重要文化规则制定，增强国际文化话语权。

联合国教科文组织是当今世界影响力最大的公众媒介，其作用和影响力已经充分得到国际社会的认可，成为各国公认的处理文化领域国际事务和开展国际文化交流与合作的重要平台，成为中国开展多边文化外交和文化传播领域的重要窗口和阵地。中国积极发挥发展中大国作用，努力创新与联合国教科文组织的合作形式、合作模式，从单纯的国际规则执行者逐步变为规则的制定者和参与者。这突出地表现在非物质文化遗产和文化多样性两个方面。《保护非物质文化遗产公约》（简称《非遗公约》）于2003年10月由联合国教科文组织大会第32届会议通过。截至2012年7月，《非遗公约》缔约国达145个，约占195个会员国的74%；《保护和促进文化表现形式多样性公约》（简称《多样性公约》）于2005年由联合国教科文组织大会第33届会议通过。截至2012年7月，缔约方达125个，约占会员国总数的64%。中国紧紧围绕两个公约，全程参与公约的谈判、制定及实施过程，有计划、有步骤、有重点地在公约框架下开展工作，提供力所能及的资源和支持，积极举办系列活动，得到联合国教科文组织和国际社会的广泛认可。[3]2012年2月，中国与联合国教科文组织签署关于在北京建立亚太地区非物质文化遗产国际培训中心（简称“亚太中心”）协议，组建了管理委员会并举办成立大会。作为区域性非物质文化遗产培训国际机构，亚太中心将与教科文组织紧密合作，通过开展培训及能力建设活动，为加强亚太地区各国非遗保护能力建设提供服务。[4]

参与世界知识产权保护规则的制定是中国利用国际话语平台来提升国际文化话语权的又一个突出表现。世界知识产权组织是联合国组织系统中的16个专门机构之一，管理着涉及知识产权保护各个方面的24项国际条约，有近200个成员国。2012年6月26日，由中国主导，规定了包括表演者拥有复制权、发行权、出租权以及提供表演的权利和向公众传播权利的《北京条约》，在北京召开的世界知识产权组织保护音像表演外交会议上成功缔结。该条约的缔结，标志着表演者权利保护从传统走向现代，从制度创建走向制度完善，首次较为全面地解决了世界范围内视听表演知识产权保护工作的基础性、原则性、系统性问题，充分考虑到了视听表演创作分工合作的复杂性，较好地协调了制片人、演员、编剧等各方利益，结束了表演者权利不能享有完整知识产权保护的历史，进一步丰富完善了国际知识产权保护体系，对于促进国际知识产权合作、推动世界文化产业发展具有里程碑式的重大意义。《北京条约》的签署，在全世界面前再次浓墨重彩推出了“北京”品牌，有利于深化与世界知识产权组织的合作，也有助于加强中国参与国际规则制定的话语权，提升中国的国际影响力和软实力，增强了中国的国际文化话语权。

（二）中国文化“走出去”进一步赢得国际文化话语权

伴随中国经济的高速增长，包括文化艺术业、新闻出版业、广播电视业、电影业、音像制品业、娱乐业、演出业等在内的庞大的中国文化产业正在蓬勃发展，并越来越多地走向世界。截至2012年12月底，中国已同149个国家签订了政府间文化合作协定和近800个年度文化交流执行计划，与上千个文化组织保持着密切的合作关系。一家全球顶级战略管理咨询公司近日披露，中国的万达、腾讯已入围2012年全球文化产业50强。许多优秀的中华文化作品和产品通过不同渠道、载体走出国门，走向世界，打造中国文化品牌，向世界展示中国充满活力的国家形象，增强中华文明的国际影响力，彰显了一个大国的文化自信。据2012年11月28日中国文化产业网提供的由文化部外联局（港澳台办）与北京大学文化产业研究院共同编著的《中国对外文化贸易年度报告

(2012)》统计,[5]2011年全球艺术品交易额中，中国艺术品的国际交易额近48亿美元，排名世界第一，占全球市场的41.4%，相当于美英总和；新闻出版产业中的图书、报刊和音像制品的实体出版收入逐年增加，贸易逆差展现出不断缩小的良好势头。版权出口也在显著增长，图书版权的引进输出比由2003年的15∶1缩小到了2011年的2.1∶1；我国电视节目（包括电视剧、纪录片和综艺节目，动画电视片纳入动漫产业出口收入中计算）出口总收入已超过3500万美元，占到电视节目出口的70%以上；2011年，共有126项演艺产品（项目）出国（境）进行商业演出，演出场次为8090场，出口总收入约为3171.9万美元，总收入稳步提升，我国演艺产业优秀剧目的市场价值获得了海外观众的认可；我国动漫产品版权输出规模稳步提升，越来越多的中国动漫企业和品牌走向世界。2011年我国核心动漫产品出口额达11156.3万美元，较2010年出口总收入增长40%。中国出口游戏产品的数量也增加明显，近100款网络游戏产品出口海外，数量总数超过150款。

作为中国文化“走出去”重要平台的孔子学院，得到了快速发展和世界的广泛认同，在推广汉语、传播中国文化以及国学的教育、文化交流中做出了重要贡献。截至2012年底，孔子学院总部已在108个国家建立了400所孔子学院和500多个孔子课堂。2012年，各国孔子学院和课堂注册学员总数共计65.5万人，举办各类文化活动1.6万多场，参加人数948万人，参加各类汉语考试学生数达到50万人次。[6]孔子学院的蓬勃发展得到英国文化委员会的首席执行官马丁、歌德学院的主席雷曼等外国政要的高度评价，认为孔子学院仅用了短短几年时间，就走完了英、法、德、西等国语言推广机构几十年甚至上百年的路，和中国经济发展一样堪称世界奇迹。[7]

中国文化正在战略创新中走向世界，国际文化市场规则的中国标准和文化产业发展的中国经验和中国观念，正在成为中国文化走向世界、提升中国国际文化话语权所追求的目标。

（三）莫言、王澍为中国文学艺术拓展国际文化话语权作出了贡献

2012年10月11日瑞典皇家科学院宣布将2012年诺贝尔文学奖授

予中国作家莫言，莫言因此成为首位获得诺贝尔文学奖的中国本土作家，终于打破了批评家所指出的诺贝尔文学奖被欧洲作家所垄断的局面。这一消息不亚于中国加入世界贸易组织，让中国人感到无比振奋和自豪。在“越是民族的，越是世界的”成为世界文化共识的今天，莫言凭借其具有鲜明而丰富的民族文化色彩的作品为中国文学获得了世界声誉，不仅改写了中国作家无人获得诺贝尔文学奖的历史，更加证明了中国作家的实力。莫言获奖是促进中国文学和世界文学进行密切交流的良好契机，终于把世界目光引向中国作家。因此，莫言获得诺贝尔文学奖具有不同凡响的重大意义：一方面带来自信，这是对中国崛起的肯定，是对中国文化的肯定。莫言的获奖，是汉语文学凭借自己的艺术水准和文化承载力获得世界承认的一个重要标志，是中国文学在世界文学中地位稳固的标志，也将意味着中国经济崛起之后文化崛起的真正开始。另一方面，诺贝尔奖对于莫言的肯定显现出中国国际文化话语权的增重。文学代表另一种话语权，是作家所代表的民族的另一种倾诉。这种倾诉打动了抱有西方价值观的评选委员们。他们授予莫言诺贝尔文学奖，其实也是肯定了中国文学的世界性话语权，从而使中国文学在世界上拥有了全新的话语权。这种话语权反过来必定会促进中国文化事业的开放与进步，也将进一步促进中国国际文化话语权的提升与扩大。

2012年2月27日，中国美术学院建筑艺术学院院长、博士生导师王澍获得了2012年国际建筑界大奖——普里茨克建筑学奖（Pritzker Architecture Prize)，成为获得这项殊荣的第一位中国公民。这标志着国际建筑界对中国建筑设计艺术成就的充分肯定，中国在建筑艺术方面终于得到世界的认可。普里茨克奖被誉为“建筑领域的诺贝尔奖”，是1979年由普里茨克家族的杰伊·普里茨克（A. Pritzker）和他的妻子辛迪（Cindy）发起、凯悦基金会（Hyatt Foundation）所赞助的针对建筑师个人颁布的奖项，每年颁发一次，授予一名建筑师或团队，以表彰获奖者在建筑设计中表现出的才智、洞察力和奉献精神。建筑是历史和文化的载体，展现着一个城市、一个国家的形象。建筑既要有本土风格和民族特色，又要充分吸收世界先进理念和技术，这样生命力才能长久。王澍执著于践行中国本土建筑学理念，将中国传统文化“植”入当代建筑中，其建筑艺术体现出中国悠久而独特的传统文化魅力，赢得了西方的关注与肯定。他的获奖，不仅促进了东西方建筑文化的交流融合，更有利于在国际社会面前展示中国文化、中国国家形象。

莫言、王澍两个获得世界大奖的“第一位中国公民”，无疑为中国争得了荣誉，在世界范围扩大了中国的正面影响力、吸引力，进一步增强了中国的文化软实力，提升和拓展了中国国际文化话语权。

二、中国国际文化话语权现存缺陷与不足

2012年中国虽然在提升与拓展国际文化话语权方面取得了显著成就，但从国家发展的宏观态势来看，当前中国文化在国际社会的影响力与中国五千年文化沉积下的丰厚资源仍不相适应，与中国快速提升的国际地位仍不相适应，中国和平崛起的国际话语权需求与现存状况之间存在巨大落差。中国在提升国际文化话语权方面，仍存在很多难关需要攻克，如全球范围内“西强中弱”的格局尚未根本改变，中国的国际文化话语创新能力、传播能力特别是国际文化话语议题设置能力都亟待加强与提高。在中国文化复兴的道路上，正遭遇着各种挑战与严疴，严重影响着中国国家文化安全。

（一）“西强中弱”的国际文化话语权态势尚未根本改变

当今世界国际话语权的“分配”状况极不平衡。整体上看，以欧美为主体的西方发达国家凭借其在经济、军事、科技等方面的强势占据着明显的主流和强势地位，美国甚至拥有话语霸权，而广大发展中国家话语权则呈现出一种显而易见的话语权缺失态势。作为国际话语权的延伸，国际文化话语权的态势也基本如此，“西强中弱”的结构性弱势格局尚未根本改变。虽然金融危机加速世界经济力量由西方向东方转移，中国经济实力已排世界第二，但西方主流国家用意明显，只想把中国纳入由其主导的国际秩序当中，而不允许中国改变、挑战既有国际政治、经济、

文化等准则与话语。西方在增加对华接触与合作的同时，也在加快对华遏制与竞争的步伐，西方话语已经渗透到中国各学科、各领域、各行业。[8]中国在国际文化事务中很多重要领域远未取得与自身实力相称的话语权，在国际文化话语权上的“寡语”甚至“失语”状况仍然是不得不突破的现实窘境。

（二）国际传播领域文化话语主导权依然被美英少数发达国家媒体所掌控

就国际传播领域而言，国际舆论的话语主导权依然掌控在美英等少数发达国家手中。目前传播于全球大部分地区约80—90％的新闻资讯都由西方通讯社提供，国际新闻市场的资讯来源及资讯解释权几乎被西方主流通讯社垄断。[9]以美国为例，美国人口仅占世界人口总数约5％，却控制了世界约75％的电视节目的生产和制作，每年向别国发行电视节目总量达30万小时。传播于世界各地的新闻有60％—80％的栏目内容来自美国，而在美国自己的电视节目中，外国节目播出占有率只有1.2％。美国公司出产的影片产量只占全球影片产量的6.7％，却占领了全球总放映时间的50％以上。[10]中国的情况却大相径庭，尽管全球使用华语者占世界人口总数约25％，但全球以华语为载体的信息量仅占全球信息总量约5％，国际传播领域文化话语权明显处于被动。而且，在相关事件特别是事关国家安全方面的报道，由于中国话语信息发布不及时不深入，自身话语质量不足，西方媒体大多采用来自中国敌对势力方面的虚假信息进行大肆宣传报道。西方国家某些势力更是利用手中掌握的国际文化话语权，故意丑化中国国家形象，蓄意散布“中国威胁论”“中国崩溃论”，从“京奥盛会”到“汶川强震”，从拉萨“三·一四”到新疆“七·五”，西方媒体与政界带着明显的“有色眼镜”来评判中国。更有甚者公然违背新闻操守，颠倒黑白，移花接木，混淆视听，捏造事实来抹黑中国，妄图干扰、阻滞中国的和平发展，[11]中国的国家形象不断被西方媒体意识形态的“红色滤光镜”、种族宗教的“黄色滤光镜”和商业竞争的“绿色滤光镜”折腾得扭曲变形、面目全非。西方国家媒体对中国话语信息的客观制约与主观忽视，以及中国国际话语传播能力的弱势地位，导致中国的国际文化话语权严重不足，成为中国国家文化安全的一大软肋。

（三）中国文化话语权重镇的学术研究领域“西化”倾向严重

学术话语权是国际文化话语权的重要内涵之一。当前中国学术话语、学术评判上“崇洋媚外”的倾向与做法，相当于将学术话语权拱手让人，使中国国际文化话语权严重受损。目前主流国际话语及其理论概念大多是由西方人文和社会科学领域的思想家或研究者提出的，如“文明冲突论”、“民主和平论”、“软实力”、“巧实力”、“实用主义”、“存在主义”、“非理性主义”、“后现代”、“后结构主义”等等，已被国人自觉不自觉地加以采用，西方学术话语对中国原有的文化话语体系造成严重干扰。而且，许多中国学者的科研成果都首选国外期刊发表，导致大量优质学术论文外流，中国学术期刊的国际竞争力和影响力受到很大冲击。在这种风气影响下，不少国内期刊为了和国际接轨，放弃了中国自己的评判标准，把西方的评判标准照搬到中国来，导致中国学术研究的“西化”倾向严重。这种风气已经从自然科学领域蔓延到了社会科学领域。这样的科研评判体系，不仅使西方发达国家凭借其手中有影响力的期刊轻易将中国很多高端科研成果收入囊中，也让中国的科研对美国等西方国家没有什么秘密可言。[12]如果中国科研评价跟着国外“指挥棒”转的状况得不到彻底的改变，提升中国国际文化话语权将会内外受困。为此，采取果断措施，丰富创新中国自己的哲学社会科学话语内容，改革落后的学术评判体系，尤其是果断摈弃学术评判上的“崇洋媚外”做法，建立起具有中国特色、中国风格、中国气派的学术话语与学术评判标准已经刻不容缓。

三、提升中国国际文化话语权的对策路径

在文化全球化的背景下，面对严峻挑战，不断增强中国文化软实力，

争取提升中国国际文化话语权，是中国文化强国、捍卫国家文化安全的必然选择。

（一）继续努力提高国家硬实力

硬实力是软实力最好的支撑，也是国际文化话语权的基础。西方国际文化话语权处于优势与强势，并不是因为政治制度、发展模式、生活方式等本身有多么先进，而是因为其有强大的硬实力，而且长期以来，西方将强大的硬实力通过一系列安排与布局，经由各类方式、多种渠道充分体现出来。中国有了强大的经济实力，加上明确的意志、具体的方向与合理的行动，就能够逐步拓展、提升国际文化话语权。[13]经过60年的现代化建设、改革开放30年的，中国已经积累起世界第二大经济体的实力，这为中国提升文化软实力、拥有更多国际文化话语权奠定了坚实基础。中国应抓住新科技革命不断深化和新技术普及程度日益提高的良机，加快完善文化创新体系，催生新的文化产业，大力开发适宜互联网、移动终端等载体的文化产品，不断培育文化产业新的增长点，使中国文化产业的发展迈上一个崭新台阶。中国应努力调动国内外一切积极因素，最大化地将财富转化为权力，尽快摆脱“国大声弱”的困局，提升国际文化话语权。中国应当抓住当前的历史性机遇，促成自身飞跃，不仅要身置国际舞台中心地带，而且要能在舞台中心发出强音。[14]

（二）加快建构中国特色社会主义话语体系

纵观历史，环视世界，国际强国及其话语权无不立足自己的核心价值，彰显自己的个性，才有生命力与独特魅力。在当下语境中，要迎接西方强势文化的挑战，与欧美强势文化进行“短兵相接”的对话和较量，就必须拥有中国自己的话语体系。一国的人文和社会科学学术话语权，是其国际话语权的基础，也是构建国家国际话语体系的支柱。要提升中国的国际话语权，必须以发展和繁荣具有中国特色相应的人文和社会科学研究、提升中国学术的话语权为基础。[15]中国需要加强文化自身建设，挖掘传统文化精髓，树立核心价值观，总结国内外经验，构建中国自己的文化话语体系，以提高文化自身的吸引力，掌握文化主导权。虽然西方话语权中有很多合理的成分，比如环境保护、可持续发展、公民社会、人道主义等等，中国应根据自己的国情有鉴别地加以吸取，将其改造成为自己的世界观与价值观的一部分。2012 年 6 月 2 日，中共中央政治局常委李长春在出席“马克思主义理论研究和建设工程工作会议”时发表讲话，首次在国家层面上提出了中国的国际学术话语权问题，将增强中国的国际话语权问题上升到构建“话语体系”的高度，[16]指出如何在学习借鉴人类文明成果的基础上，用中国的理论研究和话语体系解读中国实践、中国道路，不断概括出理论联系实际的、科学的、开放融通的新概念、新范畴、新表述，打造具有中国特色、中国风格、中国气派的哲学社会科学学术话语体系，是中国理论界和学术界面临的重大而紧迫的时代课题。[17]中国国际文化话语权建设，就是要在开放、融合的心态下进一步与相关领域的研究进行知识整合，共同探索和改进有利于中国话语的生产与控制的途径。这些目标概括起来就是：以本土化努力提升中国学术的自主性，不断改进、提高中国话语的国际化水平。加强学科体系建设和科研方法的创新，同时注意借鉴西方知识界通用的表述方式和语意语境，针对新的时代条件下的中国实践，提出符合国际学术通约性，亦能符合国际话语环境的中国话语，汇聚和表征中国的努力、思考和期望，以中国自己的理论成果推动国家发展、时代进步、民族振兴。[18]

(三) 加强中国文化话语国际传播能力

面对中国的发展，国际社会反映不一，各种摩擦不时发生，各种关系有待调节。中国需要以新的态势、新的战略和新的方式在世界上展开博弈，同时，也需要以更大的努力向世界说明中国，将良好的中国形象展现在国际社会面前，因此，加强中国文化话语国际传播能力建设就成为一项非常紧迫的任务。

加强中国话语的对外传播，在传播的方式上，就要注意研究外国人的思维方式和习惯爱好，贴近外国人的实际，改进双方沟通的渠道，转换对外讲述的语言，拉近相互认知的距离。要善于把坚定的原则包裹上柔和的语言。在演说、讲解、交流的时候，要尽可能口语化、生活化，因地制宜结合当时场景加以发挥阐释，增加交流的形象性、趣味性和幽默性。在传播中，要善于讲故事、讲事例、讲实际，娓娓道来，自然得体，用故事来让他们体会、感悟、理解。[19]介绍中国现实，展示中国形象，从而使他们增加对中国的了解、理解和赞同，使中国理念在世界上得到更大传播，使中国形象在世界上更加亲和。在传播的策略上，要变被动为主动，不能将信息传播和舆论引导的主动权拱手让给别人。首先，凡是涉及中国的事务，我们都拥有丰富的信息资源，占有有利的条件，完全可以抢占先机，先发制人。总结过去的教训，往往由于反应滞后，反而让西方媒体先发制人，大肆进行恶意炒作，致使我们丧失了主动权。应尽快整合资源，建立快速反应机制，在第一时间发布新闻，先入为主，争取主动。[20]在加强硬实力的同时，发挥主观能动性，抢占舆论制高点。其次，在总体上不能掌握话语权的时候，就要创造条件，先在某一方面、某些时间取得话语权。用周密的谋划、精心的设计、有效的手段、专业的队伍，抢占先机，报道及时、公开、透明，以主流信息占据舆论制高点，把握舆论的主动权，赢得更多的国际文化话语权。在这方面我们也有成功的经验，如汶川地震的宣传，改变了过去对突发事件的报道模式，在报道的深度、广度以及及时性上都有所突破。再次，在对外传播时，还要注意构建自身和解构对手的"话语平台"、两者缺一不可。[21]一般人只看到话语权是国力和霸权的产物，而忽略它是一个精密的操纵系统。其实，技巧的核心就是话语的流向操纵于谁手。因此首先要占据文明制高点，才能控制话语的流向。抢占文明制高点才能进入所有谋略的中心，继而拥有话语权。与西方媒体争夺文化话语权的斗争，是一项长期、艰巨的系统工程，必须站在提高国家软实力、维护国家安全的战略高度认识其现实意义。最后，拓展文化传播主体。应把文化企业、非政府组织和学术团体、海外华人华侨纳入中国文化传播主体，提高传播主体的多元性和活力。总之，不断研究新情况、新问题，尊重新闻传播规律，采用新媒体，运用新形式，通过合理整合、配置资源，建立机制，转变观念，逐步争取更多的国际文化话语权。

（四）在国际文化新秩序中增强文化议题的设置权

面对正在重构中的国际文化新秩序，要把握国际话语生产、控制的特征及规律，引领中国知识界对国际话语权议题的关注，参与调整、解释、建构和传播中国的国际文化话语，不断开拓中国文化在国际社会发言的途径，拓展中国国际话语平台，扩大中国文化影响力。在文化资本利用、文化资源项目引进和开发上，在国际文化贸易等方面，中国应当着手建立自己的基于“低碳”标准的“定价权”机制，明确以万元产值能耗为标准的“节能减排”指标，并且以此为基础建立起关于发展“低碳文化产业”的中国标准和中国话语，[22]在创新过程中实现新的话语权重构和转移，实现中国文化从“走出去”战略向“国际化战略”的重要转型，在积极的文化战略创新和制度创新中，缔造中国国际文化话语权和国家文化安全。

结语

在西方话语体系主导世界、西方话语霸权咄咄逼人的形势下，面对来自西方国家的话语遏制，中国应采取“韧”的态度，不屈服，不示弱，不妥协，有理、有利、有节地开展斗争。中国必须加快社会主义文化建设，借助文化传统、文化特色和文化优势，加快构建有利于文化繁荣发展的机制，建立具有中国特色、中国风格、中国气派的哲学社会科学学术话语体系，创新中国文化话语，开发、利用和整合文化资源，不断增强中国文化软实力和国际竞争力，不断提升中国国际文化话语权。只有这样，才能在这场“包装在话语权背后的国家利益之争”中胜出，才能捍卫国家文化利益，中国才能成为一个积极的国际文化秩序重建的参与者、新文明形态的缔造者，在国际文化话语权的全球场域中争取和平发展的广阔空间。

参考文献：

[1] [8] [9] [11] [13] [14] 江涌．中国要说话，世界在倾听——关于提升中国国际话语权的思考 [J]．红旗文稿，2010 (5)。

［2］骆郁廷．提升国家文化话语权［N］．人民日报，2012—02—23。

［3］［4］重视多边舞台　中国国际话语权大幅提升——与联合国教科文组织合作交流加强，国际公约履约获肯定，从规则执行者向制定者转变［DB/OL］，中华人民共和国文化部网，http：//www.ccnt.gov.cn/xxfbnew2011/xwzx/lmsj/201211/t20121107_267127.html，2012—11—07。

［5］对外文化贸易七产业势头喜人［DB/OL］，中国文化产业网，http：//www.cnci.gov.cn/content/20121128/news_76905.shtml，2012—11—28。

［6］新华资料，孔子学院［DB/OL］，新华网，http：//news.xinhuanet.com/ziliao/2009－12/07/content_12604448.htm。

［7］吴兢：为不同国家、不同肤色的人们提供交流、互鉴、合作新平台——孔子学院：中国文化拥抱世界［N］，人民日报，2012—08—10。

［10］王泠：全球化背景下的传媒产业发展态势［DB/OL］，新闻记者，http：//news.eastday.com/epublish/big5/paper159/4/class015900002/hwz349027.htm。

［12］朱继东、李艳艳：打造中国哲学社会科学学术话语体系必须防止的几种倾向［J］，红旗文稿，2012（21）。

［15］张志洲：提升学术话语权与中国的话语体系构建［J］，红旗文稿，2012（13）。

［16］张志洲：和平崛起与中国的国际话语权战略［J］，当代世界，2012（7）。

［17］国防大学中国特色社会主义理论体系研究中心：打造具有中国特色、中国风格、中国气派的理论学术话语体系［N］，光明日报，2012—06—11。

［18］孙英春：跨文化传播研究与中国的国际话语权［J］，攀登，2010（2）。

［19］李忠杰：提高中国话语体系的科学化大众化国际化水平——一个值得思考和研究的话题［N］，人民论坛，2012（12）。

［20］张铭清：文化软实力的重要指标：话语权［DB/OL］，中国社会科学网，http：//www.qstheory.cn/special/2012/dwwh/201208/t20120814_175699.htm，2012—08—14。

［21］话语权的把控不是公平游戏　如何占领文明制高点？［DB/OL］，人民日报海外版，2011—06—15。

［22］胡惠林：文化“走出去”的战略转型缔造话语权和文化安全［N］，人民日报，2010—09—21。

（苏娟）

第十五章
国民海外安全的五个新特点

[**内容提要**] 国民安全问题是国家安全的一个重要体现。对于国民海外安全形势的关注，不仅有利于推动国民海外安全的保障工作，而且也是衡量中国国际影响力是否提升的重要标尺之一。我国政府历来主张“执政为民”，对国民海外安全的关注，正是我国政府“执政为民”在外交领域的一个重要体现。笔者通过搜集我国国民在海外发生的安全事件，就2012年国民海外安全的特点进行概述。

总体来看，2012年国民海外安全形势的特点主要有以下五个方面。

一、国民海外传统安全问题趋缓

所谓国民海外的传统安全问题是指我国国民在海外活动地所遭遇的“高级政治”问题，即因武力威慑、军事对抗或发生战争而对国民造成安全威胁。这种威胁的解除只能依靠国家动用国家意志和国家力量。

与2011年相比，从整体来看2012年国民海外传统安全形势并没有上年严重。众所周知，自2010年以来，北非、西亚等多地发生游行示威和武装动乱事件，突尼斯、埃及、利比亚这些国家政权更迭，也门、巴林这些国家也发生政治动荡。为此，我国政府于2011年在该地区组织了两次大规模的撤侨行动。这些行动不仅有力地保护了我国国民在海外的安全，同时也彰显了我国综合国力的上升以及政府对国民安全问题的重视。从全球角度来看2012年我国没有发生如2011年那样的大规模撤侨行动。仅在2012年12月底，中非发生了严重的武装袭击事件，安全形势持续恶化，截至12月31日，在中非的303名中国公民中有239名人员撤离。这属于在2012年规模较大的国民撤离事件。

尽管2012年全球整体的政治局势处于稳定之中，但也存在着潜在的动荡因素。其显著特点表现在2012年是不折不扣的大选之年。不仅西方主要的发达国家存在大选问题，而且亚非拉等发展中国家和地区也存在政权交接问题。美国、法国、俄罗斯、墨西哥、韩国、西班牙、蒙古国、委内瑞拉、多米尼加、东帝汶、冰岛、加纳、肯尼亚、马里、塞拉利昂、莱索托、也门都要进行选举。国家政府的高层领导的更换和政权的交接能否顺利实现，这其中存在着潜在的政治不安定因素。有些大国由于其具备成熟和完善的民主政治制度和稳定的政治局面，政权的过度与交接相对顺利，社会环境相对较好，国民因政局动荡而遭遇的安全风险较小。有些国家面临大选或者议会选举，诸如塞内加尔、几内亚比绍、莱索托、瓦努阿图、东帝汶、格鲁吉亚等国，这些国家由于其民主政治制度不够完善，选举常常引发游行示威甚至是武装冲突，由此带来社会动荡，造成安全局势的紧张，因而国民在这些国家活动遭遇的安全风险较大。同时，国民在这些国家所遭遇的安全问题特别是华商财产所遭受的损失更多属于受牵连而非有针对性的排华挤华案件。

二、国民海外非传统安全问题突出

所谓国民的非传统安全问题指的是除“高级政治”外的低级政治问题，即属非传统安全问题。2012年国民海外安全形势与上年相比，从安全问题产生的原因来看，在传统安全相关事件相对下降的同时，非传统安全问题则相对突出，即由战争、战乱等问题引起的国民安全问题在国民的分布中所占的比例相对较小，而与非传统安全因素引起的安全问题则引起的事件数相对较多。2012年我国国民在海外遭遇的安全问题大部分都属于非传统安全方面的问题。

2011年3月11日，日本发生9级地震，我国组织了第三次从日本大规模撤侨行动。与2011年相比，在2012年没有发生因严重自然灾害而进行的撤侨行动。但是，全球的极端自然环境以及疾病的流行，也给我国国民在当地的活动带来极大的危险性。比如，塞拉利昂北方省坎比亚区和洛科港区爆发霍乱疫情；2月29日以来，约旦中北部地区遭遇连日大雪天气；东帝汶雨季，气候潮热，蚊虫滋生，是疟疾、登革热的高发季节；3月，智利北部安第斯山脉高原地区遭遇50年罕见恶劣天气，连日暴雨骤降引起河流决堤，洪水夹杂着泥石席卷当地多个城镇；11月，苏丹达尔富尔地区爆发黄热病疫情，至少已造成215人感染，75人死亡等等。特别需要指出的是，5月29日上午9时03分，意大利东北部地区发生里氏5.8级地震，有一名中国人因此遇难。

与过去相比，2012年的非传统安全问题出现了食物中毒甚至致死的事件。比如，1月4日，我国有4人在澳大利亚误食毒蘑菇（死亡帽子）造成两死两伤；6月2日，一名五十多岁的中国游客在澳大利亚误食毒蘑菇重伤；7月26日，10名中国公民在俄罗斯车里雅宾斯克一家公司食堂食物中毒。造成这些事件发生的原因或是个人认识不足或是单位管理不善，就目前看属于意外事件，但是这些事件的出现对于中国国民在海外的安全方面也有警示意义。

三、国民海外安全风险最高地依然集中在非洲

从安全风险的地域分布来看，依然延续过去发生安全问题的分布特点，即非洲属于安全风险最高的地区。在这一地区，战乱频繁、武装冲突严重，政府功能弱化、社会动荡、传染病的流行等等传统安全与非传

统安全问题交织在一起，因而成为安全危险性指数最高的地区。其中，2012年以尼日利亚为例，就凸显上述特征。2012年年初，尼日利亚爆发示威民众与军警冲突事件；其境内自2月以来发生“拉沙热”疫情，在16个州发现数百病例，造成人员死亡。自然灾害频发，10月尼日利亚多个地区突降暴雨，引发洪涝灾害。在这样的环境中活动，其安全保障度则相对较低，我国国民在期间活动遭遇的风险就较高。比如，2月，尼日利亚拉各斯港附近海域多次发生中方货船遭到武装海盗袭击事件，造成中方人员伤亡和财产损失，在尼日利亚拉各斯港口停泊的中国货船也遭到海盗的袭击抢劫；2月期间，在尼日利亚连续发生三起涉中国公民恶性交通事故，均造成相关人员伤亡；10月19日，尼日利亚东北部博尔诺州首府迈杜古里市一处公路建设工地遭到不名身份武装人员袭击，造成一名中国籍工人遇难；2012年底，正值圣诞、新年来临之际，驻拉各斯总领馆领区内恶性治安案件呈上升趋势，仅领区内就发生多起中方人员遭抢劫枪击、被绑架勒索等恶性安全事件。在尼日利亚，传统安全威胁与非传统安全威胁相交织，国民在当地处境艰难。国民在此地的安全问题除受到政治因素和自然环境的威胁外，还受到人为因素影响。这种人为因素既包括自身对于相关法律风俗的不了解，也包括在外在压力下被骗或者被逼而致使自身安全受到威胁。比如，2月25日，数名我国国民因不了解当日是清洁日，外出时被尼日利亚执法人员抓扣并送交法庭待审；3月，有个别中国公民因涉嫌携带象牙制品出境被尼日利亚执法部门扣留并起诉；5月，在卡诺和拉各斯等地有多名中国公民被尼日利亚移民局拘捕；6月，中国驻拉各斯总领馆多次接到求助，多名中国女性同胞被骗来尼日利亚并被强迫从事不良活动，请求总领馆协助解救等等。总之，我国国民在尼日利亚的安全危险度较高，其所发生的安全事件在2012年表现也较为突出。

2012年非洲大陆的政治动荡局势不只是在尼日利亚，还有马里政府军与武装团伙发生交火、塞内加尔因选举引发武装冲突和游行示威、几内亚比绍发生军事政变等等。在如此恶劣的政治社会环境下，我国国民遭遇到的安全事例较突出的有：3月4日，刚果（布）首都布拉柴维尔一军火库发生爆炸，造成附近承建社会住宅项目的北京建工集团项目的成员 5 人死亡，2 人失踪，12 人入院治疗。3 月下旬，南非接连发生多起华侨华人被杀、店铺被抢烧事件。4 月中旬，莫桑比克马普托市发生多起涉我人员和公司仓库被盗、办公室遭武装抢劫事件，造成严重财产损失。

在欧洲和美洲等西方发达国家因发生盗窃和抢劫案件而造成国民安全的威胁也较多。这种安全形势与非洲相比，更多的是谋财不害命，这与当地国的经济发展形势有密切关系。当然，这种特点也不是绝对的，在罗马就发生过恶性的暴力抢劫案件。1 月 4 日，在罗马，中国侨胞周拯（音译）、郑丽艳和女儿一家三口在回家途中遭遇抢劫，劫匪掏出手枪向三人射击，导致两人死亡一人重伤。总体来看，欧美国家的经济发展形势较好，当地针对外国人的抢劫盗窃等案件就较少，相反则相对较多。

四、海外游客、华商和留学生的安全问题突出

从人群和职业分布所遭遇的安全问题看，海外游客所遭遇的安全问题比较突出，2012 年游客遭遇的安全问题突出在财物被盗和涉水遇溺两方面问题。前者的财物被盗现象主要集中在旅游业比较发达但是经济状况不景气的地区，中国游客的到来无疑给不法分子提供了一个可以创收的机会。因此，我国国民在外游览时遭遇的财物被盗的案件相对较多，如在英国、法国、丹麦、希腊、挪威、瑞典、瑞士等多个国家。其中，据中国驻比利时使馆统计，2012 年前 9 个月，使馆共接到在此地活动的中国公民因遭到盗抢丢失护照前来申请补办证件的案件 130 余起，10 月案发尤为密集，盗抢案件的高发地带仍是机场、火车站、地铁和旅游景点。可见，在这些地区游客所面临的主要是财物安全以及由此带来的身心安全问题。同时，游客所面临的另一个突出的安全问题是涉水遇险问题。这一问题主要集中在马尔代夫和泰国两地。马尔代夫成为我国游客密集的一个地方，涉水遇溺的现象较多。比如 2012 年 1～3 月，赴马尔代夫度假的中国游客接连多次发生水上安全事故，其中 2 人溺水身亡，1

人肺部呛水被送入医院，多人经现场急救后脱离生命危险。4月15日，又有2名中国游客因浮潜溺水身亡。再如，8月份，马尔代夫旅游岛先后发生4起中国公民溺水事件，其中3人死亡，1人经抢救脱险，但落下严重后遗症。2012年，已有超过10起中国公民在马尔代夫溺亡事件，90%以上跟浮潜有关。另一个发生游客遇溺案件较多的是泰国。如7月6日，泰国南部旅游胜地普吉和苏梅岛先后发生2名中国游客在海上游泳溺水死亡和驾驶摩托艇碰撞受重伤的意外事故。8月7～8日，泰国南部普吉岛和苏梅岛共发生3起中国公民因参加海上浮潜活动而导致3人死亡、1人重伤的事件。10月6日以来，在泰国南部普吉岛和苏梅岛，先后有3名中国游客在其所住酒店的游泳池游泳时溺水，造成2死1伤。12月19～21日，在泰国苏梅岛海域先后发生2起共3名中国游客游泳溺水死亡事故。另外，10月19日，在泰国北部清迈、拜县等地发生数起涉及中国游客的摩托车交通事故，造成我国游客不同程度受伤。当然，以上这些游客出游所遭遇的事件可能也只是国民在海外所遭遇的安全问题中的冰山一角，如何最大限度地保障游客出游安全则是应属引起关注的问题。

海外华商所遭遇的安全风险级别相对较高，华商在海外遭遇的事件主要包括抢劫财物、所经营的超市被抢劫或者遭遇绑架等。据笔者所搜集的资料来看，华商遭遇到的财产安全问题仍然以集中在政治风险较高的国家为主。但是，相对于过去诸如俄罗斯等国发生大规模的排华挤华案件，整体来看2012年并没有发生社会影响极其恶劣的大规模排华挤华案件，但是，单个华商或少数人由于当地社会治安环境较差而遭遇抢劫、盗窃或绑架行为则屡屡发生。如1月1日，澳洲堪培拉一家华人杂货店新年元旦遭打劫；2月，希腊雅典一浙江籍华商遭遇绑架勒索；6月，达喀尔中国商人聚集区“百年大街”附近发生数起入室盗窃、抢劫案等；6月4日，菲律宾两名华商遭到绑架；7月24日，菲律宾仙道斯将军市的一名华商的汽车遭炸弹袭击；11月24日，菲律宾一对华商夫妇遭遇持枪抢劫。诸如此类事件仍屡屡出现。同时，有些国家和地区由于其政局不稳造成的社会动荡，华商在游行示威中受牵连而遭受损失的现象也依然存在，但是具有目的性的发生大规模针对华商的事件则未出现。

同时，我国作为世界上最大的留学生输出国，留学生遭遇的安全问题也越来越突出。2012年留学生遭遇的安全问题大体集中在两个方面，一个是出行遭遇交通意外事故或者涉水安全问题，一个是遭遇校园暴力案件。留学生遇险问题主要集中在留学生较多的国家，比如澳大利亚、美国、加拿大等。以澳大利亚为例，2月2日，一名16岁的中国交流生在澳大利亚黄金海岸的游泳区溺亡；3月11日，3名中国留学生驾驶小轿车从所居住的城市堪培拉出城，驶向澳大利亚东南部海滨游玩，车辆在高速路上发生车祸，2人身亡1人受伤；4月16日，5名中国留学生在澳大利亚北领地4号高速公路距乌鲁鲁（Uluru）约100公里处发生严重车祸；10月11日，在澳大利亚悉尼新南威尔士大学留学的两名中国留学生在实验室发生争斗导致其中一方重伤等等。再如，在美国，3月16日，一位来自中国成都的本特利学院中国女留学生，在美国麻州沃森市遭遇车祸去世；4月11日，南加州大学校园附近发生枪击事件，两名中国南加大留学生中弹身亡；5月3日，一名在美中国留学生在新泽西南布朗士维克市（SouthBrunswick）发生车祸；7月9日，中国留学生李松乘在美国加州硅谷所住小区游泳池，意外溺水等等。类似案件不仅存在于澳大利亚和美国，加拿大等国的中国留学生也遭遇类似的问题，如5月26日中国留学生陈同同在加拿大尼加拉峡谷底端河边遇溺身亡。留学生所遭遇的安全问题除上述两类突出特点外，也存在被抢或者遭遇盗窃的问题，不兹赘述。

五、我国周边的国民安全问题与政治因素密切相关

从全球局势来看，我国周边地区的国民安全问题值得重视。我国在陆上有14个邻国，具有漫长的边界线。其中，不少国家与我国有领土或领海主权争端问题。比如，南海主权之争，中日钓鱼岛之争，中韩等国关于渔业资源之争等。国民的海外安全在政治关系上，特别是两国政治

关系紧张的情况下，这些事件的发生会成为影响两国政治关系的关键性诱因之一。众所周知，人在一个稳定和平的政治环境中遭遇的安全风险相对较低，但是，一旦政治局势紧张，特别是涉及两国争端的政治局势紧张时，国民安全问题常常成为绑架两国政治关系的一个关键因素。

2012 年，我国与日本之间关于钓鱼岛争端而出现的紧张局势就呈现出这样的特点。2012 年 4 月，日本东京都知事石原慎太郎作出有关政府出面“购买”钓鱼岛的提议，并在此之后一步步将其执行和实施。为反对日本政府将钓鱼岛国有化的行为，8 月 15 日我国民间保钓人士登上钓鱼岛宣誓主权，因此遭到日方抓扣。日方在钓鱼岛及其附近海域抓扣了 14 名中国公民及所乘船只激起两国的紧张关系，这些人的安全问题成为触发两国政治危机升级的一个敏感点。这一条件下的国民安全问题尤其显得重要。所幸该事件得到有效处理，被扣人员都平安释放，中日两国的政治关系没有因为这一事件而使危机升级。与之相类似，中国与周边国家有关主权与海洋权益之争，国民安全问题都成为一个触发两国关系紧张的诱因。政治关系是否紧张对于国民安全问题的处理和带来的后果有重要影响。比如，2012 年 10 月 16 日，一名中国渔民在韩海警执法过程中被橡皮弹击中后救治无效死亡。中韩两国关于渔业资源的矛盾冲突由来已久，但是该事件的发生并没有成为影响两国关系的关键性诱因，这与两国政治关系的缓和有极大关系。

总之，国民海外安全问题依然需要给予极大的关注，特别是涉及与我国有主权争端的周边国家的国民安全问题需要密切关注。两国政治关系的紧张与否直接影响国民的海外安全。我国周边国家和地区是我国国民活动最频繁的地区，发生的问题也不在少数，尤其需要注意。与过去相比 2012 年国民海外安全的整体形势，相对比较缓和，没有出现大规模的极端恶性事件，但仍然有很多问题需要人们注意。

（宋希艳）

第十六章

国际危机扫描与分析

[内容提要] 国际危机是国际关系的一种特殊形态，通过危机管理的视角观察和分析国际形势变化是一种重要的研究方法。2012 年，在全球层面、区域层面发生的国际危机，很大程度上塑造了这一年国际关系基本形态，也对国际形势的发展和走向产生了重大影响。特别是一些大国性、多国性、长期性、关键性的国际危机，对于地区乃至全球的安全稳定构成巨大危害，也对我国国家安全环境产生重大影响。因此，通过扫描 2012 年国际危机，观察和分析国际形势和我国外部环境具有重要的现实意义。

2012 年，由于人们对玛雅纪元变更的不同解读，这个平常的年份成为了人们心目中危机重重甚至代表着世界末日的一个特殊的年份。事实上，从对国际危机①的观察来看，与其他一些年份相比，2012 年并非危机最多、危害最大的年份。但是对于一些特定的地区来说，比如中东、非洲、包括中国在内的东亚地区，2012 年是一个明显感受到危机来袭的年份，尤其是一些涉华的危机事件迭发继起、相互关联、暗流涌动，更

① 关于国际危机，笔者曾将之定义为“那种使特定的国际关系以及相关行为体陷入极其危险之中的状态或事件”。（见孙志明：“对危机概念和危机属性的哲学思考”，《国际关系学院学报》2012 年第 2 期）。本文所使用的是对这一概念在广义上的理解，既包括那些发生在国家间或产生国际影响的传统安全的或非传统安全领域的跨国危机，也包括那些基于中国立场观察的、区别于国内危机的外部危机。

加强化了国人的这种危机感。因此，扫描2012年的国际危机，并从国际危机研究的视角观察和分析2012年的国际安全形势和中国国际环境也就具有了必要性和可能性。

一、2012年国际危机扫描

1. 从全球来看，2012年有两类国际危机特别突出，也在很大程度上影响到了2012年的国际关系走向和中国国家安全：

一是政治危机。2012年是一个名副其实的“选举年”，全球有20多个国家和地区进行大选或换届①，还有一些国家虽然不是选举年，但由于政治、经济等因素提前进行了选举或政权更迭、政党轮替。政权更迭，本来应该是国内政治生活中的一种正常的制度安排，但是随着民主政治和国际关系的发展，一党的政纲能否得到公认、一国的政策能否得以存续……这些必然对其内政外交产生重大影响。在这种影响里，包含了诸多的不确定性，国际关系因此变得诡谲多变，危机四伏。

从趋势上看，国内政治对国际关系产生的影响越来越直接、越来越深刻。特别是当一些国家、政府面临着严峻考验的时候，一方面是国内面临着政权危机甚至发生动荡、内乱，另一方面也必然对其外部环境产生重大影响，甚至影响到区域稳定和大国关系。2012年，埃及、希腊的选举就有这样的效应。

表1　2012年主要国家选举概况（以时间为序）

	俄罗斯	法国	英国	德国	美国	中国	日本
时间	3月4日	4月22日	5月5日	5月14日	11月6日	11月8日	12月16日
内容	大选	大选	地方选举	地方议会	大选	党代会	大选
结果	执政党胜	执政党败	执政党胜	执政党败	执政党胜	顺利换届	执政党败

① 另有一说，共有53个国家和地区进行了各类选举，对此数据本文未予采用。

当然，从影响程度来看，大国的大选/换届对于国际关系产生的影响会更加重大而深远。2012 年，国际上有多个主要力量进入了选举/换届年，大国政治相互影响，大国关系的互动性明显增强，博弈效应突现，国际关系风险上升。以中美关系为例，每次美国大选，都意味着中美关系面临着一次考验，中国问题极有可能成为美国国内选举政治的话题，两党为了选举的需要极有可能提出或做出对中美关系不利的主张或决策，对中美关系的危害显而易见。同样，每到中国的换届年，美国也会高度关注中国内外政策会否发生变化、领导人的更换会否影响中美关系……可以说，国内选举/换届已经对中美关系产生了规律性的影响，两国也都开始注意到这种影响，尽力防止对中美关系的稳定造成严重影响。按照两国现行政治制度的安排可以推算，中美每 20 年就将出现一次同时进入大选/换届年，因此可以说中美关系今后每 20 年就将面临一次“大考”[①]。而 2012 年，面临“大考”的还不仅仅中美关系，还有许多大国、重要的国家也在这一年里进行了大选或政府更迭，国际关系中充满了变数，大国关系面临着诸多考验。从这个意义讲，2012 年是变化的一年、动荡的一年。对于中国来说，需要面对的不仅仅是一种选举的结果、面孔的变化，更有选举背后潜在的一些危险和较量。比如在钓鱼岛问题上表态强硬的安倍晋三在选举中获胜，对于中日关系来说可能就意味着一场新的危机或者是一个新的危机阶段的开始。

二是经济危机：全球金融危机爆发以来，危机扩散的总体趋势是由发达经济体向发展中经济体不断延伸。2008 年以来，全球经济增长越来越多地依靠发展中国家特别是新兴经济体拉动。但是 2012 年，全球经济继续下行，复苏乏力，国际机构不断调低全球经济增长预期，也在很大程度上打击了投资者和消费者的信心。据 IMF 的预测，2012 年全球经济增速可能只有 3.3%，在近十年里，这是仅次于 2008 年、2009 年的第三

① 这一观点，笔者曾在 2012 年 2 月 18 日新浪财经频道举行的“2012 相信合作的力量”研讨中提出，编辑误作“大讨论”，详见 http：//finance.sina.com.cn/hy/20120218/143811406043.shtml。

个最低增速。具体来看：

首先是发达经济体长时间不能摆脱困境，经济增长总体上持续低迷。据IMF统计，2012年发达经济体整体GDP增长1.3%，其中美国2.2%，日本2.2%，呈现止跌回升的势头；欧元区−0.4%，陷入衰退已成定局；其他发达经济体1.5%，不仅远低于发展中国家增长水平，也未能达到世界经济3.3%的平均水平①。特别是欧债危机的持续发展，造成了欧元区经济陷入长期衰退，政府财政出现严重困难，失业率长时间居高不下，对于欧洲经济乃至整个发达经济体造成严重伤害，也在很大程度上拖累了全球经济的复苏，抑制了全球贸易、投资的增长。

其次是发展中国家，特别是新兴经济体面临严峻挑战，结构性风险上升，国际机构、金砖国家普遍下调了经济增长预期。据IMF2012年10月公布的数据，新兴经济体的增长率从2010年7.4%的平均水平，下滑到2011年的6.2%，2012年进一步降至5.3%，两年间下降了两个百分点；金砖国家的增速普遍放缓——中国、印度、巴西、俄罗斯、南非增速预计分别为7.8%、4.9%、1.5%、3.7%和2.6%，很多国家都创造了十余年来的最低增速。这一方面是由于新兴经济体经济的结构性问题开始凸显，全球消费需求下降导致出口贸易和投资锐减；另一方面则是由于发达国家为摆脱困境，采取多重手段向发展中国家转嫁危机，对世界经济、国际关系产生了全面而深刻的影响。

再次是国际贸易增速明显下滑。据IMF预测，2012年全球贸易增速仅为3.2%，远低于1980年以来5.7%的年均增速，其中发达国家进出口额分别从2011年的4.9%、5.7%降至1.7%、2.4%，新兴市场和发展中国家进出口额分别从9.8%、6.6%降至7.4%、4.0%；特别是东亚地区出口下降十分显著。② 究其原因主要在于发达经济体复苏乏力，贸易动力不足，为求自保又频频采取贸易保护主义的政策，国际贸易争端和摩擦频发。

---

① 翁东辉、吴洪英："世界经济在风雨中奋力前行"，《经济日报》2012年12月30日第8版。

② 同上。

此外，大宗商品价格波动剧烈、失业率长期维持高位、政府债务危机等因素也给全球经济带来了诸多的不确定性和危险。2012 年，国际市场上大宗商品价格先涨后跌，然后震荡上行，全年波动幅度较大。商品价格走势明显分化，粮食、金属价格全年呈上扬态势；原油、天然气和煤炭等能源价格指数上半年起伏较大，原油价格下半年一路走高。①

经济危机的持续、扩散也引发了诸多国家的社会动荡，甚至引发政府危机、政权更迭、爆发内乱。应该说，从全球范围来看，经济危机的影响在 2012 年几乎波及所有国家，它所带来的危险性也引起了全球的广泛关注和重视，并始终是国际关系双边、多边议题中的主要内容。

2. 从区域层面来看，2012 年，呈现出危机多发、频发、迭发、复发的特点，突发的或继发的局部危机对于地区的安全稳定和正常的国际关系产生了持续影响，从中东动荡持续到欧洲深陷债务危机，从非洲动荡波及扩散到东亚地区成为新的热点，国际关系的稳定性受到全面冲击，国际关系中的不确定性迅速上升。这一点可以在国际危机组织的一些报告中得到印证。

国际危机组织（ICG）是一个专注于国际危机形势变化、以“预防和解决致命性的地区冲突”为宗旨的非政府组织。除了不定期发布专题报告外，国际危机组织还对国际危机地区的形势变化进行长期监测，目前主要的监测点大约有 60 多个国家和地区。2012 年，被国际危机组织列入监测的国家和地区始终保持在 70 个左右，与往年相比，非洲、亚洲国家所占比重增幅明显。以 2012 年 12 月为例，国际危机组织认为在这一个月里局势出现恶化的有 4 个国家或地区：中非共和国发生叛乱、叙利亚国内冲突升级、东海地区发生中日战机对峙事件、朝鲜发射“光明星 3 号”加剧半岛紧张局势；局势有所改善的为 0；局势未发生变化的（仅指在当月既未明显恶化也无明显改善），包括阿富汗、巴基斯坦、阿

① 翁东辉、吴洪英：“世界经济在风雨中奋力前行”，《经济日报》2012 年 12 月 30 日第 8 版。

尔及利亚、埃及、索马里、南苏丹等71个国家或地区[1]。

通过国际危机组织列出的这些监测点，我们不难看出，已经发生危机或处于危机的潜伏期、休眠期的国家和地区几乎遍布了全球，其中还不包括全部的非传统安全危机——比如欧美的经济危机、日本的核安全危机，自然灾害危机、公共卫生事件等也都不在监测之列。监测到的这些危机，有的已经升级为武装冲突，有的已经持续多年难以改善，有的虽然得到控制但仍存在较大的危险性，还有的危机已经从一国扩散到别国甚至威胁到整个地区的安全稳定……危机的种类也表现为多样化，既有非传统安全的危机，也有传统安全的危机。当然，对国际关系和地区安全影响最大的主要还是传统安全领域的危机事件。从国际危机组织的报告以及国际舆论普遍的关注重点来看，在2012年诸多的危机当中，人们普遍认为叙利亚危机、伊朗核问题、朝鲜半岛紧张局势、中日在钓鱼岛海域的对峙最具危险性。

除此之外，基于对2012年国际危机的观察，还有学者对在2012年初露端倪、可能在2013年形成严重危机的一些地区或问题进行了分析，并列出了可能出现恶化的"'top 10' list of crises in 2013"[2]，包括：苏丹、土耳其库尔德工人党（PKK）、阿富汗、巴基斯坦、撒哈拉（马里和尼日利亚等）、民主刚果、肯尼亚、叙利亚和黎巴嫩、中亚、伊拉克。同时，这份报告也指出，在2012年"正在发展中的"危机不在此列，如

① 包括 Afghanistan，Algeria，Armenia，Azerbaijan，Bahrain，Bangladesh，Bolivia，Bosnia，Burundi，Cameroon，Chad，Colombia，Côte d' Ivoire，Cyprus，Democratic Republic of Congo，Egypt，Ethiopia，Georgia，Guatemala，Guinea，Guinea-Bissau，Haiti，India（non-Kashmir），Indonesia，Iran，Iraq，Jordan，Kashmir，Kazakhstan，Kenya，Kosovo，Kuwait，Kyrgyzstan，Lebanon，Liberia，Libya，Macedonia，Madagascar，Mali，Mexico，Morocco，Myanmar，Nagorno-Karabakh（Azerbaijan），Nepal，Niger，Nigeria，North Caucasus（Russia），Northern Ireland，Pakistan，Philippines，Rwanda，Saudi Arabia，Senegal，Serbia，Somalia，Somaliland，South Sudan，Israel/Occupied Palestinian Territories，Sri Lanka，Sudan，Tajikistan，Thailand，Timor Leste，Tunisia，Turkey，Turkmenistan，Ukraine，Uzbekistan，Venezuela，Yemen，Zimbabwe.

② "10 Conflicts to Watch in 2013"，by Louise Arbour，Foreign Policy，27 Dec，2012.

“墨西哥涉毒暴力冲突、不断升温的东海紧张局势、平壤发射火箭后半岛冲突的可能性”，也不包括“即将到来的津巴布韦选举、正受煎熬的索马里之伤，以及伊核问题中的战争叫嚣”。当然也有一些国家的危机形势在2012年已有所改善，比如哥伦比亚、菲律宾、缅甸①。

二、2012年国际危机形势分析

我们知道，自威斯特伐利亚体系以来，国际社会就是以民族国家为基本行为体的体系。在这个体系中，国家利益是基本的驱动力。基于国家利益产生的国际关系本身就充满了矛盾性，这也是国际关系的一种正常状态。然而，这些矛盾如果不能够很好地处理、解决，就可能对国家利益、国际关系、地区稳定以及世界和平产生危害，甚至升级成危机、爆发战争。

观察2012年的国际危机，总体上看，危害性大的危机事件主要有以下几个特点：

1. 大国性：从国际危机的规律来看，有大国卷入或大国介入的危机，其危险性都是极大的。这一方面是由于大国在捍卫自身利益时拥有更多、更强的力量，另一方面也是由于大国关系特殊的复杂性往往会使一个局部危机迅速升级为大国对抗甚至全球危机。这样的例子在历史上并不鲜见，包括几乎把人类推到核战争中的古巴导弹危机。2012年，一些大国陷入严重的经济危机难于自拔，为纾解危机不惜采取极端自私甚至非经济的政策措施，包括通过制造冲突以扩大武器出口、促进就业等手段，加剧了国际关系的矛盾和对抗。2012年，日本同邻国的领土争端进一步加剧，特别是中日在钓鱼岛问题上的斗争，使东北亚安全局势出现紧张。叙利亚的内乱不断升级，也与大国利益卷入其中密切相关，从

① “10 Conflicts to Watch in 2013”, by Louise Arbour, Foreign Policy, 27 Dec, 2012.

而使这一危机的危险性更加突出。

2. 多国性：危机的本质是极端危险，这种极端危险性主要来自于危机发生、发展的不确定性。当一个危机发生后，升级、扩散的危险就成为危机管理中最应该防范的突出问题。就像一场火灾发生后，最重要的措施就是切断火源、隔离火场，把危险控制在最小范围之内。2012年，国际危机的另一个危险性就表现在危机的扩散上。比如全球经济的不景气把许多国家拖入经济衰退、债务危机甚至社会动荡的泥沼中；反过来，由于各国经济陷入危机又对全球经济复苏造成了拖累和牵制，很难在短期内摆脱危机，形成了恶性循环……应该说，这才是这场金融危机造成的真正的危险。又如始于“阿拉伯之春”、波及到整个阿拉伯世界和非洲多国的政权危机所形成的“多米诺骨牌效应”，给这一地区造成了持续的动荡，新旧矛盾叠加交织，国无宁日。此外，一些历史形成的地区冲突、民族宗教矛盾大多具有多国性，这也是这类危机频发、复发的主要原因，遇有星星之火，即有燎原之忧。从这个角度来看，2012年的国际危机中，有很多都没有成功地把危机控制在最小范围，而是形成了扩散之势，使得事态的危险性急剧上升。

3. 长期性：危机如病，类型不同，治理的效果自然也会不同。一般来说，一个危机爆发后，能够在最短的时间里实现标本兼治、化解危机，就是一次成功的危机管理；或者能够在第一时间控制住危机的迅速升级、扩散，为从根本上解决危机赢得时间，这也算是一个阶段性的成功的危机管理。然而，2012年的一些国际危机，不仅没有能迅速地在空间上控制危机扩散，而且在时间上也形成了久拖不决的僵局，进而在时间轴上将事态的危险性拉长，成为影响地区稳定的重大隐患。叙利亚问题、伊核问题、朝核问题和钓鱼岛问题都具有这样的特征，这种问题的长期化有如慢性疾病，一旦失控便会造成严重后果。

4. 关键性：国际危机的成因是多样的，其烈度也各有不同。我们知道，主权国家之间发生各种争端是不可避免的。《联合国宪章》也确认了应以和平方式解决国际争端和不使用武力的原则，并使之成为国际公认的基本准则之一[①]。国际争端是国际关系矛盾的一种表现形式，是相关国家为维护自身利益宣示主张形成的一种结果，由此引发的国际危机的危险程度既取决于相关国家处理问题的方式，也在很大程度上取决于所涉及国家利益的性质。2012 年，一些国际危机往往涉及相关国家的核心利益，比如领土、主权问题。这类危机一旦升级，就使相关国家的回旋余地变得很小，相应地，危险性就会急剧上升。钓鱼岛问题就具有这样的特点。这也是 2012 年中日两国都产生了强烈的危机感的根本原因。

综上所述，我们可以观察到，2012 年的国际危机虽然在数量上未必最多，但中国人的危机感却变得很强，这正是因为上述的四个特点在 2012 年涉及中国的国际事务中都有体现，进而形成了“损害认知”，并在很大程度上影响着我们对于当前和今后一段时间中国国家安全环境的基本认识、判断和决策。

三、国际危机管理视角下的 2012 年中国国家安全环境

危机总是相对于特定的行为主体而言的[②]。“危机感”（心理学上称“损害认知”）是认识危机、管理危机的起点。一场危机的发生是客观的，但是人的感受是主观的，如果利益攸关方没有感受到危机的来临，可能就不会有相应的危机管理。比如在一场国际危机中，如果相关方不认为自己的根本利益受到强烈的损害，他可能就不会采取相应的危机管控措施；而如果决策者认为某种苗头的出现就已经具有了极大的危险性，即使别人不这么看，或者事态还没有严重到一定程度，他也会迅速采取行动、管控危机。这实际上正是危机管理中经常出现应对迟缓或反应过激

① 鲁毅等著：《外交学概论》，世界知识出版社，2004 年版，第 69 页。

② 孙志明：“对危机概念和危机属性的哲学思考”，《国际关系学院学报》2012 年第 2 期。

的缘由所在。正如罗森塔尔说的那样："危机只存在于危机参与者的眼中。"

从2012年中国周边安全形势的变化来看，让我们产生这种"危机感"的事件主要包括：

1. 美国通过一系列具体动作，推动其战略重心东移。2012年1月5日，奥巴马总统与国防部长帕内塔、参联会主席邓普西在五角大楼一道出席记者会，公布了题为《可持续的美国全球领导：21世纪国防战略重点》的新军事战略，表示美国虽然面临预算压力，但将努力确保其"军事超强"地位，同时将美国军事重心转向亚太地区。这一表态被普遍视为具有标志性。紧接着，2月7日，美国海军陆战队参加了在泰国举行的"2012年金色眼镜蛇军演"——这是亚太地区迄今为止规模最大的多国军事演习。此外，美国在对待南海争端、中日争端的过程中也频有举动。6月2日，帕内塔在香格里拉峰会上称，到2020年前美军在太平洋和大西洋军力分配接近六比四，并强调在太平洋建立伙伴关系的重要性，称美日同盟是"21世纪地区安全与繁荣的基石"。他还说，在加强与澳大利亚、新加坡和菲律宾现有关系的同时，五角大楼也会加强和印尼、马来西亚、印度、越南和新西兰的关系。这些举动都对中国处理事关核心利益的问题构成挑战和压力。2012年，中美也通过多种渠道进行沟通、协调，包括多边场合的最高领导人会晤，也包括3月习近平副主席访美、5月国防部长梁光烈访美，以及5月在北京举行的第四轮中美战略与经济对话、第三轮中美人文交流高层磋商在北京举行和12月在华盛顿举行的第二十三届中美商贸联委会会议等。但在总体上，由于美国战略重心东移，中国周边安全环境压力进一步加大，危机管控的难度进一步提高。

2. 海洋领土主权争端持续升温，中国与部分周边国家关系紧张僵持，军事冲突的危险上升。2011年出现的中菲黄岩岛问题在2012年持续升温，并在年中演变成紧张局势。菲律宾受挫后并未善罢甘休，仍然伺机制造麻烦。越南也不断向南海伸手，妄图攫取更多利益。6月21日，张志军副外长召见越南驻华大使阮文诗，就越南国会通过侵犯中国领土主权的《越南海洋法》向越方提出严正交涉。在南海问题上，中国通过立法、行政等措施进行了有节制的反制。6月21日，国务院批准设立三沙市，管辖西沙群岛、中沙群岛、南沙群岛的岛礁及其海域。7月24日，三沙市人民政府正式揭牌成立。8月1日，中国政府正式启用中国边海防标志，进一步增强全社会的边海防意识。

在东海，2012年8月15日，香港7名保钓人士登上钓鱼岛并插上国旗，14名中国公民和所乘船只被日方非法抓扣，经中国政府多次严正交涉和多方努力后重获自由。8月19日，日本9名右翼分子非法登上中国钓鱼岛。与此同时，日本与其他邻国的领土争端也在升温。8月10日，韩国总统李明博登上独岛（日本称竹岛）。8月25日，俄罗斯舰艇编队前往南千岛群岛（日本称北方四岛）巡航，并在国后、择捉岛停靠。在此背景下，日本右翼鼓噪的"购买"钓鱼岛的闹剧不断升级。9月10日，日本政府不顾中方一再严正交涉和强烈反对，宣布"购买"钓鱼岛及其附属的南小岛、北小岛，实施所谓"国有化"。对此，中国政府采取了强有力的反制措施。9月10日，中国政府公布了钓鱼岛领海基点基线。9月25日，国务院新闻办公室发表《钓鱼岛是中国的固有领土》白皮书。同日，中国第一艘航空母舰"辽宁舰"按计划完成建造和试验试航工作，正式交付海军使用。中国公务船只对钓鱼岛海域的巡航常态化。中日在钓鱼岛问题上的对抗日益尖锐。虽然两国都有所克制，也对本国行动有所管控，但在钓鱼岛问题上的大国角力、军事冲突的危险依然存在。

3. 周边形势发生变化，相关国家出现变局，未来局势充满变数。首先是朝鲜半岛。金正日的突然去世，使2012年的朝鲜半岛局势充满了不确定性。3月26日，美国主导下召开的首尔核安全峰会规模空前，美国总统奥巴马在抵达韩国后访问了朝鲜半岛非军事区。与此同时，朝鲜举行追悼大会，纪念金正日逝世100天。3月30日，朝鲜对韩国政府进行猛烈批判，并重申将如期发射"光明星3号"卫星的强硬态度。4月13日，朝鲜最高人民会议通过了宪法修订案，将朝鲜为"核拥有国"写入宪法，并将"金日成宪法"修订为"金日成—金正日宪法"。同日，朝鲜发射"光明星3号"卫星失败，联合国安理会随即发表主席声明予以谴责。面对朝鲜的压力，6月14日，美韩两国外长、防长在华盛顿举行了

“2+2”会谈，并发表联合声明，敦促朝鲜“停止挑衅行为履行义务和承诺，遵守1953年停战协定”。6月下旬，美韩日在朝鲜半岛以南海域举行海上联合军事演习。11月8日，韩国国防部长金宽镇称，朝鲜已经完成第三次核试验的准备工作，具体实施时间将取决于“政治决策”。他同时称，未来朝鲜也可能试射远程导弹。12月12日，朝鲜发射“光明星3号”二期卫星成功。联合国安理会随即发表主席声明予以谴责，并表示将依据其职责继续就如何做出适当回应展开磋商。在此基础上，联合国安理会一致通过关于朝鲜发射卫星问题的第2087号决议。

其次是缅甸。2012年缅甸局势的变化令人眼花缭乱、目不暇接。自2010年末缅甸大选和民选政府组建以来，以美国为首的西方国家就对缅甸政局格外青睐。2011年11月，缅甸举行了20年来首次多党制全国议会大选。12月，希拉里访问缅甸，成为50多年来第一位到访的美国国务卿。2012年，缅甸更是成为了西方世界领导人争相访问的“热门国家”：日本副首相兼财务大臣麻生太郎、前首相安倍晋三、英国首相卡梅伦、联合国秘书长潘基文、韩国总统李明博、印度总理辛格相继访缅。11月19日，奥巴马出访缅甸，成为首位在任期间出访缅甸的美国总统。西方国家领导人对缅态度迅速转暖，源于缅甸政治民主进程的推进。昂山素季领导的缅甸全国民主联盟在2010年底失去政党资格，但在2012年1月5日通过了审批，重新注册为政党，并在4月1日缅甸联邦议会补选中获得了45个议席中的43席，昂山素季当选联邦议会人民院议员。5月29日，昂山素季飞抵曼谷参加世界经济论坛东亚会议并发表讲话，这是昂山素季24年来首次离开缅甸。6月中旬昂山素季出访欧洲多国；9月18日开始了她对美国为期17天的“马拉松式访问”并得到高规格接待。缅甸在与西方世界的频繁互动中得到了不小的实惠。4月初，美国宣布放松对缅投资限制，允许缅甸部分官员入境并向缅派遣大使；卡梅伦访缅时表示支持中止制裁；欧洲议会4月20日通过决议，要求欧盟暂停对缅制裁，给予缅甸“欧盟市场特别准入许可”；日本宣布免除缅甸37.2亿美元债务，并时隔20多年重启日元低息贷款援助；奥巴马访缅，更是带去了1.7亿美元的援助“大礼”，并宣布解除了一项长达10年的从缅甸进口的禁令。2012年的缅甸逐渐走出长达数十年的孤立。与此同时，西方国家还积极推动与缅建立安全合作关系。6月，美国国防部长帕内塔在香格里拉防务论坛上表示将与缅甸官员讨论建立安全关系。10月，美国军政人士组成的政府代表团访缅，就重启培训项目、开展两军交流举行了会谈。五角大楼同时宣布，邀请缅甸观摩2013年“金色眼镜蛇”亚太多国联合军演。在各方的积极支持下，缅甸还获任2014年东盟轮值主席国。

此外，还有一些邻国的变化也对中国周边安全环境带来新的问题：2012年4月2日，蒙古国进行了大呼拉尔选举，一些重要的政治人物公开提出寻找“第三邻国”的政策主张，试图影响2013年的大选。9月3日，蒙古国新政府发布《改革政府2012——2016年施政纲领》，强调联合政府将在经济领域实行全面改革；12月20日在新德里举行的印度—东盟纪念峰会通过的《东盟与印度纪念峰会展望声明》明确提出将印度与东盟的对话伙伴关系提升为战略伙伴关系等等。

除了小周边的环境变化之外，大周边的形势也是挑战多多：多国动荡损害中国的海外利益，考验着中国长期奉行的对外政策；叙利亚问题的多边协调对中国在国际舞台上发挥建设性作用提出了更高的要求；西方联合制裁伊朗，使中国与美欧险起外交争执，对中伊关系也产生一定影响；经济危机持续发酵的大背景下，发达经济体通过实施量化宽松政策、贸易保护主义转嫁危机，我国经济风险上升，经济、贸易、金融、投资领域磨擦增多，同样影响着中国与发达国家的关系。

由此观之，2012年的中国，在国际危机多发、涉我矛盾集中的大背景下，总体上较好地控制了风险和挑战，没有使危机进一步升级、扩散、延伸，进而动摇到国家利益的根本。但在这种大背景下，我国国家安全环境的风险仍然存在的，许多既发的或潜在的危机在短时期内难于从根本上解决，如何防范危机、控制危机、隔离危机、利用危机，必将成为我国在今后一个时期外交工作的重点。为此，战略决策部门和研究机构应高度重视预研、预判、预防、预警、预备，对可能出现的极端事态提前做出预案和准备，以及时、有效地维护国家安全。

（孙志明）

第二编

国内形势

第十七章

十八大《报告》关于“安全”及“国家安全”的论述

［**内容提要**］2012 年 11 月召开的中国共产党第十八次全国代表大会所作的《报告》，对中国应对近年来日益复杂和严峻的国家安全形势来说具有重要的指导意义。十八大《报告》比历次大会《报告》更多地提到和论述了“安全”和“国家安全”问题，显示出中共中央像重视发展一样重视安全和国家安全问题。在此次《报告》中，“涉安”领域进一步扩大，对其论述也进一步加强，其中许多方面正是当前各界热议的非传统安全问题，例如粮食安全、食品安全、药品安全、医疗安全、信息安全、网络空间安全、经济安全、人民生命财产安全、公共安全、生态安全、能源安全、资源安全、国际安全等等。此次《报告》把对国家安全问题的集中论述放在“加强和创新社会管理”题下的安排，承继了十七大报告在“完善社会管理，维护社会安定团结”题下集中讨论国家安全问题的做法，反映出中共中央依然把国内社会安全问题看作是当前中国国家安全的重中之重。此次《报告》与 2004 年十六届四中全会、2006 年十六届六中全会和 2007 年十七大《报告》一样，继续强调要“完善国家安全战略，健全国家安全体制”，从而说明这两项重要的国家安全任务还有待通过进一步的努力来完成。

一、“安全”论述明显增多

2012年11月8日至14日召开的中国共产党第十八次全国代表大会，不仅对中国未来的发展特别是全面建成小康社会具有重要意义，而且对中国的国家安全特别是对应对近年来变得日益复杂和严峻的国家安全形势来说具有重要的指导意义。

“国家安全”一词第一次在中国共产党代表大会报告中出现，是在1992年中国共产党第十四次全国代表大会上。在这次大会报告中，共有4处提到“安全”一词，其中1处为“国家安全”。此后，中共全代会报告提到“安全”和“国家安全”的次数逐渐增多。1997年十五大《报告》6次提到“安全”，其中3处为“国家安全”；2002年十六大《报告》14次提到“安全”，其中3处为“国家安全”；2007年十七大《报告》23次提到“安全”，其中5处为“国家安全”；2012年十八大《报告》36次直接提到“安全”，还有6处事实上也表达了新的不同方面的“安全”（如“食品药品安全”其实包括了2个“安全”，一是“食品安全”，二是“药品安全”），从而使“安全”在《报告》中出现的次数事实上达到了42次，其中4次直接表达就是“国家安全”，同时还有2处事实上也是“国家安全”（一是“完善国家安全战略和工作机制”中的“工作机制”事实上是“国家安全工作机制”，相应的表述在十七大《报告》中则分开表述为“完善国家安全战略，健全国家安全体制”；二是“要适应国家发展战略和安全战略的新要求”中的“安全战略”事实上就是“国家安全战略”），如此来看，“国家安全”一词在《报告》中事实上就直接出现了6次。以上数据可以图示如下。

由此可见，“国家安全”出现的次数在十八大《报告》中事实上由十七大时的5次上升到了6次，“安全”出现的次数更是由十七大时的23次直接上升到本次的42次。十八大《报告》比历次大会《报告》更多地提到和论述了“安全”和“国家安全”问题，显示出中共中央像重视发

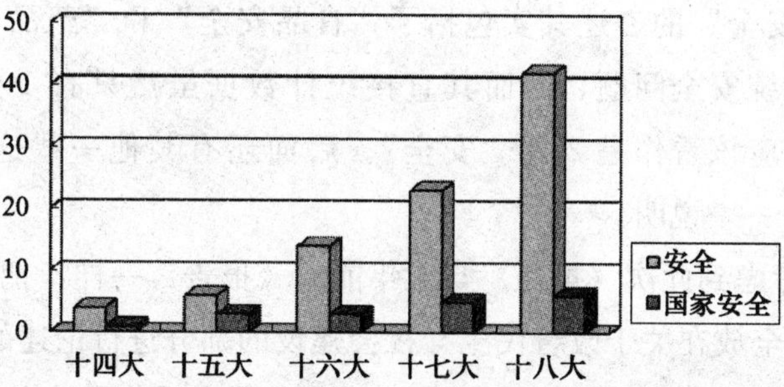

展一样越来越重视安全和国家安全问题。结合历次报告的具体内容可以看出，中国共产党对“安全”问题的认识在主体上不再局限于传统的“国家安全”，而把“安全”主体扩展到了包括政治、经济、文化、社会等等方面，同时越来越多地关注和重视了方方面面的非传统安全问题。这一点，既可以从十八大《报告》中“安全”一词分布的广泛性中得到证实，更可以从十八大《报告》中“国家安全”被置于“社会管理创新”中进行集中论述得到证实。

二、“涉安”领域继续扩大

在十八大《报告》中，“涉安”领域进一步扩大，对其论述也进一步加强，其中许多方面正是当前各界热议的非传统安全问题，例如食品安全、药品安全、粮食安全、医疗安全、信息安全、网络空间安全、经济安全、人民生命财产安全、公共安全、生态安全、能源安全、资源安全、国际安全等等。

《报告》全文第一处提到“安全”，是在第一部分“过去五年的工作和十年的基本总结”中。在分析过去五年工作中的不足和遇到的困难时，报告具体提到了“食品药品安全”和“安全生产”。这段文字是：“社会矛盾明显增多，教育、就业、社会保障、医疗、住房、生态环境、食品药品安全、安全生产、社会治安、执法司法等关系群众切身利益的问题较多，部分群众生活比较困难。”在此需要注意的是，“食品药品安全”的表述其实包括了“食品安全”和“药品安全”两个方面的非传统安全问题，因而其直接统计数据虽然只有1处“安全”，而实际上则应该看作是2处“安全”。后面还有其他一些这样的情况，在此就不再一一说明。

（如果考虑到此次《报告》与五年前的《报告》一样，把整体性和战略性国家安全放在关于改善民生与社会建设的部分进行论述的话），人们可以看出：中共中央依然把社会建设和社会安全看作是当前中国国家安全的主要问题。

在《报告》第四部分“加快完善社会主义市场经济体制和加快转变经济发展方式”中，第3次出现“安全”一词（共出现4次），并首次出现“国家安全”（共出现1次）。这部分论述的第一个问题是“全面深化经济体制改革”，其中涉及国家安全的段落是：“要毫不动摇巩固和发展公有制经济，推行公有制多种实现形式，深化国有企业改革，完善各类国有资产管理体制，推动国有资本更多投向关系国家安全和国民经济命脉的重要行业和关键领域，不断增强国有经济活力、控制力、影响力。”此处的“国家安全”，既是《报告》全文中“安全”的第3次出现，也是《报告》全文中“国家安全”的首次出现。这种把国家安全与经济体制特别是国民资本投向联系起来的表述，指出了经济体制和经济运行与国家安全的重大相关性，使人们进一步看到，经过改革开放30多年的发展，国家已经有力量把更多的财力和物力投向包括国防建设在内的整个国家安全事业中来了。

《报告》第四部分第三个问题“推进经济结构战略性调整”中，有一段文字写道：“建设下一代信息基础设施，发展现代信息技术产业体系，健全信息安全保障体系，推进信息网络技术广泛运用。”这是报告中第4次出现“安全”，也是首次及仅有的一次讲到“信息安全”。

《报告》第四部分第四个问题“推动城乡发展一体化”中，第5次提到“安全”：“加快发展现代农业，增强农业综合生产能力，确保国家粮食安全和重要农产品有效供给。”近年来，中共中央和中央政府不仅关注和强调“食品安全”、“药品安全”，而且更强调“粮食安全”，并就粮食安全多次做出决定或论述。2008年7月2日，温家宝总理主持国务院常务会议，审议并原则通过了《国家粮食安全中长期规划纲要（2008—2020年）》。后经国务院批准，国家发展改革委于2008年11月13日公布了这一发展纲要。2008年10月12日中国共产党第十七届中央委员会第三次全体会议通过的《中共中央关于推进农村改革发展若干重大问题的决定》明确提出了“确保国家粮食安全”的任务，并对此作了系统论述，提出了具体措施。《决定》在分析我国粮食安全形势时指出：我国“农业发展方式依然粗放，农业基础设施和技术装备落后，耕地大量减少，人口资源环境约束增强，气候变化影响加剧，自然灾害频发，国际粮食供求矛盾突出，保障国家粮食安全和主要农产品供求平衡压力增大”。在论述“农村改革发展基本目标任务”时，《决定》把“国家粮食安全和主要农产品供给得到有效保障”作为其中重要一条。不仅如此，《决定》中还对“确保粮食安全”作了专门论述，强调“粮食安全任何时候都不能放松，必须长抓不懈”，并要求“加快构建供给稳定、储备充足、调控有力、运转高效的粮食安全保障体系”；“把发展粮食生产放在现代农业建设的首位，稳定播种面积，优化品种结构，提高单产水平，不断增强综合生产能力”；“各地区都要明确和落实粮食发展目标，强化扶持政策，落实储备任务，分担国家粮食安全责任”；“抓紧实施粮食战略工程，推进国家粮食核心产区和后备产区建设，加快落实全国新增千亿斤粮食生产能力建设规划，以县为单位集中投入、整体开发，今年起组织实施”；“支持粮食生产的政策措施向主产区倾斜，建立主产区利益补偿制度，加大对产粮大县财政奖励和粮食产业建设项目扶持力度，加快实现粮食增产、农民增收、财力增强相协调，充分调动农民种粮、地方抓粮的积极性”；“完善粮食风险基金政策，逐步取消主产区资金配套。产销平衡区和主销区要加强产粮大县建设，确保区域内粮田面积不减少、粮食自给水平不下降”；“坚持放开市场，积极搞活流通，完善产销衔接”；“提高全社会节粮意识，强化从生产到消费全过程节粮措施”；“加强粮食领域国际交流合作，为改善全球粮食供给作出贡献”。2010年8月26日，在第十一届全国人民代表大会常务委员会第16次会议上，国家发展和改革委员会主任张平代表国务院向全国人大常委会作了《关于国家粮食安全工作情况的报告》，认为“当前我国粮食安全形势总体良好，但在我国城镇化、工业化不断发展和人口增加的背景下，粮食需求增长、耕地减少、淡水资源紧张的趋势不会改变，粮食增产的难度大，保障粮食安全面临严峻挑战”。报告强调：“粮食安全是关系我国经济发展、社会稳定和国家自立的全局性重大战略问题，是治国安邦的头等大事。下一步，我们将以科学发展观为指导，按照全面建设小康社会、构建社会主义和谐社会和建设社会主义新农村的战略部署和总体要求，坚持工业反哺农业、城市支持农村，加快转变农业发展方式，着力发展现代农业，按照中央的决策部署和《国家粮食安全中长期规划纲要（2008—2020年）》要求，坚持立足于基本靠国内保障粮食供给，进一步加大政策和投入支持力度，严格保护耕地，依靠科技进步，着力提高粮食综合生产能力，完善粮食流通体系，加强粮食宏观调控，提高种粮比较效益，加快构建供给稳定、储备充足、调控有力、运转高效、适应社会主义市场经济发展要求和符合我国国情的粮食安全保障体系。”

《报告》第四部分第五个问题“全面提高开放型经济水平”一段开头指出：“适应经济全球化新形势，必须实行更加积极主动的开放战略，完善互利共赢、多元平衡、安全高效的开放型经济体系。”这是整个报告中第6次出现“安全”一词。

十八大《报告》第七部分“在改善民生和创新管理中加强社会建设”是整个《报告》中出现“安全”相对较多的部分，也是直接出现“国家安全”最多的部分：共9次出现“安全”，占报告中“安全”出现次数的1/4；其中两次是“国家安全”，占报告中“国家安全”出现次数的一半。

在《报告》第七部分第四个问题“统筹推进城乡社会保障体系建设”中，第7次出现“安全”一词：“扩大社会保障基金筹资渠道，建立社会保险基金投资运营制度，确保基金安全和保值增值。”《报告》中第8次和第9次出现“安全”是在这一部分的第五个问题“提高人民健康水平”一段中：“……为群众提供安全有效方便价廉的公共卫生和基本医疗服务。……改革和完善食品药品安全监管体制机制。”

在此特别需要重视的是，《报告》第七部分第六个问题“加强和创新社会管理”是“安全”和“国家安全”两个术语出现最集中的地方：“安全”出现了6次，占整个报告中“安全”出现次数的1/6；其中两次是“国家安全”，占整个报告中“国家安全”出现次数的一半。具体来说，在“强化公共安全体系和企业安全生产基础建设，遏制重特大安全事故”一句中，出现了整个《报告》中的第10—12个“安全”；在“深化平安建设，完善立体化社会治安防控体系，强化司法基本保障，依法防范和惩治违法犯罪活动，保障人民生命财产安全”一句中，出现了《报告》中的第13个“安全”；在“完善国家安全战略和工作机制，高度警惕和坚决防范敌对势力的分裂、渗透、颠覆活动，确保国家安全”一句中，出现了《报告》中的第14—15个“安全”，而且也是整个《报告》中的第2—3个“国家安全”。

《报告》第八部分“大力推进生态文明建设”，整个可以看作是对“生态安全”的专门论述，其中两处直接出现“生态安全”一词，一处提到“能源安全”。这是整个《报告》中“安全”一词的第16—18次出现。相关的具体表述是：“从源头上扭转生态环境恶化趋势，为人民创造良好生产生活环境，为全球生态安全作出贡献”；“构建科学合理的城市化格局、农业发展格局、生态安全格局”；“推动能源生产和消费革命，控制能源消费总量，加强节能降耗，支持节能低碳产业和新能源、可再生能源发展，确保国家能源安全”。

军事安全作为传统安全问题，虽然已经不再是国家安全的唯一内容和核心内容，但依然是国家安全的重要内容。因此，十八大报告中出现“安全”一词最多的地方，还是有关国防和军队建设的部分，即第九部分“加快推进国防和军队现代化”：“安全”共出现11次，其中1次是“国家安全”。

第九部分第一段的全文是：“建设与我国国际地位相称、与国家安全和发展利益相适应的巩固国防和强大军队，是我国现代化建设的战略任务。我国面临的生存安全问题和发展安全问题、传统安全威胁和非传统安全威胁相互交织，要求国防和军队现代化建设有一个大的发展。必须坚持以国家核心安全需求为导向，统筹经济建设和国防建设，按照国防和军队现代化建设‘三步走’战略构想，加紧完成机械化和信息化建设双重历史任务，力争到二〇二〇年基本实现机械化，信息化建设取得重大进展。”这一段不仅出现了整个报告中的第4个“国家安全”，而且“安全”出现的次数多达6次，即整个报告中的第19—24次。更重要的是，这一段中还出现了许多有关国家安全的新表述，如“生存安全问题和发展安全问题、传统安全威胁和非传统安全威胁相互交织”，再如“以国家核心安全需求为导向”。

第九部分第二段又有两处出现“安全”，即整个报告的第25—26个“安全”，其具体表述是“国家安全战略”和“网络空间安全”：“要适应国家发展战略和安全战略新要求，着眼全面履行新世纪新阶段军队历史使命，贯彻新时期积极防御军事战略方针，与时俱进加强军事战略指导，高度关注海洋、太空、网络空间安全，积极运筹和平时期军事力量运用，不断拓展和深化军事斗争准备，提高以打赢信息化条件下局部战争能力为核心的完成多样化军事任务能力。”

第九部分第六段（最后一段）又有3处出现“安全”，即整个报告的第27—29处“安全”，具体内容是：“中国奉行防御性的国防政策，加强国防建设的目的是维护国家主权、安全、领土完整，保障国家和平发展。中国军队始终是维护世界和平的坚定力量，将一如既往同各国加强军事合作、增进军事互信，参与地区和国际安全事务，在国际政治和安全领域发挥积极作用。”

在《报告》第十部分“丰富‘一国两制’实践和推进祖国统一”中，“安全”一词在两处出现，一处是“中央政府对香港、澳门实行的各项方针政策，根本宗旨是维护国家主权、安全、发展利益，保持香港、澳门长期繁荣稳定”；另一处是“商谈建立两岸军事安全互信机制，稳定台海局势；协商达成两岸和平协议，开创两岸关系和平发展新前景”。这是“安全”在《报告》中的第30次和第31次出现。

“安全”一词在《报告》中第32—36次出现，是在第十一部分“继续促进人类和平与发展的崇高事业”中。这部分的“粮食安全、能源资源安全、网络安全等全球性问题更加突出”一句中，“安全”出现了3次。最后出现“安全”的两处表述分别是：“推动国际关系民主化，尊重主权，共享安全，维护世界和平稳定”；“我们坚决维护国家主权、安全、发展利益，决不会屈服于任何外来压力”。这里值得注意的是“粮食安全"、"能源资源安全"（其实就是"能源安全"和"资源安全"）、"网络安全"、"共享安全"等概念。

三、"国家安全"重在"加强和创新社会管理"

1992年的中共十四大报告，只是在关于"军队建设"的论述中才出现"安全"和"国家安全"的字样。报告认为，"九十年代改革和建设的主要任务"主要有十个方面，其中第十个方面是"加强军队建设，增强国防实力，保障改革开放和经济建设顺利进行"。正是在这段论述中，4次出现"安全"一词，其中一次是"国家安全"。《报告》的具体论述是："必须始终不渝地坚持党对军队的绝对领导，必须按照邓小平同志关于新时期军队建设的思想，走有中国特色的精兵之路，把人民解放军建设成为强大的现代化正规化革命军队，不断增强我国国防实力，为改革开放和经济建设提供坚强有力的安全保证。我国已经裁军百万，今后军队要努力适应现代战争的需要，注重质量建设，全面增强战斗力，更好地担负起保卫国家领土、领空、领海主权和海洋权益，维护祖国统一和安全的神圣使命；同时，要自觉服从国家经济建设的大局，积极支持和参与改革开放和现代化建设，为国家的发展和繁荣贡献力量。……要继续加强人民武装警察部队和公安、安全等部门的建设，更加有力地维护国家安全和社会稳定。"

1997年的十五大报告，虽然3处涉及"国家安全"一词的论述都还在"军队建设"部分，但其他3处涉及"安全"一词的论述已经超越军事而进入经济、民生、国际等部分中。具体来说，报告在总结军队建设成就时最先提到"国家安全"，指出"在保卫国家安全、维护祖国统一和参加国家经济建设、完成抢险救灾等任务中，人民军队作出了重要贡献"。接着，报告在说到今后的军队和正法机关建设时又两次用到"国家安全"一词，认为"加强国防和军队建设，是国家安全和现代化建设的基本保证。……继续加强中国人民武装警察部队和公安、国家安全等部门的建设”。这一报告另外3处提到“安全”的地方是：在“五、经济体制改革和经济发展战略”的“（七）努力提高对外开放水平”中，要求“正确处理对外开放同独立自主、自力更生的关系，维护国家经济安全”；在“六、政治体制改革和民主法制建设”的“（五）维护安定团结”中，讲到“搞好社会治安，是关系人民群众生命财产安全和改革、发展、稳定的大事”；在“九、国际形势和对外政策”中，报告指出：“扩大军事集团、加强军事同盟，无助于维护和平、保障安全。”报告第一次在党代会文件中提到了“国家经济安全”，第一次提到了“人民生命财产安全”。这说明，“冷战”结束后世界范围内的“国家安全观”的变化，已经开始影响到中国共产党，中国共产党也开始更新自己的国家安全观念。

2002年中国共产党第十六次全国代表大会召开时，大会报告对1997年十五大前后就已经开始探索、至世纪之交前后逐渐形成的新安全观有了明确反映，并作了全面总结和集中论述。这份以《全面建设小康社会，开创中国特色社会主义事业新局面》为题的报告，虽然依然只有3次提到“国家安全”，但提到“安全”一词的地方却上升到11处，并且第一次在党代会报告中写上了“安全观”一词，论述了以“互信、互利、平等、协作”为核心的“新安全观”。同时还在讲到“安全构成”时，超越了军事国防，再次提到并强调了“国家经济安全”问题；在讲到“安全威胁”时，超越了“传统”安全威胁，注意到了“非传统”的安全威胁，并且强调了传统安全威胁与非传统安全威胁的相互交织。具体来说，（1）在总结“过去五年的工作和十三年的基本经验”时，报告认为：“我们从容应对一系列关系我国主权和安全的国际突发事件”，“始终把国家的主权和安全放在第一位”；在论述“经济建设和经济体制改革”时，报告强调：“关系国民经济命脉和国家安全的大型国有企业、基础设施和重要自然资源等，由中央政府代表国家履行出资人职责”，特别是“在扩大对外开放中，要十分注意维护国家经济安全”；（2）在讲到“政治建设和政治体制改革”时，报告要求“加强国家安全工作，警惕国际国内敌对势力的渗透、颠覆和分裂活动”；（3）在“国防和军队建设”部分，报告指出，“建立巩固的国防是我国现代化建设的战略任务，是维护国家安全统一和全面建设小康社会的重要保障”；（4）更重要的是，在论述“国际形势和对外工作”时，报告认为“影响和平与发展的不确定因素在增加”，“传统安全威胁和非传统安全威胁的因素相互交织，恐怖主义危害上升”，强调“安全上应相互信任，共同维护，树立互信、互利、平等和协作的新安全观，通过对话和合作解决争端，而不应诉诸武力或以武力相威胁”。由此可见，十六大报告超越了以“军事”、“政治”为核心的传统安全观，形成了一种既包括传统的军事安全、政治安全，又包括非传统的经济安全、恐怖主义威胁等的综合安全观，以及强调“互信、互利、平等、协作”的新国际安全观。

2007年的十七大报告，与以往有一个重要区别，就是对国家安全的整体论述既没有放在军队国防建设部分，也没有放在国际关系和对外政策部分，而是放在了“八、加快推进以改善民生为重点的社会建设”的“（六）完善社会管理，维护社会安定团结”中，具体内容是：“完善国家安全战略，健全国家安全体制，高度警惕和坚决防范各种分裂、渗透、颠覆活动，切实维护国家安全。”这一变化，说明中共中央已经认识到，对当前的中国来说，国家安全的重点不在外部，也不是军事问题，而是我国内部存在的各种社会问题，以及如何有效化解这些社会问题。此外，在“九、开创国防和军队现代化建设新局面”中，也讲到了“国家安全”，指出“必须站在国家安全和发展战略全局的高度，统筹经济建设和国防建设，在全面建设小康社会进程中实现富国和强军的统一”；“加强人民武装警察部队建设，更好履行维护国家安全和社会稳定、保障人民安居乐业的职责使命。”同时，在继续强调“传统安全威胁和非传统安全威胁相互交织”的情况下，报告还广泛地论及了有关“国家粮食安全”、“农产品质量安全”、“食品药品安全”、“人民生命财产安全”以及经济、金融、生产、发展等方面的安全问题。这一情况表明，中共中央既把军事问题作为当代国家安全的重要内容不断强调，同时也充分认识到各种非传统安全问题在整个国家安全系统中的重要地位，已经决定通过各方面的具体工作来解决这些问题，以保障整个国家的安全。

在2012年召开的第十八次全国代表大会上，中共中央提交大会的《报告》对“安全”和“国家安全”的论述有两个特点：一是涉“安”领域继续扩大，显示出中央在继续拓展和深化对非传统安全问题的认识；

二是把“国家安全”的集中论述放在“加强和创新社会管理”中，强调“完善国家安全战略和工作机制，高度警惕和坚决防范敌对势力的分裂、渗透、颠覆活动，确保国家安全”，从而显示出中共中央依然把国内安全看作当前我国国家安全的重中之重，把“加强和创新社会管理”作为应对各种安全威胁特别是非传统安全威胁的最为重要的手段。后一点，不仅沿续了十七大《报告》在“完善社会管理，维护社会安定团结”段落中集中讨论国家安全问题的做法，而且与2011年7月5日出台的《中共中央国务院关于加强社会创新管理的意见》一脉相承，特别是继承了2004年十六届四中全会以来中共中央历次集中论述国家安全问题时的基本精神。

出台于2004年9月的《中共中央关于加强党的执政能力建设的决定》，共16次提到“安全”一词，其中4次是“国家安全”，同时还依次出现了“公共安全”、“人民生命财产安全”、“新安全观”、“传统安全威胁”、“非传统安全威胁”、“国家安全意识”、“国家安全战略”、“国家安全工作机制”、“政治安全”、“经济安全”、“文化安全”、“信息安全”、“国防安全”等术语，而这些术语中的“公共安全”、“国家安全意识”、“国家安全战略”、“国家安全工作机制”、“文化安全”、“信息安全”等，都是在以前党的全国代表大会报告中没有出现过的。此次《决定》值得关注的地方很多，但最值得关注的则是“八、坚持独立自主的和平外交政策，不断提高应对国际局势和处理国际事务的能力”中对国家安全前所未有的集中论述：“始终把国家主权和安全放在第一位，坚决维护国家安全。针对传统安全威胁和非传统安全威胁的因素相互交织的新情况，增强国家安全意识，完善国家安全战略，抓紧构建维护国家安全的科学、协调、高效的工作机制。坚决防范和打击各种敌对势力的渗透、颠覆和分裂活动，有效防范和应对来自国际经济领域的各种风险，确保国家的政治安全、经济安全、文化安全和信息安全。”

以上有关国家安全的系统论述，同样出现在2006年10月11日十六届六中全会通过的《中共中央关于构建社会主义和谐社会若干重大问题的决定》中。这段集中、系统的论述是：“加强国家安全工作和国防建设，保障国家稳定安全。增强国家安全意识，完善国家安全战略，健全科学、协调、高效的工作机制，有效应对各种传统安全威胁和非传统安全威胁，严厉打击境内外敌对势力的渗透、颠覆、破坏活动，确保国家政治安全、经济安全、文化安全、信息安全。”从词频统计看，与2004年9月《决定》中16次提到“安全”（包括4处“国家安全”）相比，在这次《决定》中共24次出现“安全”，其中5次是“国家安全”。

十八大《报告》把对国家安全问题的集中论述放在“加强和创新社会管理”题下的安排，承继了十七大报告在“完善社会管理，维护社会安定团结”题下集中讨论国家安全问题的做法，反映出中共中央依然把国内社会安全问题看作是当前中国国家安全的重中之重。此次报告与2004年十六届四中全会、2006年十六届六中全会、2007年十七大报告一样，继续强调要“完善国家安全战略，健全国家安全体制”，从而说明这两项重要的国家安全任务还有待通过进一步的努力来实现。

（刘跃进）

第十八章

国家安全地方立法综述

[内容提要] 包括《重庆市实施国家安全法规定》在内的地方性国家安全行政立法，将法律的抽象内容具体化，填补了国家层面的立法缺漏，为国家安全执法提供了更具可行性的执法依据，为《国家安全法》的具体实施创造了更优越的条件。但是各地制定的地方立法的内容多有重合也表明，国家层面的立法迟滞，不仅增加了地方分散立法的成本，也大大增加了执法的成本。国家层面上的集中立法不仅有利于节约立法成本，更有利于统一法制、消除法律冲突，为此应尽快修订和完善国家层面的国家安全法律制度。

一、《国家安全法》的“实践热”与“立法冷”

在近30年中，人们见证了中国法制建设的进步。尽管有许多不尽如人意的地方，但是不论理论界还是实务界中都不乏对中国实际和基层问题的关注，也不乏对推进制度进步或制度完善的尝试和努力。在国家飞速发展的进程中，国家安全的理念和行动已经渐渐扩散至社会的各个领域。国家经济安全、信息安全、生态安全、主权安全等国内外几乎所有领域都投射出了国家安全的思维与视角。以法律制度解决涉及国家安全的问题已成为最优选择①，也划出了处理相关问题的底线。

与社会实践的热切需求不相适应的是，目前我国的国家安全领域立法在国家层面只有两部较为系统的法律和行政法规，即《中华人民共和国国家安全法》（以下简称《国家安全法》）和《中华人民共和国国家安全法实施细则》（以下简称《国家安全法实施细则》），并且已经历时近20年而未曾修改过，修订程序迟迟没有见到下文。然而事实上，总计仅有34个条文的《国家安全法》和只有28个条文的《国家安全法实施细则》中存在很多不能适应社会发展和维护国家安全需求的问题。

第一，法律条文过于原则、抽象，无法落地适用。《国家安全法》与《国家安全法实施细则》的全部条文加起来一共仅有62条。

第二，内容涵盖不全，尤其是对于职责分工问题的说明不够清晰，现实中许多需要由国家安全机关履行职责的权限没有明确的定位和授权，导致执法实践中可能出现“无照驾驶”的现象。

第三，法律本身不够明晰，易导致执法者对法律的理解不清，加之运用不够熟练，以致在某些情况下，虽有概括式法律依据，但该依据却无法被充分地运用来解决问题，从而影响了执法效果。

第四，对法律的宣传不够，社会公众缺乏对其内容和精神的了解。只依靠执法者的单方行动，缺少社会公众的广泛协助与配合，必然影响法律实施的效果。

第五，在国家立法层面上，还尚未对立法方向达成明确共识，未来的改革方案是制定宏观的国家安全法律制度与组织机构，还是在微观层面上逐个单独立法？各相近机构的职能如何整合，抑或如何进行类型化的制度规范？在尚未体系化地解决这些问题的情况下，国家层面上的立法改革势必将被一推再推。

① 十八大报告中明确提出，各级领导干部要提高运用法治思维和法治方式深化改革、推动发展、化解矛盾、维护稳定能力，努力推动形成办事依法、遇事找法、解决问题用法、化解矛盾靠法的良好法治环境，在法治轨道上推动各项工作。

二、地方国家安全立法实践情况分析

与国家层面面临立法及修法困境相对应的情况是，执法实践对规范的迫切需求，这就势必在地方层面上催生了大量的相关地方性法规，尤其是地方政府规章。这种情况也体现出中国法律实施的普遍现象：法律实施仅有最高层面的国家立法还远远不够，法的真正实施往往需要通过更低层面的逐级立法，才能得到具体落实。通过实施层面的地方或部门立法来填补最高权力机关立法的漏洞，将原则性、概括性的法律规定转化为具体的执法规范。

在国家安全立法领域中的情况尤其如此。目前，最高权力机关在此领域中发布的专门立法和决定共有两部①，国务院发布的行政法规仅有一部②，且均长期没有进行修订。与此相对应的是，在地方立法层面上，各地制定发布的关于国家安全执法领域的专门立法规范已经超过了30部，其中地方性法规有四部，地方政府规章已达27部（见表1和表2）③，呈现出国家层面的立法消极现象与地方层面的立法积极现象并存的特点。

表1 地方发布的涉及国家安全立法的地方性法规情况汇总表

序号	实施时间（排列顺序由近及远）	发布机关	法规、规章的名称	内容的类型
1	2012.3.1	山东省人民代表大会常务委员会	山东省国家安全技术保卫条例	综合性立法

① 一个是全国人大常委会在1983年9月2日发布的《全国人民代表大会常务委员会关于国家安全机关行使公安机关的侦查、拘留、预审和执行逮捕的职权的决定》；另一个是全国人大常委会在1993年2月22日发布的《国家安全法》。

② 国务院在1994年6月4日发布《国家安全法实施细则》。

③ 所列统计数据是基于对北大法宝地方法规数据库的分析而来，分析主要聚焦于狭义的国家安全专门立法。

续表

序号	实施时间（排列顺序由近及远）	发布机关	法规、规章的名称	内容的类型
2	2011.10.1	山西省人大常委会	山西省涉及国家安全事项建设项目管理条例	单项立法
3	2008.10.1	河南省人民代表大会常务委员会	河南省国家安全技术保卫条例	综合性立法
4	2002.1.1	四川省人大常委会	四川省涉外建设项目国家安全事项管理条例	单项立法

表 2　地方发布的涉及国家安全立法的政府规章情况汇总表

序号	实施时间（排列顺序由近及远）	发布机关	法规、规章的名称	内容的类型
1	2012.7.1	重庆市政府	重庆市实施国家安全法规定	综合性立法
2	2012.4.1	宁波市政府	宁波市涉外项目国家安全事项管理规定	单项立法
3	2012.1.1	安徽省政府	安徽省建设项目涉及国家安全事项管理规定	单项立法
4	2011.6.1	天津市政府	天津市建设项目涉及国家安全事项管理规定	单项立法
5	2010.10.1	河北省政府	河北省国家安全机关使用侦察证和车辆特别通行标志规定	单项立法
6	2010.1.1	深圳市政府	深圳市建设项目涉及国家安全事项管理暂行规定	单项立法
7	2009.5.1	宁夏自治区政府	宁夏回族自治区涉及国家安全事项建设项目管理办法	单项立法
8	2007.9.15	天津市政府	天津市实施《中华人民共和国国家安全法》规定	综合性立法

续表

序号	实施时间（排列顺序由近及远）	发布机关	法规、规章的名称	内容的类型
9	2007.9.1	河北省政府	河北省涉及国家安全事项建设项目管理规定	单项立法
10	2007.2.1	沈阳市政府	沈阳市国家安全机关工作人员使用侦察证和车辆特别通行标志管理办法	单项立法
11	2007.2.1	抚顺市政府	抚顺市国家安全机关工作人员使用侦察证和车辆特别通行标志办法	单项立法
12	2005.5.5	内蒙古自治区政府	内蒙古自治区涉及国家安全事项的建设项目管理办法	单项立法
13	2004.12.1	吉林省政府	吉林省实施《中华人民共和国国家安全法》若干规定	综合性立法
14	2003.1.1	湖南省政府	湖南省国家安全机关侦察证和车辆特别通行标志使用办法	单项立法
15	2003.1.1	广西壮族自治区政府	广西壮族自治区涉外建设项目和场所国家安全事项管理办法	单项立法
16	2002.5.1	海南省政府	海南省国家安全机关工作人员使用侦察证和车辆特别通行标志办法	单项立法
17	2000.7.1	吉林市政府	吉林市国家安全机关侦察证使用办法	单项立法
18	2000.3.18	河南省政府	河南省人民政府关于印发《河南省国家安全机关侦察证和车辆特别通行标志使用办法	单项立法

续表

序号	实施时间（排列顺序由近及远）	发布机关	法规、规章的名称	内容的类型
19	1999.12.1	辽宁省政府	辽宁省涉外建设项目国家安全事项审查规定	单项立法
20	1999.7.1	湖北省政府	湖北省国家安全机关工作人员使用侦察证和车辆特别通行标志办法	单项立法
21	1998.12.31	青岛市政府	青岛市涉外建设项目国家安全事项审查规定	单项立法
22	1998.12.1	宁波市政府	宁波市国家安全机关工作人员使用侦察证和特别通行标志暂行办法	单项立法
23	1998.11.21	江西省政府	江西省国家安全机关侦察证和特别通行标志使用办法	单项立法
24	1998.9.9	新疆维吾尔自治区政府	新疆维吾尔自治区国家安全机关工作人员使用侦察证和车辆特别通行标志办法	单项立法
25	1997.11.13	宁波市政府	宁波市境外企业人员出走处理规定	单项立法
26	1997.9.22	宁夏回族自治区政府	宁夏回族自治区国家安全机关工作人员使用侦察证和特别通行标志规定	单项立法
27	1996.1.29	南京市政府	南京市国家安全机关工作人员使用侦察证暂行办法	单项立法

对这些地方立法的实际情况进行深入分析，有助于我们了解目前的问题所在。为什么会出现国家层面上的消极立法与地方层面上的积极立法并存的情况，这种立法现实有何益处，又有何弊端？

(一) 受地方立法机关性质所影响的立法权限

从立法性质的比较看，地方性法规的数量明显少于地方政府规章。地方性法规与地方政府规章的效力有明显不同：地方性法规的效力高于本级和下级地方政府规章，并且地方性法规在诉讼程序中是法院审理案件的依据，法官必须以其为根据来判断双方当事人行为的合法性；而地方政府规章的效力则不同。根据《行政诉讼法》第五十三条的规定，人民法院审理行政案件，以法律和法规为依据，以规章为参照做出判决。也就是说，法院不能单纯以地方政府规章作为判断行政行为合法性的标准，而是赋予了法院一定的裁量权：法院可以根据案件的具体情况和对相应行政规章的评价，决定其适用或不适用某行政规章，法院可以有条件地适用规章，不受规章的硬性约束。[①] 显然，通过地方性法规在地方层面来确定国家安全执法权限具有更高的法律效力，为了提高国家安全执法依据的效力层次，推动通过地方性法规来制定相关规定应是更好选择。

实践中，从地方性法规与地方政府规章之间规范的事项范围大致分工是：第一，凡是法律需要具体化的，则由地方性法规制定；凡是行政法规需要具体化的，则由地方政府规章制定。第二，涉及司法活动的，由地方性法规制定；调整行政机关自身活动的，由地方政府规章制定。第三，需要设定新的实体权利和义务的，由地方性法规制定；不需要设定新的实体权利和义务的，由地方政府规章制定。第四，涉及本行政区域内的政治、经济、文化等重大事项的，由地方性法规制定；一般事项由地方政府规章制定。[②] 因此，立法的内容和立法权限对立法机关的选择产生了重大影响。地方立法需要充分考虑立法所需解决的事项性质、社会影响、对公民权利的影响等因素来确定适合的立法机关。

就地方国家安全执法事项来说，既可以是对法律的具体化，也可以是对行政法规的具体化，所以，立法内容所涉及的事项成为选择立法机关的重要影响因素。多数地方的国家安全立法选择了通过地方政府规章

① 参见姜明安著：《行政诉讼法》，法律出版社 2007 年第二版，第 253 页以下。
② 参见刘莘主编：《立法法》，北京大学出版社 2008 年版，第 461 页。

来解决执法需求。实际上，国家安全执法需要调动更广泛的社会资源，对公权和私权的影响亦属较为特殊的领域，应视为地方重大立法事项，本应由地方性法规来立法更为适宜。并且，通过地方性法规层面的立法可以根据执法需要设定包括查封场所、设施或者财物，扣押财物在内的部分行政强制措施；设定除限制人身自由、吊销营业执照以外的行政处罚；设定除资格、资质、企业、组织设立登记及其前置性行政许可以外的行政许可。现实选择通过地方政府规章立法的原因，似乎考虑立法的主要目的是解决行政执法部门之间分工协作的需要，故此种层面上的立法无权解决一般行政许可的创设、警告和罚款之外的行政处罚形式的设定以及行政强制措施的创设问题。

（二）受执法实践需求所影响的立法内容

从内容上看，地方国家安全立法涉及的领域比较集中，主要体现为三种类型：涉及国家安全事项建设项目的立法，关于国家安全机关工作人员使用侦察证和车辆特别通行标志的立法，以及为实施国家安全法而进行的综合性立法。在总计 31 部的地方性法规与地方政府规章中，涉及国家安全事项建设项目的立法共有 12 部，关于国家安全机关工作人员使用侦察证和车辆特别通行标志的立法共有 13 部，规定国家安全领域一般事项的综合性立法共有 5 部。

各地立法内容高度集中，问题都聚焦于国家安全机关在国家安全工作中的职权以及行使方式、程序等问题。立法内容的高度集中，说明相关的内容一方面为执法实践所需，迫切需要肯定和明确；另一方面说明没有在国家层面上很好地解决这些问题，以至于各地方纷纷自行立法来规范这些本应在全国层面上统一解决的问题。由于这些问题没有在国家层面上得到明确，基于执法的需要，各地需要通过地方立法来明确规定。

而这些问题，可以通过制定地方性法规来规定，即将其视为是对法律（《国家安全法》）的细化；也可以通过制定地方政府规章来规定，将其视为是对行政法规（《国家安全实施细则》）的细化。从实际立法看，绝大多数情况下是通过制定地方政府规章来完成的。这说明尽管国家安全执法体系是垂直管理的，但是其与地方政府之间的横向关系仍较与权力机关的关系更为顺畅。地方国家安全执法机关面临的问题往往倾向于通过地方政府的立法来解决，而通过地方权力机关立法解决的比例则较低。

（三）受国家立法发展阶段所影响的地方立法动力

立法从不是预先设计的结果，而是取决于社会的现实需求。只有当问题积聚并发展到足以引起广泛关注时，才能促使相关立法机关投入成本将其列入立法程序。从地方国家安全立法各年度的立法数据看，地方立法的积极性时有起伏。在国家层面的立法颁布之初的5年中，地方立法数量很少，仅有3部，1998年至2000年3年间上升为10部，随后又有下降，2001年至2006年5年间仅有3部，而到2007年至2012年的5年间又上升为11部。在立法数量增减的背后，可以反映出当时的社会发展需求以及人们对国家安全问题的关注。在国家权力机关和国务院颁布法律及行政法规之初，基本上能够解决当时面临的问题，但随后这些简要的规定已经不能满足因实践发展而产生的新的立法需求，各地开始自行立法，在其权限内寻求解决之道。进入新世纪之初，社会环境、制度环境的迅速变化，地方在有限的立法权限内能够解决的问题有限，宏观国家层面的安全保障机制的设计备受期待，人们希望能够在国家层面上全面启动修法程序，因此，地方立法的步伐放缓；但随后此种期待并未获得立法实践的支持，国家层面的立法处于停滞状态，所以在2006年后的数年间，各地纷纷寻求在地方立法的层面上解决自己面临的问题。几乎所有的地方综合性国家安全立法规范都制定于这一阶段。可见，地方国家安全立法的发展轨迹是国家层面立法进程的映射。

三、重庆市国家安全立法的经验

在所有涉及国家安全的地方政府规章中，重庆市政府发布的《重庆市实施国家安全法规定》是为数不多的综合性国家安全地方立法之一，也是三部综合性地方行政立法中最新制定的一部，体现了综合性立法的特点，内容涵盖较为全面，为国家层面的国家安全立法的完善提供了经验和借鉴。

其特点之一是，通过公开立法的方式，规定了执法工作中需要明确的重要事项，尤其是对职权分工、主管机关、公众义务、干部教育培训、行政许可权、法律责任等问题进行了明确说明。通过公开立法确定主管机关的职责，有利于取得社会公众的理解和协助。更可贵的是，规章较好地处理了公开与保密之间的关系。在立法过程公开、职权公开、执法方式和程序公开的基础上，对社会公众和特定组织的保密义务、报告制度、书面征求国家安全机关的意见等制度做出了明确规定。

其特点之二是，细化了国家安全行政许可的规定，对涉及国家安全事项的建设项目实施许可的范围、条件、受理、审查时限、许可决定的作出、决定结果的公开等程序环节进行了明确规定和具体落实，甚至在一定程度上超越了《国家安全法》和《行政许可法》的规定。比如，《行政许可法》规定，除可以当场作出行政许可决定的情况之外，行政机关应当自受理行政许可申请之日起 20 日内作出行政许可决定。而《重庆市实施国家安全法规定》的第二十条规定，国家安全机关应自收到申请之日起 10 个工作日内对建设项目进行审查，根据情况作出相应决定。重庆的规章将行政许可的审查期限缩短了一半，大大提高了行政许可的效率。规章在很多方面体现了正当法律程序的要求，为行政相对人创造了更便利高效的发展环境。

其特点之三是，重视对法律责任的定位和落实。规章对法律责任进行了较为全面的规定，其中的责任承担主体涵盖了包括单位、公民个人、单位主管人员和直接责任人员、国家安全机关的工作人员以及有关主管部门，不仅概括行政相对人，而且包括了行政主体一方的工作人员。同时，规章设定的法律责任的形式较为全面，包括警告、训诫、责令具结悔过、限期整顿、罚款和行政处分。尤其是根据本地地方性法规所限定的罚款限额，创设了对违法者进行罚款的制裁形式，在法定范围内依法对国家安全法律责任作出了创新性的规定，丰富了国家安全执法法律责任的形式。

与此同时，规章亦有一定修订空间。例如，较难执行的罚则不如转化为更易为人理解的激励手段，会更为有效。规章在第四条中规定，单位和个人发现危害国家安全的行为或者线索，应当及时向国家安全机关或者公安机关报告。实际上本条所确立的应及时报告的义务，在实践中较难判断和操作，不如将其转化为对支持和协助国家安全工作的单位或者个人给予保护、表彰和奖励。

另外，规章对一些责任形式的表述尚不明确。如，第二十七条规定，阻碍国家安全机关工作人员依法执行公务的行为，由国家安全机关依照《中华人民共和国国家安全法》、《中华人民共和国治安管理处罚法》等有关法律规定处罚。规章本应是对法律内容的具体化，在此适宜将责任形式明确列举出来，而不是再去其他法律中寻找依据和解释。

在规章中有多处使用了“应当”或“不得”的表述，“应当”和“不得”意味某种特点义务的存在，如果行为人违反了该项义务，则应承担相应的法律责任。但“应当”的条文与法律责任部分的规定，并未做到一一对应，有些“应当”的义务被违反，并不能找到相应的法律责任规定。例如第四条中规定，“单位和个人发现危害国家安全的行为或者线索，应当及时向国家安全机关或者公安机关报告”。再如，对邮政和快递企业的要求，第二十三条规定，“邮政管理部门审查快递企业经营许可的申请，应当考虑国家安全因素，并征求国家安全机关意见。邮政、快递企业要加强安全防范，执行收寄验视制度，国家安全机关应当加强监督管理”。但是这些应当的背后并没有对应某种法律责任形式，这样就会使前面的义务要求落空，使得硬性的法律规定软化为倡导性的内容。

针对危害国家安全的违法行为，可以根据具体情况设置更为严厉的法律责任，就行政规章的处罚创设权来看，地方政府规章可以设定警告和一定数量的罚款的处罚。地方立法可以充分地将这些立法权限用足和用好，结合已有的处罚手段，提高法律实施的实效性。

包括《重庆市实施国家安全法规定》在内的地方性国家安全行政立法，将法律的抽象内容具体化，填补了国家层面的立法缺漏，为国家安全执法提供了更具可行性的执法依据，为《国家安全法》的具体实施创造了更优越的条件。但是从另一方面看，各地制定的地方立法的内容多有重合也表明，国家层面的立法迟滞，不仅增加了地方分散立法的成本，也大大增加了执法的成本。国家层面上的集中立法不仅有利于节约立法成本，更有利于统一法制、消除法律冲突，为此应尽快修订和完善国家层面的国家安全法律制度。

（毕雁英）

第十九章

中国崛起与转型过程中面临的挑战与风险

［**内容提要**］近十年来，中国的快速崛起增强了中国人民的道路自信、理论自信、制度自信，也引发中国内外安全环境更加复杂多变。在内忧外患交织、机遇与挑战并存的战略环境下，对中国威胁最大的仍然是社会转型面临的风险与挑战。国家安全的重心仍然是中国的内部安全和稳定。

2012年，是个转折之年，更是个多事之秋。对于执政党来讲，中共十八大的召开实现了和谐顺畅的权力交接，也昭示了中国政治的确定性和社会的稳定性。对于快速崛起的中国来讲，中国内外安全环境的危险因素逐渐增加：美国“重返亚洲”，日本、菲律宾、越南不断挑战挑衅，外部安全环境空前严峻。与此同时，内部经济下滑和转型压力持续增加，体制性和结构性矛盾仍旧突出，社会不稳定因素急待化解……在内忧外患交织、机遇与挑战并存的战略环境下，国家安全的重心仍然是中国的内部安全和稳定。对中国威胁最大的仍然是社会转型面临的风险与挑战。其突出问题是中共十八大产生的新一代领导人必须全力应对的。

一、南海东海问题引发民族主义情绪高涨

近十年来，中国的快速崛起在增强了中国人民的道路自信、理论自信、制度自信的同时，也引发中国周边地区一些国家的猜疑和戒心，更引起以美国为首的西方的敌意和压力的持续增强。从外部“干扰”、“牵制”中国的发展和崛起的步伐与力度日趋增大。随着2012年美国“重返亚洲”战略的深化，日本、菲律宾、越南等国家在南海、东海问题上对我不断的挑衅使我国外部安全环境空前严峻。国内外安全环境的相互影响，使得中国民间经长期积累而蕴藏的民族主义情绪因2012年日本政府的“钓鱼岛国有化”被再次激发起来。

据公开报道，全国有50多个城市发生了反日游行示威，抗议日本侵犯中国主权。从总体上来说，这些示威体现了中国人朴素的爱国情感，所集中爆发出来的强烈的爱国主义精神值得尊重。他们希望通过集中表达情绪和主张展现中国人坚决维护国家主权和领土完整的基本诉求。但另一方面，这些游行示威也充分显示出其复杂性。表现出若干危险倾向，其中不少地方出现打砸抢等暴力事件。9月11日，一则“中日在钓鱼岛开战，中国军方占领钓鱼岛”的消息广为流传。一些民众在此问题上表现出非同寻常的亢奋，而理性的声音则被狂热的爱国主义、民族主义表达者所淹没。中国互联网上的BBS论坛更被极端的民族主义情绪所占领，越来越受到网民的关注和舆论的左右。虽然这些激烈的反日言论和极端的民族主义情绪是中国一部分网民真实感受的客观反映，并非绝对占据主流，但如果极端的民族主义情绪进一步兴盛，就有可能出现不冷静的行为。民族主义是一把“双刃剑”，有积极的一面，也有消极的一面，在不同的历史阶段曾发挥过不同的作用。但是在目前的阶段，当民族主义越来越表现出一种极端的情绪时，社会稳定不可避免地受到影响和冲击。

二、群体性事件深刻影响着社会维稳模式

现阶段中国的改革已经进入“深水区”，社会也进入了矛盾多发时期。中国社会环境中的不稳定因素仍然突出。近年来，每年因各种社会矛盾而发生的群体性事件多达数万起甚至十余万起。2012年的情况也不容乐观，尤其在收入分配、就业、劳资关系、社会管理等方面，仍然面临各种问题和挑战。虽然各级政府在维稳方面付出了巨大的努力和成本，却仍然控制不住各类社会矛盾与冲突的爆发。据全国总工会统计，2012年1～8月，全国共发生围绕工资纠纷的规模在百人以上的集体停工事件120多起，发生在19个省、规模在30人以上的270多起。对各类群体性事件形成原因的分析表明，征地拆迁引发的群体性事件占一半左右，环境污染和劳动争议引发的群体性事件占30%左右，其他社会矛盾引发的群体性事件占20%左右。[①] 其中四川什邡事件、江苏启东事件以及宁波镇海区反对PX项目事件在海内外均产生重大影响。

虽然这三起事件最终都以向民众让步、取消相关项目得到解决，但事件发生的本身深刻影响着政府的执政理念和社会维稳模式。一是政府的决策不能无视或轻视普通民众的意见和利益，关系到民众切身利益的重大项目不经过民意的认可是行不通的。二是提醒我们必须改变现行的维稳模式。绝大多数所谓群体事件不过是民众利益诉求的表达，尤其是民众对当地腐败、渎职官员不满而已，根本不涉及民众破坏社会稳定问题。动辄以维稳的名义动用警力，最终只能将官民对立起来，强化和加剧官民之间的暴力倾向。三是“围观”成为一种特殊的维权现象，维稳时代也是公民意识日益觉醒的时代。而微博时代，网络新媒体（微博等）参与的日益深化，开创了公民“围观”新时代。微博对中国舆论生态的

---

① 《社科院报告称中国每年群体性事件多达数万起》人民网 2012－12－18 http：//news.163.com/12/1218/11/8J0KU2R500014JB6.html。

影响使其成为放大群体事件影响的最重要的推手，对执政党和政府的控制与治理构成了新的挑战。

三、贫富差距持续扩大，收入分配改革再度推迟

温家宝总理曾在出访瑞典时特别强调："收入分配公平是社会稳定的基础。"然而收入差距扩大的现实却一直刺激着公众的敏感神经。9月14日中国首部《社会管理蓝皮书——中国社会管理创新报告》在京发布，报告指出，一些不稳定因素正处于从潜在风险向公共危机转化的临界点上。首当其冲的是，中国贫富差距正在进一步扩大，逼近社会容忍线。[①]此外根据新京报"京报调查"（新京报《评论周刊》与清研咨询联合推出《中国未来十年最需要解决的问题有哪些?》）结果显示，排名第一位的是"贫富差距拉大"（81.3%）。[②] 2012年中国的基尼系数为0.474。[③] 中国收入最高的10%家庭与收入最低的10%家庭的人均收入相差65倍。[④] 普通劳动者的收入在应付生存所需的柴米油盐和居住、医疗及子女教育都捉襟见肘时，中国有钱人狂购天价豪宅、钻石、名车、名表等奢侈品——2012年中国取代日本成为全球第一大奢侈品消费国。[⑤]

2012年3月的全国人大五次会议记者会上，国务院总理温家宝把收入分配体制改革列入任职最后一年的首要工作。遗憾的是，《收入分配体制方案》原定于6月底出台，但《收入分配改革方案》受意见分歧、利

---

① 蓝皮书：《中国贫富差距扩大逼近社会容忍线》中国新闻网（北京）2012—09—14。

② 高明勇：《八成受众：未来十年最需解决"贫富差距"》，新京报2012年11月10日。

③ 《中国官方首次公布2003至2012年基尼系数》中国新闻网（北京）2013—01—18。

④ 《媒体称中国基尼系数已十年未公布》，东方网2012—01—05。

⑤ 世界奢侈品协会：《中国成为全球最具购买力奢侈品消费国家》，2012年1月12日中国新闻网 http：//news.163.com/12/0112/14/7NIT68K600014JB6.html。

益博弈等诸多因素掣肘，将出台时间推迟到了10月底，后又推迟到12月底的方案又一次泡汤。《收入分配改革方案》历经多年，迟迟不能出台，其背后深层次的原因我们无从知晓，但随之而来的贫富差距却是越来越大。中国贫富差距的进一步扩大使得贫者更贫、富者更富，正在把社会推向激烈动荡的危险边缘。其实，一个社会真正的问题不是存在贫富差距，而是穷人无论如何努力都罕有机会改变自己穷的地位和状态。然而残酷现实却显示，当今社会阶层的固化，曾经通畅的上升渠道被堵塞已经成为一个严酷的社会现实。一旦绝望成为穷人普遍的情绪时，社会的动荡也就不可避免了。

四、官员危机事件高发严重损害政府形象

2012年对政府形象伤害最大的是官员的形象危机。中国人民大学危机管理研究中心《官员形象危机2012》列举了村干部、基层官员、高层官员、执法官员以及准官员五个高危官员群体，并将其面临的五大形象危机描述为：不雅事件成贪官标签，露巨富触犯公众，“被牵连”事件有增无减，“误伤”、“恶意中伤”增多，“被假冒”成为新焦点。《报告》发布称，新媒体时代下信息传播的速度和广度都发生了变化，官员形象、政府形象的维护都面临巨大挑战，性丑闻成落马导火索。[①]

从2012年的情况来看，经网络曝光影响较大的官员不雅事件达10多起，并且11—12月的数量呈“井喷”态势。而另据统计，在被查处的贪官中，95%都有情妇，腐败的领导干部中60%以上与“包二奶”有关，这让整个官员队伍的形象都有所下降。[②] 2012年的最大特点是，从官员不雅事件被曝光到官方公布处理结果的速度越来越快。其中，雷政

---

① 《去年被查贪官95%有情妇》，光明网2013年01月09日 http://news.sohu.com/20130109/n362852677.shtml。

② 唐钧：《95%贪官有情妇，使整体官员形象下降》，《检察日报》，2013年1月9日。

富从不雅视频曝光到他被免职只用了短短63个小时，被网友戏称其为“被秒杀的区委书记”。除官员自己外，官员配偶、子女的炫富行为以及违法乱纪行为，都引发群众对官员清廉形象的质疑。2012年底衣俊卿因生活作风问题的去职，不仅是其个人形象的受损，也为日益严重的官员形象危机问题再添案例。官员形象屡屡发生危机，根本原因在于它突出了社会“不平等”、“权力家庭化”、“权力代际转移”。它让官员的形象在民众中间一落千丈，对社会公众是强烈的震惊，也给政府的声誉造成了极大伤害。这种伤害对执政安全是致命的——关乎执政党的生死存亡。

五、社会心态日益复杂加剧社会信任危机

2012年6月关于《衣食无忧之后的公众期待调查》显示，七成受调查者认为尚处温饱水平，缺乏安全感、存在生存焦虑。[①] 经济发展的巨大成就使绝大多数中国人摆脱了缺衣少食的状态，但公众幸福感不升反降。为什么当前物质条件的改善没有带来公众幸福指数的增加？说明衣食无忧并不必然带来公众幸福感的增强。调查显示，食品安全、高房价、环境污染、贫富分化、道德缺失、工作压力、缺乏安全感、炫富风气等因素是影响公众幸福感的主要因素。

“丰衣足食”的同时，各种社会问题和社会矛盾以惊人的速度在增长，不仅使得公众幸福感下降，而且引发社会信任危机。调查显示，2012年社会的总体信任指标进一步下降，已经跌破及格线。社会信任指标下降的一个特点是人际不信任的扩大化，另一个特点是群体间不信任加深和固化，表现为官民、警民、医患、民商等许多主要社会关系之间的不信任，也表现在不同阶层群体之间的不信任。[②] 有两种现象尤其值

① 人民论坛问卷调查中心：《幸福感不升反降为哪般?》，《人民论坛》2012年第19期。

② 社科院：《社会信任度“不及格”》，《东方早报》2013年01月08日。

得关注。一是“疑官”，某些官员的行为背离了执政党的宗旨和人民的期望，导致人们对其不信任。近年来，各地频发的公共事件使公众对有关政府部门的信任度大打折扣。特别是2012年负面事件的频繁爆发使公众形成“老不信”心态，进而导致党和政府的公信力下降。2012年6月关于《政府哪些行为最伤百姓》的调查结果显示，贪污腐败高居榜首。[①]腐败问题是公众最痛恨的问题。由于官员的示范效应，已经成为了当今社会的一种生活方式。它侵蚀着社会的肌体，腐蚀着人们的灵魂，破坏着社会健康发展和政权的安全。二是“仇富”，一些富人的行为背离了社会的主流价值观和大众的期盼。致富后的道义缺失、为富不仁行为引发了公众的不满和愤怒。

不断发生的社会性事件导致社会情绪的耐受性和控制点降低。弱势群体中的仇恨、愤怒、怨恨、冷漠、破坏、敌意等“社会情绪反向”值得警惕。中国民众心态日益复杂主要源于社会正义的缺失，公平正义是人类的基本需求。当人们感觉自己受到公正对待时，就会感觉到幸福、安全，对社会充满信心和希望，从而增加对制度的认同感和社会的信任度；而当人们觉得受到不公平对待时，就会感觉到委屈、失望和焦虑，进而怀疑制度的公正性甚至对社会和他人产生怨恨和仇视。当前日益复杂的社会心态，以及受此心态影响的各界力量的博弈，将是决定中国政局稳定的重要因素。

六、“全能神”再泛波澜为政府敲响警钟

自新世纪初严厉打击“法轮功”以来，邪教势力影响及危害大为下降。但2012年12月21日，尽管中外专家不断辟谣，“全能神”邪教散布“世界末日”谣言事件仍在全国多地出现。连日来，青海、浙江、陕

① 人民论坛问卷调查中心：《三类不良作风最伤民心》，《人民论坛》2012年第18期。

西、江苏、内蒙古、福建、湖北、四川、重庆等 9 个省市区抓获了 500 余名造谣者，其中包括 400 余名“全能神”邪教人员。[①] 目前，全国公安机关已抓获邪教人员上千名。[②] 据悉，“全能神”又名“东方闪电”，也叫“实际神”。该组织是上世纪 70 年代末由国外传入我国的邪教“呼喊派”分化衍生而来，90 年代开始在河南出现，并扩展至多个省，是带有政治色彩的邪教派别。它将中国共产党称为“大红龙”，其终极目的就是推翻现行政府，以建立“神的国度”。该邪教组织敛财骗钱的实例在全国许多地方都出现过，不少被邪教组织诱骗加入的群众深受其害。该邪教组织甚至煽动其成员离家出走，把全部身心和财产交给教主，致使许多原本幸福美满的家庭支离破碎，造成了极大的社会危害。

新华社官方微博发表评论指出，对这些危害社会的“毒瘤”既要干净利落地切除，更应关注邪教产生的社会土壤。全能神为何能够在当代中国存立 20 多年？全能神宣传的宗旨为什么会让那么多教徒深信不疑呢？恰恰反映出我们现在所处时代的环境中人们的思想和心理！这些不仅是维护社会稳定的政府应当深思的，也是全社会无法回避并需要解决的现实问题。

（马振超）

---

① 《青海“全能神”邪教组织聚集闹事警方抓捕 400 余人》，央视网 2012 年 12 月 18 日。

② 《“全能神”教主赵维山已逃美　包装情妇为“女基督”》央视网 2012 年 12 月 21 日。http：//news. cntv. cn/2012/12/21/ARTI1356082787384518 _ 2. shtml。

第二十章

社会管理创新与社会组织发展

［内容提要］我国社会日趋多元化，社会管理的难度也越来越大，随着经济不断发展，各种矛盾不断暴露，社会安全面临的形势也日趋复杂和严峻。2012年，我国政府对于社会管理逐渐重视，出台了一系列促进社会组织发展的政策，吸纳各类社会组织参与社会管理工作，发挥他们在维护社会稳定与安全中的重要作用。2012年中国的社会组织通过加大自身透明度建设，一方面建立起社会对社会组织的公信力，另一方面增强了自身的管理能力。

2012年我国的社会组织继续在环保、教育、经济、文化等领域持续发挥着越来越重要的作用。他们不仅在资源配置、平衡利益分配等方面起着积极的调节作用，在经济秩序、市场行为中有着重要的规范作用，还成为了社会服务和社会管理的重要力量，对保障和改善民生起着积极的补充作用，在解决社会矛盾、反映群众诉求，维护社会稳定和国家政治安全方面发挥着不可替代的作用。

一、社会组织在社会安全管理中的作用日益凸显

2012年11月召开了中国共产党第十八次全国代表大会，会上胡锦

涛同志作了题为《坚定不移沿着中国特色社会主义道路前进　为全面建成小康社会而奋斗》的报告，报告的第七部分对于社会管理问题作了专门论述，规划了我国社会组织未来的发展方向和发展路径。报告提出，为了构建中国特色社会主义管理体系，今后社会体制改革的方向应该是“加快形成党委领导、政府负责、社会协同、公众参与、法治保障的社会管理体制，加快形成政府主导、覆盖城乡、可持续的基本公共服务体系，加快形成政社分开、权责明确、依法自治的现代社会组织体制，加快形成源头治理、动态管理、应急处置相结合的社会管理机制”。在论述如何加强和创新社会管理时，报告提出要“引导社会组织健康有序发展，充分发挥群众参与社会管理的基础作用”。

在党代会报告中提出社会管理体制需要社会协同和公众参与，说明中央在政策层面上看到了在我国当前的经济社会发展中，单独依靠政府的力量已经无法做好社会管理工作。社会组织是实现我国社会稳定发展、保障我国社会安全不可或缺的重要力量。做好社会管理工作，除转变政府职能之外，必须重视并依靠社会组织的协同力量，依靠社会组织作为中介，吸纳广大公众参与到社会管理当中。报告肯定了社会组织在新形势下社会治理中发挥的积极作用，肯定了过去几年来在社会组织改革发展中各地所做出的尝试，并且决定将这一良好的态势继续推行下去，推动政府与社会组织一道维护我国的社会安全。

对于社会组织的发展，十八大报告提出了今后社会组织的组织体制方式是“政社分开、权责明确、依法自治”。这一方面表明，中共中央已经下决心要对官办的各类社会组织进行改革，发挥他们的资源优势，积极参与各项社会管理工作。但在今后的工作中，要淡化他们的官方色彩，突出社会组织的特点，这意味着今后“去官方化”将是我国官办非政府组织改革的工作重点之一。

另外一个值得关注的方面是，报告强调社会组织的组织体制是要“依法自治”，相对于发达国家来说，我国社会组织的法律体系还不是很完善。现阶段，我国有关社会组织的法律法规主要有《中华人民共和国公益事业捐赠法》、《中华人民共和国红十字会法》和国务院发布的《基金会管理条例》、《社会团体登记管理条例》、《民办非企业单位登记管理暂行条例》等，此外，《信托法》、《民办教育促进法》、《企业所得税法》、《个人所得税法》等法律以及财政部、民政部、国家税务总局等部门制定的有关规章中的部分条款也有关于社会组织管理的内容。这些已有的法律体系已无法满足我国社会组织蓬勃发展的需要。2012 年，国务院一方面推动修订社会团体、民办非企业单位和基金会三个登记管理条例，形成新的社会组织登记管理体制。另一方面加快了《慈善法》的立法工作，对慈善组织管理、慈善募捐管理、慈善志愿服务、慈善信托以及慈善事业扶持与奖励等方面进行规范，这将使得中国的社会组织的慈善行为有法可依，有章可循。我们更期待在未来，能将制定《社会组织法》早日提上日程。

实践中，政府对于社会组织的管理机制和方法也在进一步改进。2012 年 1 月 1 日起，广州市取消社会组织的主管机构和挂靠机构。各种行业协会、异地商会以及公益服务类、社会服务类、经济类、科技类、体育类、文化类社会组织，不再需要挂靠主管单位，可以直接到民政部门申请登记。2012 年 7 月 1 日，对社会组织“松绑”的举措扩大到广东全省。和以往中国对社会组织发起成立的限制性政策相比，广东无疑迈出了十分大胆的一步。广东的工作得到了中央的高度肯定，2012 年 7 月 12～14 日，由民政部、国务院国资委、中华全国工商业联合会、广东省人民政府和深圳市人民政府共同主办，以“发展·融合·透明”为主题的首届中国公益慈善项目交流展示会在深圳举行，集中展示我国社会建设和社会管理创新的最新成果。“慈展会”落户深圳，也是对广东在社会组织改革发展中作出的贡献的肯定。

政府开放社会组织民间注册，并且通过购买公共服务的方式支持社会组织的发展，这一方面会更好地推动我国社会组织的发展，引导他们走向专业化的发展之路，在实践中不断完善其内部治理机制。但是另一方面，也有学者担心这些社会组织与政府部门越来越紧密的合作，有没有可能让社会组织丧失其独立性？由于金融危机的后续效应不断显现，本土草根组织经过“洋奶”和“母奶”争论，已经开始将目光投向本土资源。政府在这个时候通过购买公共服务的方式，向社会组织“输血”，会不会使得这些独立性较强的草根社会组织，在日渐依赖政府提供资源的同时，丧失其独立性，在行政吸纳中走向依附？有学者提出在当下的中国，从发挥的功能上，在促进市场和经济发展、提供社会公共服务、引领和推动社会创新等对政府、企业有益的方面，社会组织发挥了重要作用，但在反抗市场暴政、参与公共决策、制约政府权力、促进政治民主化等反对或限制政府、企业权益的方面，社会组织能发挥的作用却很小。①

二、阳光公益、自我监管：草根社会组织的壮大之路

近两年来，免费午餐、大爱清尘、衣加衣等草根公益活动之所以能大获成功，其中很重要的原因就是信息公开透明。在2011年取得巨大成功的免费午餐计划，2012年不仅在网站上公布项目的收支情况，把受到资助的学校的名单、资助额放在活动网站上，还组建了一支由志愿者组成的暗访队，抽查和暗访每个县的项目。② 受到资助的学校开通微博，把每天的菜谱、开销、用餐人数、请假名单公布在微博上。

通过这些年的摸索，越来越多的草根社会组织发现，相较于体制内社会组织，他们在资源获取上的劣势可以通过信息公开透明得到弥补，以此吸纳更多的社会资源。因此，“将一切放在阳光下”成为了2012年草根社会组织发展的关键词。

2012年1月8日，全国113家公益慈善组织在2011中国慈善年会上共同发起“透明慈善联合行动”，积极响应民政部《公益慈善捐助信息公开指引》，提升整个慈善行业的透明度和公信力。

2012年1月10日，USDO自律吧（公益机构）发出“要透明、不要

---

① 康晓光、冯利主编：《中国第三部门观察报告（2011）》，北京：社会科学文献出版社，2011年版。

② 周清印、赖少芬、吴俊：《重塑公信力考问慈善监管新体制》，《半月谈内部版》2012年第8期。

0”的年度倡议，倡导社会组织实现透明与真实的披露，完整的公开机构所使用的社会资源，反对不合理的“0成本”，为社会提供可以信任的公益组织和公益项目。同以往的倡议行动不同，这次为了让倡议落到实处，USDO自律吧开发了“公益组织财务信息披露模板”和“公益组织财务透明化指数”两个披露和衡量工具供社会组织使用。3月23日，USDO自律吧又以上海为起点，在全国范围内发出“明明白白看公益——LET’S透”的行动倡议，在北京、广州、成都三个城市各举办培训班，推广使用“公益组织财务信息披露模板”和“USDO透明指数”两个工具。对于很多草根组织来说，他们的管理能力有限，有强烈的愿望公开自己的相关信息，但是苦于没有格式、没有参考、没有标准、没有渠道，不知道如何透明和公开。现在这两个工具为广大社会组织公开信息提供了有“章”可循的模板，一定程度上帮助社会组织更加方便、全面地向社会公开其信息。

2012年8月21日，为了让公益组织“清清楚楚做披露”，让公众“明明白白看公益”，解决中国公益类社会组织面临的现实问题，倡导更多的社会组织加入透明行动，壹基金启动了“透明典范”评选及“自律壹夏晒公益”两大活动。此后两周内，百家民间公益组织一起“晒账单”，内容包括公益组织捐赠收入、业务活动成本、管理成本、人员薪酬、筹资费用等关键数据，同时机构负责人薪酬、全职人员薪酬、前五大捐赠方等信息更是中国民间公益组织的首次披露。通过披露，公众了解到壹基金秘书长杨鹏的年薪为50万元人民币，38名全职人员薪酬总额为4256213.87元，来自中国红十字会总会的捐赠为49896575.30元，占壹基金总收入的46.14%。[①]

“晒账单”晒出来的不仅是社会公益组织的账单，也展现了他们的管理能力、活动能力和筹资能力。“自律壹夏晒公益”带来的压力，是促使社会公益组织提升管理能力的巨大动力。

2012年8月29日，中国公益基金会透明指数在京发布，这标志着

① 赵新星：《壹基金牵头百家公益组织“晒账单”》，《南方日报》，2012年8月28日A12版。

我国社会组织的自我监管进入了实时动态管理的阶段。中国公益基金会透明指数是一套有关基金会透明标准的评价系统，其评价指标体系由基本信息、财务信息、项目信息、捐赠信息四个大类60个指标构成，每项指标的分数由指标是否披露、指标权重、信息披露渠道和信息披露的完整程度四个参数决定。其中基本信息类指标无论是从指标个数还是所占权重均占整体一半左右。各基金会指数最后以排行榜单的形式在中基透明指数网呈现，排名越靠前，代表基金会透明度越高，数据每周更新一次。

除了政府的监管之外，社会组织自律显得更为重要。之前中国的社会组织自律大多停留在“倡议”的层面，缺乏具体的操作方案和实施细则。“公益组织财务信息披露模板”、“USDO透明指数”和“中国公益基金会透明指数”的发布，使得社会组织透明度管理机制迈上了一个新的台阶。一方面，社会组织有了自律的组织管理工具，另一方面通过指数的对比发布，公众能更简单方便地了解社会组织运作的情况。接下来，公众的“用脚投票”自然会给社会组织以自省、自我提升的压力，促进社会组织在透明和专业上进一步下功夫。这一系列工具的开发填补了我国社会组织管理领域的空白，将促进我国社会组织系统的优胜劣汰。

三、红十字会改革：在路上

2012年北京“7·21特大暴雨”灾害之后，面对北京市红十字会发出的微博捐款倡议，网友采取的是“队列一致”的评论“捐你妹”。在这个行为的背后，显示自“郭美美事件”之后，公众对于以中国红十字会为代表的一系列官办社会组织依然存有严重的不信任感。

为了恢复公众对于红十字会的信任，2012年中国红十字会进行了一系列改革措施。作为国家发改委社会领域综合改革唯一试点的社会组织，中国红十字会的改革格外受到瞩目。改革关乎这个官办组织的未来和希望，也是体制内社会组织转型之路的一次有益尝试。

2012年7月31日，国务院发布《国务院关于促进红十字事业发展的意见》，明确提出了红十字改革的方向和要求。《国务院关于促进红十字事业发展的意见》认为，推进红十字事业改革创新要做好三个方面的工作：积极推进红十字会体制机制创新，着力打造公开透明的红十字会，全面建立综合性监督体系。这意味着中国红十字会的改革方案已经获得政府高层认可，中国红十字会的改革即将全面启动。

2012年8月，中国红十字主动接受国际红十字会和红新月会国际联合会的组织能力评估，通过组织诊断找到问题，明确改革方向。这套被称为OCAC（国家红会组织能力评估与认证程序）的评估体系，是国际联合会在对全球180多个国家红会的调研与意见征集基础上形成的，为评定"强大国家红会"提供了具体可行的衡量标准。评估体系把红会的核心能力分解为生存能力、执行能力、发展能力、资源动员能力和组织治理能力五个方面，89个具体特征，495个指标。经过评估，中国红十字会存在四个比较突出的问题：一是治理结构不畅；二是工作效率不高；三是对志愿者的管理不畅；四是宣传倡导不够。①

2012年是中国红十字会的改革年，改革早在年初就已经启动。针对"郭美美事件"暴露的问题，一年来，中国红十字会对冠名"红十字"的单位，包括冠名医院、合作企业和冠名基金进行清理准顿，坚决清除那些打着"红十字"招牌、以营利为目的的企业。中国红十字会总会、中华人民共和国卫生部为此专门联合下发了《关于开展冠名红十字（会）医疗机构检查评估工作的通知》，如今对于冠名医疗机构的清理整顿工作已经取得成果。通过对于全国冠名医院的信息登记、检查评估，全国原先2360多家的冠名医疗机构已减少至1603家。②

此外，2012年红十字会改革还有一个关键词——公开。

公开给人最直观的感受是，中国红十字会总会的大门打开了。2012年6月，中国红十字会举行公众开放日活动，邀请来自国家机关有关部委、新闻媒体人员、专家学者、捐赠者、合作伙伴以及志愿者

① 魏铭言：《红十字会改革的曲线路径》，新京报，2012—10—29（A15—16）。
② 杨晓红：《整肃"红十字"》，南方都市报，2012—08—06（AA26）。

等200多名社会各界人士参观红十字会。之前位于北京东城区北新桥三条8号的中国红十字会总会办公地点有门禁，到访者必须经过门卫的允许才能进入红会办公区。现在，任何一位公民都可以轻松进入红会办公区。

公开的第二个表现是“公开选拔”。2012年中国红十字会两次向社会公开选拔干部。2012年1月5日，中国红十字会向社会公开选拔援外物资供应站站长、总会办公室副主任、办公室人事处处长、办公室信息网络处处长四个职位。之后又于10月向社会公开选拔12名干部，其中包括总会组织宣传部部长、筹资与财务部副部长、训练中心副主任、备灾救灾中心副主任、联络部双边合作处处长这样的重要职位。这显示中国红十字会力图通过人力资源的改革，推动组织内部的变革和管理能力的提升。

公开的第三个表现是公开接受监督。12月7日，中国红十字会社会监督委员会在北京成立。从专业背景、社会公信力、热心公益等多方面综合考虑之后，选择了来自法律、财务、医学、传播、社会管理、救援等专业领域的15名专业人士组成了中国红十字会社会监督委员会。中国（海南）改革发展研究院院长迟福林担任主任，中央编译局副局长俞可平担任副主任，王振耀、白岩松等各界知名人士担任委员。这个监督委员会除了对红十字会每年固定的捐赠款物的管理和使用情况、重大项目实施情况等常规事项实施监督外，还将对引起媒体和社会公众质疑的事项，代表社会公众开展调查和监督，独立向社会发布监督公告。

不过2012年中国红十字会的改革也存在很多不尽如人意的地方，比如改革呈现了明显的“一冷一热”的现象，红十字会总会非常积极而地方红会的危机感并不强。此外，虽然“去行政化”已经成为学界对红十字会改革方向的共识，但国务院《关于促进红十字事业发展的指导意见》中明确表示各级政府要加强对红十字事业的组织领导，并加大对红十字事业的财政投入。中国红十字会常务副会长赵白鸽一方面表示红十字会不是权力机构，另一方面也表示红十字会“去行政化”不现实。[①] 事实上，今天中国红十字会面临的种种危机，都源于其行政色彩，“去行政化”才是中国红十字会改革的治本之策，否则，社会对红十字会的信任将极难重建。

（于强）

① 王亦君：《红十字会去行政化为何“不现实”》，中国青年报，2012—11—01 (11)。

第二十一章

“藏独”活动趋向极端化和亚洲化

［**内容提要**］2012年，以达赖集团为首的“藏独”组织煽动并制造藏人系列自焚事件，活动手段更趋极端化和暴力化。他们编造“毒杀说”，欺骗国际舆论；支持“流亡政府”介入接谈，破坏与中国政府接谈的基础；继续窜访寻求国际支持，推动“西藏问题”国际化，出现“藏独”活动亚洲化趋向。

2012年，以达赖集团为首的“藏独”组织蓄意煽动制造藏人系列自焚事件，其活动手段更趋极端化和暴力化。编造“毒杀说”，欺骗国际舆论；支持“流亡政府”介入接谈，破坏与中国政府接谈的基础。继续窜访寻求国际支持，推行“西藏问题”国际化，出现“藏独”活动亚洲化趋向。

一、煽动制造自焚事件，极端化倾向愈趋明显

2012年是中国政治生活具有重要影响的一年，中国共产党召开了第十八次全国代表大会。十八大前夕，达赖集团欲在境内掀起一轮分裂活动高潮，藏区接连发生多起非法聚集和自焚事件，暴力性明显。

3月3日，甘肃省甘南州玛曲县一名年仅19岁藏族女中学生在菜市场自焚身亡。后又有3名藏民先后点火自焚。10日，阿坝州17岁少年

格白自焚。8月10日，阿坝县麦尔玛乡19岁牧民觉巴在桥头自焚，经抢救无效死亡。11月7日，3个不满20岁的藏民在阿坝州各英乡自焚，其中一人死亡，两人被救。19日晚，青海省海东地区循化撒拉族自治县发生一起藏人自焚事件，自焚者为25岁的牧民。据不完全统计，2012年发生的近20起自焚中至少有一半在阿坝州，自焚的藏民以年轻僧人为主，最小的只有16岁。多数自焚事件集中出现在四川阿坝州格尔登寺，其主要原因是：1959年叛逃国外的格尔登寺活佛一直在印度达兰萨拉活动，曾经担任第十四世达赖喇嘛的私人秘书、“西藏流亡政府”的宗教噶伦等一直对该寺施加影响。①

西藏、四川多位官员将自焚事件认定为境外“藏独”组织有预谋的政治活动。西藏自治区人大常委会主任向巴平措指责外国媒体对西藏的描述，指出媒体不应帮助、更不应鼓励自焚。无辜者不应该牺牲自己的生命去满足另一些人的政治动机。② 阿坝州委副书记、州长吴泽刚在全国“两会”期间接受记者采访时对自焚者作了如下总结：“首先，自焚者在实施自焚前大都高呼‘西藏独立’等分裂国家的‘藏独’口号。其次，一些自焚者在自焚前就把自己的照片发往境外‘藏独’组织。大多自焚事件发生后，境外的‘藏独’势力就在第一时间发布自焚事件的现场照片和自焚者日常生活照片。最后，一些境外组织为了鼓励自焚，还对自焚者开出具体的赔偿价码等。”他谴责境内外的“藏独”分裂势力和组织对自焚行为进行鼓励，煽动更多的僧尼、群众效仿。“这种为自焚者清洗世俗污点、谋求来生圆满的做法，具有极大诱惑性和欺骗性，我们认为正是在达赖集团的‘藏独’分裂势力的诱惑和欺骗下，自焚事件才呈现出榜样效应和连续发生的特点。”③

达赖集团确实是自焚事件的幕后推手。自焚事件发生后，达赖不仅不制止这种不人道的行为，还亲自主持“法会”为自焚者“祈祷”，称“以自焚事件为契机创新非暴力运动”，并且带头绝食一天。藏历新年期

---

① 路琰：“达兰萨拉挑动藏区僧侣自焚内幕”，《凤凰周刊》，2012年第9期。
② “西藏代表团‘格外引人注目’”，《参考消息》，2012年11月13日。
③ 路琰：“达兰萨拉挑动藏区僧侣自焚内幕”，《凤凰周刊》，2012年第9期。

间，达赖呼吁藏人祭奠自焚者，不要庆祝新年。中国西藏新闻网3月24日发表题为“七问达赖喇嘛为何蓄意鼓动藏人自焚”的文章，批评达赖提出的所谓“高度自治”并煽动藏人自焚是试图在藏族和其他民族之间筑起种族隔离和民族仇恨的“柏林墙”。[①] 达赖面对各方舆论对其纵容自焚行为的指责多次辩解，“如果我说自焚是错误的，这将会对自焚者以及自焚者的家人，还有留下来的人造成很大的创伤”，“我不希望造成某种自焚是‘错误’的印象，所以最好的办法就是保持中立”。德国、比利时等多家媒体指出，“这番话显然是在鼓励藏人的自焚行动”。美国波士顿大学宗教系教授斯蒂芬·普罗特撰文指出，“非常明确的是，自焚者的血掌握在达赖喇嘛手中”。事实上，与标榜所谓“中立”相反的是，达赖集团一直在纵容、支持自焚行为。自2011年起，达赖集团的“紧急情况联络小组”通过境外“格尔登寺紧急联络小组”不断在境内煽动、策划自焚事件。在2012年1月举行的“时轮法会”上，达赖赞扬自焚者有“赤诚之心与勇气”。4月，达赖集团策划组织“世界范围内自由火炬集会活动”，继续加强对境内渗透并煽动藏人自焚。在印度达兰萨拉举行的祈福法会上，格尔登寺活佛称自焚者为“自由斗士，民族英雄”。5月，境外“藏独”势力组织奥运“自由火炬”活动，继续煽动藏区藏人自焚。9月，达赖集团召开第二届“藏人特别大会”，“流亡政府”领导人在会上对自焚表示同情、声援和“完全支持”，大会决议对自焚行为大唱赞歌，设立“自焚英雄日和基金”，声称“自焚是非暴力活动的最高境界”，提出“西藏不独立，自焚不能停；达赖不回国，自焚不能停”的口号。企图把更多人推进火中，达赖对这一决议予以充分肯定。据达赖集团媒体10月23日报道，达赖在纽约接受美国媒体专访时表示：“我非常肯定的是，那些自焚者之所以牺牲自己是因为怀揣着真挚的动机，是为了佛法和人民的福祉，从佛教的观点来看，是积极的”。“西藏流亡政府”领导人洛桑孙根称“对自焚表示支持是流亡社会的神圣职责”，他敬佩自焚藏人的勇气，并说这些人是为了西藏事业，选择将自己的肉身作为火炬点燃。“藏青会”公然称“对我们来说，自焚是最有效的非暴力抗争行动”。

---

① 王亮亮：“外电关注中国官媒批达赖纳粹”，《环球时报》，2012年3月26日。

中国公安机关破获的相关案件也有力证明了自焚事件是达赖集团的指使、操纵。据新华网12月10日报道，四川警方成功侦破由达赖集团组织策划的系列煽动教唆胁迫自焚杀人案，抓获罗让贡求（四川阿坝县格尔登寺僧人）等2名主要犯罪嫌疑人。据罗让贡求交待及查证，自2009年以来，其接受境外达赖集团指令，先后煽动教唆胁迫8名无辜人员自焚，造成3人死亡。2009年2月四川阿坝县格尔登寺僧人扎白自焚后，罗让贡求接受境外达赖集团"藏独"组织"新闻联络小组"骨干夺安、三木旦等人的指令，收集自焚人员信息传递至境外。为进一步扩大影响，罗让贡求多次根据境外"新闻联络小组"要求，利用其在寺院中的身份和影响，经常散布"自焚不违背教规教义"、"自焚者是英雄"等言论，并声称自己有关系，可以帮助自焚者在境外得到宣传、受到众人崇拜、提高自焚者及其家人的声望，并物色其侄子罗让才让共同煽动、教唆、胁迫他人自焚。自焚事件发生前，罗让贡求、罗让才让都记录自焚者个人、家庭信息和拍照，并当面保证"只要你自焚，就一定把你的信息传到印度"。事后马上通过手机等工具，将自焚者照片、现场情况和家庭等相关信息提供给境外"藏独"组织。对自焚案件的处理，中国最高人民法院、最高人民检察院、公安部下发的《关于依法办理藏区自焚案件的意见》明确指出，在藏区发生的自焚案件的自焚者不同于一般的厌世者，普遍具有分裂国家的动机，且对公共安全、社会秩序造成危害，其自焚行为属于违法犯罪活动。

达赖集团之所以极力鼓动自焚，其一是拿无辜人员的生命作赌注，欲让西亚、北非那样的社会动乱在中国发生。"西藏流亡政府"首席噶伦洛桑孙根公开表示期待"突尼斯自焚事件引发阿拉伯之春"一幕在中国发生。其二是得到国际社会同情，向中国政府施压，达到分裂主义政治目的。事件发生以来，达赖集团频繁发表声明，称藏人自焚事件"系由中共民族政策导致，国际社会应加大干预力度"。号召"境内藏人不惜牺牲自己的生命来表达诉求"，"现在是世界各国领导人和国际团体向中国政府施压的时候了。"要求"中共领导人重启与'西藏流亡政府'的和谈，以解决西藏问题"。"藏青会"宣称，"最终解决自焚问题就是让西藏获得完全独立"。德国《日报》指出，藏人自焚显然已完全褪去了宗教色彩，转而成为达赖及"流亡政府"向中国施压、牟取政治利益的工具和筹码。[①] 达赖的"苦肉计"产生了一定的效果，美国务卿希拉里·克里顿与中方交往时，就提出对中国藏区不断发生的自焚事件关切，希望中国政府尽快恢复与达赖喇嘛接谈。

二、利用"节日"、"法会"编造"毒杀说"、破坏接谈等方式制造事端

一是煽动聚会。2012年是西藏"3·10叛乱"53周年，达赖集团照例鼓吹新一轮"西藏人民起义"，期盼藏区"将出现更多流血事件"。境外33个"藏独"和"援藏"组织在30多个国家举行游行抗议活动，70多个境外"民运"组织联署声明煽动华人参与。达赖集团借年初在印度菩提迦耶举办的"时轮金刚大灌顶法会"煽动渗透，挑起四川、青海藏区发生十多起非法聚集和暴力事件，青海省泽库县出现了千余藏族中小学生高呼"民族平等、文字平等、保护母语"口号到县政府上访。少数藏族青少年越境投奔达赖。

二是编造"投毒论"。2012年5月，达赖在接受英国《星期日电讯报》的采访时表示，中国特工训练藏族妇女伪装成信徒准备对他投毒，"她们的头发和哈达上藏有毒，在向我祈福时，我的手触碰时（就会中毒）。"达赖的言论受到德国主流媒体《日报》记者斯密特的嘲笑，斯密特在评论文章中写道："人们不需要去问'简单的头发触摸就会毒死人吗?'，因为这不是理性的思考。""让人怀疑他失去了理智。"[②] 继达赖诬称中国"要毒杀他"以后，20日，"西藏流亡政府"又宣称，达赖的生命受到各种威胁，"中国机构派特工正在暗中搜集达赖的血液、尿液和头

---

① 益多："操弄'自焚'改变不了达赖集团失败命运"，《人民日报》，2012年12月11日。

② 青木："德记者揭'达赖真相'竟遭狂批"，《环球时报》，2012年5月26日。

发样品，以判断达赖的健康状况”，“并加紧努力谋害他”。“西藏流亡政府”的安全官员称，这些信息来源于“流亡政府”在西藏的情报网络。美国国务院维多利亚·纽兰在回应“中国阴谋暗杀达赖”提问时，一方面承认“我没有特定消息”，另一方面又表示“我们呼吁对达赖竭尽全力保护”。中国藏学研究中心人士指出，这是达赖惯用的手段，目的有两个：

一是通过耸人听闻的说法造势，吸引国际关注，获得西方经费支持；二是借刀杀人，希望通过影响西方政府给中国政府压力，制造事端。中国外交部表示，达赖喇嘛“毒杀说”言论不值得反驳，他通常都在传授虚假信息。①

三是支持、纵容“流亡政府”介入接谈，破坏与中国中央政府接谈的基础。6月3日，达赖集团“流亡政府”发表声明，称“首席噶伦遗憾地接受了达赖特使格桑坚赞的辞职申请”，提出“噶厦敦促中国政府接受中间道路政策”，“随时准备展开具有实质意义的对话”。6日，“流亡政府”又称，无论什么时候重开接谈，将由“流亡政府”派出新任特使。关于接触商谈的性质、原则，中国中央政府的态度是一贯明确和坚定的，即接触商谈的对象只能是达赖的私人代表，内容只能是达赖及周围的人如何放弃分裂立场、考虑自己的政治前途问题，商谈的基础必须承认西藏是中国领土不可分割的一部分。“流亡政府”的此举尽管为集团内部争斗加剧，但其直接后果是从根本上破坏与中央政府接谈的基础。使达赖在接谈问题上陷入严重的困境和内部纷争。②

三、继续窜访，竭力推动“西藏问题”国际化

所谓“西藏问题”国际化，就是把“西藏问题”当成“中国与西

① “外交部驳斥达赖‘毒杀说’”，《参考消息》，2012年5月15日。

② 益多：“达赖再一次堵死接触商谈渠道”，《环球时报》，2012年6月21日。

藏两个国家”的“问题”，否认西藏的事情是中国的内政，欲通过取得国际社会支持，实现“藏独”的目的。达赖自 2011 年 5 月高调宣布“退休”后，一直“退而不休”，2012 年继续在国际上到处活动，举行“法会”，拜访政要、议员，宣传“藏独”主张，推动“西藏问题”国际化。

4 月，达赖到北美活动半个月。在加拿大召集一些国家反华议员召开“西藏问题世界议员大会”，后到美国四处演讲，在夏威夷称“中共侵略并高压统治西藏，迫使我和无数藏人逃亡印度”，在洛杉矶称“中国政府强硬管制西藏的寺院、强制开展爱国主义教育运动和侵犯西藏人学习本民族语言的权力”，并举行大小活动近百个，90％以上涉及政治。在“援藏独”等势力支持和推动下，美人权委员会主席杰姆及多名议员持续向奥巴马施压，促其以“明确姿态”展现美“保护西藏人权的坚定立场”。

5 月中旬达赖又到欧洲活动。14 日，因“长期关注科学的不同方面并且坚持同其他宗教进行沟通”而获得邓普顿奖的达赖，在伦敦圣保罗大教堂领奖时，与英首相卡梅伦、副首相克莱格“私下会晤”。引起中方不满，正在欧洲访问的时任中国全国人大常委会委员长吴邦国取消了原定访英行程。英国外交部也称，有关事态的发展损害了中英两国的利益。26 日，达赖在“西藏流亡政府”首席噶伦洛桑孙根陪同下到访奥地利，与奥地利总理法伊曼、副总理兼外长施平德勒格会见。同日，达赖在维也纳英雄广场向 1 万人发表了约 30 分钟的演讲，强调要保护西藏文化、环境和人权。在此之前，洛桑孙根也发表演讲，呼吁各国帮助西藏“实现真正自治”，并宣称“我们的时代将会到来”。达赖此次窜访奥地利长达 11 天。中国驻维也纳大使曾警告奥地利不应为达赖分裂中国提供舞台，此举将不利中奥关系发展，中国外交部和驻奥使馆向奥方提出严正交涉。但法伊曼表示，会见达赖是“人权、非暴力、对话和反对压迫的明确信号，奥地利一直站在人权一边”。并称愿意与中国举行对话并呼吁西藏实现真正自治。奥地利《新闻报》26 日以“对抗中国的骨干”为题称，奥总理和外长在中国压力下，仍会见了达赖，“这是好事，是值得尊重的象征性姿态”。针对达赖来访，奥地利还发行了一枚特别邮票。[①] 6月中旬，达赖二度访英，先后到访曼彻斯特、伦敦、利兹、爱丁堡和邓迪市，发表多场公众演讲。19日，达赖在威斯敏斯特教堂向各宗教组织发表演讲。20日，威尔士亲王查尔斯在王储官邸克拉伦斯大厦会见达赖，这是两人4年来首次会晤，双方的见面持续一小时，达赖把查尔斯称为最好的朋友。达赖还与苏格兰地方议会议长及议会跨党派西藏小组成员见面。6月下旬，达赖开始窜访意大利马泰拉、米兰等城市，在马泰拉市与诺贝尔和平奖得主贝蒂·威廉姆斯会面。米兰拟授予达赖荣誉市民称号，后因担心惹怒中国而取消。

达赖不断窜访欧洲，一是借助伦敦奥运会吸引国际关注，二是欧洲为其“藏独”活动的重要基地，有许多“援藏独”组织，达赖在此有许多“人脉关系”，能博取同情与支持（包括经费支持，达赖接受采访、演讲均明码标价）。如，达赖集团与奥地利有着特殊的关系，奥地利人、纳粹成员海因希里·哈勒是达赖的终身导师，达赖1959年逃离中国后，一直与奥地利有联系。达赖的北美欧洲“宗教搭台、政治唱戏”之行产生了一定的影响，一些西方政要出于政治目的利用“西藏问题”说事，欧盟外交与安全政策高级代表阿什顿、加拿大外长贝尔德、英国外交大臣斯瓦尔等分别就涉藏问题发表声明，批评中国的涉藏政策。中国外交部发言人华春莹在12月17日和19日例行记者会上对此回应称，“少数西方政要罔顾事实，在涉藏问题上混淆是非，对中方无端指责，这是对中国内政的粗暴干涉，中方对此表示强烈不满和坚决反对。”[②]

在中日就钓鱼岛问题持续对立的背景下，达赖于11月4日抵达日本进行为期10天的访问，这是他第18次窜访日本。5日，达赖在日本横滨举行记者会，将中国钓鱼岛称作“尖阁列岛”，称“中国大陆反日情势高涨”，原因在于“大陆实施反日的极端教育”，“中国大陆社会封闭，加

---

① 孔强等：“奥地利总理一意孤行见达赖”，《环球时报》，2012年5月28日。

② “中方称西方政要批评中国涉藏政策系粗暴干涉内政”，中新社北京12月17日电。

上缺乏资讯，中国许多人仍然将日本人同军国主义连在一起。这也导致在日本将尖阁列岛部分岛屿国有化后，中国的反日情绪爆发”。中国外交部发言人表示，达赖为达到分裂祖国的政治目的不惜与日本右翼反华势力沆瀣一气，为中国人民所不齿。[①] 13日上午，达赖在日本众议院的会馆发表演讲，140名日本国会议员参加，与会人员宣布成立“日本支援西藏议员联盟”。时任日本自民党党魁安倍晋三发表言论，称“我发誓我将尽己所能改变西藏受到压制的人权状况，西藏追求自由和民主，我们认同这些价值观”。[②] 达赖在中日关系处于敏感时期窜访日本且与日本右翼势力相呼应，其目的就是取得日本对所谓“藏人、西藏独立”的支持。

值得注意的是，达赖集团在巩固对美欧传统关系的同时，紧抓美“重返亚太”、中国周边环境发生复杂敏感变化契机，调整策略，加大对亚洲特别是东亚地区渗透，“藏独”活动出现亚洲化。一是加大对东亚各国的窜访。除日本外，近年来，达赖去过蒙古达8次、泰国3次等。3月1日，蒙古国佛教哲布尊丹巴九世圆寂，哲布尊丹巴与达赖同系藏传佛教“格鲁派”，九世更是达赖集团重要人物。达赖一直将蒙作为重要渗透对象，与蒙政界长期保持秘密联系，通过多种方式为“藏独”造势，企图利用藏传佛教骗取信众同情与支持。九世圆寂后，达赖以寻找转世灵童为借口，加大对蒙渗透。二是在亚洲建立大量“藏独”组织。据统计，亚洲“援藏”组织分布于12个国家和地区，有37个组织，在日本就有“西藏自由人权日本百人委员会”等近10个组织，并十分注重草根运动。[③] 要重视和警惕“藏独”活动的新情势，积极做好应对防范措施。

（范来忠）

---

① “达赖与日本右翼反华势力沆瀣一气为中国人民所不齿”，《人民日报》，2012年11月13日。

② “安倍晋三就西藏问题攻击中国”，《参考消息》，2012年11月15日。

③ 李涛：“小心，‘藏独’活动在亚洲化”，《环球时报》，2012年11月13日。

第二十二章

伟大变革中的中国军队

[内容提要] 在中国军事发展历程中，2012年是无比辉煌的一年。第一艘航母成功入役，舰载机实现着舰起降，第二种四代战机成功首飞，是中国军事力量发展的重要标志。更重要的是，党的十八大顺利召开，中央军委顺利换届，为党和军队事业的平稳发展奠定了坚实基础。

一、十八大为中国军队指明新方向

2012年11月8日，举世瞩目的中国共产党第十八次全国代表大会在北京召开。胡锦涛同志代表党的十七届中央委员会向大会作了《报告》。在《报告》中，胡锦涛同志充分肯定了过去5年国防和军队建设的巨大成就，对今后一个时期国防和军队建设做出了全面部署。

《报告》第九部分围绕加快推进国防和军队现代化建设，对关系国防和军队建设全局和长远发展的重大问题作了深刻阐述，提出了一系列重要新思想、新观点、新论断，理论性、战略性、指导性很强，对在新的起点上开创国防和军队建设新局面具有重大而深远的意义。《报告》要求加快推进国防和军队现代化，指出建设与我国国际地位相称、与国家安全和发展利益相适应的巩固国防和强大军队，是我国现代化建设的战略任务。为此，必须坚持以国家核心安全需求为导向，统筹经济建设和国防建设，按照国防和军队现代化建设“三步走”战略构想，加紧完成机械化和信息化建设双重历史任务，力争到2020年基本实现机械化、信息化建设取得重大进展；坚持以推动国防和军队建设科学发展为主题，以加快转变战斗力生成模式为主线，全面加强军队革命化、现代化、正规化建设；紧跟世界新军事革命加速发展的潮流，积极稳妥进行国防和军队改革，推动中国特色军事变革深入发展；坚持走中国特色军民融合式发展路子，坚持富国和强军相统一，加强军民融合式发展战略规划、体制机制建设、法规建设。中国奉行防御性的国防政策，加强国防建设的目的是维护国家主权、安全、领土完整，保障国家和平发展。

2012年11月15日，中国共产党的十八大和十八届一中全会选举产生了新的中央领导机构，决定了新一届中央军委组成人员，实现了党的总书记和中央军委主席的同时新老交替。中共十八届一中全会决定习近平为中央军事委员会主席，范长龙、许其亮为中央军事委员会副主席。委员有：常万全、房峰辉、张阳、赵克石、张又侠、吴胜利、马晓天、魏凤和。

二、武器装备与国防科技取得重大成就

2012年，中国一大批新型装备交付部队，其中正式交接的首艘航空母舰“辽宁舰”、顺利完成首次起降的歼—15舰载机、在珠海航展上搭档亮相的直—10、直—19武装直升机等新型装备引发国内外强烈关注。以“神九”和“北斗”为标志，中国在国防科技领域取得了重大进展。

（一）中国新型先进武器密集亮相

1. 中国首艘航母“辽宁舰”正式交接入列

2012年9月25日上午，中国首艘航空母舰“辽宁舰”正式交接入列。“辽宁舰”交接入列后，海军官兵以科学求实的态度和顽强拼搏的精神；按计划迅速投入紧张的出海训练和科研试验任务中。期间，顺利进

行了歼—15飞机起降飞行训练。航母平台和飞机的技术性能得到了充分验证，舰机适配性能良好，达到了设计指标要求。

航母入列，对于提高中国海军综合作战力量、现代化水平、增强防卫作战能力，发展远海合作与应对非传统安全威胁能力，有效维护国家主权、安全和发展利益，促进世界和平与共同发展，具有重要意义。

2. 中国第二种隐形战机歼－31首飞成功

2012年10月31日上午10时32分，网友拍到由中航工业沈飞研制的中国第四代战机成功首飞。中国成为世界第二个同时试飞两种四代机原型机的国家，此前，只有美国同时研制了F—22和F—35。

3. “武直－10”、“武直－19”直升机公开飞行

2012年11月11日，我国自主研制生产的武直－10直升机在珠海航展揭开神秘面纱。同时亮相航展的还有武直－19直升机、“翼龙”无人机等多种国产航空新装备。武直－10直升机首次在珠海上空公开亮相，并进行了适应性飞行训练，其做出倒飞、低空盘旋、莱维斯曼翻转等多个精彩动作，在短暂现身后离开航展上空。

4. 国产无人机集体亮相珠海航展

2012年珠海航展上，以“翼龙”、彩虹4、WJ—600为代表的一批先进无人机集体亮相。

2012年11月13日，备受关注的我国无人机制造领域“当家明星”——“翼龙”无人机系统实物亮相。该款无人机装有一台100马力活塞发动机，具备全自主平轮式起降和飞行能力，最大起飞重量达1100公斤，最大续航时间为20个小时，可携带各种侦察、激光照射/测距、电子对抗设备及小型空地打击武器，可执行监视、侦查及对地攻击等任务，也可用于维稳、反恐、边界巡逻等。

2012年11月14日，由中国航天科技集团公司第十一研究院研发的彩虹4（CH—4）无人机系统成为观众瞩目的焦点。据该院王晓军副院长介绍，彩虹4无人机翼展达18米，是目前国内挂载能力最强、飞行性能最优的无人机，适合执行边境巡逻、海岛守护、反恐作战、应急通讯等多种任务，该机型的综合察打能力已经超越同类型的美国“捕食者”无人机系统。

SH—1无人机颇有代表性。该机由中航科工集团研制，续航时间可达6小时，载重达30公斤，隐身突防能力强，可长时间进行区域侦察、目标指引、火炮校射、电子对抗及毁伤效果评估等多种作战任务。

WJ—600中程高速无人机也颇受关注。该机续航时间为3—5小时，最大飞行速度达900千米每小时，任务载重130公斤，可搭载光电侦察、电子侦察等任务载荷，还可发射小型导弹，执行区域侦察、目标指引、精确打击和毁伤效果评估等多种作战任务。

5. 解放军首次公布056型护卫舰

2012年6月28日，中国军方首次证实了056新型护卫舰将服役。在当天的国防部发布会上发言人耿雁生表示，056型护卫舰已经列入驻港部队换装计划。

（二）国防科技领域取得重大进展

1. 我国首次手控空间交会对接成功

2012年6月16日18时37分，中国“长征二号F”遥九运载火箭在酒泉卫星发射中心载人航天发射场准时点火起飞，搭乘了首位女航天员刘洋和两位男航天员景海鹏、刘旺的神舟九号载人飞船成功送入太空飞向苍穹。

6月24日12时许，神舟九号与天宫一号成功实施手控交会对接。手控交会对接的成功实施，意味着中国完整掌握了空间交会对接技术，具备了以不同对接方式向在轨飞行器进行人员输送和物资补给的能力。也意味着中国完整掌握了空间交会对接技术，具备了建设空间站的基本能力。

2. 中国北斗导航系统正式提供亚太区域服务

2012年10月25日，我国第16颗“北斗”导航卫星成功发射，它与先期发射的另外15颗北斗导航卫星组网运行，形成亚太区域服务能力。这标志着我国北斗卫星区域导航系统建设全面完成，意味着中国民众离北斗导航时代越来越近，全世界近1/3人口有机会享受更加优质的导航服务。12月27日，北斗卫星导航系统正式服务亚太地区，可提供双向高精度导航、定位、授时和短报文通信服务。

3. 我国首台“龙芯3B”万亿次计算机研制成功

2012年12月，我国首台采用自主设计的“龙芯3B”八核处理器的万亿次高性能计算机“KD—90”由中国科学技术大学与深圳大学联合研制成功，是我国高性能计算机国产化的又一次重要突破，适用于高性能计算教学、大规模科学与工程计算，以及军事科学、国家安全和国民经济建设等领域，应用前景广阔。

4. 电子信息系统复杂电磁环境效应国家重点实验室揭牌

12月5日上午，电子信息系统复杂电磁环境效应国家重点实验室揭牌仪式在中国洛阳电子装备试验中心举行。该实验室是国内唯一从事此类研究的科研实体，实验室的建立将有效促进我国高效能电子信息系统的科技创新和关键技术攻关，着重解决社会发展和公共安全、国防和军队建设中电子信息技术发展的瓶颈问题，增强我国在该领域的核心竞争力。

三、军事训练取得突破性进展

（一）解放军全面推进对抗训练改革

解放军总参谋部2012年全面推进对抗训练改革向实战化发展，新的实战化对抗训练模式经过系统试验验证，已经取得初步成果。“以信息为主导、以模拟为手段、以目标为驱动”成为组织对抗训练的主要方法。与此同时，一些新的技术手段大量运用在对抗训练中，为对抗训练提供了逼真的战场环境。

2012年夏季，中国战略导弹部队多个导弹旅，分别挺进西北大漠、白山黑水、南国密林，展示中国战略导弹部队的全域机动能力和核心军事能力。

2012年11月下旬在西北某实验训练基地，中国空军展开超过100名精英飞行员参加的大规模空战对抗演习。空军在这次对抗演习中进行了取消高度差的“自由攻击训练”，表明中国空军的训练日趋实战化，它是目前空军强国的主流方式，能极大提高实战能力。

（二）解放军组建首支歼－10专职“蓝军”

这支专职歼－10“蓝军”，编写新的“蓝军”训练大纲、探索战斗机飞行员训练体系、与多个空军部队开展研究式对抗，30多套新战法被推广运用，解决了空军航空兵部队“练无形象对手、打无逼真环境”的难题。与以往的空中“蓝军”相比，首支专职歼－10“蓝军”更注重训练过程中的理论研究，强化战机信息资源管理和武器全功能使用，要求双方飞行员在空中战场自由空战。

（三）中国海军远洋训练常态化

2012年，中国海军多次穿过“第一岛链”，深入西太平洋组织远海训练更是世界瞩目的焦点。从2月份穿过冲绳—宫古海峡，到11月再次深入西太平洋，海军共进行了7次远海训练，如此高的频率为历年之最。中国国防部也表示，中方今后还将继续在西太平洋海域开展远海训练。西太平洋海域已经成为人民海军日常训练海区，这也再次表明人民海军战斗力与远洋训练水平日益增强。

2012年11月，中国海军舰艇编队深入西太平洋进行远海训练，中国军方更是一改事后告知的惯例，史无前例地在第一时间向国际社会通报了训练计划，甚至公布了针对性训练课目，令外界颇感意外。

（四）中国海陆空三军联合大规模夺岛演习

2012年8月初起，南京军区在全军首个海陆空三军联合作战基地举行为期20多天的实兵演习，旨在进行两栖攻击和登陆训练。演习中，海军登陆舰、战斗舰艇，以及空军强击机、轰炸机、歼击机、武装直升机、导弹等海空装备均在演练中登场亮相。陆军摩托化部队万人千车，在实战演习中挥师南下，并在台风“启德”吹袭下乘船舰航行100海里，进行夺岛演习。演习规模之大、场面之激烈都属罕见。

（五）中国海军"郑和舰环球行"创造多项纪录

2012年4月16日，执行"和谐使命—郑和舰环球行"任务的中国海军308名官兵，在构建"和谐世界""和谐海洋"重要思想指导下，沿着郑和当年的航迹走向世界，先后到访14个国家的港口，航经3大洋6大洲，总航程达3.2万多海里，创造了单舰航程最远、访问国家港口最多、单次续航时间最长等多项中国海军纪录。通过此次环球航行访问和远洋实习训练，中国倡导的"和谐世界""和谐海洋"理念，得到了被访国军地各界的广泛赞誉和普遍认同，各国表示愿与我加强海上合作。

四、坚定不移地维护国家安全利益

（一）三沙市和三沙警备区成立

2012年7月24日，三沙市成立大会暨揭牌仪式在三沙市委、市政府办公大楼前的广场上隆重举行。民政部副部长孙绍骋在大会上宣读了国务院关于同意海南省设立地级三沙市的批复；广州军区有关负责人宣读了中央军委关于同意组建"中国人民解放军海南省三沙警备区"的批复。成立三沙市和三沙警备区，是中国政府在南海行使主权、发展南海经济、维护中国领土完整的重大举措。我国将在三沙市建定期巡航制度，范围包括中沙黄岩岛，维护国家主权和海洋权益。

（二）中国海军巡航钓鱼岛

10月19日，由中国海军北海舰队七艘军舰组成的远海训练编队，圆满完成了17天的训练任务，抵达青岛某军港。这次远海训练中，海军编队首次进入了中国钓鱼岛附近海域，参加训练的舰只多为中国海军的新型主力战舰。12月10日，中国海军舰艇编队完成在西太平洋海域远海训练任务后，返航途中在钓鱼岛附近海域巡航。这是2012年10月份以来中国海军舰艇编队第二次在该海域巡航。

（三）中国海军护航4周年

12月26日，中国海军迎来在亚丁湾、索马里海域执行护航任务4周年。4年不间断的护航行动为航经这一海域的船舶提供了安全保障，同时也收获了被护船只对中国海军护航编队的良好口碑。4年来，中国海军先后派出13批护航编队执行护航任务。截至目前，中国海军护航编队已顺利为500余批次、5000余艘的中外船舶提供了护航。

五、积极军事外交彰显作为

在2012年，中国军事外交保持了蓬勃发展的势头，亮点纷呈，成绩斐然，同时在深刻复杂变化的国际和地区形势中接受洗礼，积极作为，经受了锻炼和考验，中国军方高层高密度出访，军事外交掀起高潮。2012年中国对外军事关系呈现四方面特点：与大国军事关系“稳”，与周边国家军事关系“好”，与发展中国家军事关系“实”，多边安全对话与合作“活”。

2012年5月4～10日，国务委员兼国防部长梁光烈对美国进行正式访问。这是中国防长在时隔9年后首度访美，引起中外舆论高度关注。访美期间，梁光烈会见美国国家和军队领导人，与帕内塔举行会谈和联合记者会，访问美军南方总部、陆军本宁堡、圣迭戈海军基地、空军第4战斗机联队、海军陆战队第二特遣部队和西点军校。

梁部长在与美国国防部长帕内塔举行了双边会晤中，达成了发展健康、稳定、可靠的两军关系，加强两国防务部门和两军间的战略沟通，中美两军在各层次和领域扩大共同利益，以及维护亚太地区的和平与稳定等四点共识，同意在年内举行联合军事演习，并在南海、对台军售以及网络攻击等新老敏感问题上交流了看法。

2012年6月1～3日，军事科学院副院长任海泉中将率领的中国代表团，出席了在新加坡举行的第十一届香格里拉对话会。中方全面介绍了我军抢险救灾的经验，展示了威武之师、文明之师的形象，引起与会者极大兴趣。会议间隙，中国代表团分别与新加坡、越南、澳大利亚、巴基斯坦等代表团进行了双边会谈，求同存异，释疑解惑，广交朋友。

2012年7月21日，在中国人民解放军建军85周年前夕，86家中外媒体160名记者与我军官兵们互动交流，观摩直—9ZW武装直升机飞行表演。

2012年8月29日起，梁光烈开始了斯里兰卡、印度、老挝三国之旅。梁光烈在新德里会见印度国防部长安东尼后双方宣布，中印将恢复中断4年之久的联合军演。这是中国国防部长时隔8年后首次访问印度取得的具体成果。

2012年9月2日，应越南、缅甸、马来西亚和新加坡国防部邀请，时任解放军副总参谋长马晓天率军事代表团启程赴四国访问。

2012年9月3日，应土耳其共和国海军司令比尔·盖尔上将邀请，时任中央军委委员、海军司令员吴胜利一行启程前往土耳其进行正式友好访问。

在频繁“走出去”的同时，中国军队也在大力“请进来”。2012年是上海合作组织成立10周年，6月，成员国在北京通过了一份关于构建持久和平、共同繁荣地区的宣言，这被认为是中国地区安全合作的一个崭新起点。

（孔祥龙）

第二十三章

“亚心”发力与“东突”的文攻武扰

[**内容提要**] 2012 年，第二届中国—亚欧博览会在乌鲁木齐成功举办，签约总金额达 2068.53 亿元人民币。同时，新疆的能源勘探开发、输气管线建设、公路铁路铺设、工农业的发展，都显示了新疆这一“亚洲心脏”地带已经发力的景象。但是，分裂主义、极端主义和恐怖活动三股势力并不甘心失败，仍在文攻武扰搞破坏，危害国家安全大局和各民族的幸福生活。用文攻搞“疆独”的“世维会”极力扩大影响，除继续在世界各地造谣攻击中国政府外，还配合美国重返亚太战略和日本右翼的霸占钓鱼岛活动，把活动的重点移向了东亚。靠武扰搞“疆独”的“东伊运”虽仍然拼命扩大影响，但总体上已如过街老鼠，人人喊打，只能在暗中继续策划和开展其暴力恐怖活动。这一切都难撼新疆经济和社会迅速发展的大局。

按照英国人麦金德的政治地理学观点，从东欧到中亚的心脏地带是世界政治的枢纽区，人力和物力资源丰富，并远离海洋，几乎与世隔绝，海权国家的势力无法进入，成为世界上最大的天然堡垒，并进而可以控制世界。现代专家们则设想：在经济全球化时代，作为亚洲大陆地理中心的“亚心之都”乌鲁木齐，可以作为欧亚大陆的航空枢纽中心、欧亚大陆的铁路公路枢纽中心、欧亚大陆的石油天然气管道枢纽中心等，从而促进中国与世界的经济和社会发展。在 2012 年，“亚心”确实发力了，带着新疆并推动中国一起阔步前进。但是，民族分裂、宗教极端、暴力恐怖三股势力也不甘心失败，仍在文攻武扰搞破坏，危害国家的安全和各民族的幸福生活。

一、经济发力的大展现

经济发展是社会稳定和国家安全的基础。2012年，第二届中国—亚欧博览会在乌鲁木齐的成功举办，签约总金额达2068.53亿元人民币。同时，新疆的能源勘探开发、输气管线建设、公路铁路铺设、工农业的发展，都给人以这块热土的经济正在发力的大展现。

(一) 搭建亚欧互通桥梁的亚欧博览会

中国—亚欧博览会是原乌鲁木齐对外经济贸易洽谈会的继承和升华，是新形势下党中央、国务院着眼于进一步扩大我国沿边开放和向西开放的步伐，加快将新疆建设成为我国向西开放的桥头堡，推进亚欧经贸“提速”，推动新疆和国内各省市与亚欧各国的经贸等各领域交流、合作的新举措。

2012年9月，第二届中国—亚欧博览会暨中国—亚欧经济发展合作论坛在乌鲁木齐隆重开幕时，国务院总理温家宝出席开幕式并发表题为《再创丝绸之路新辉煌》的主旨演讲。首脑外交是第二届亚欧博览会最大亮点之一，除俄罗斯、哈萨克斯坦等新疆传统经贸合作伙伴外，荷兰、意大利、美国、澳大利亚、爱尔兰、印度、乌拉圭、巴西、智利、南非10国的政要首次亮相本届博览会的舞台。本届博览会共吸引了6个国际组织、55个国家（地区）参展参会，其中45个国家（地区）及2个国际组织参展，是中国—亚欧博览会举办以来规模最大的一次，签约各类投资合作项目170个，签约总金额达2068.53亿元人民币，比首届亚欧博览会集中签约增长11.78%。

乌鲁木齐书记朱海仑说，中国—亚欧博览会作为和谐发展、合作共赢的重要平台，发挥新疆东引西出、向西开放的地缘优势，将新疆打造成区域国际交流平台，对拓展中国与有关各国和地区全方位、多领域的经贸合作具有十分重要的意义，有利于发挥新疆在向西开放过程中的桥头堡和枢纽作用。北京因为奥运会更美；上海因为世博会更靓；乌鲁木齐也将因为中国—亚欧博览会加速城市建设，在“十二五”时期正向西部中心城市、面向中西亚的现代化国际商贸中心和区域重要综合交通枢纽快速迈进。[1]

（二）多方面给力的新疆能源

新疆能源品种和储量均极为丰富，有力地支撑着新疆本地的经济发展和满足全国不断增长的能源需求。新疆的煤炭、石油、天然气储量位居全国首位：预测煤炭储量为2.2万亿吨，占全国煤炭资源总量的43.4%；石油储量209.2亿吨，占全国储量的30.1%；天然气储量10.8万亿立方米，占全国储量的34%；新疆还非常“风光”，风能蕴藏年总量为9100亿千瓦时，约占全国风能总量的41.5%，太阳辐射能相当于4×10^3亿吨标准煤，成为全国仅次于西藏的“阳光地带”。[2]

如石油、天然气，在2012年1月，塔里木油田在热瓦甫区块发现两个超千亿立方米和一个亿吨级大油气田，现在新疆石油产量位居国内第三，天然气产量位居全国第二，已经形成准噶尔、塔里木、吐鲁番—哈密三大石油天然气生产基地，均已采用了世界上最先进的技术，实现了高度自动化和数字化。加上中亚五国极其丰富的能源资源，这对于油气资源奇缺的“世界工厂”中国，可谓重大历史机遇。所以，克拉玛依人宣布，从2012年起，要定期举办中国新疆国际石油天然气技术装备博览会，为国内外装备制造打造一个交流合作、开拓发展的平台，创造更加优良的投资环境，使克拉玛依成为国际石油天然气机械装备制造基地。

如煤炭，2012年10月新疆地矿局在塔城地区发现一超大型整装煤田——和什托洛盖煤田，预测储量达810亿吨，这为新疆优势资源转换战略和新型工业化实施提供了重要资源保障。和什托洛盖煤田是继准东煤田、三塘湖煤田后，新疆发现的第三个超大型整装煤田。[3]随着内地煤炭资源的日益枯竭，在国家政策和大量资金的推动下，新疆煤炭开发和煤电基地建设不断提速。新疆维吾尔自治区政府也提出了将加快建设准东、伊犁、吐哈、库拜四大煤电、煤化工、煤焦化基地和乌鲁木齐、三道岭等13个重点矿区，打造千万吨矿井和亿吨级大型矿区的规划。

如风能，在2012年3月，新疆首个200万千瓦风电项目在有“风库”之称的哈密全面开始建设。项目位于哈密东南部烟墩和苦水风区，分别由中电投、北京天润、大唐等10家优势企业开发，每个企业承建20万千瓦，也是首次在哈密采用2.5兆瓦和3兆瓦两种机型的风电项目。

(三) 交通枢纽中心雏形渐成

新疆的交通枢纽在通过陆地、空中和地下等形式进行立体化的大发展。陆地以铁路和公路为代表，空中以航空和输电高压线为代表，地下以输气输油管道为代表。

1. 铁路公路大发展

按照铁道部《铁路“十二五”发展规划》，在原铁路线上将新建13条铁路，即兰州至乌鲁木齐第二双线快速铁路、吐鲁番至库尔勒至阿克苏铁路、库车至俄霍布拉克铁路、哈密至罗布泊铁路、阿克苏至喀什铁路、哈密至额济纳铁路、库尔勒至格尔木铁路、北屯至富蕴至准东铁路、哈密至将军庙铁路、新和至拜城铁路、中吉乌铁路（喀什至吐尔尕特段）等。这些铁路进入国家规划后，随着实施建设，新疆铁路网结构将更加完善，运输能力也会增强。[4]此外，塔城地委书记张博在2012年11月透露，新疆将筹建克拉玛依—塔城合资铁路。张博说：“哈萨克斯坦方面获知我们筹建此条铁路的消息，态度非常积极，明确表示，只要铁路动工，哈方立即启动哈国境内与此对接的铁路建设。一旦中哈两国在塔城境内的铁路对接成功，就会成为继阿拉山口、霍尔果斯之后第三条通往中亚、西亚、欧洲的大通道。”其实加上中吉乌铁路，应该有四条通往中亚、西亚、欧洲的大通道。另据外媒报道：巴中拟建连接克什米尔和新疆的跨境铁路线。这是一条连接巴占克什米尔地区北部到喀什的跨境铁路线，巴驻华大使马苏德汗称，可行性研究已经开展，但是尚无开工建设时间表，“这将缩短海湾地区到上海的贸易路线”。[5]

到2012年底，新疆东连内地大通道G30连霍高速公路星星峡—吐鲁番段、“三北”大通道北疆大黄山—木垒段，南北疆大通道G3014线奎屯至克拉玛依、G3012线库车至阿克苏、小草湖至和硕段等总计1055公里大通道高速公路将建成通车。至此，新疆大通道高速公路通车总里程将达到2500公里。同时，2012年南疆片区重大公路项目工程将于2月底前全部复工建设，北疆、东疆片区各项目也将于3月底前全部复工建设。[6]

如今，从哈密通往河西走廊的铁路、公路上，运煤列车和载重汽车川流不息。据新疆煤炭工业管理局介绍，在2011年新疆已经实现“疆煤东运”2000多万吨，目前正在加快建设运煤铁路专线工程。

2. 航空线和“空中走电”高压线大扩容

空中通道的航空，在2011年乌鲁木齐国际机场进出港旅客总数已达1108万人次，成为全国第十七个“千万级”大型机场。2012年的市场预期目标，全疆机场将实现旅客吞吐量1612万人次、货邮吞吐量11.96万吨、运输起降16.6万架次，分别增长13.3%、2.8%、11.4%。基础建设方面，将力争民航新疆应急指挥中心项目年内竣工投入使用，配合地方政府做好4个新建（塔中、莎车、若羌楼兰、图木舒克）、2个迁建（且末、富蕴）和4个改扩建（乌鲁木齐、哈密、库尔勒、和田）机场工程前期工作。力争富蕴、且末机场开工建设。[7]

“空中走电”的能源输送通道，据新华网2012年5月13日报道：新疆哈密至郑州±800千伏特高压直流输电工程13日在哈密市开工建设。此次开工的特高压工程通过2200多公里的大功率输电线路将新疆和中部用能中心紧密连接起来。[8]据国家电网新疆电力公司介绍，2015年新疆电力外送能力将升至3000万千瓦，不仅能就地转化煤炭8000万吨，也让新疆在全国能源优化配置中占据更为重要的地位。据新疆电力公司总经理王风雷说，除了大功率“疆电东送”通道，“十二五”期间还将建设新疆当地的大容量电网，改变电网结构薄弱的现状，满足全区各地、尤其是南疆经济建设和民生改善的电力需要。

3. 输气输油管道大流通

新疆西气东输管道连通了境外天然气与国内天然气管网，也盘活了塔里木、长庆和西南三大主力天然气产区，成为中国重要的地下“能源之河”。输气输油管道主要有中石油和中石化两大巨头在建设和运行。2012年5月10日，中石油的来自中亚国家的天然气通过西气东输二线管道自新疆霍尔果斯口岸一路向东、经广州分输站输至深圳。不久后，深圳市民就可以用上源源不断的清洁能源。据统计，目前西气东输一线、二线管道设计年输气能力达500亿立方米，累计输气超过千亿方。据新疆维吾尔自治区政府统计，仅西气东输工程每年为新疆增加财政收入10亿多元，资源税改革在新疆率先启动后，全区油气资源税收一年新增近36亿元。[9]

2012年3月4日，中石化启动“管道和煤制天然气”项目。该项目以新疆为起点，途径浙江，最后到达广东，将把新疆优质的煤炭转换为天然气输送到全中国，是新疆在煤化工领域的一个重大突破。按中石化的说法，“新疆煤制天然气外输管道工程”包括了新粤浙管道和新鲁管道，设计输气规模均为300亿立方米/年，这与刚刚贯通的中石油西气东输二线的规模完全一致。其中，总投资高达1200多亿元的新粤浙管道预计总长度为7373公里，配建储气库和LNG应急调峰站，目标市场为新疆、甘肃、浙江、两广等13个省（区、市）；新鲁管道预计总长度为4463公里，配套建设储气库（与新粤浙管道共用），目标市场为河南、山东、河北、北京、天津、安徽、江苏共7省市。

2012年9月，阿塔苏—中国阿拉山口原油管道二期工程即将完工。这是成为我国首条“跨国能源输送动脉”—中哈原油管道在我国境内的延续，管道总长度约246公里，工程分两期进行建设，项目设计输油能力为2000万吨，其中一、二期工程年输油能力各为1000万吨[10]

在党的十八大上顺利当选中央政治局委员的新疆自治区党委书记张春贤总结说：2012年上半年，在世界经济低迷、国内经济下行压力较大的背景下，新疆经济亮点纷呈，许多经济指标处于全国前列。这些充分说明，两年多来新疆经济健康快速发展，经济结构逐渐趋向合理。这既是在科学发展观指导下的丰硕成果，也是科学发展观在新疆的成功实践，稳疆兴疆、富民固边战略不断向前推进。[11]

二、用文攻搞“疆独”的“世维会”极力扩大影响

在2012年，热比娅和“世维会”除了继续在世界各地造谣攻击中国政府外，也在配合美国重返亚太战略和日本右翼霸占钓鱼岛的活动，把活动的重点移向了东亚。特别是5月，“世维会”在东京举办第4届代表大会，并进行了一连串丑陋表演，妄图进一步扩大影响力。在7月初，热比娅与台联党主席黄昆辉拜会勾搭，还想去台访问，然而没有得逞。

(一)“世维会”在东京的代表大会

总部在德国的世界维吾尔大会2012年4月8日宣布，该组织预定2012年5月14～17日在东京举办第4届代表大会，届时将有近100名来自各国的代表参加这次大会。5月18～20日接着在东京举办第6届领导干部培训研讨会。这将是该组织首次在亚洲地区举行三年一度的代表大会。

“世维会”发言人迪里夏提在接受美国之音采访时说：“这次我们选在日本召开大会，第一，日本和中国比较邻近；第二，日本民族一直在长期关注维吾尔人的问题。我们也感谢日本民族和日本政府、政党，包括日本民众长期以来关注维吾尔人的处境，同时以各种方式在当地进行声援。”“世维会”新闻稿说，参加这次大会的全球100名维吾尔人代表，将在会中选出新的领导干部，并发展一个新的策略，促进国际间更了解维吾尔人对自由民主的追求。还说，日本官员、各政党领袖以及国际人权组织代表，也将应邀出席大会的开幕仪式。此外，在大会之后举行的领导干部培训会议，将以新媒体为主题，邀请记者、博客作家和网络管理员参加，训练该组织干部如何运用互联网建立社交网络，并提高网络使用的安全度。

中国外交部发言人刘为民2012年4月9日在例行记者会上表示，中

国已经向日本政府表态，希望日方采取措施，阻止这个团体在日本领土上从事分裂中国的活动。中国外交部多次强调，“世维会”是争取新疆独立的主流组织，是公然分裂中国的非法恐怖组织。对于日本政府允许其在日本从事分裂中国的行为表示了强烈的不满。要求日本政府以实际行动维护中日两国的友好大局，制止将于日本举行的分裂活动。

但是2012年4月10日日本外务省官员表示，日本政府向提出入境申请赴日参加维吾尔大会的人员发放了签证。外务省表示，这次维吾尔大会是民间组织行为，政府不便表态。日本外务省还说，中国政府就世界维吾尔大会在日本举行第四届代表大会问题通过外交途经向日方传达了中方立场，不过详细内容无可奉告。[12]日本维吾尔协会会长伊里哈木接受采访时说，“实际上这些人中有七成人持有外国免签护照，需要签证的只是一部分人。”他说，世界维吾尔大会主席热比娅也将出席会议。

4月23日，“日本支持维吾尔国会议员联盟”在东京的日本自由民主党本部成立，由自民党国会议员古屋圭司出任会长，由日本前首相（现又是首相）安倍晋三担任顾问。将近20名自民党国会议员、日本外务省官员以及各界团体代表参加了联盟成立大会。古屋圭司在成立会议上发表讲话说，第四届世界维吾尔大会将在日本举行，会得到日本各界和很多议员的支持。[13]

为表达不满，中国取消了原定于15日外交部长杨洁篪会见日本访华经联团的安排。中国驻日本大使程永华也在当天向出席“世维会”的日本国会议员递送抗议文书。媒体还称，中国国家主席胡锦涛也不满日本政府插手中国新疆内政事务，在中日韩首脑会谈中与韩国总统李明博单独举行了双边会谈，而“无视”野田对中日双边会谈的期望。

（二）热比娅在东京的丑恶表演

“世维会”第4届代表大会上再次连任为主席的热比娅，2012年5月18日在出席东京举行的“支持世界维吾尔大会与中国霸权斗争”座谈会上，向该座谈会主持人、“奋起日本”党代表、国会议员平沼纠夫递交了10万日元现款，捐给正在募款购买钓鱼岛的东京都政府。热比娅在座谈会上无耻地说：“如果被掠夺的土地可用钱买回来的话，希望日本或世界能买下新疆。”热比娅座谈会后还进一步攻击说：“全世界无论哪里的领土，中国政府都主张‘历史上是我国固有领土’。”热比娅在接受时事通讯社专访时说，为了向亚洲传达维吾尔问题，“世维会”选择了民主、自由和优秀的日本，她说：“日本与维吾尔一样，都面临着受到中国侵略和同化的威胁”，她呼吁日本与“世维会”合作。[14]

热比娅还去了存放二战甲级战犯灵位的靖国神社，参拜屠杀中国人民的战犯。众所周知，二战前靖国神社就是日本军国主义的精神酵母，一直致力于鼓吹对外侵略扩张。战后，靖国神社又成为汇聚战犯幽灵与右翼势力的罪恶精神渊薮，一再宣扬“侵略有功”、“审判无效”、“战犯无罪”等谬论。热比娅拜鬼是认贼作父。当前，新疆社会普遍关注的是提高生活水平、各民族融合和社会的可持续发展，而自诩为“精神领袖”或“政治斗士”的热比娅何曾对新疆维吾尔族人的这些生活目标有分毫的助益！对于热比娅及“世维会”这种表面上打着“为维护维吾尔人生存而战”的旗号，而实质上却在干着损害包括维吾尔族在内的中国各族人民的利益、伤害维吾尔人形象的勾当和丑恶做法，广大维吾尔族民众坚决反对并强烈谴责之。[15]

中国政府不仅严厉斥责日本政府的纵容，党报亦在5月16日、17日刊论，指责热比娅之流与日本右翼勾肩搭背沆瀣一气，警告日本政府应该反思。5月17日《人民日报》（海外版）发表署名钟声文章《日本右翼与“世维会”勾结居心叵测》，指名道姓批评日本右翼在野小党“奋起日本”的代表平沼赳夫为热比娅“站台助威”，日本政府为热比娅放行居心不良。文章斥责热比娅作为一个穆斯林去朝拜连日本基督都徒抵制的靖国神社，是“物以类聚，人以群分”。日本右翼利用中国的其他民族分裂势力，鼓吹用“舆论战”、“瓦解战”、“法律战”反制中国，“造成中国镇压人权的国际印象”，“就可能瓦解中国共产党的一党统治”，可见其居心险恶。

（三）“疆独”与“台独”合流图谋

在2012年6月28日美国时间上午，台湾团结联盟主席黄昆辉在华府拜会了“世维会”主席热比娅，当面邀请她来台湾访问。热比娅表示，台湾的民主是中国的典范，她一直非常希望能去台湾，很可惜台湾政府不愿意发签证给她，她说全世界只剩下台湾及土耳其不给她签证，令人遗憾。黄昆辉答应会向马政府要求发她签证。[16]

随后，台联发出新闻稿指出，黄昆辉利用在华府访问的时间，和“世维会”主席热比娅见面，两人相谈甚欢。热比娅表示，她非常向往台湾的民主，台湾的民主可以做为中国的典范，但是，她也理解马政府担心触怒中共的心态，她说，台湾应该改变中国，而非让中国改变台湾。热比娅说，在中国压力下，台湾不敢给她签证，她非常希望来台湾，但对马政府屈从于中国压力，不愿意推动中国民主感到遗憾。黄昆辉则表达了对热比娅领导维吾尔人权运动表示敬佩，也希望热比娅能来台湾访问，他答应会责成台联立委在立法院向马政府要求，准许热比娅来台，他说，看不出有任何理由台湾应该拒绝热比娅，马政府不该只看中国眼色办事。台联立法院党团副总召集人黄文玲接受媒体访问时表示，日前与党中央开会时，已经就替热比娅争取签证问题交换过意见，台联党团将全力配合党中央，未来预计将用提案的方式，要求政府发放签证给热比娅。

据中评社 7 月 3 日报道，新华澳报日前刊登富权的文章表示担忧说，马英九当今声望下挫，不但是宿敌“独派”仍然反对他，就是在战友内部，也越来越多人对他不满。马英九是否会为了转移视线，摆脱不利局面，讨好“独派”，而趁禁止热比娅入境台湾的限期结束之机，批准热比娅入境？大多数分析家认为，除非马英九决心彻底毁掉两岸关系，才会有可能批准热比娅入境。因为如果热比娅得以进入台湾，两岸关系必然遭遇重大的震撼。对于负有血债的疆独组织及头目，人民憎恶，大陆不会做任何退让，必将加以反击。届时，两岸关系陷入低潮，甚至带来危机，那么，马英九就一点本钱都没有了。难道对此马英九没有一点思考吗？显然不会。[17]

香港《太阳报》7 月 5 日也发表文章说：主张“台独”的台联党主席黄昆辉日前邀请“疆独”分子热比娅访台，并称会助其办理签证。台联此举是为了给马英九制造难题，但也从另一方面折射出“台独”与“疆独”合流之势。“疆独”、“藏独”和“台独”是威胁中国领土完整与主权的三大现实威胁，以往这三股势力都是单打独斗，在各自的领域发难，但近年来三股势力却走向联合，三方遥相呼应，相互串通，而且不断走向国际化，破坏力不断增大。尤其是“疆独”势力，海外有热比娅摇旗呐喊，境内有恐怖死士不断发动袭击，制造骇人听闻的恐怖血腥事件。日前发生在新疆和田的劫机事件，若不是乘客当机立断，集体奋起反抗，很可能当时就机毁人亡。这三股势力有不同的政治诉求，但在搞乱中国这个目标上却极为一致。当然，这些政治势力背后都有西方国家的黑手支持。美国等国家支持这三股政治势力，表面上是关注中国人权，实际上是借机消耗中国实力。事实上，如果没有美国等国家在背后支持，无论“疆独”、“藏独”还是“台独”的生存发展空间都极为狭窄，难成气候。

（四）“疆独”组织的文攻谣言

2012年“疆独”组织在欧美各地，利用各种场合，不断对我造谣攻击，污蔑中央和地方政府、欺骗世界民众，贬损中国形象。

在2012年1月27日，法新社据未经证实的消息报道说，20名从柬埔寨被遣返的维吾尔人中有4人可能被判处了死刑，另有14人被判处无期徒刑。世界维吾尔代表大会主席热比娅立即跳出来煽动说：“被遣返回中国的维吾尔人冒有极大的风险，可能遭到关押、酷刑殴打甚至失踪。”并再次呼吁外国政府向中国当局施加压力，促使北京公布这些被遣返回中国的维吾尔人的情况。[18]

在新疆“7·5事件”三周年到来前，热比娅以《北京在新疆激起民族仇恨》为题，在美国主流媒体《华尔街日报》发表文章，对我国政府进行“猪八戒倒打一耙”式的攻击。文中说：“2009年7月5日，在自治区首府乌鲁木齐，本来是和平的维族示威演变成了一场屠杀。暴力活动是由中国政府的政策造成的。”“这一切都不会阻止维吾尔族人的合法抗议。不过，如果我们要超越抗议，寻求公正的政治解决方案，全世界就必须认识到中国会继续激起民族仇恨和宗教仇恨，以使外界相信其持续统治是必要的。我们维吾尔族人要问，我们试图努力效仿其民主制度的这些国家还要听信这种说法多久呢？”[19]2012年7月25日，在美国国会众议院外交关系委员会举行所谓“调查中国威胁：践踏人权、酷刑和失踪”的听证会时，热比娅又去老调重弹了一番。

“疆独”组织文攻谣言的另一个积极散布者是“世维会”发言人迪里夏提。2011年12月27日，迪里夏提声称，新疆阿克苏新和县16～17日出现大批传单，抗议以援疆名义安置内地移民，要求维吾尔人团结。“该批传单出现后当局为防爆发大规模示威，对数百名重点人士进行监控，并以‘涉嫌煽动危害国家安全罪’逮捕3名维族人”。迪里夏提造谣说：“移民圈地令农民失去土地，大量移民进入新疆后，威胁到维吾尔人生存空间。”[20]到2012年2月24日，他公开散布谣言说：“中国在新疆利用严打和行政手段胁迫维吾尔人放弃宗教信仰。据当地提供的信息，新疆阿克苏因此有103人被捕。还有2000人因学习古兰经遭到经济惩罚。”[21]

在2012年5月29日，“世维会”发言人迪里夏提向BBC中文网表示：“中国近来强化了在新疆‘践踏’维族信仰、迫害宗教。中国政府最近在新疆加强实施‘五严’维稳措施，对当地的维吾尔人是‘挑衅’。所谓的“五严”措施是指：严密防范外来敌对分子，严格控制住内部危险分子，严厉打击现行犯罪活动，严格管理干部队伍，严格教育广大干部群众。当局查处了214个非法教经点、涉案人员1478人，同时也“纠正”穿戴吉利巴甫服饰人员1498人。迪里夏提说，中国当局的做法深化了当地的矛盾，而且导致维吾尔人面临信仰危机。对此，中国政府回应说，“世维会”煽动和组织新疆地区的恐怖袭击，而西方媒体则是“炒作中国的民族矛盾”、“甘愿成为‘世维会’的传声筒”。

三、靠武扰搞“疆独”的“东伊运”空间受挤压

如果说搞文攻的“世维会”靠着民主、自由、人权的表面招牌，在欧美、日本一些别有用心人士的支持下，还有一点活动空间外。搞武扰的“东伊运”则像过街老鼠一样，人人喊打，只能在暗中继续策划和开

展其暴力恐怖活动。

(一) 我国公安部发布第三批通缉名单

在 2012 年 4 月 5 日，中华人民共和国公安部发布公告说：根据全国人民代表大会常务委员会《关于加强反恐怖工作有关问题的决定》的规定，现公布《第三批认定的恐怖活动人员名单》，并对其资金及其他资产予以冻结。第三批认定的恐怖活动人员有：努尔麦麦提·麦麦提敏、阿布都克尤木·库尔班、帕如哈·吐尔逊、吐送江·艾比布拉、努尔麦麦提·热西提、麦麦提依明·努尔麦麦提共六人。[22]

特别要说明一下的是列在榜首的努尔麦麦提·麦麦提敏，化名是阿不都·许库尔（又译沙库尔），1965 年 7 月 19 日出生。1997 年，他参与建立“东伊运”恐怖活动组织，系该组织首批成员。1997 年 10 月在南亚某国秘密建立了恐怖训练营地，并担任军事教官，对数十名恐怖活动人员进行了制作爆炸物、使用枪械等方面的训练。接受其培训的买买提明·买买提、艾买提·亚库甫等恐怖活动人员，后来陆续成为“东伊运”恐怖活动组织头目、军事指挥官或其他方面的骨干。2009 年以来，许库尔积极招募成员，筹集恐怖活动资金，发展恐怖活动组织。所以在公安部第二批认定的恐怖活动人员名单时讲到“东伊运”第二任头目哈克（即买买提明·买买提）时，曾有提及许库尔是积极活动的骨干成员。在哈克死后，许库尔接班成为“东伊运”第三任头目；在“基地”头目本·拉登死后，许库尔一度还是“基地”头目的接班人选。2011 年 8 月下旬，许库尔以“东伊运”指挥官的身份在互联网上发表文字和视频声明，煽动中国境内极端分子和恐怖活动人员对中国政府进行恐怖活动，并扬言“东伊运”恐怖活动组织将在今后中国境内所有的恐怖活动中发挥领导作用。受其煽动，多名在中国境内的极端分子非法出境参加恐怖训练，部分无法出境的极端分子则在中国境内实施了暴力恐怖活动。为协助中国境内极端分子在境外各国中转，许库尔还派遣该组织多名骨干在东南亚、中亚、西亚等国建立接应站点，接应从中国非法出境的极端分子，并为其提供假证件，躲避各国执法部门的检查。

许库尔确实是一位猖狂的亡命之徒和恐怖分子。1999 年底，许库尔因在南亚某国实施暴力恐怖活动被判处10年有期徒刑。2006年，逃脱监管返回“东伊运”恐怖活动组织，继续策划实施暴力恐怖活动。2007年，许库尔指派该组织成员买买提艾力·铁力瓦尔地潜入中国境内，纠集成立暴力恐怖团伙，筹集恐怖活动资金，购买制作爆炸物的原料，从事制爆试爆活动。2011年7月底，买买提艾力·铁力瓦尔地暴力恐怖团伙在中国新疆喀什实施了一系列杀人、爆炸、放火等恐怖活动，造成多名无辜群众和公安民警死伤。许库尔于2011年8月在互联网上发表声明，承认上述恐怖活动系“东伊运”恐怖活动组织所为。多行不义必自毙，有外媒报道说，在2012年下半年，许库尔被炸死了。

（二）与周边国家合作打击“东伊运”

“东伊运”的恐怖活动像许多其他恐怖组织的活动一样，在活动组织上有与他国相似组织串通合作的特点；在活动范围上有在各个国家之间逃窜的跨国特点，所以国际合作打击“东伊运”的恐怖活动具有特别重要的意义。

2012年3月1日，美联社报道，巴基斯坦塔利班一个分支组织的发言人艾夫雷迪在德拉加济汗地区表示：“我们的同志在白夏瓦展开攻击，杀死了一个中国女游客，这是为了报复中国政府杀害我们在新疆的穆斯林兄弟。”美联社还说，巴基斯坦和中国官员过去表示，中国西部的伊斯兰好战分子，跟巴基斯坦塔利班和巴基斯坦西北地区阿富汗边境一带的其他好战组织有联系。近十年来，巴基斯坦西南部俾路支省的伊斯兰好战分子和谋求自治的叛乱分子，已对巴基斯坦的中国人发动过数次攻击。[23]

正是在这样的背景下，中国积极与有关国家开展各种形式的反恐合作，并取得了许多进展和成绩。在巴基斯坦，2011年8月9日，有外媒报道，当局驱逐5名维族人返回新疆。一个维吾尔流亡组织奥马尔维吾尔基金会的创始人奥马尔·汗在巴基斯坦首都伊斯兰堡称，“这些天在巴基斯坦驱逐维族人经常发生，但是这一次将事件曝光给媒体是罕见的。”奥马尔表示，他认为这5人可能是2010年在巴基斯坦西部被警方逮捕的准备向土耳其寻求避难的12名维族人组织的一部分。[24]对这一事件，巴基斯坦报纸《黎明》(Dawn)也对此报道说，驱逐的理由尚不清楚，并指出巴安全机构此前已经至少送还“新疆分裂分子”三批——1997年的14人、2002年的7人、2009年的9人。

在阿富汗，2012年4月11日，外交部亚洲司司长罗照辉做客人民网时说：“阿富汗动乱不符合中国的利益，中阿有共同边界，阿富汗的稳定和我们西南边疆的稳定息息相关。中阿在打击恐怖主义、打击“东伊运”方面有着良好的合作。我们在阿有重要的经济利益，维护在阿的中国公司和人员的安全，也是我们高度关注的事情。”[25]

在吉尔吉斯斯坦，2012年5月29日美国媒体称，吉拟出台新法方便向中国遣返“东突独”分子，吉尔吉斯斯坦议会国际事务委员会星期一举行专门会议，讨论了一项向中国遣返罪犯的协议草案。这项协议草案涉及吉尔吉斯斯坦同中国相互引渡被判刑的人士。吉尔吉斯斯坦副总检察官乌斯马诺娃说，这项文件有助于巩固两国在这个领域的合作，同时能保护被判刑人士的权益。乌斯马诺娃说，中国过去曾向吉尔吉斯斯坦有关部门提出申请，要求吉尔吉斯斯坦当局向中国引渡在中国判刑的人士，但由于两国缺乏相关协议，吉尔吉斯斯坦司法部门无法满足中国的要求。[26]

但在打击“东伊运”恐怖活动的国际合作上，美国却反其道而行之，不肯将恐怖分子移交中国接受法律惩处。在2012年4月26日，中国外交部发言人刘为民表示，中方已就美国政府上周向萨尔瓦多移交两名关塔那摩中国籍维吾尔族嫌犯向美方提出严正交涉。他说，目前关押在关塔那摩监狱的中国籍维吾尔族恐怖嫌犯是被列入联合国制裁清单的恐怖组织“东伊运”的成员。根据安理会有关决议，对于资助、计划或实施恐怖主义行为或为恐怖活动和人员提供安全庇护所的人，所有国家应拒绝给予安全庇护。刘为民在例行记者会上说，中方一贯坚决反对美国在本土释放或者是将嫌犯转移到第三国进行安置，并且反对任何国家以任何名义接收这些嫌犯。“我们要求美方纠正错误，也希望萨尔瓦多从国际反恐义务和自身安全出发，充分认识上述嫌犯的危害性，重视中方关切，切实履行国际义务，拒绝接收上述嫌犯。”[27]

（三）“东伊运”奔赴叙利亚练兵

《环球时报》2012年10月28日报道：近日从中国反恐权威部门获得独家消息，今年5月以来，“东突”组织纠集成员，组成“圣战”小组潜入叙利亚参与内战。中国反恐官员说，恐怖组织“东伊运”是在“基地”组织发出指令后开始行动的。27日，国际媒体纷纷报道“基地”头目扎瓦赫里的最新录像，他鼓动追随者“起来支持叙利亚的兄弟”。2011年3月爆发的叙利亚冲突已经持续了19个月，国际恐怖主义可能在这里合流，伊拉克、利比亚、沙特等国的武装分子在叙利亚早已经成群结队。中国现代国际关系研究院学者李伟28日对《环球时报》说：“‘东突’恐怖分子介入全球不同地区恐怖暴力活动的目的不尽相同，在阿富汗和巴基斯坦，他们参加战争是为了‘练兵’，企图回流国内破坏中国西北的稳定；在叙利亚，他们更大程度上可能是为了获得其他国际恐怖势力的认同与支持，企图借此在未来得到‘帮助’。”

中国反恐权威部门的一位官员告诉《环球时报》记者，“在‘基地’组织发出秘密奔赴叙利亚进行‘圣战’的指令后，有求于‘基地’组织的‘东伊运’从阿富汗境内和阿富汗、巴基斯坦边境地区抽调精干人员，分批从周边邻国潜入叙利亚，与已在叙利亚境内的‘圣战’势力会合，然后组成独立小组参战。”相关反恐部门掌握的情况显示，派出“圣战”小组的包括“东伊运”和“东突教育与互助协会”等组织。“东伊运”组织是中国公安部2003年12月第一批认定的四个“东突”恐怖组织之一，2012年4月，中国公安部公布的第三批恐怖活动人员名单中，多数是“东伊运”成员。对于“东突教育与互助协会”，中国另一名反恐权威部门官员向《环球时报》记者解释说，该组织基本上还不被外界了解，其总部设在土耳其伊斯坦布尔，打着宗教的旗帜毫不掩饰分裂中国的目的。“这个组织的一批成员分成数个不同小组非法越界前往叙利亚，与那里的‘东伊运’骨干会合。”[28]

叙利亚全国委员会委员阿特坎接受《环球时报》记者采访时说：“我不知道是否有‘东突’分子已经进入叙利亚，但可以确定有来自埃及、利比亚、也门、巴基斯坦等国的武装人员参战，甚至也知道一些‘基地’

组织成员参战，但他们现在是帮我们打巴沙尔军队，这个目标是一致的，所以我们现在非常欢迎他们。”那么战争结束以后呢？对记者的提问，阿特坎迟疑了一下回答说：“未来的叙利亚绝不允许‘基地’和‘东突’恐怖分子存在，他们会被迫离开，因为几百年来叙利亚的世俗生活不欢迎他们，也不具备他们继续存在下去的社会基础。”叙利亚驻华大使穆斯塔法接受《环球时报》采访时证实，叙政府已向联合国提交了一份 180 名外国恐怖嫌犯的名单。

2012 年 9 月，在叙利亚北部土库曼人自治区首府里尔镇，叙利亚自由军“土库曼人旅”旅长阿卜杜·菲尔上校告诉《环球时报》记者：“我们不欢迎‘基地’组织和任何极端武装分子，将来更不会允许他们存在。”[29]

参考文献：

[1] 姜帆：搭建亚欧连接互通的重要桥梁——访新疆维吾尔自治区党委常委、乌鲁木齐市市委书记朱海仑，经济日报，2012 年 9 月 7 日。

[2] 新疆新能源研究所：新疆再生能源产业发展思路，http://news3.xinhuanet.com/politics/2006－04/25/content_4471643.htm，2007 年 9 月 14 日。

[3] 刘兵：塔城地区发现一超大型整装煤田，新华网乌鲁木齐 10 月 22 日电，2012 年 10 月 22 日。

[4] 人民网：新疆在原铁路线上将新建 13 条铁路，http://xj.people.com.cn/n/2012/0511/c186332－17027783.html，2012 年 5 月 11 日。

[5] 印度时报网站：新疆会真正成为“欧亚世界岛”上的铁路枢纽中心，原题：Pak-ChinadiscussraillinetoconnectPoKwithXinjiang，2011 年 9 月 4 日。

[6] 中商情报网：2012 年新疆将投资 211.2 亿元建设高速公路，http://www.askci.com/news/201202/28/152750_79.shtml，2012 年 2 月 28 日。

[7] 许浩：创新工作思路，提升保障能力，确保持续安全全面推进新疆民航科学发展，中国民航网，2012 年 1 月 9 日。

[8] 熊聪茹：新疆为中国经济发展“立体”输送电煤气动力，新华网乌鲁木齐 5 月 13 日电，2012 年 05 月 13 日。

[9] 中商情报网：西气东输工程为新疆增加财政收入，http://www.askci.com，

2012年3月5日。

[10] 龚卫锋、吕斌：新疆阿—独原油管道输油能力提升，新华网新疆频道，2012年9月26日。

[11] 张美英：新疆经济社会发展取得了哪些成就？人民日报，2012年9月11日。

[12] 美国之音中文网：日本向维吾尔大会参加者发放签证，2012年04月10日。

[13] 倍可亲网：欲借机插手中国新疆事务日本议员成立"支持维吾尔同盟"，2012年4月24日。

[14] 英国"BBC中文网"：热比娅捐款帮助购买东海钓鱼岛，2012年5月19日。

[15] 吐尔文江·吐尔逊：热比娅拜鬼是认贼作父，中国网，2012年5月16日。

[16] 张振峰：黄昆辉在华府拜会"世维会"主席热比娅，当面邀请她来台湾访问，台湾时报台北报导，http://www.twtimes.com.tw/index.php?page=news&nid=258069，2012年7月2日。

[17] 富权：热比娅若入台两岸关系重大震撼，新华澳报，http://taiwan.dwnews.com/news/2012-07-03/58775407.html，2012年7月5日。

[18] 法国"RFI华语"：从柬埔寨被遣返回中国的维吾尔人遭到重判，2012年1月27日。

[19] 热比娅：BeijingStirsEthnicHatredinXinjiang，原载华尔街日报，http://www.chinaaffairs.org转载，2012年7月2日。

[20] 美国"自由亚洲电台粤语"网站：中国政府以"援疆"为名大量移民新疆，2011年12月27日。

[21] 英国"BBC中文网"："世维会"说中国在新疆打压宗教自由，2012年2月24日。

[22] 公安部：第三批认定的恐怖活动人员名单，公安部网站>公安资讯>公安要闻>其他要闻，2012年4月6日。

[23] 倍可亲网：国际塔利班称杀死一名中国妇女是为了报复，2012年3月3日。

[24] 美国"自由亚洲电台"网站：PakistanDeportsUyghurs，2011年8月10日。

[25] 罗照辉：中阿在打击恐怖主义、"东伊运"方面有良好合作，中国网，2012年4月11日。

[26] 美国之音中文网：吉尔吉斯酝酿草案更容易对华遣返，2012 年 5 月 29 日。

[27] 廖雷：外交部就美国移交关塔那摩维吾尔族嫌犯提出交涉，新华网北京电，2012 年 4 月 27 日。

[28] 新华国际时评：全球反恐应有共有的准绳，http：//news. xinhuanet. com/world/2012－10/29/c_123883858. htm，2012 年 10 月 29 日。

[29] 邱永峥、刘畅：东突恐怖组织应基地组织要求潜入叙利亚作战，http：//news. xinhuanet. com/world/2012－10/29/c_123883547. htm，2012 年 10 月 29 日。

（张卫）

第二十四章

低成本优势丧失带来的经济安全问题

［内容提要］多年以来，“中国制造”不仅以低成本优势占领国际市场，也吸引跨国公司到中国投产建厂，利用中国低成本要素获得收益。但就现实来看，几乎所有生产要素的低成本优势已经消失，唯一具有成本优势的劳动力也随着中国廉价劳动力无限供给局面的结束、人口红利逐渐消失、工人对于提高工资的热望、不断上升的生活成本、劳动力比较优势弱化等一系列的原因，行将消失。在这个背景下，很多跨国公司制造工厂纷纷离华迁厂，与此同时，我国中小企业因成本上升而不堪重负纷纷倒闭，某些大公司也不得不裁员应对危机。可见，低劳动成本优势的丧失将会产生一系列的连锁反应，导致经济动荡和社会不稳定等国家经济安全问题。本文试图分析这个问题的来龙去脉，并提出一定的解决之道。

一、问题的提出

国家经济安全的物质基础在于国家经济竞争力。这里又可分为两个问题：第一，静态上看，是指国家产业竞争实力，以及依此要求的生产要素竞争实力；第二，动态上看，产业竞争实力以及要素竞争力的变动是一个累积过程，其上升的速度不可能太快。但是也绝不能萎缩，否则在国际经济竞争高度激化的今天，我们将无法保证自己的优势，更无法依此获得国家经济利益。

国际贸易中的比较优势理论认为，一国在国际贸易中生产具有比较优势的产品，换取不具备比较优势的产品，就能从国际贸易中获益。纵观中国自改革开放后的对外贸易模式，基本上也是遵循着比较优势的思想，发挥自己拥有充裕劳动力廉价的优势，大量出口劳动密集型产品，一时间“中国制造”遍布世界的每一个角落，中国也借此获得了惊人的经济增长。然而，我国以劳动力要素为基础的低成本的优势却逐渐丧失，尤其以最近几年为烈；与此同时，以附加值高、科技含量大、具有突出差异性的产品仍未成为出口的主流，导致贸易摩擦不断，全球金融危机条件下出口受阻。因此，扩大内需，开拓国内市场，便成为发展的重要选择。但从根本上看，必须想方设法提高在科技进步基础上的经济竞争力，否则，不仅无以应对来自国际经济的挑战，也无助于夯实国家经济安全的物质基础。

风靡世界的“中国制造”的低成本不仅涵盖了劳动力成本，还包含了资源成本、土地成本、环境成本等。而其中最显著的应当是劳动力成本。以资源成本为例，用以投入生产所必须的资源价格早已与世界市场接轨，已无成本优势。比如煤炭，作为煤炭生产大国的中国，2009 年首次成为净进口国，煤炭的进口量逐年攀升①。而中国在 2011 年超过日本，成了世界第一大进口国。进入 2012 年以来，进口量激增的势头仍在继续，截至 5 月份的统计结果显示，比上一年增加了 67.8%②，这说明了我国国内煤炭价格已与世界煤炭价格接轨。与此同时，石油价格更是与世界石油价格紧密联系，在 2005 年以来的七八年时间里，我国石油产

① “中国今年将首次成为煤炭净进口国”，http：//www.p5w.net/news/gncj/200912/t2710483.htm。

② “最大产煤国中国因何一跃变成最大煤炭进口国?”，http：//china.nikkeibp.com.cn/eco/2012－04－12－04－50－10/3125－20120711.html.start=1。

量非常稳定，大概不到2亿吨。但我国每年净增石油消费在3000万吨以上，这也使得进口数字越来越高。2010年我国进口2.4亿吨石油，国产原油2.3亿吨。由此可见，我国对石油的进口依存度达到了54.5%[①]。绝大多数产品生产中资源成本优势已然不再。

相比资源成本，出口产品中包含的低廉劳动力成本一贯是“中国制造”驰骋世界市场的主要原因。近期原本最具比较优势的低劳动力成本却在大幅上升。从下图中看到2012年前三季度居民收入的增速远远超过GDP增速。居民收入的主要来源是工资，工资大幅上升反映了劳动力成本的上升，一方面拉动劳动密集型产业成本顺然加大，另一方面伴随而来的社会保障成本上升也成了一个不可回避的问题。

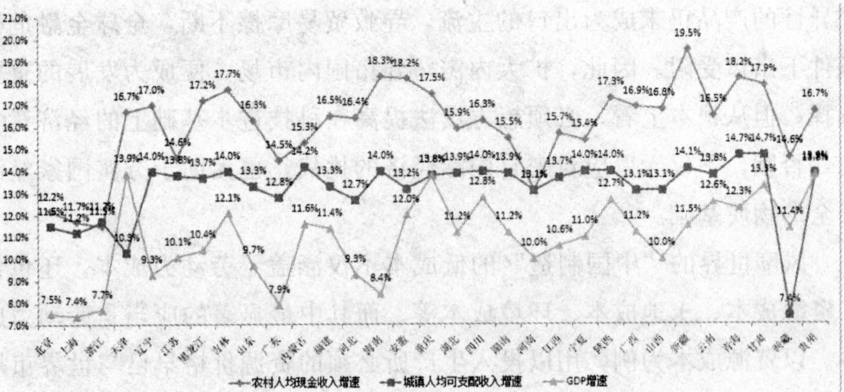

31个省份前三季度居民收入增速与GDP增速对比

资料来源：2012年1—3季度各地统计局报告整理。

在低附加值的劳动密集型产业中，中国劳动力的比较成本优势正在被东南亚邻国取代，同质产品价格上的国际竞争力不断下降。近些年来，跨国巨头撤离中国市场的情况屡见不鲜。与中国相比，现今越南的生产成本比中国低15%至30%；相对于我国内地，2011年越南工厂工人的平均月薪约为136美元，印度尼西亚约为129美元，而中国工人已经达

① 《石油供应压力大发展混合动力是必然选择》，中国钢铁现货网，http://news.gtxh.com/news/20120720/304yuangang_912106890.html。

到 413 美元的平均月薪，是越南和印尼的三倍以上①。如此推论，“中国制造”被“越南制造”、“印尼制造”取代的日子已经不会太久，就业难题将在我国重现。

以下关于跨国公司转移的实证，系我国劳动力成本提高的后果——因为这些都是劳动密集型企业：

近年来跨国巨头撤离中国市场实例

公司名称	英文名称	总部所在地	退出中国市场方式	退出中国市场时间	退出主要缘由
狮王	Lion Nathan	澳大利亚悉尼	出售中国全部业务	2004 年 9 月	过去 9 年亏损 2 亿澳元
龙星	Lone Star Funds	美国达拉斯	关闭北京代表处	2004 年 10 月	两年多没有业务
菲仕兰	Royal Friesland Foods	荷兰梅珀尔	退出合资公司	2004 年 11 月	8 年时间未能盈利
耐克	NIKE	美国俄勒冈州 Beaverton	关闭在中国唯一的生产工厂	2009 年	多级代理制度造成过度竞争、库存危机
佳顿	Jarden	美国纽约	将安全器材"First Alert"的生产也转移回美国	2012 年 3 月	代工厂人力成本上升
阿迪达斯	Adidas	德国赫尔佐根奥拉赫	关闭在中国的部分工厂	2012 年 10 月	劳动力成本上升，经营环境并没有质的改善

数据来源：21 世纪网据公开资料整理

二、低劳动成本优势丧失的原因

（一）廉价劳动力无限供给状况已经结束

截至 2012 年 9 月底，全国有 18 个省份调整最低工资标准，平均调增幅度为 19.4%。目前，月最低工资标准最高的深圳为 1500 元，小时最低工资标准最高的是北京的 14 元。② 我国的最低工资标准从 2004 年起实施，至少每两年调整一次。除了 2008 年受金融危机影响，各地最低

① 《中国企业报》：“珠三角企业生存困境调查：昂贵的工人”，http：//money. 163. com/12/0806/21/888LTE8N00252G50. html.

② “2012 年第三季度人力资源和社会保障工作进展情况”，中国新闻网，http：//finance. people. com. cn/n/2012/1025/c70846－19385585. html。

工资标准停止上调，近两年来各省的最低工资标准都有较大幅度的上调。2010年，30个省份上调最低工资，幅度达22.8%[①]；2011年，24个省份上调最低工资，增幅也达到22%[②]。最低工资制度对于切实提高城乡居民特别是低收入群体的收入水平，并对保障企业用工稳定起到积极作用。因此，最低工资标准是衡量一个社会基本工资水平的一个重要指标，最低工资提高同时，整个社会的工资水平也一并调高了。工资上涨的隐藏信号就是人力成本大幅上涨，导致中国廉价劳动力的局面即将终结。

（二）人口红利行将消失

所谓人口红利[③]，是指一个国家的劳动年龄人口占总人口比重较大，抚养率比较低，为经济发展创造了有利的人口条件，整个国家经济呈高储蓄、高投资和高增长的局面。然而从长期看，一国的“人口红利”并非可持续。人口转型理论认为，“人口红利”期只是一国人口变迁过程中的一个必经阶段，即当人口出生率尚未显著下降，而死亡率明显下降的阶段。此阶段过后，人口红利即行消失。就中国而言，从上世纪70年代开始实施计划生育政策[④]，人口出生率的逐渐下降导致总劳动人口的下降。与此相应的是，近年我国人口呈现较快速的老龄化趋势，被认为是目前世界上人口老龄化速度最快的国家之一。因此，从长期看，中国总人口中劳动人口比重将减少，中国经济所享有的“人口红利”的黄金时代渐行渐远。人口的老龄化和青壮年劳动力供给速度的持续下降，从劳动力要素供给以及与此相关的社会储蓄和资本积累减缓两方面，制约中国经济未来的增长。有关媒体称，2030～2040年，我国将进入老龄化的

---

① “全国30个省份调整最低工资标准平均增幅22.8%”，中国网，http://www.cs.com.cn/xwzx/14/201101/t20110125_2759363.html。

② “24个省份年内调整最低工资标准平均增幅22%”，中广网综合，http://news.lznews.cn/2011/1230/477885.html。

③ 《天津经济》，2012年第10期（总第221期）。

④ “中国从70年代初开始实施计划生育政策，至今仍分三阶段”，中央政府门户网站，http://www.gov.cn/zxft/ft31/content_679048.htm。

高点，老年人口占社会总人口的比率将达到30%～40%[①]，到达这个高点后，老年人口比例不会很快回落，而是非常缓慢的下降，甚至有可能在近百年的时间里维持在高位。形容人口红利消失的“刘易斯拐点”已经到来。[②]

人口出生率降低导致劳动供给减少，老龄化社会到来必然增加老年人口的赡养费用，二者的结合就使人口红利变成昨日黄花。由于改革方向是劳动者也要早日就为年迈失去劳动能力时增加储蓄，因此对于工资的需求将会呈现刚性上升趋势，低劳动力成本的时代一去不返。

（三）生活成本上升进入快车道

全球人力资源咨询和服务机构美世发布的对全球五大洲的214个城市最新《全球生活成本调查》显示，中国香港排位最前位列第9，上海第16、北京第17。上海和北京的排名分别比上年攀升了5位和3位。深圳和广州的排名也比2011年分别上升了13位和7位。[③]

由此项调查可以发现，我国各大城市的生活成本基本位于全世界的前200名内，生活成本的提高无疑使得劳动者对于提高工资的呼声不断扩大。随着从农村流向大城市劳动人口增加，大城市的高生活成本也催生了他们对于工资的需求，不但雇主雇佣成本提高，城市基础设施建设和许多制造业行业的成本也水涨船高。高劳动成本推动生产产品的成本的提高，产品价格由于生产成本的提高而相应提高，进一步导致生活成本提高，高生活成本又迫使工人要求提高工资，这种螺旋上升的趋势，也将使得我国廉价劳动力的供给逐渐下降。

---

① “媒体称中国2030年—2040年将进入老龄化高点”，《中国青年报》，http://www.chinapeace.org.cn/2012－11/30/content_5861057.htm。

② “17省市上调最低工资标准，廉价劳动力时代结束”，21世纪经济报道（广州），http://money.163.com/12/0810/05/88H8E5HR00253B0H.html。

③ “全球生活成本上海第16位京沪蚁族生存调查”，搜房网，http://house.xinmin.cn/fczx/2012/11/18/17223846.html。

(四)外来务工人员对于“市民待遇”的诉求和“民工荒”

所谓市民待遇[①],实际上就是指农民工进城不再受到歧视,在医疗、养老、子女义务教育等方面将享受到与城市居民一样的“市民待遇”。

“民工潮”则指,春节结束以后,大批的农民从家乡返回和初到城市务工的现象。它反映的是我国农村剩余劳动力向城市转移的基本国情。城市中的外来务工人员一般没有本地户籍、也不享有当地各种保障制度,社会几乎不为其支付“存在成本”。持续不断的民工潮带来了源源不断的劳动力,造就了“中国制造”的低劳动成本时代约有23年的历史。但是,进入21世纪以后,“民工荒[②]”竟与低成本并存且愈演愈烈。其中一个主要原因是,外来务工人员进城打工的主要驱动力是城市比农村的工资高,早先的外来务工人员对于工资以外的条件要求不多,但是随着社会的进步和发展,外来务工人员开始争取“市民待遇”,雇佣企业雇佣成本也相应提高,原来所谓的廉价劳动力由于种种附加条件已经不再能被称为廉价劳动力,务工人员也因为不能获取“市民待遇”而不愿增加对城市的劳动力供给,导致“民工荒”问题不断升级。

(五)劳动力比较优势不断弱化

从上世纪80年代起,欧美日等发达国家和亚洲“四小龙”等新兴工业化国家(地区)把劳动密集型产业和低技术型产业向发展中国家转移,特别向中国内地转移。世界产业转移和调整使得我国的低劳动力成本优势得以充分发挥。自90年代以来,中国通过改革开放快速融入经济全球化浪潮,逐渐成为第三次全球产业转移的最大承接地和受益者。1992—2007年,中国连续成为发展中国家吸收外商直接投资最多的国家,累计利用外资超过8200亿美元[③],中国逐渐成为了“世界工厂”。但是金融

---

① http://baike.baidu.com/view/612828.htm

② 王军锋:《破解沿海地区“民工荒”及对策研究——以宁波为例》《经济丛刊》2011年第6期。

③ 赵晓:“制造业纷纷逃离中国怎么办?”http://finance.jrj.com.cn/opinion/2012/11/15091314678652.shtml。

危机和劳动成本上升等因素所致，2008 年开始出现了新的产业转移趋势。很多劳动密集型的企业如耐克、阿迪达斯相继将在中国的自有生产工厂“外迁”越南或缅甸，而资金密集型的佳顿、福特汽车将全部或部分产能“回巢”美国本土。进入 2012 年以来，类似的制造业“逃离”中国的消息不绝于耳[①]。据 Wind 统计数据表明，以制造业为主的沪深两市上市公司 2012 年上半年净利润同比下降近 15%。这对于我国继续发挥低劳动成本比较优势不利，在一定程度上改变了低劳动成本在出口方面上的统治性地位，恶化了低劳动成本的发展环境，甚至可能成为经济发展转型的阻碍。

三、伴随低劳动成本优势丧失而来的经济安全问题

（一）由就业困难导致的经济安全

1. 就业率一直是所有国家政府经济政策的主要目标，也是观察一国宏观经济安全与否的晴雨表

劳动力成本上升带来的就业困难升级可以主要从以下两个方面得到说明：

由于我国除劳动力之外的大部分生产要素通常按照国际市场定价，它们在生产成本的优势地位已经不复存在。而在要素成本中居主导地位的劳动力成本又不断攀升，综合而言，我国的低成本优势逐渐缩小。从发展趋势上看，劳动力市场供求也呈现萎缩状况。拿广州为例，根据南方都市报对 100 家企业的问卷调研中，所有企业都表示劳动力成本增加，造成企业负担加剧。而最新一期的广州市人力资源市场供求信息调查报

---

① 赵晓：“制造业纷纷逃离中国怎么办？”http：//people. chinareform. org. cn/Z/zx/Article/201211/t20121115 _ 154927. htm。

告显示，招工和找工的人数双双萎缩，3个职位只有2人求职，广州进入亚运会后劳动力供求状况的最低谷[①]；多年发展带来的环境污染及治理问题，也导致国内制造业成本出现上升趋势，外资将制造业生产基地扎根在中国的动力随之减退，导致本国就业困难升级。

由于国际金融危机的影响，发达国家失业频发，根据2012年的数据显示，除德国就业状况良好外，其余发达国家均有不同程度的恶化。美国劳工部公布的数据显示，2012年10月份美国非农业部门失业率较前月上升0.1个百分点，升至7.9%，虽然比2009年2月的8.3%有所下降，但仍处历史高位。欧元区和欧盟2012年9月的失业率分别高达11.6%和10.6%，毫无缓解迹象。与此同时，日本的失业率也出现了上升趋势。由于失业的原因也将导致把原本建在中国、利用我国劳动力成本优势的产业移回国内的意愿更加强烈，借此来缓解本国的就业压力，政府提出了所谓的“再工业化”，就是对此的应对之策。美国总统奥巴马2012年1月24日晚发表国情咨文，强调为了让美国经济“基业长青”，美国需要重振制造业，并表示将调整税收政策，鼓励企业家把制造业工作岗位重新带回美国[②]。上面两个因素的合流，无疑会使我国劳动力失业大增。

2. 就业结构变化导致失业再度激化

要素成本优势的转变导致我国对外贸易经济结构调整，而这又必然伴随着产业结构升级和优化，新产业结构决定着新就业结构，对劳动力的素质会提出更高的要求，如果不能增加就业培训，低素质的劳动力很难适应新产业的要求，很可能出现较大规模的结构性失业，不利于社会的和谐稳定。以我国为例可以说明这一问题。2012年7月我国出现了继2008年世界经济危机造成的第二次返乡潮，大量外来务工人员返回家乡。就这一问题，多位接受中国证券报记者采访的专家和业内人士指出，此次部分民工提前返乡发生在“调结构”的背景下，应被理性看待，是

---

① “穗劳动力市场跌入亚运会后最低谷　招工找工双萎缩”，《南方都市报》，http：//gd.sina.com.cn/news/b/2012－11－06/090412691.html。

② “发达国家的“再工业化”考验中国”，《解放军报》，http：//chn.chinamil.com.cn/jwjj/2012－01/26/content_4774940.htm。

产业结构转型过程中的必经阶段；在经济转型的“阵痛期”期间，结构性失业等负面影响或在所难免①。并且，新的知识和技术资本与低素质的劳动不能进行有效结合，又会造成资源的浪费和低效率，进一步加重成本上升的趋势，由此进入一个恶性的循环。

3. 贫富差距增大

劳动力成本上升的确在一定程度上促进了一部分农民工收入的提高，但是因为其大部分利益诉求得不到满足，仍有很多农民工无法在城镇中寻求到生存的空间，不得不返回家乡继续务农，而被迫返乡的农民群体已经属于“剩余劳动力”，被业以提高的农业规模经济所排斥，其收入无法得到有效提高。而且，由于结构性失业和劳动力成本上升的双重压力，大量的劳动力不但无法进入劳动力市场，也不会被雇佣者吸收，贫富差距在城镇之中也被拉大。

贫富差距带来的社会不稳定性毋庸置疑。处于社会底层的被迫返乡的农民工以及城市中的失业者不但丧失其用武之地，自我价值不能实现，甚至生活都存在问题，他们就会产生对社会的不满，增加社会不稳定因素。

（二）由比较优势难以转化为竞争优势带来的经济安全问题

综合上述，发展劳动密集型产业不但符合劳动素质较低的现实，也有利于缓解国内就业压力。问题在于，我国低成本优势逐渐丧失正在打破过去行之有效的比较优势规律，面临的新问题则是以竞争优势为基础的投入产出结构尚未形成。

劳动成本低当然是具有竞争力的表现，不过它与专业化和创新形成的竞争力的出发点有很大的差异：一为压低成本，一为提高效益；一为节流，一为开源。并且利用低成本优势创造的在国际市场中具有比较优势的产品还可能会因为其低价格而在国际贸易中与其他国家产生贸易摩擦。拿我国轮胎制造业为例，2012 年 3 月，墨西哥部分企业曾提交申

---

① “中国再现大规模返乡潮　2008 年经济危机后首次”，中证网—中国证券网 http：//business. sohu. com/20120723/n348758566. shtml。

请，要求对山东出口该国的轮胎企业进行反倾销调查；6月，哥伦比亚正式对原产自中国的卡客车用轮胎进行反倾销立案调查；7月，泰国决定对原产于中国的摩托车内胎产品征收为期4个月的反倾销税；8月，巴西决定对原产于中国的机动小客车轮胎展开反倾销复审调查。因此，发展并创造我国具有国际竞争优势的产业就显得重要且急迫。所以我们需要从加强国民的职业素质教育与再教育入手，培育有竞争力的产业工人阶层，强化企业“干中学”的能力，在这个过程中获得并加强自己的成本优势，并争取在创新上有所突破。

总之，在产业的国际竞争力提高问题上，再也不能沉溺于我们拥有低层次的低成本竞争优势了，我国企业应尽快找到并发展自己的竞争优势。

产业集群效应的发挥受到限制。在沿海劳动力成本上涨的影响下，我国一部分产业已经开始向中西部地区迁徙，比如以富士康为首的劳动密集型企业西拓。在过去很长一段时间内，这类企业多活跃于东部沿海地区，确立了中国制造在世界上的优势。但随着劳动力成本上升与人民币升值，这些对成本较为敏感的企业纷纷西拓：2009年，富士康与成都市正式签约；次年，入驻河南。这种迁移对于一些劳动密集型、运输成本较低的产业还算较为适宜，同时还可以平衡地区间的经济发展差异。不过产业西迁的缺点也十分明显[①]。

因为产业西迁并不简单意味着运输成本会进一步增加，还意味着新的产业集群的发现与建立，而这些都同样需要耗费成本。以往劳动密集型制造业在沿海地区的高度集中，最根本的原因是由于这里良好的产业配套能力。但是，随着劳动力等生产要素成本的大幅度提高，近年来影响中国制造业区域布局的要素成本效应已经超过了集聚效应。所以，如果不能较好的融入并形成适合自己的产业集群，将会给这些产业在国家竞争优势的创造方面带来很大的负面影响。

经济增长后劲不足。众所周知，一国实现经济增长主要依靠消费、

① “中西部承接产业转移 中国经济版图悄然转移”，http：//news. xinhuanet. com/fortune/2012－08/20/c_123603819. htm。

投资、出口这“三驾马车”的拉动，如果经济条件的变化对这“三驾马车”产生了制约作用，其对经济增长的负面作用便不言自明了。

首先，消费能力无法有效提高。由于人力成本的上升，很多密集使用劳动力的部门会削减对低级劳动力的需求，而失业的城市工人或返乡的农民工生活无法得到有效的保障。同时，转为城镇居民的农民因为不能享受到与城市居民同等的社保等福利待遇，成为新的“城市贫民”群体。低收入群体增加，导致消费能力的下降，同时，工资的提高导致的物价上涨，或引发成本驱动型的通货膨胀，这也会进一步加剧消费能力的下行趋势，而消费的低迷必然会影响经济的增长，干扰正常的市场秩序。

其次，企业投、融资受到影响。劳动力成本的提升在一定程度上加大了企业的经营困难，因为企业的人工成本会大幅上升，而在激烈的国际市场竞争中，企业要想通过提高产品价格去消化这部分上涨的成本是非常困难的，于是造成企业利润下降。企业的融资难度也就因而加大，扩大生产、引入创新机制的资金力量不足，企业经营面临巨大的挑战。同时，工资上涨可能进一步促进通货膨胀。在通胀预期下，我国常采取压缩信贷额度的治理手段。如果采取提高准备金率的货币政策，则会使商业银行放款能力下降。社会上流通货币减少，利率提高，投资及社会支出都相应缩减。这一做法较易改变人们对于经济发展形势的预期，从而使投资者投资顾虑加大，投资意愿下降。不利经济健康发展。

再次，出口驱动力减弱。随着我国劳动力等要素资源的价格逐渐升高，这种低成本优势逐渐被削弱，之前一贯的出口模式受到影响，这必然会影响到我国的出口贸易。

总之，低成本优势的丧失，对我国现行的经济秩序构成很大威胁，这就提出将过去我们依据的比较优势转化为竞争优势，才能直面国际经济的挑战。然而，这又必须准备一系列的条件。从国家经济安全着眼，一方面要继续发挥劳动密集型的比较优势，另一方面，又要加快产业结构与产品结构的升级。双管齐下，才能化挑战为机遇。

（张士铨　郑为汉　王雯婷　孙洁）

第二十五章

高额持有美国国债对中国国家安全的影响

[内容提要] 在全球化时代，影响国家安全的因素不断增多，经济因素对国家安全的影响日益加深。中国加入WTO以后，受国际市场影响更为显著。随着美国次贷危机的爆发，国际金融市场动荡，中国高额持有美国国债不断冲击着我国国家安全。本文从影响国家安全的一个因素——中国高额持有美国国债出发，在详细阐述中国高额持有美国国债的历程、现状基础上，深入分析高额持有美国国债对中国国家安全的影响。

美国国债是指美国财政部代表联邦政府发行的国家公债。美国国债分为可交易国债与不可交易国债，其中不可交易国债多为各类政府机构持有。关于国债研究，经济学家主要从三个视角出发：国债的制度研究、国债的微观经济基础研究、国债运行的宏观经济分析。[①] 而在美国次贷危机、全球金融危机、欧债危机等一系列重大事件后，国际关系领域学者也更加关注国债运行的宏观分析。尤其是美国国债与其他国家国债不同，凭借美国国际影响力及美元在世界货币体系中的地位，美国国债不仅是一个纯粹的经济问题，还是一个政治问题，其政治性与经济性紧密结合。

① 高培勇：《国债运行机制研究》，北京：商务印书馆出版社，1999年版。

一、中国高额持有美国国债概述

（一）中国高额持有美国国债的历程

自21世纪以来，我国持有的美国国债数量迅速上升，到2008年9月末已超过日本成为美国最大的债权国。截至2012年11月，依据美国财政部最新发布的数据，我国持有美国国债数量达到了1.1701万亿美元，依旧是美国最大的债权国。

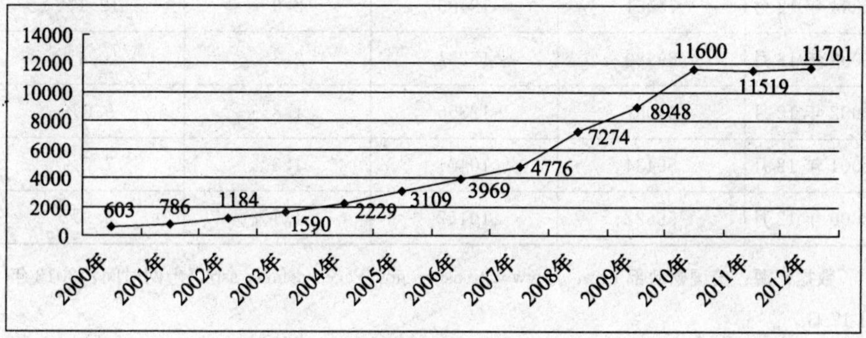

图1　中国持有美国国债情况（注：2012年数据为11月数据、其余年份为12月数据）

资料来源：美国财政部 http：//www.treasury.gov/Pages/default.aspx. 上网时间：2013年1月17日。

由图1可看出，中国持有美国国债的总额大幅上升，由603亿美元上升至1.17万亿美元。2000年以后中国持有美国国债大致分为三个阶段：第一阶段：2000年—2008年，金融危机前，中国逐年平稳增持美国国债；第二阶段：2008年—2010年，中国逐年大幅度增持美国国债；第三阶段：2010年—2012年，中国持有万亿美元以上美国国债阶段。

表1：中国持有美国国债比例情况　　单位：亿美元

年份	美国政府国债总额	外国持有的美国国债数额	中国占美国国债总额比例	中国占外国持有比例
2012年11月	163955	55572	7.1%	21.1%
2011年12月	155229	50074	7.4%	23.0%
2010年12月	140252	44356	8.3%	26.2%
2009年12月	123113	36851	7.3%	24.3%
2008年12月	106998	30772	6.8%	23.6%
2007年12月	92292	23532	5.2%	20.3%
2006年12月	86802	21031	4.6%	18.9%
2005年12月	81704	20339	3.8%	15.2%
2004年12月	75961	18493	2.9%	12.1%
2003年12月	69980	15231	2.3%	10.4%
2002年12月	64057	12356	1.8%	9.6%
2001年12月	59434	10401	1.3%	7.6%
2000年12月	56622	10152	1.1%	5.9%

数据来源：美国财政部 http：//www.treasury.gov/Pages/default.aspx. 上网时间：2013年1月17日。

由表1可以看出2000年以来中国持续增持美国国债情况，其中中国持有美国国债占美国政府国债总额的比例，已由2000年的1.1%上升至2012年11月的7.1%，占外国持有美国国债总额的比例由5.9%上升至21.1%。其中该比例从2000年至2010年均逐年上升，在2011年和2012年有所下降。

（二）中国高额持有美国国债的现状

据美国财政部2013年1月16日公布的数据显示，中国共持有1.1701万亿美元的美国国债，仍是美国最大的债权国。由图2可看出，2011年11月至2012年11月，中国持有美国国债与外国持有美国国债总额的比较情况。中国全年持有额均在万亿美元以上，且 2012 年 11 月持有的 11701 亿美元，相较于 2011 年 11 月的 12546 亿美元有所下降。外国持有美国国债总额由 50091 亿美元上升至 55572 亿美元。

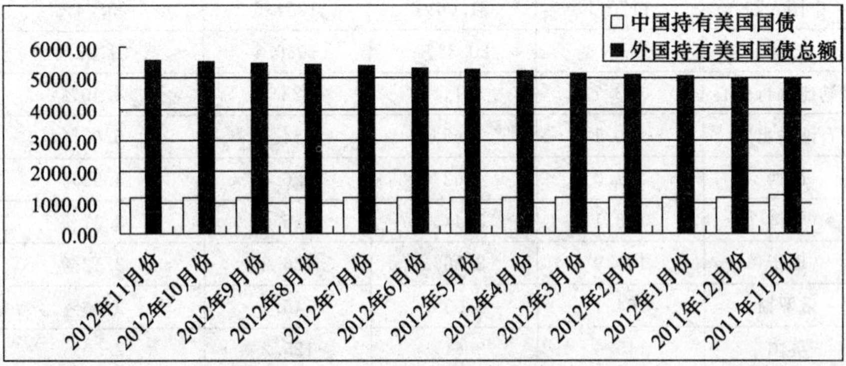

图 2　中国持有美国国债与外国持有美国国债情况表（单位：十亿美元）

数据来源：http：//www. treasury. gov/resource-center/data-chart-center/tic/Documents/mfh. txt. 上网时间：2013 年 1 月 21 日。

表 2　中国持有美国国债占外国持有美国国债的比例　　单位：%

2012. 11	2012. 10	2012. 9	2012. 8	2012. 7	2012. 6	2012. 5	2012. 4	2012. 3	2012. 2	2012. 1	2011. 12	2011. 11
21. 06	21. 17	21. 07	21. 21	21. 56	21. 59	22. 11	22. 33	22. 22	22. 60	23. 03	23. 00	25. 05

数据来源：http：//www. treasury. gov/resource-center/data-chart-center/tic/Documents/mfh. txt. 上网时间：2013 年 1 月 21 日。

由表 2 可以看出，2011 年 11 月以来，中国持有美国国债占外国持有美国国债总额的比例均在 20%以上，且 2011 年 11 月份至 2012 年 11 月份，中国持有美国国债占外国持有美国国债总额的比例由 25. 05%下降至 21. 06%。

表3　持有美国国债前10大排名国家（或地区）的持有情况

单位：十亿美元

	2012年11月	占外国持有美国国债比例	2011年11月	占外国持有美国国债比例
中国大陆	1170.1	21.06%	1254.6	25.04%
日本	1132.8	20.38%	1066.4	21.29%
加勒比银行中心	283.7	5.11%	223.3	4.46%
石油输出国	260.1	4.68%	254.2	5.07%
巴西	257.0	4.62%	226.6	4.52%
台湾	193.1	3.47%	166.9	3.31%
瑞士	186.9	3.36%	126.2	2.52%
俄罗斯	164.1	2.95%	145.1	2.90%
英国	145.0	2.61%	125.2	2.50%
卢森堡	144.8	2.61%	127.2	2.54%

数据来源：http://www.treasury.gov/resource-center/data-chart-center/tic/Documents/mfh.txt.上网时间：2013年1月21日。

表3数据显示了2012年11月持有美国国债的前10大国家或地区的持有情况。截至2012年11月末，美国国债外国持有者前十位分别为中国大陆、日本、加勒比银行中心、石油输出国、巴西、中国台湾、瑞士、俄罗斯、英国和卢森堡。前十位国家或地区的持有总额为39376亿美元，占外国持有美国国债的70.86%。相较于2011年同期，持有美国国债的总额除中国外，其他9个国家或地区均有所增持，中国大陆、日本、石油输出国所持有的美国国债占外国持有美国国债的比例有所下降，其他7国均有所上升。

（三）中国持有美国国债的原因

1. 中国高额外汇储备

外汇储备是一个国家经济实力的重要组成部分。一定规模的外汇储备有助于保持汇率的稳定，平衡国际收支，有效对抗外来金融冲击。改革开放以来，中国经济稳定发展，外汇储备迅速增长。从表 4 可以看出，中国外汇储备近几年一直以很高的速度持续增长，从 2000 年底至 2012 年 9 月份外汇储备由 1656 亿美元逐年递增至 32851 亿美元。其中 2008 年底，中国共拥有 19460 亿美元的外汇储备，位于世界第一。

表 4　中国外汇储备及持有美国国债情况　　单位：亿美元

年份	中国外汇储备	中国持有美国国债	中国持有的美国国债占外汇储备的比例
2012 年 9 月	32851	11536	35.1%
2011 年 12 月	31811	11519	36.2%
2010 年 12 月	28473	11601	40.7%
2009 年 12 月	23992	8948	37.3%
2008 年 12 月	19460	7274	37.4%
2007 年 12 月	15282	4776	31.3%
2006 年 12 月	10663	3969	37.2%
2005 年 12 月	8189	3100	37.9%
2004 年 12 月	6099	2229	36.6%
2003 年 12 月	4033	1590	39.4%
2002 年 12 月	2864	1184	41.3%
2001 年 12 月	2122	786	37.0%
2000 年 12 月	1656	603	36.4%

资料来源：国家外汇管理局统计数据 http：//www.safe.gov.cn/. 上网时间：2013 年 1 月 17 日。

为了保证外汇储备安全、流动与盈利性，合理配置外汇储备成为了外汇管理的一项重要内容。从外汇储备的三个要求出发，购买美国国债是中国巨额外汇储备运用的主要途径，这也使得中国持有的美国国债随着外汇储备的增长而急剧增加。

2. 中美经贸关系

美国是我国的主要贸易对象国。据中国海关总署 2013 年 1 月 10 日统计数据显示，2012 年 1—12 月，中美贸易额达到 4847 亿美元，同比上升 8.5%。其中，中国自美进口 1329 亿美元，同比上升 8.8%；出口 3518 亿美元，同比上升 8.4%。表 5 主要表现了中国进出口规模的不断扩大，而美国始终是中国重要的贸易伙伴。

表5　中美贸易额占中国贸易总额的比例（%）　　单位：亿美元

	2007年	2008年	2009年	2010年	2011年	2012年
中国进出口总额	21738.3	25616.3	22072.7	29727.6	36430.0	38667.6
中美进出口总额	3020.8	3337.4	2982.6	3853.4	4466.5	4846.8
比例	13.9%	13.0%	13.5%	13.0%	12.3%	12.5%

数据来源：中国海关总署统计数据 http：//www. customs. gov. cn/publish/portal0/. 上网时间2013年1月17日。

在中美贸易中，中国基本上保持顺差状态，这就为中国带来了大量的美元外汇资产。此外，美元作为世界主要国际货币之一，在国际结算中占有的份额较大，所以我国在与其他国家或地区进行贸易时，往往需要用美元结算。因此持有大量美元资产对我国进出口贸易的顺利开展有着至关重要的作用。

3、美国债券的投资优势

美国国债之所以作为我国外汇储备的主要投资推荐主要是其符合了中国的外汇储备管理中的核心理念—注重安全性和流动性。首先，美国是世界上最大的经济体，经济实力不容小觑。美国现有的经济规模、金融规模及美元在国际结算体系中的特殊位置决定了由美国政府提供担保的美国国债不存在信用风险，美国发行的国债一度被认为是最佳投资产品。其次，美国国债自身优势。美国国债具有易买易卖、买卖差价低于其他证券、市场交易活跃等特点，而且即使在金融危机后美元在国际货币体系中地位有所下降，但相比较其他投资产品仍具有容量大、需求强劲、流动性强等特点。

二、高额持有美国国债对中国国家安全的影响

在传统安全观和安全理论中，影响国家安全的经济因素相较于政治

因素、军事因素等没有得到足够的重视。但是随着全球化的迅猛发展、经济风险全球化、国际竞争激烈化等使得经济因素对国家安全的影响越来越大，也逐渐得到了相应的重视与研究。本文主要从将中美国债问题作为一个影响中国安全的经济因素的角度出发，详细分析其对中国国家安全的影响。

美国发行国债的历史近200年，是一个不断突破国债法定限额的过程。如果说美国发行国债有助于筹集战争经费、危机后的经济恢复等，那对于债权国的中国能达到保值增值、维护和扩展国家金融资产、经济利益的目的吗？中国高额持有美国国债是一个现实的选择，为什么在贸易顺差、外汇储备充足、美国债券是较为安全、风险较低的投资的情况下，我们仍然认为，我国外汇储备用于投资美国国债存在很大风险，甚至不断影响着我国国家安全？

（一）影响国家安全的经济因素

中国高额持有美国国债是我国有效地对本国经济进行管理和调控，为抵御国际市场的竞争压力和冲击，使自身经济稳定、发展和繁荣[①]的一个“两利相权取其重”的现实选择。其目的是在我国持有高额的外汇储备基础上，保持其安全性、流动性和盈利性，使外汇储备发挥其保持汇率的稳定，平衡国际收支，在参与国际竞争和经济合作中有效保护国家利益而不受侵害或威胁，甚至取得优势地位，维护本国市场和开拓国际市场的作用。

但是之所以将中国高额持有美国国债称为一个影响国家安全的经济因素，甚至是金融安全问题，主要是因为美国自身财政缺口不断推升债务水平、以国债货币化为目的之一的量化宽松政策、以美国未来几年所面临的信用风险有所上升为主要理由的标普下调美国国债信用评级等原因的存在，使得中国高额持有美国国债成为了一个中国“两害相权取其轻”的无奈之举。

在我国经济不断开放的条件下，随着国际金融市场自由化和一体化

---

① 刘跃进：《国家安全学》，北京：中国政法大学出版社，2004年版。

的发展，资本证券化和虚拟资本市场的空前强大，国际金融风险不断加大，直接影响着我国安全。正是由于美国经济状况、财政状况、量化宽松的货币政策、标准普尔下调美国国债信用评级等原因存在，使得中国高额持有美国国债，不一定能达到外汇储备的初衷安全、流动和盈利，且影响着我国资产投资回报、外部投资环境甚至本国经济状况等。

（二）高额持有美国国债的影响

1. 对外汇储备的影响

首先，较高的投资风险。2011年，国际评级机构标准普尔继1941年美国珍珠港事件以来首次取消了美国债务保持了70年之久的AAA评级，美国国债不再被视为全球最安全的投资之一。这直接打击了投资者的信心，暴露出当前美国财政信用风险上升的迹象。

事实上，次贷危机结束后，投资者风险偏好的增强所导致的避险资金流出美国国债市场，也会导致美国国债收益率上扬以及美国国债市场价格下降。而美国信用评级下调对世界经济和金融市场的影响是多方面的，令本就十分脆弱的世界经济形势增添了更严重的不确定因素，[①] 使得我国因高额持有美国国债而对国家安全有不利影响。

其次，巨额资产损失。美国政府财政赤字连续第四年破万亿美元、大量发行债券、持续突破债务上限、实施量化宽松政策、提高货币供应、美元贬值等使得持有美国国债的中国等国家或地区的金融资源处于持续缩水的状态。此外，美元的贬值也引发了国际原油市场的变动，导致全球大宗商品的价格开始向新的高位运行，这使得中国等持有美国国债的国家或地区的金融资源进一步缩水。

最后，机会成本较大。外汇储备是指一国政府所持有的国际储备资产中的外汇部分，即一国政府保有的以外币表示的债权，相应的资金存放在国外，并未投入国内生产使用。这就存在一个在国外投入使用率与国内使用率差异问题。目前，美国国债的年收益率在3%—6%，这远低

① “标准普尔下调美国国债评级的前因后果”，人民网，http://world.people.com.cn/GB/57507/15347532.html。

于投资者投资于股票指数或进行直接投资能够获得的平均收益率。[①]

2. 对国内经济的影响

第一，输入型通货膨胀。美国量化宽松政策的推出，加剧了全球性的流动性泛滥；美元贬值推高国际市场商品价格，引发全球性通货膨胀；过剩的美元冲击着国际大宗商品和我国的资本市场。一方面我国对大宗商品的进口依赖程度较高，美元的贬值推动了全球石油、矿石、谷物等能源价格和初级产品价格急速上涨，从而影响我国的价格水平。另一方面，由于美元的过剩，热钱会流入我国资本市场，若流入股市、房市，会进一步加剧资产泡沫，最终导致我国出现输入型通货膨胀。向美国经济注入的大量流动性及由此引发的美元贬值，从长期来看，其结果是美国国债价格下降，会将美国的巨额外债及金融危机产生的损失稀释，而由持有美国大量国债的我国等其他国家和地区承担。

第二，人民币升值压力。从中国资产保值的方面来看，面对贸易顺差和资本顺差的现状，汇率不变的情况下，外汇储备越多，其面临的缩水就越多。在双顺差一时难以减少的情况下，为了避免进一步增加外汇储备，就需要央行减少对外汇储备市场的干预。而减少干预就意味着人民币汇率将根据市场的供求关系而升值。

第三，宏观调控难度加大。财政缺口不断推升债务水平。近70年来，国债上限频频调整，美国政府债务急速上升。随着美国债务的不断高企，债务货币化的程度将不断增强。历史经验表明，债务货币化将加大通货膨胀风险，反过来制约财政政策空间和货币政策有效性，从而使债务的持续不断膨胀必然增加宏观经济环境的不确定性。[②]

面对输入型通货膨胀的压力，为了防止通胀恶化，客观上央行会不断上调存款准备金率，但是加息会扩大中国与欧美等国家利差水平，提高热钱流入规模，从而加剧人民币升值压力。面对两难的选择、被动的调控政策，使得我国央行的调控难度逐步上升。同时增加债券国持有美

---

① “美国国债迷思　美元资产安全性担忧”，《21世纪经济报道》，2010年3月16日，第021版。

② 陈建奇：《霸权的危机——美国巨额财政赤字与债务风险研究》，北京：中国社会科学出版社，2011年版。

国国债的风险，加大对我国等债权国的国家安全影响力度。

3. 对两国关系影响

第一，增加双方不信任感。中国会因为美国财政缺口、国债上限不断调整、量化宽松政策、标普下调等，而产生对高额持有美国国债风险的疑惑，对持有大量的美国国债的安全性表示关注，提出相应的避险措施。

同样，美国也会对作为自身最大的债权国中国强烈的关注，就如美国研究中国高额持有美国证券中提到中国的实际外汇储备可能远远高于中国的官方数据；中国大幅增持美国国债，可能会对美国经济或非经济领域产生较大影响，将抛售美国国债作为一个“筹码”，威胁美国在对其经济制裁、迫使人民币升值、对台湾军售等问题上作出让步；中国可能会对美国履行其债务责任失去信心，因此，可能会寻求清算资产或显著减少购买新证券，此举可能会损害美国经济。[①]

第二，“金融恐怖平衡”。美国前财政部长萨默斯曾经称中美之间存在一种“金融恐怖平衡”的关系。2008年以来，在这样的金融恐怖平衡的大背景下，美国越来越多地希望，中国相信关于中国的增持美国政府债务证券的安全性，并鼓励中国继续购买美国证券。这种平衡似乎是符合双方利益的，但同时更是脆弱的。

中国在国际收支经常项目、资本和金融项目都呈现顺差，积累了大量的外汇储备，其中很大一部分以美国国债形式持有。在一些西方人士看来，这表明全球力量均衡发生了根本性转变，认为中国将抛售美国国债作为一个“筹码”，威胁美国。但对于中国是否能大量抛售美国国债，答案也是否定的，不但其外汇储备的价值会随美元贬值而下降，而且美国必然会采取相关措施，不论经济领域亦或政治领域，对于中国自身的打击也是巨大的。

第三，经济问题政治化。中国国家外汇管理局官员表示，中国在美国国债上的投资是市场投资行为，中国不希望将其政治化。如果美国一

① “China's Holdings of U. S. Securities：Implications for the U. S. Economy”，Congressional Research Service，RL34314。

再无端挑衅中国核心利益，那么经济问题政治化的可能就会增加。台湾问题、维护人民币汇率的基本稳定等是中国的核心利益，不论美国是出于经济目的还是政治目的，对台军售、迫使人民币升值都将使中美关系更加脆弱，同时使得影响国家安全的经济因素，不仅影响了我国的经济安全甚至严重冲击着我国政治安全、军事安全等。

三、政策建议

从目前全球经济金融形势看，美债依然是相对安全的投资品种，且目前尚难找到一个比美国国债更安全的投资品种。问题的根本解决方案在于我国自身，如：转变经济发展方式；外汇储备多元化；落实“走出去”战略；加快推进人民币国际化。希望以上可行性建议，能使中美国债问题不再是影响中国国家安全的因素，我国的经济安全等国家安全不再受中国高额持有美国国债的困扰。

（一）转变经济发展模式

中国要在国际储备管理中获得更多的主动权，应积极改革外汇管理制度，而其中控制外汇储备规模也是外汇储备优化管理的一个重要内容。

我国的巨额外汇储备，表面上看是由于国际收支变动和对外贸易往来产生的，其实是缘于我国的经济结构。也就是说，在控制外汇储备规模增长速度、以减少对外汇储备管理的压力方面，构建扩大内需长效机制，促进经济增长向依靠消费、投资、出口协调拉动转变；推动产业结构优化升级，提高出口产品的附加值，以改善国际收支失衡，降低外汇储备累积速度，增强应对外部冲击的抵抗力，进而实现国民经济的可持续平衡增长。

（二）外汇储备的多元化

为了避免以美国国债为主要投资产品的外汇储备面临缩水的压力，

应该坚持实行外汇储备多元化，分散外汇储备的投资，币种上的多元化与资产上的多元化相结合。

具体做法如下：利用外汇储备，购买海外战略资源，建立石油、铁矿石、重要农产品等资源类资产的战略储备；成立投资基金，对国际上石油、铁矿石、重要农产品等主要原材料生产商进行参股或者控股，购买海外企业股权，从而达到消化巨额外汇储备、分散外汇储备缩水的压力，掌握大宗商品的定价权及保证原材料进口的稳定性和实现“资源立国”的战略目标。[①]

（三）落实“走出去”战略

鼓励支持企业境外投资，将一部分外汇储备投资于海外并实现保值增值，加快推进外汇储备海外投资主体多元化进程，从根本上保障国家海外投资。

企业到境外投资，这就需要政府充分发挥在信息服务和业务指导方面的作用，对企业海外投资并购提供更多的金融支持；将各种国别的风险情况，分析预警信息提供给企业；进行风险防范的时候，把保障人员的安全和财产的安全更有机地结合起来。并借鉴美国、日本等国家海外投资的经验，切实发挥企业在促进出口、引资、对外投资并购等领域的不可替代的作用。

（四）加快推进人民币国际化

实现中国经济存量的保值，促进中国经济增量的平衡，获得更多的政治经济话语权，需要我国不断推进人民币区域化、国际化。人民币的国际化需以区域货币合作为基础，以配套的宏观经济措施为保障，以加快国家化金融中心建设为渠道。

逐步扩大人民币在中国对外贸易结算中应用的范围，可向其他主要新兴经济体提供人民币贷款，进一步扩大人民币在对外贸易中的使用。

---

① 苏小慧：《中国外汇储备的风险防范与优化管理——由美元霸权引发的思考》，载于《商场现代化》，2012年6月（上旬刊），第99页。

辅以资本项目的同步开放，加快人民币可自由兑换进程，减少人民币需求增长的受限。进一步扩大人民币债券国际市场发行规模，降低美元趋势性贬值对中国进出口、国家经济安全的影响。

（五）树立新的国家安全观

在全球化时代，影响国家安全的因素不断增多，经济因素对国家安全的影响日益加深。这就需要我们，对于国家间经济活动中，不论是良性竞争还是隐蔽的金融战争，都首先迫切树立一种新的国家安全观。

在国家间经济更广泛联系和合作基础上，面对国际金融和经济危机对我国经济环境的各种威胁，如何规避风险，如何协调国际矛盾，如何取得利益；从新的国家安全观出发，了解与我们有经济往来国家的思维方式、国际战略思想，不要盲目崇拜西方新自由主义的金融理论、西方国际关系理论，树立具有中国特色的国际金融理论。

（六）构建国家经济安全预警机制

在经济全球化背景下，我国的战略资源安全问题、金融安全问题、海外资产安全问题等都是需要引起高度关注的重大安全问题，这就需要我们从影响国家安全的经济因素出发，构建国家经济安全预警机制。

为了防止和化解经济全球化给我国安全带来的经济、金融等方面的威胁，确保我国经济快速持续健康发展，需要对有关国家经济状况进行研究、分析，发现经济不安全的因素，采取相应补救措施，将影响国家安全的经济等因素转换成抵御竞争、取得优势、维护国家利益的因素，以防引发的经济危机严重损害我国国家安全、国家利益。

对于中国高额持有美国国债这一影响国家安全的经济因素，我们要详细分析其背后深层原因，趋利避害，采取相应可行性措施，使其不再是影响中国国家安全的因素，使我国的经济安全等国家安全不再受中国高额持有美国国债的困扰。

（李紫薇）

第二十六章

两岸关系和平发展下的台湾岛内政局变动

[**内容提要**] 2012年是两岸关系极不平常的一年，这一年是马英九第一任期的最后一年，也是其第二任期的开局之年，更是两岸签署ECFA后各项合作重要的收官之年。这一年，两岸关系延续2008年以来的良好态势，朝着不断深化和拓展的方向发展，各领域、各层次的交流不断加强，各项事业的合作日益加深。但是岛内的政治生态依然严峻，起伏不断、波动不停，马英九的连任步履艰难、民进党的“变化”迷雾重重、海基会的换帅疑问丛生、马政府的压力与日俱增，这些都给两岸关系的和平发展平添了不少变数，而这些变数势必会影响到当下及未来的两岸关系。

2012年是马英九第一任期的最后一年，也是国民党、马英九艰难连任成功的开局之年，更是两岸签署海峡两岸经济合作框架协议（ECFA）后重要的一年。这一年，两岸关系延续2008年马英九上台以来和平发展的态势，搭乘大陆崛起和ECFA的顺风车，政治互信稳步加强，经贸关系大步向前，文化交往深入发展，人员往来日益频仍，各领域、各部门都在有条不紊地朝着好的方向发展。

两岸关系和平发展已经成为不可阻挡的历史和时代潮流，并得到了台湾民众的高度认同，2012年台湾地区领导人选举中表现出来的台湾民意变化生动地说明了这个问题。这次选举中，“九二共识”在岛内被广泛接受。民调显示，台湾民众支持两岸通过协商解决两岸问题的比例明显增加。2011年的第七次“陈江会”后，高达84.8%的民众支持两岸持续通过制度化协商解决交流问题；到了选战最后阶段，“九二共识”成了热门议题乃至关键，这是台湾实行领导人直选以来前所未有的新变化，有媒体甚至发出“蔡英文不是输给了马英九，而是输给了‘九二共识’”的感慨。3月22日，胡锦涛总书记在会见中国国民党荣誉主席吴伯雄时指出，在反对“台独”、认同“九二共识”的基础上推动两岸关系和平发展，符合两岸同胞的共同愿望，符合中华民族的整体利益，符合时代发展进步的潮流。5月20日马英九在就职演说中谈到两岸关系时，他强调“两岸人民同属中华民族，都是炎黄子孙，拥有共同的血缘、历史与文化”，他表示“过去四年，我们改善两岸关系，降低台海紧张，带来和平与繁荣，获得广大民众的支持；未来四年，两岸要开拓新的合作领域，继续巩固和平、扩大繁荣、深化互信”。[①] 然而随着国际经济危机的深化、台湾社会巨大的变革和岛内政治生态的转圜，台湾已经发生并且正在发生着一系列日新月异、波谲云诡的新形势、新变化，给岛内环境带来深刻冲击，更严重影响着两岸关系。

一、两岸合作收效巨大，同胞情谊愈加深厚

自两岸和平发展战略推动以来，两岸交流与合作无论是广度还是深度上都有了巨大的飞跃，台湾民众得到了实实在在的实惠。仅旅游业一项，就为台湾经济发展做出了不菲的贡献。据台湾资料显示，陆客赴台旅游共带动60个行业增加就业，自2008年7月开放观光以来，已经为台湾带去近51亿美元的观光收益。业内人士估计2012年陆客赴台人数将至少增长25%，达150万人次，加上个人游旅客，总数可望突破200

① 《马英九连任台湾当局领导人》，新华网，2012年5月20日，http://news.xinhuanet.com/2012-05/20/c_111993573.htm。

万大关。此外，台湾的农产品在大陆销售扩大、台湾对大陆出口的持续增加，都与普通民众的切身利益息息相关。最新统计显示，两岸双向交流规模从2008年的470万人次增加至2011年的705万人次，年均增长14%。4年来两岸双向旅游交流总人数近2400万人次。大陆和台湾已经形成了互为基础客源市场的大格局，大陆游客目前约占台湾入境游客总数的30%，是台湾第一大客源市场；台湾是大陆第三大入境旅游客源市场，约占大陆入境旅游总人数的6%。大陆目前已开放了31个省区市赴台团队旅游业务；启动了北京、上海、厦门等13个城市居民赴台“个人游”试点，开放了福建居民赴金门、马祖、澎湖地区“个人游”。此外，海旅会与台旅会共同建立了工作磋商机制、市场监管机制和突发事件应急处置机制，共同创建了海峡两岸旅游交流圆桌会议、海峡两岸台北旅展等有影响力的品牌。大陆居民赴台旅游给两岸人民带来了实实在在的福祉。4年来两岸双向旅游市场总消费达278亿美元。

截至2011年年末，大陆自台进口享受ECFA关税优惠达7.83亿元人民币。2012年1月1日实施第二阶段降税后，94%的产品已经享受零关税。年底将实现全部产品的零关税。今后双方将积极推进ECFA后续协商，全面落实框架协议成果，“尽管难度很大，但是我们秉持两岸一家人的理念，在平等互惠基础上继续释放善意，力争在货物贸易、服务贸易协议的谈判上取得实质进展”。[①] 除了经济收益外，每年数百万人次的旅游交流，也引起了两岸同胞的情感共鸣，拉近了两岸同胞心与心的距离，成为展现、释放、交流两岸同胞亲情与乡情的重要渠道。预计到2016年，两岸双向旅游交流人数将达到1300万人次，届时大陆赴台旅游交流人数可达700万人次左右，台湾同胞赴大陆旅游人数可达600万人次左右。到2020年，双向交流有望实现2000万人次。随着两岸旅游市场规模的扩大，旅游涉及的领域会进一步拓宽，对相关产业的拉动作用会更加显著，对两岸经济社会的影响会更加深刻。[②] 2012年3月14

① 《海协会会长陈云林：海协会海基会或互设综合办事处》，华夏经纬网，2012年3月13日，http：//www.huaxia.com/tslj/lasq/2012/03/2777963.html。

② 《四年来两岸双向旅游交流总人数近2400万人次》，中央政府网，2012年8月8日。

日，十一届全国人大五次会议在人民大会堂三楼金色大厅举行记者会，国务院总理温家宝在回答记者提问时谈到退休后愿意到台湾去自由行，并请记者转达对台湾同胞的问候。2012 年春天的博鳌亚洲论坛上，两岸进行了友好、积极的沟通和交流。2012 年 6 月 13 日大陆海协会致函台湾海基会，对台湾各地 12 日因暴雨引发的洪水与泥石流灾害、造成多人伤亡、失踪和财产受损灾情表示慰问。向有关方面和受灾民众转达诚挚慰问，并表示愿提供必要协助。7 月 23 日台湾海基会致函大陆海协会，关切大陆暴雨灾情，海基会表示，对大陆多处暴雨，造成洪涝灾害导致数十民众死亡、失踪及人民财产损失，感同深受，藉此表达关心、慰问之意，希望受灾民众能早日重建家园，盼伤亡减至最低，生活恢复正常。

2012 年 7 月底在哈尔滨举行的第八届两岸经贸文化论坛，突出了加强两岸经贸合作这一两岸关系发展的优先和重点。两岸经贸文化论坛不仅围绕两岸和平发展、深化经贸合作、扩大文教交流这三个议题展开了深入的交流与研讨（过去七届都是以两岸经贸为主），这次还增加文化议题，更重要的是将两岸和平发展作为最主要的议题来讨论。政治议题首次出现在两岸经贸文化论坛中，因其特殊性而受到强烈关注并引发大讨论。这一发展象征着两岸将来的对话与协商将超越经济，朝着深水区的政治议题航行。贾庆林出席论坛闭幕式并指出，论坛具有前瞻性、代表性、建设性，多数建议已经转化为两岸双方的世纪政策措施，有力地促进了两岸关系的发展。

8 月上旬海协会和海基会在台北进行两岸领导人第八次商谈，签署两岸投保及海关合作两项协议，成为 ECFA 后续商谈的首批成果，标志着两岸经济合作的制度化、机制化向前迈出了重要一步。同时，大陆商务部副部长也率团赴岛内出席产业合作论坛，积极推动对台大型采购及大陆企业赴台投资。这一切都有利于在新形势下继续扩大和深化两岸经济交流与合作，受到了岛内各界的关注和广泛欢迎。“这股两岸经贸合作热潮的涌现既是两岸经济关系发展的内在要求，也与当前国际经济形势的变化息息相关。”[①]

二、马英九赢得“大选”，彰显两岸和平发展深得民心

2012年1月14日，马英九在台湾地区领导人选举中胜出，成功连任。综观这次选举，“两岸红利”功不可没，两岸经贸成绩在台湾南部产生显著的催票效应，催生巨大票源，如果没有大陆的红利，马英九可能选的更辛苦，这也从一个侧面说明2008年以来两岸所制定实行的方针和政策措施是完全正确的。在马英九所有施政的政策当中，两岸关系大陆政策仍然是民众满意度最高的部分。[②] 海基会董事长、国民党副主席江丙坤更是表示，马英九胜选代表两岸政策获肯定。[③] 中共中央台办、国务院台办发言人就台湾地区领导人和民意代表选举结果发表谈话指出，近4年来的事实一再表明，两岸关系和平发展是一条正确的道路，得到广大台湾同胞的支持。他表示，“我们真诚希望台湾社会安定、人民生活幸福。我们愿意继续在反对“台独”、坚持“九二共识”的共同基础上，与台湾各界携手努力，承前启后，继往开来，进一步开创两岸关系和平发展的新局面，共同致力于中华民族的伟大复兴。”

本次台湾地区领导人选举和“立法委员”选举，马英九带领国民党打败民进党，连任“总统”，在“议会”也夺得过半议席。马的胜选，除了清廉政府得到肯定，两岸政策起到关键作用。马英九的两岸政策以

---

① 曲阳：《深化两岸经济合作迎来新契机》，《两岸关系》，2012年8月，第6页。

② 《专家：若没有两岸政策红利马英九会选得更辛苦》，凤凰网凤凰卫视，2012年1月1日，http://news.ifeng.com/taiwan/special/tw2012/content－1/detail_2012_01/14/11979518_0.shtml。

③ 《江丙坤：马英九胜选将代表两岸政策获肯定》，中国金融网，2012年1月15日，http://news.zgjrw.com/News/2012115/News/382311346800.shtml。

"九二共识"为基础，与大陆进行良性互动，使两岸关系能够平稳发展，通过 ECFA 的签署、陆客赴台观光消费等提振了台湾经济。在全球经济低迷之际台湾靠"大陆因素"基本上保持上升态势，这些都是"九二共识"的结果。先前，马英九的两岸政策遭受民进党猛烈攻击，这次选举等于是变相对马英九两岸政策的认可，选举结果说明大多数台湾选民认同以"九二共识"为主轴的两岸和平路线，日后马英九推进两岸良性互动，会少了很多阻力。① 1月14日晚间8时半民进党候选人蔡英文召开记者会，宣布败选，并辞去民进党主席职务。对于蔡英文的败选，舆论普遍认为是其在两岸政策上的失误和错误造成的。从正式政见会开始蔡英文一直反对"九二共识"，大打"台独"牌，再次走回深绿的基本教义路线，这是选民最不放心、票投不下去的原因。在三场正式的台湾地区领导人候选人政见发表会上，蔡英文不断严词批判"九二共识"和 ECFA，这让岛内许多企业家和民众都感到深切恐惧和担忧。蔡英文玩弄"九二共识"后，更是将马英九的选票催出。对于不稳定的两岸关系，让原本不关心选举的选民反而变得比马英九还要积极，这是蔡英文败选的最大原因。② 蔡英文败选，其实质主要败在民进党的两岸政策，民进党的"台独"纲领使她不可能承认"九二共识，一中各表"，但是两岸关系由经济互动发展已经起了微妙变化，两岸经济整合将不可避免持续下去，若民进党坚持僵化的两岸政策，则日后在选举中处境会更加困难。"大选"结果出炉以后，一项最新民调显示，77％的台湾民众欣然接受马英九连任，56％的民众对马未来四年执政有信心。"大选"结果显示，台湾民众普遍接受"九二共识"，甚至南部许多民众也认可"九二共识"③，两岸和解政策已经在中南部获得草根民众的认同。

① 《马英九连任是两岸政策公投的胜利》，《联合早报》，2012年1月15日，http://www.zaobao.com/wencui/2012/01/hongkong120115h.shtml。

② 《蔡英文反对"九二共识"导致败选》，凤凰网，2012年1月14日，http://news.ifeng.com/taiwan/special/tw2012/content－1/detail_2012_01/14/11980572_0.shtml。

③ 《台湾大选后的"变"与"不变"》，《联合早报》，2012年1月18日，http://www.zaobao.com/special/forum/pages8/forum_zp120118.shtml。

三、两岸两会第八次会谈，ECFA进一步走向深化

在“九二共识”的前提下，自1993年首次“汪辜会谈”开始，海峡两岸共同秉持相互尊重、平等协商的原则，以两会商谈为重要沟通管道，开启了交流正常化的大门。虽然两岸交流受到“台独”分裂势力的阻挠，两会商谈也一度终止，但终究不能抵挡两岸和平发展的前进潮流。2008年6月，海协会与海基会恢复中断9年之久的制度性协商，海协会会长陈云林和海基会董事长江丙坤在北京签署《海峡两岸包机会谈纪要》、《海峡两岸关于大陆居民赴台湾旅游协议》；2008年11月，两会领导人第二次会谈在台北举行，签署《海峡两岸空运协议》、《海峡两岸海运协议》、《海峡两岸邮政协议》和《海峡两岸食品安全协议》，两岸基本实现直接“三通”（通邮、通航、通商）。2009年4月，两会领导人第三次会谈在南京举行，签署《海峡两岸空运补充协议》、《海峡两岸金融合作协议》、《海峡两岸共同打击犯罪及司法互助协议》，并就大陆企业赴台投资事宜达成共识，意味着两岸实现全面、直接“三通”；2009年12月，两会领导人第四次会谈在台中市举行，签署《海峡两岸渔船船员劳务合作协议》、《海峡两岸农产品检疫检验合作协议》、《海峡两岸标准计量检验认证合作协议》。2010年6月，两会领导人第五次会谈在重庆举行，签署《海峡两岸经济合作框架协议（ECFA）》、《两岸知识产权保护合作协议》。ECFA的签署是两岸经济合作中至关重要的一步，是为两岸经济关系正常化、制度化、自由化所作的特殊安排，具有里程碑式的意义，从此两岸经贸交流翻开崭新的一页。2010年12月，两会领导人第六次会谈在台北举行，签署《海峡两岸医药卫生合作协议》。2011年10月，两会领导人第七次会谈在天津举行，签署《海峡两岸核电安全合作协议》。

2012年两岸交流更是异彩纷呈、分外活跃，各种重要会议接连登场，让人目不暇接。继6月海峡论坛在厦门举行、7月两岸经贸文化论

坛在哈尔滨召开，8月台北又迎来了第八次两会会谈。8月9日，大陆海协会与台湾海基会第八次会谈在台北成功举行，签署了《海峡两岸投资保护和促进协议》及《海峡两岸海关合作协议》。这是两岸双方落实ECFA各项目标取得的首批成果，也是两岸关系和平发展步入巩固深化新阶段取得的重要进展。

《海峡两岸投资保护和促进协议》涵盖了常规投资保护协定的要素和内容，充分体现两岸特色。《协议》及附件确立了两岸投资争端解决机制及投资补偿争端调解程序。根据协议，两岸投资者可采取争端双方友好协商解决、由投资所在地或其上级的协调机制协调解决、由两岸经济合作委员会投资工作小组设立的投资争端协处机制等方式解决；两岸双方同意本着互利互惠的原则接受并保护相互投资，逐步减少或消除对相互投资的限制，创造公平的投资环境，努力促进相互投资；为实现双方投资便利化，两岸双方同意逐步简化投资申请文件和审核程序，并相互提供投资便利。

《海峡两岸海关合作协议》旨在促进双方海关程序的简化及协调，提高通关效率，便利ECFA的执行，并便利两岸人员及货物的往来，促进两岸贸易便利与安全。协议规定，双方采取适当措施，以便利货物、物品及运输工具的通关，并逐步应用信息技术，促进无纸化通关的发展；双方海关应提高行政透明度，两岸海关将在两岸缉私情报协助等多个领域进行合作，并将建立联络机制；双方还将就各自海关监管中应用无线射频识别技术方法、加强在海关特殊监管区域海关管理、暂准货物通关事项、海关贸易统计合作等方面进行交流与合作，建立与ECFA货物贸易有关的海关电子信息交换系统。[①] 两会第八次会谈，是积极落实ECFA后续协商的重大举措。尽快完成ECFA的各项目标，是两会商谈的首要任务，更是两岸同胞的共同期待。此次两岸两会商谈要探讨的两岸投资保护和促进两岸海关合作都是ECFA后续商谈的重要议题，具有继往开来的重大意义，将为两岸经贸交流提供更多的制度性保障，有利于陆资

---

① 《海协会与海基会第八次会谈成果丰硕》，21世纪网，2012年8月11日，http://www.21cbh.com/2012/jjrb_811/263581.html

入台正常化和台商的两岸投资。两岸一直呼吁，要通过合作共同抵抗全球经济不景气的大环境，也由此对此次两岸两会的商谈寄以厚望，期待加速两岸经贸的制度化。[①]

四、海基会换帅，新任董事长首访大陆

两岸两会第八次会谈后，2012年9月，江丙坤因身体原因及生涯规划辞去台湾海基会董事长一职，林中森接任。2012年10月15日，新任台湾海基会董事长林中森在与两岸媒体记者餐叙时表示，他将于16日首次率海基会访问团赴大陆进行访问，这也是林中森第一次赴大陆。林中森表示，两岸目前都有共识将服务贸易协议列为优先议题，希望年底能完成。他认为，两岸已在非常好的基础上交流协商，期待未来能继续强化两会交流，双方以同理心相互包容，彼此释放出更多善意，透过两会平台，建立、累积更多互信，签署更多协议，加快进行ECFA后续协商。2012年10月16日，林中森第一次正式率团开始访问大陆之行，林中森虽然没有处理两岸事务的实际经验，但他从台基层行政体系起家，拥有丰富文官历练，娴熟党政运作体系，对当局政策了如指掌，他把参访团定位为“精进之旅”，期盼两岸在既有良好基础上百尺竿头更进一步，这与两岸关系和两会工作的目前情况及总体形势是非常吻合与积极的。

早前，马英九调整“国安”团队人事，令各界产生高度疑虑：在两会经过八次“陈江会”并连续签署了十八项协议之后，马英九所要的经济性、事务性的协议基本上都已得到，因而已是很满足了，并拒绝进入政治对话阶段，包括洽签两岸文化CEFA协议。现在他思考的是“开拓国际活动空间”的问题，包括要与美国恢复TIFA谈判，及争取获得美国支持加入TPP和国际民航组织，还有与WTO各成员体洽签TFA等。

① 《两岸两会商谈成果丰硕深化合作前景可期》，中国新闻网，2012年8月8日，http：//www.chinanews.com/tw/2012/08－08/4091454.shtml。

且台“陆委会”前主任赖幸媛和现主任王郁琦都称要做“刹车皮”，引发外界对马英九为两岸关系“降温”、“冷落两岸关系”的担忧。

然而林中森上任不到一个月就访问大陆，释放了一个积极的信号。此外，林中森无论是会见政协主席贾庆林还是国台办主任王毅，均谈到了“九二共识”的政治基础，肯定两岸两会既有的协商成果，表示要“百尺竿头，再进一步”，表明将勤奋工作、与海协会加强交流、增进两岸同胞福祉的立场，这都是两岸关系的利好消息。林中森在北京接受台湾媒体采访时明确表态将会“踩油门”，主动提出两岸间一直未能实现的互设办事机构问题、两岸文化交流机制问题，对这些都持积极主动态度。在与陈云林会长见面时，他提出台商融资等具体业务，展示他是有备而来，已经进入状态，并非如礼行仪，走一个过场。[①] 林中森接连抛出两会互设办事机构、大陆台商融资资格放宽、希望尽早签署 ECFA 后续协议中的服务贸易协商等议题，不但让大陆感受到他是一个“做事的人”，不会担当“刹车皮”的角色，而且他还要抢占两会协商的主导权。相信他与江丙坤相比，将会毫不逊色。[②]

贾庆林会见林中森时强调，当前，两岸关系和平发展进入巩固深化的新阶段。两岸双方都应该顺应两岸民众的愿望，采取进一步积极措施，为不断开创两岸关系和平发展的新局面作出更大努力。值得注意的是，林中森把此行定调为“精进之旅”，颇有深化两岸关系之意，其与贾庆林主席的讲话精神不谋而合。两岸关系和平发展顺应民心、合乎时势，是一条正确的道路，要坚定不移地走下去。而坚持“九二共识”、反对“台独”是两岸关系和平发展的重要基础，两岸必须要在一个中国框架的原则问题上形成更清晰的共同认知。要进一步推动两岸关系发展，需要排除万难的勇气和高瞻远瞩的眼光。台湾方面虽然在过去四年推出了不少积极的两岸政策，但仍须进一步解放思想、摆脱束缚，尽快把那些阻碍

---

① 《林中森首次“登陆”考出好成绩》，华夏经纬网，2012 年 10 月 22 日，http：//www.huaxia.com/thpl/sdfx/3045254.html。

② 《结束“重头戏”林中森登陆之行首场获高评》，华夏经纬网，2012 年 10 月 19 日，http：//www.huaxia.com/thpl/sdfx/3043655.html。

两岸关系发展的大石头搬开，两岸关系才得以继续前进。①

五、民进党重设“中国事务部”，谢长廷访问大陆

大陆对民进党的政策是一贯的，只要民进党放弃“台独”纲领，认同“九二共识”，大陆欢迎与民进党沟通交流。2月29日，国台办举行例行记者会，发言人范丽青表示：“凡是赞成两岸关系和平发展的台湾各界人士，包括民进党基层人士，我们都欢迎他们以适当的身份来大陆走走看看。”

5月27日，新当选的民进党主席苏贞昌在记者会上表示，不回避过去。民进党曾被讥讽为“屁股面对大陆”，经常是“逢中必反”。在台湾地区领导人选举败选以后，蔡英文下令全党大转向，提出要正面面对大陆，出现了一些关于两岸关系不同以往的新鲜声音。

时任民进党主席、民进党“总统”候选人蔡英文在败选后针对大陆政策调整时说，“民进党必须加强处理两岸问题的能力，才会得到社会的信赖；要处理两岸问题必须了解中国大陆，让党员及基层从与中国大陆互动中，找出直面大陆的方法。”显然，民进党反对“九二共识”，既牵动了台湾民众追求两岸和平发展、台湾和平安定的神经，又触犯了美国的忌讳，因而陷于内外交困。因此，蔡英文疾呼“民进党必须要再对两岸政策整体好好反省”。

民进党大佬、高雄市市长陈菊在接任代理党主席前就宣称，“未来民进党会和大陆增加互动、交流，必然会增加彼此的了解”。她在出任代理党主席后更是表示，“民进党欢迎所有党公职同仁对大陆有更多了解、交流。”苏贞昌表示，若没有预设任何前提，会以民进党主席的身份去看

① 《林中森首次登陆“精进之旅”收获颇丰》，中国台湾网，2012年10月18日，http：//www.chinanews.com/tw/2012/10－18/4257167.shtml。

看。他表示要多了解大陆，也要让大陆了解台湾。对于两岸政策调整方面，苏贞昌说，民进党很务实，中国大陆是世界第二大经济体，也有许多台湾人在那，应该正常交往。他表示，温家宝说卸任后“想来台湾走走”，他当过“行政院长”，温家宝如果来，他这“前行政院长”愿意陪温家宝看看台湾。①

民进党中央曾设有专门负责两岸事务的“中国事务部”，但2007年游锡堃执掌民进党时将其撤销。2012年5月，苏贞昌在竞选党主席时就抛出恢复设立“中国事务部”的政见。7月25日，民进党宣布恢复设立“中国事务部”，专门处理对大陆事务，苏贞昌还亲自召开记者会，表示将在“中国事务部”上成立“委员会”。这是苏贞昌就任民进党主席后首次在两岸问题上付诸动作，引起海内外强烈关注。他表示，民进党须“与时俱进地坚守既有价值与立场，调整对中国的战略”，而恢复之举就是善意，“说明民进党重视中国，想改善彼此的关系”。由于民进党在2012年台湾地区领导人选举时在两岸关系上的失分，使得苏贞昌担任党主席后积极补课，不希望重蹈覆辙。但由于“独派”的强力拉扯，使得每迈出一步都甚为不易。民进党中央党部虽然急着想在两岸关系上“突围”，但中南部的县市首长与政治人物却不热衷。目前看来，在民进党内“宁左勿右”的氛围下，该“委员会”也在多数意见下无法改名为较中性的“两岸事务委员会”。②

民进党重设“中国事务部”，是对两岸关系和平发展迈入新阶段的顺势之举，虽然从机构名称的设置是“中国”而不是“大陆”或“两岸”，虽然民进党的动机不纯、诚意不足，为2016重返执政的投机性更大，虽然民进党平息党内争议、巩固党内团结的目的性更加突出，削弱国民党在两岸交流中优势的意图更加明显，但是民进党毕竟在两岸政策上迈出了一小步，这也是可喜的变化。“未来民进党两岸路线的实质性调整还有待观察，但也应积极营造促使民进党调整转型的良好氛围，充分应对可

---

① 《苏贞昌：若温家宝卸任赴台愿陪其看台湾》，东南网，2012年6月29日，http://news.eastday.com/c/20120629/u1a6662423.html。

② 《台湾学者：民进党开始进入两岸政策的深水区》，中国新闻网，2012年11月26日，http://www.chinanews.com/hb/2012/11-26/4358045.shtml。

能的变化。”①

曾经参选台湾地区正副领导人、担任过台“行政院长”、高雄市长及民进党主席的谢长廷10月4日前往大陆厦门及北京参访，由于他是民进党内的重量级政治人物，其大陆之行引起各界广泛留意。② 谢长廷以台湾维新基金会董事长身份首次返回祖籍地福建漳州并借此访问大陆，进行“开展、互信、分享之旅”。启程之前，他意有所指地说，“以前我写过一首诗，‘今日我足迹，未来后人路’，虽然走在一片荒野或雪地，但你只要走出一条路，以后人家就以为是一条路了。”此番话语被解读为“谢长廷打前站，民进党随后行”。由台湾指标调查研究公司公布最新民调显示，57.8%的人认为谢长廷前往大陆参访对两岸政治交流与和平发展有帮助；民进党支持者认为有帮助的达63.2%，国民党支持者认为有帮助的占64.7%。③

谢长廷虽以台湾维新基金会董事长身份应邀“登陆”，参加世界调酒大会，但他是民进党卸任公职的政治人物中访问大陆层级最高的人，以他曾经担任“行政院长”及民进党主席的经历，又是现任民进党中常委的身份，大陆由国务委员戴秉国、国台办主任王毅、海协会会长陈云林高规格会见，呈现大陆对民进党人士登陆访问的重视。谢长廷10月8日结束了为期5天的走访大陆行程，私人之旅可谓收获甚丰。虽然只是短短5天行程，但走访了漳州、厦门和北京3个城市，实现了祭祖梦想，见识了大陆的快速发展，更重要的是，分别与戴秉国、王毅、陈云林等进行了会面。谢长廷的这次私人之旅可谓收获甚丰。

外界很在意谢长廷的访问是否会如2005年时任国民党主席连战率先访问大陆、开创60年来国共和谈新局面一样，开创民进党与大陆接触的新局面。谢长廷首站抵达厦门，受到大陆的礼遇和谢氏乡亲的热

---

① 向南：《从重设“中国事务部”看民进党动向》，《两岸关系》2012年8月，第23页。

② 《联合早报：谢长廷是否言行如一尚须观察》，大公网，2012年10月9日，http://www.takungpao.com/opinion/content/2012-10/09/content_1200185.htm。

③ 《谢长廷大陆行台湾6成民众认为有助两岸和平发展》，人民网，2012年10月9日，http://tw.people.com.cn/n/2012/1009/c104510-19202229.html。

情欢迎，他有感而发地说："习惯、文化、文字（都一样），没有感到是去别的地方，就像去兄弟的家一样！"在谢长廷登陆的同时，民进党主席苏贞昌也前往金门与基层举行座谈，苏贞昌意有所指地说："台湾握紧的拳头已张开，期待与中国握手"，但是要握手必须两个拳头都张开，"如果一边握紧的拳头已经放开了，另外一边还是握紧了拳头，这样没有办法握手"。虽然苏贞昌对谢长廷的大陆行表示"祝福"，但苏谢一个到厦门一个在金门，两地相距最近处不过5公里，媒体形容他们一个已经面对大陆，一个还在大陆对面。作为民进党的破冰之旅，谢长廷叙述了他的肺腑之言。他说，民进党创党当年，他担任社运部主任，并参与推动老兵返乡运动，所以民进党创党争取的理念是超越族群的，希望民进党可以记得这个初衷。只要有新的作为，新的突破，有心就可以走出一条路来。谢长廷说："民进党与共产党并没有冤仇，民进党早期推动'台独'，是反对国民党的统治，而不是针对共产党。"对于民进党是否能够顺乎民意，激流勇进，在关乎民族大义的重要历史时刻痛下决心，做出正确选择，不论是大陆或者台湾人民都在拭目以待。①

六、马英九执政面临危机

5月20日马英九第二任就职前夕，台湾媒体公布的民调显示，马英九2008年就任时民众的满意度曾高达66%，不满意度只有10%；2009年"八八水灾"过后，满意度大幅滑落到29%，不满意度升至54%；2012年马英九的民调创下了新低点，满意度只有23%，不满意度为66%，不满意度为历来最高。至于马政府处理三大民生议题的表现，进口美国牛肉的"美牛问题"有76%的民众不满意，物价升高的"油电双

① 《谢长廷访问大陆或为后人探路》，中国网，2012年10月8日，http://military.china.com/news/02/11078237/20121008/17462593.html。

涨”令多达82%的民众不满，而影响股市的“复征证券交易所得税”也有53%的民众不满意。① 对于只有两成三的满意度和居高不下的各项“不满意”，马英九和他的团队面临着巨大的执政压力。

其实，马英九及其团队的所作所为早已为今天的危机埋下了“祸根”。

马英九上任后，试图进行党政切割，做超越政党、涵盖蓝绿的“全民总统”，为了避免民进党攻击他“党政一体”，刻意抛开国民党，导致党政关系不顺，执政力量势微。马英九的“学者气质”和理想主义思维，不顾蓝绿二元结构的基本矛盾与社会现实，期盼实现蓝绿和解，实行蓝绿共治。在这种执政思维下，马英九在人事布局上，抛开为他上台打天下的国民党和泛蓝精英，为了“避嫌”而不敢予以重用，大量提名和任用曾经力挺陈水扁、反对发展两岸关系的绿营人士，这让“泛蓝将士”有一种强烈的失落感，埋下了党内反马的一种强烈情绪与怨气。马英九第二任还没就职前，诸多政策就频遭国民党“立委”反弹，发出执政警讯，加上国民党在鹿港镇长补选大败，外界解读为对马的不信任投票。顺利取得连任后的马英九宣称自己虽然没有连任压力，但国民党“立委”还有连任压力，国民党“立委”面对民进党“立委”，被迫与马政府和行政部门保持距离，不给予全力支持。此外，台湾“行政院”前秘书长林益世涉贪收押的消息，更让马英九“用人惟清廉”的美名砰然落下。这等于是砸毁了马英九最得意、最为人称颂的金字招牌。

马英九目前面临的最大危机来自经济形势的恶化，尤其是在物价持续上涨之时不得不持续调整不合理的油电价格，加重民众负担。与此同时，原本看好的股市却在“5·20”就职演说之日起逆转，持续下跌，市值缩水达6万亿元新台币，民怨在所难免。马英九处事不决、与民众沟通不畅、政府工作疏忽等原因以及最为民众关心的经济和民生问题，尤其是油电价格双涨、美国牛肉进口等议题处理不当，使满意度降到两成，

① 《马英九就职前夕支持度跌至23%再创新低》，凤凰网凤凰卫视，2012年5月18日，http://www.usqiaobao.com/2012-05/18/content_1378569.htm。

此事无疑使低迷的满意度雪上加霜。[①] 2012 年的美牛问题、油电双涨、复征证券交易所得税等民生政策争议不断。油电双涨政策，高达 82%的人不满意；开放美国牛肉进口问题，不满意比率达 76%；当局推动复征证券交易所得税的政策，53%的民众不满意。

与此同时，民进党虽然在“大选”中一改往日“街头政党”式的撒泼耍横，表现的极其文明理性，但是作为“在野党”、“反对党”的民进党和泛绿阵营，并没有一改往日的习气，而是“为反对而反对”，处处针锋相对。马政府的施政自是逃脱不了绿营的百般阻挠，况且马团队还有种种疏漏弊病，这使得绿营抓到了把柄而大肆渲染，亲绿社团更是上街抗议，表达对马英九两岸政策、岛内政策的不满。除了日常的游行示威反对和“立法院”的唱反调之外，针对马英九及其团队的“呛马”活动更是令马英九尴尬不已。“呛马”采取串联接棒等多种模式，包括台联党以及“台湾社”都陆续进行抗议，绿营各种“呛马”、反马活动甚嚣尘上，马英九及其施政团队面临着巨大的政治压力。

此外，马政府施政不佳，加之全球经济危机的影响，岛内经济涨势艰难、失业率飙高、物价波动、民怨沸腾，除了蓝绿传出酝酿罢免马英九声浪外，由民间发起的“倒马”行动也风风火火。民众对于当局决策反覆、政策未广纳民意或是不满当局罔顾人民权益。马英九执政团队表现令各界大失所望，民众怨声载道，批判之声不绝于耳，民进党更是借题发挥，猛批执政无力，即使泛蓝内部也表达了不满，让上台不久的马英九很快陷入了严重的执政危机。各种呛马、反马、倒马人士竞相设立总部，或单独或联合游行示威，反对马英九的政策，反对马英九政府以及反对马英九个人。“倒马”人士列出 30 项马英九罪状，包括用人小圈圈、保钓不力以及油电双涨等等，倒马人士高举牌子，声称要向马英九宣战，他们强调倒马不是为了政党，而是替人民发声。马英九面对的民间和百姓的压力更为巨大。

回看 2008 年马英九代表国民党参选台湾地区领导人，在陈水扁贪腐

---

① 《马英九面临领导危机》，财新网，2012 年 7 月 3 日，http://caing.zjol.com.cn/2012－07－03/100406730.html。

政权引发巨大民怨之下，他大胜民进党的谢长廷221万票，当时国民党在“立法院”所占议席呈压倒性优势，马英九和国民党处于完全执政的地位。不过，这种有利情况持续了仅一年之久，就因马英九政府施政失误，特别是2009年“八八水灾”救灾不力，导致民怨沸腾，马英九声望急速下滑，他的领导能力备受质疑，在2012年的这次选举中，“马英九无能”更是成为其他候选人攻击的口实。其实2008年之后，国民党已经多次在“补选”中败阵。2010年，马英九更换内阁，由吴敦义接替刘兆玄出任行政院长，情势才稍微稳定下来；2011年“五都选举”勉强小胜，但却与民进党在选票数量上输了一大截；事实上2012年的这次选举，马英九一直未能拉开与蔡英文的差距，11月底个别民调甚至显示蔡英文反而领先，马英九的选情可谓空前严峻。在马英九第一任期即将结束之际，马的声望由刚就任时66%的最高点跌至目前23%的最低点；批评马欠缺施政魄力、忽视民意、没有执政能力、不值得信任的比率都超过五成；展望未来，56%的民众对马英九继续领导台湾没有信心，马正面临空前的执政危机。

回顾2012年的两岸关系，确实是极不平常的一年，这一年，两岸关系延续2008年马英九上台以来一贯的积极良好的态势，和平发展的大潮浩浩荡荡，朝着不断深化和拓展的方向发展，两岸人民共享和平发展的红利，共沐中华民族伟大复兴的世纪春风。通过两岸交往，台湾人民日益享受到大陆让利的成果，日益感受到大陆崛起带来的福利。但是岛内的政治生态依然严峻，各领域起伏波动，不论是马英九的连任还是民进党的“改变”，不论是海基会的换帅还是马政府面临的压力，都给两岸关系的和平发展增添了不少变数，而这些变数在一定程度上会对两岸关系产生重要的影响。面对日益深化的两岸关系，我们不仅仅要看到两岸和平发展浩浩荡荡的大潮和友好往来欣欣向荣的盛景，更要看到台湾社会各领域的波涛汹涌和两岸关系中波澜起伏的变数，在把握全局的前提下深入地观察和研究，为两岸和平发展的宏图出谋划策，为中华民族的伟大复兴保驾护航！

（杨建英　储斌）

第二十七章
微博传播与国家安全

[**内容提要**] 2012年，伴随着互联网技术的迅猛发展与新媒体新业态的不断涌现，我国网络舆论载体的多元化发展趋势进一步凸显，网络舆情在社会舆论传播格局中的地位与影响力随之攀升。以微博为代表的新媒体全面渗透至社会生活的方方面面，其对社会稳定、国家安全发挥着日益举足轻重的作用。

2012年，对于微博的发展具有里程碑的意义。手机取代台式电脑成为了我国网民第一大上网终端，手机微博成为使用率增幅最大的手机应用。政务微博由最初涉水到走向全面成熟，官方媒体的“微博变脸”带给公众持续惊喜，微博反腐高举网络反腐的先锋旗帜。如今，网络时代的微博印记持续加深，学术界对微博的研究探索亦不断深入。

一、2012年微博发展最新趋势

根据《中国互联网络发展状况统计报告（2012年7月）》，截至2012年6月底，我国微博用户数达到2.74亿，较2011年底增长9.5%，网民使用率为50.9%，比2011年底增加2.2个百分点。

微博用户规模已进入平稳增长期：自2011年上半年爆发式增长以来，微博用户增长已逐渐回落。2011年6月底用户数增速为208.9%，网民使用率增加26.4个百分点；2012年6月底用户数增速已低至10%以下（9.5%），网民使用率仅增加2.2个百分点。在网民使用率超过一半的前提下，用户增长的回落，意味着微博已走过早期数量扩张阶段。

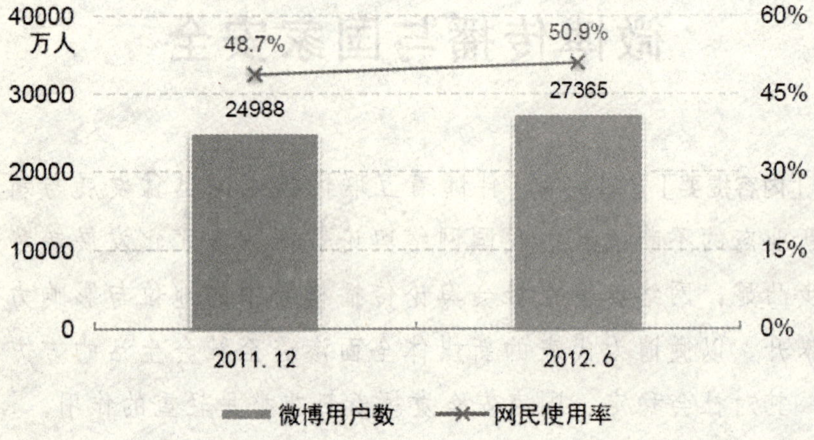

2011年12月至2012年6月微博用户数及使用率

数据来源：CNNIC中国互联网络发展状况统计调查　　2012.6

2012年上半年，通过手机接入互联网的网民数量达到3.88亿，相比之下台式电脑为3.80亿，手机成为了我国网民的第一大上网终端。与此同时，手机微博延续2011年快速增长的势头，截至2012年6月底，其在手机网民中的使用率提升5.3个百分点至43.8%，是使用率增幅最大的手机应用。一方面，手机微博能体现微博内容的即时性和发挥微博应用的自媒体优势，用户体验较好，流失率较低；另一方面，手机微博客户端功能不断增强，例如增加LBS交友、社会化阅读、兴趣社区和通过客户端直接购物等，提升了手机用户使用微博的黏性和使用体验。

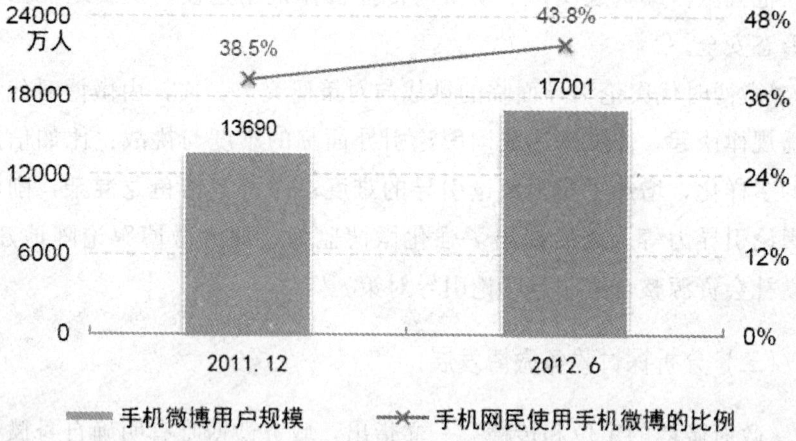

2011 年 12 月至 2012 年 6 月手机微博用户数及其手机网民使用率

数据来源：CNNIC 中国互联网络发展状况统计调查　　2012. 6

二、学术界对微博发展的研究探索

2012 年，学术界对微博的关注程度空前，以微博为研究对象的学术性文章占据了新闻传播学期刊中网络传播、新媒体版块的绝大部分篇幅。学术研究涉及微博的运行机制、微博的社会影响、微博的有效管控等等诸多方面。研究角度进一步多元，探讨层次进一步深入，与社会热点事件的相关性更强，对策建议也更具指导性与可行性。

（一）关注微博视域下的国家安全

《微博传播对我国意识形态安全的影响》一文，从传播学基本理论出发，通过对微博传播特性和传播模式的分析与解读，探讨微博传播对国家意识形态安全产生的正面效应及负面影响，进而总结出微博传播背景下维护国家意识形态安全的对策。文章建议通过形成独特的微博管理方式，把握微博编辑规律，推动微博传播自律机制建设，切实维护国家意识形态安全。①

《微博时代舆论引导面临的挑战与对策研究》一文，由微博时代舆论传播规律谈起，详细阐述我国舆论引导面临的难度与挑战：比如信息来源的多样化，增加了我国舆论引导的难度；微博舆情鱼龙混杂，削弱政府舆论引导力等。之后提出了强化微博监督、加大微博舆论阵地建设、建立社会资源整合机制等舆论引导对策。②

（二）分析探讨政务微博发展

《政府微博的定位和传播》一文指出，政务微博唯有明确自身微博职能属性、传播方向、目标受众等元素，建立自身微博的差异化特征，才有机会在日异增加的政府微博中确立独特的位置。③

《传播学视角下政务微博的发展路径探析》一文，从传播者、传播内容、传播渠道三个方面分析总结了政务微博的传播模式特征，并对政务微博发展提出了相关建议。对于传播者来说，要提升官员开微博的专业性和主动性；对于传播内容来说，重视政务微博的民生性与解压性功能；对于传播渠道上，推行专业化的品牌运作。④

《政务微博的现状与发展对策》一文，对政务微博发展存在的问题进行了梳理，比如微博执政理念滞后、微博活跃度不高、互动程度低等。在此基础上提出了三个应对对策：一是加强政务微博执政理念，加大政务微博开通力度，提高微博时代网络执政能力；二是加强政务微博的机

---

① 王熙：《微博传播对我国意识形态安全的影响》，《新闻爱好者》，2012年10月下。

② 李大棚：《微博时代舆论引导面临的挑战与对策研究》，《思想政治工作研究》，2012年9月。

③ 许兆：《政府微博的定位和传播》，《对外传播》，2012年1月。

④ 韩娜：《传播学视角下政务微博的发展路径探析》，《新闻与写作》，2012年2月。

制化建设和互动性；三是根据网民关切，发布政务微博内容。[①]

（三）关注微博环境下网络舆论特点

《微博传播环境下网络舆论的特点》一文指出，微博的社会影响力不断增强，正在对网络舆论的格局产生不可忽视的影响。具体体现为网络舆论场的形成更快速；“沉默的螺旋”效应更明显；议题替代性更强。[②]

《微博热点话题扩散模式分析》一文，以新浪微博为样本，从话题属性和扩散主体等多个角度分析影响热点话题扩散的因素，并且从初级传播和次级传播两个层次分析其扩散过程和规律，得出微博热点话题扩散模式具有病毒式传播特征，即通过微博用户的社会关系网络，信息能够像病毒一样裂变式传播和扩散。[③]

（四）关注微博谣言、名誉侵权等负面效应

《微博谣言的生成机制及传播效果分析》一文，探讨了微博谣言的生成机制以及微博谣言的传播效果，探讨了意见领袖在谣言传播过程中的作用，以及微博谣言对受众的心理与行为产生的影响。[④]

《微博名誉侵权现象及其应对之策》一文，通过微博名誉侵权的案例分析，对微博名誉侵权的定义、特性、原因进行了概括与总结，并从法律和把关两个角度提出消除微博名誉侵权行为的对策：一是通过法律来约束名人，使之谨言慎行；二是微博运营商应该加强对微博信息的把关。[⑤]

---

① 相德宝、吴竞祎：《政务微博的现状与发展对策》，《新闻与写作》，2012 年 2 月。

② 张玉洁：《微博传播环境下网络舆论的特点》，《新闻爱好者》，2012 年 11 月（上）。

③ 陈聪、张大勇、何苾菲：《微博热点话题扩散模式分析》，《当代传播》，2012 年第 5 期。

④ 尤龙、洪禺：《微博谣言的生成机制及传播效果分析》，《新闻爱好者》，2012 年 10 月（下）。

⑤ 靖鸣、祁丽婷：《微博名誉侵权现象及其应对之策》，《青年记者》，2012 年 10 月上。

三、政务微博发展状况及特点

（一）政务微博面临严峻挑战

据人民网舆情监测室统计，微博已经成为第二大舆情源头，仅次于传统媒体报道。社会热点事件中，由于手机微博的普及，在场的每个人都可以通过手机或其他终端简单地发送文字、图片或视频，使“独立新闻报道”成为可能，甚至可以成为网络舆情的引导者。微博运行对社会舆论的生成机制带来根本性改变，给各级政府的事件处置、舆情应对以及政务微博的发展带来严峻挑战。

（二）积极主动介入热点事件

经历了2011年政务微博元年的不断发展，2012年上半年，我国政务微博取得长足进展，日臻成熟的运作机制与日趋完善的反应体系得以进一步建立健全。基于此，绝大多数政务微博在社会热点事件中“频发声”、“早发声”、“发真声”，通过信息的及时发布、官民的良好互动、危机的妥善应对，取得了当地民众的信任，塑造了当地政府良好的社会声誉。

北京“7·21”特大自然灾害发生后，作为受灾较为严重地区的政务微博，“funhill房山”在微博中直播救灾，及时辟谣，做到信息公开透明，为政府应对灾害做好铺垫，赢得主动。①

（三）谨防舆情应对次生灾害

微博时代，面临社会热点舆情，尤其是突发公共事件，政务微博对舆情的及时应对是基本的共识。但如何及时应对、妥善处置，直接体现

① 人民网舆情监测室：《2012年地方党政机构舆情应对能力研究报告》。

政务微博整体的综合素养，直接考验政务微博运行的体制机制。应对得力，便澄清事件，赢得理解；应对失当，则一着不慎，满盘皆输。在政务微博介入舆情事件时，因微博回应中不当的言论措词或态度而带来的舆情应对次生灾害，同样值得警惕。例如在三亚宰客事件中，官方微博早期冰冷的态度和反复无常的回应内容，让当地政府形象受到重创，给后期干预处置增加了不少难度。

（四）广泛灵活使用网络语言

2012 年，各地政务微博在运行过程中，通过对网络语言、潮语潮词的广泛、灵活使用，极大拉近了政府部门与社会公众之间的距离，在政务信息发布，法律法规宣传领域获得各地公众的普遍认可。2012 年 10 月，针对高速公路上摩托车严重超速，“湖北高速交警”微博以“元芳体”进行播报。“摩托车跑这么快，元芳，你怎么看？元芳：大人，此事必有蹊跷。狄仁杰：我已断定，此乃急速飞车、危险之极。”一种流行的方式让更多人知晓更多的交通法规，很好地达到交通安全宣传教育的目的，广受网民肯定。[①]

（四）联动配合实现整体效果

经过近两年时间的发展，政务微博已由设立之初“单打独斗”的个体行为模式逐渐转变为联动配合的整体行为模式。这一特点在社会热点事件、社会舆论密集关注的网络舆情事件中表现得尤为明显。北京“7·21”特大自然灾害发生后，北京消防、水润京华、平安北京、交通北京与 16 区县政务微博持续不断发送官方消息、舆情信息，联动配合使得官方舆论场第一时间得以建立。与此同时，武汉大雾事件中，当地多部门政务微博联动，加强沟通，共同引导网上舆论，力辟谣言，有效化解了舆论危机。

---

① 《微博观察：湖北高速交警巧用“元芳体”传播交规》，http://yuqing.people.com.cn/n/2012/1022/c209043－19347231.html。

四、官媒微博"带头试水"

以《人民日报》、新华社为代表的官方媒体纷纷加入微博行列，就社会热点频频发声，积极引领社会公众关注社会热点事件，并接连推动相关事件的及时妥善解决。其语言风格、"处事"特点与公众心目中的官方媒体形象形成较强烈反差。这一波官方媒体"带头试水"，不失为2012年微博发展的一大亮点。

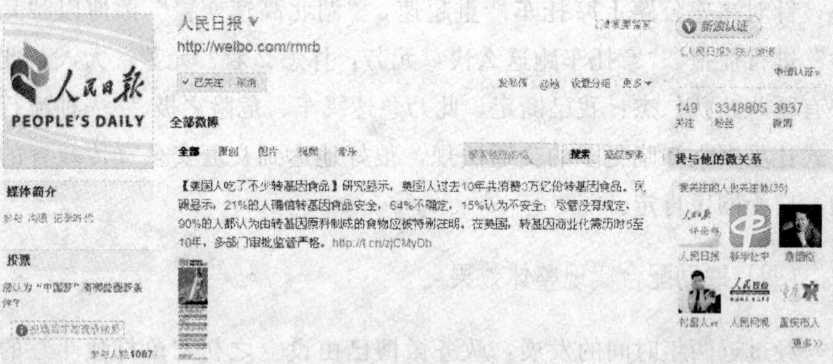

《人民日报》官方微博首页（2012年12月19日9时55分截图）

（一）@人民日报

2012年7月22日凌晨4时58分，人民日报官方微博"@人民日报"在人民网、新浪网上同步发出第一条微博——"北京暴雨，整夜无眠。人民日报官方微博与大家共同守望。为每一位尚未平安到家的人祈福，向每一位仍然奋战在救援一线的人致敬！北京，加油！"。这标志着《人民日报》官方微博在两大微博平台正式上线。[①]

《人民日报》微博上线后的一周时间里，发布微博180余条，收获15万粉丝。开博43天后的9月2日，粉丝突破100万。当天深夜，《人民日报》微博在其最受欢迎的栏目“你好，明天”中立志要“做一个诚实的微博，不骄矜、不浮夸，以敬畏之心守护事实真相”，要“做一个负责的微博，不盲目、不媚俗，以虔诚之心呵护发展进步”。[②]截至2012年12月中旬，《人民日报》微博已发布微博近4000条，收获粉丝330多万。

2、@新华社中国网事

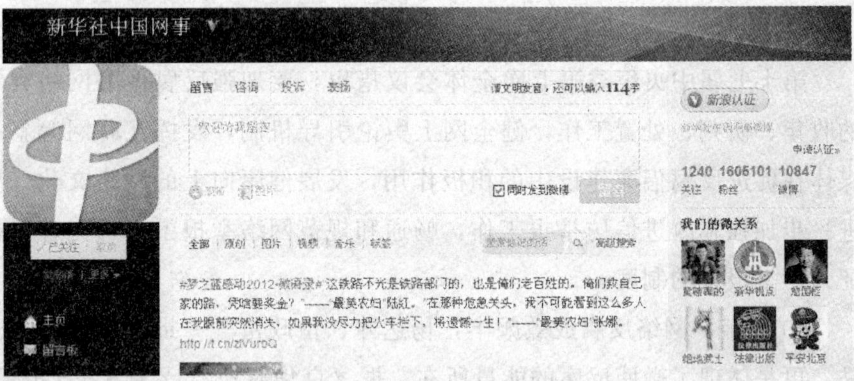

新华社中国网事微博首页（2012年12月19日9时55分截图）

新华社中国网事微博则在2010年8月5日上线，起初不温不火，粉丝数稳步增加，在2012年8月底时粉丝数已经超过了20万。经过持续关注“南航空姐被打”事件，该微博的粉丝数已逼近150万，数天之内飙升100多万。[③]

8月29日“南航空姐被打事件”发生，三天后广州市越秀区委宣传部公布事件初步调查结果，认定广州越秀区委常委、武装部政委方大国

① 《人民日报官方微博正式上线》，http：//www.people.com.cn/n/2012/0723/c236759－18577473.html。

② 《央媒微博抢滩“民间舆论场”》，《东方早报》，2012年9月4日，A17版。

③ 《央媒微博抢滩“民间舆论场”》，《东方早报》，2012年9月4日，A17版。

未殴打空姐。这一结果与此前当事人描述的情况有出入，招致众多网友质疑。新华社中国网事微博从8月31日深夜持续到9月2日，线上线下联动，微博征集线索，记者采访目击者，配发相关微评论，披露部分采访内容，预告稿件及目击者录音发布时间，发布稿件以及后续追问，完成了一次舆论监督的全过程，相关总微博数超过了20条，引发网友持续热议。①

五、微博反腐成为网络反腐新兴方式

第十七届中央纪委第七次全体会议指出，要加强反腐倡廉网络舆情的收集、研判、处置工作，健全网上舆论引导机制，发挥互联网等新兴媒体在促进反腐倡廉建设中的积极作用，发展健康向上的网络文化。要进一步加强和改进信访举报工作，畅通和规范网络举报渠道，完善保护证人、举报人的制度。

2012年，网络反腐成效颇丰，杨达才、雷政富等一批官员的纷纷落马，更是体现了微博反腐的能量所在。据《京华时报》12月12日报道，通过对近5年39个网络反腐典型案例的梳理，发现从2008年的2例至2012年的19例，利用网络手段反映官员腐败问题的现象逐年递增。微博诞生后，网络反腐的主阵地亦随之变化。统计显示，39个网络反腐案例中，通过微博渠道传播的就有11起，有的举报材料在其他网站就曾发过，转到微博上才引发大量关注。在某种程度上，微博已取代天涯网、各地方论坛和民间维权网站，成为最重要的举报阵地。②

微博反腐的抢眼表现也吸引业内专家学者对其投以高强关注度。北京航空航天大学公共管理学院廉政研究所副所长杜治洲在《微博反腐：

① 汪洁、张旭泉：《新华社〈中国网事〉微博的启示》，《青年记者》，2012年10月下。

② 《网络反腐5年曝39案》，《京华时报》，2012年12月12日，A10版。

模型、现状与对策》一文中，指出微博反腐作为一种新兴的反腐方式，具有高效便捷、公开透明、及时互动的特征，越来越引起政府官员及廉政研究学者的关注。以微博反腐的积极作用和消极作用两个维度，可构建四阶段模型。微博反腐通常要经历“低积极、低消极”、“低积极、高消极”、“高积极、高消极”、“高积极、低消极”等四个发展阶段。当前我国微博反腐处于“高积极、高消极”阶段，在发挥巨大积极作用的同时也带来了诸多问题，如：微博虚假信息过多，微博反腐运作流程不健全，存在着非理性化倾向等等。针对当前阶段微博反腐的发展状况以及出现的问题，政府应完善微博反腐的规章制度，促进微博反腐法制化、规范化；科学设计微博反腐流程，建立微博反腐信息库；深化对微博反腐的认识，推进政务公开；实行微博实名制，正确引导网络舆论，使微博真正成为有效的反腐平台。①

《人民日报》2012 年 12 月 3 日亦发文称，网络举报是一把双刃剑，举报中的“误伤事件”提醒，监督和隐私各有边界。如脱缰之马的“网络监督”真假难辨，一旦践踏到普通公民的“隐私领地”或者危及集体权益，必将会使整个社会陷入不安。同时，网络举报因其偶发性甚至戏剧性的弱点，使得反腐效果难言乐观。针对当前严峻的腐败形势，更需要通过顶层设计，将网络反腐纳入法治化、制度化轨道。唯此，社会监督的正能量才能得到进一步释放。②

（高红玲　刘理鼎）

---

① 杜治洲、张阳阳：《微博反腐：模型、现状与对策》，《理论视野》，2012 年 6 月。

② 《网络反腐须纳入法治轨道》，http：//opinion. people. com. cn/n/2012/1203/c1003－19768629. html。

第二十八章

两岸应共同应对南海问题

［内容提要］南海诸岛是中国的固有领土，是中华民族的“祖产”。近年来，伴随着国际形势的风云变幻，南海周边国家不断对南海岛礁及水域提出主权要求，肆意侵犯我国领土主权。2012年，菲律宾挑起黄岩岛争端，制造与中国大陆的摩擦；同时越南在南沙太平岛附近动作频繁，给台湾造成了不少困扰，大陆和台湾都同样感受到周边国家咄咄逼人的态势。海峡两岸同属中华民族，台湾和大陆都是炎黄子孙，两岸都是中国人，在南海诸岛问题上具有根本的一致性利益。如何协调两岸在领土争端中的立场和态度、加强两岸在岛屿争端中的的沟通与协作，维护中华民族固有的领土主权、维护国家的根本利益，是大陆和台湾都应该认真思考的历史和现实责任。

一、2012年两岸面临的南海形势

2012年4月10日，正在黄岩岛海域捕鱼作业的12艘中国渔船遭菲律宾军舰拦截，菲律宾士兵持冲锋枪强行登检，企图扣押中国渔船。中国“海监75”和“海监84”接到求救信号赶往现场，菲律宾军舰蛮横不让，双方遂在黄岩岛海域展开对峙。5月7日，外交部副部长傅莹第三次约见菲律宾驻中国临时代办，表明“中方已做好了应对菲方扩大事态的各种准备”；8日，五艘中国军舰组成的舰队驶向南海，黄岩岛海域的中国船舰从14艘增加到33艘；9日，中国首座自主设计建造的第六代深水半潜式钻井平台“海洋石油981”在南海正式开钻；10日，中国国家旅游局发布公告，提醒中国游客暂缓赴菲旅游，致使赴菲中国观光客锐减；21日，中国发布《海洋观测预报管理条例》，自6月1日起实施包括黄岩岛、钓鱼岛等海岛及其附近海域的海洋环境预报；6月，因中国国家质检总局的加强检疫，致使菲律宾多批香蕉被退回或滞留；7月13日，第45届东盟外长会议在柬埔寨首都金边闭幕，因菲律宾和越南企图将其在南海问题的立场纳入《联合公报》，将中菲、中越双边南海争端变成中国和东盟的问题，遭到其他东盟国家的反对，导致无法发表联合公报，这是东盟成立45年来首次未能发表联合公报；15日，中国大陆30艘渔船组成的船队航抵南沙永署礁附近海域，开展捕捞作业，这是南海历来最大规模的捕捞作业；24日，中国在海南省西沙永兴岛设立地级三沙市，管辖西沙群岛、中沙群岛与南沙群岛的岛礁及其海域。

越南和菲律宾多次高调挑战南海主权，声称西沙群岛和南沙群岛为其领土，越南军舰更是多次侵入台湾实际控制的南沙太平岛水域，挑衅意味十足。台湾“外交部”数度重申台湾立场，强调无论就历史、地理及国际法而言，南沙群岛、西沙群岛、中沙群岛、东沙群岛及其附属海域均是“中华民国”固有领土，不容置疑。台“外交部”表示，“‘中华民国’对南沙群岛、西沙群岛、中沙群岛、东沙群岛及其周遭水域享有一切应有权益，任何国家及地区无论以任何理由或方式予以主张或占据，‘中华民国’政府一概不予承认。”4月22日台湾巡防部门承认，越南舰艇多次靠近台水域与台海巡署擦身而过，类似状况在南海地区已属经常现象；5月1日国民党籍民意代表对南沙太平岛考察后指出，太平岛驻军完全有能力歼灭来犯敌人；稍后台“国防部”在报告中透露，为能有效驰援东、南沙，台军已完成空中快反及海上驰援作战计划，并已将东沙、太平岛纳入应援作战计划中；鉴于南海局势风高浪急，有国民党“立委”要求增强太平岛军备，不料美国在台协会对此表示“关切”，美国不乐见台湾加强太平岛军备，是不想让两岸形成共保国土、连手御敌的默契；5月4日台湾海军远航训练支队加入“武昌舰”及“成功舰”担任护卫及航训任务，巡弋被越南舰艇骚扰的南沙太平岛海域，并派官兵登岛慰问驻守人员；5月6日台防务部门报告指出，东沙岛和太平岛部署防空导弹，每个岛增加40人，且增建掩体、弹库等设施；菲律宾声称对南中国海拥有主权，台军方严厉谴责菲律宾的侵略行径，台湾海巡部门指出，将派驻东沙和南沙太平岛的驻岛士兵，并将原本的陆军改为训练精良的海军陆战队选兵；6月，台海军与台海巡部门共赴南海执行碧海操演，台军方表示途中不管遇上菲、越军舰接近，都将按既定战备规定因应，不会回避；台湾防务部门宣布，为应对南海紧张局势，台湾将向南海所占岛屿部署导弹艇和坦克等重型武器。

二、两岸对南海问题的立场

南海诸岛是中国的固有领土，是中华民族的“祖产”，东沙群岛、西沙群岛、南沙群岛、中沙群岛是中国领土不可分割的一部分。

中华民国时期（1912—1949），国民政府1935年和1947年两次分别公布南沙群岛的中英文对照表，尤其是1947年明确在地图上标绘东沙、西沙、中沙和南沙群岛属中国版图。1947年国民政府内政部出版了《南海诸岛位置图》。二战期间的1938—1939年间，日本曾侵占南沙群岛的部分岛礁，根据《开罗宣言》和《波茨坦公告》，1946—1948年间，国民政府陆续收复被日本强占的南沙群岛，并竖碑绘图，设置驻太平岛的南沙群岛管理处。

新中国对南海的主权宣示和主权行使是在继承中华民国南海主权的基础上开始的。

20世纪50—60年代，以主权宣示为主。新中国成立不久就明确对南海的主权进行了宣示。1950年5月，中国大陆发表声明，强调“中华人民共和国绝对不允许团沙群岛（即南沙群岛）及南海中任何属于中国的岛屿被外国所侵占”。1951年8月，周恩来总理在《关于美英对日和约草案及旧金山会议的声明》中明确指出:“西沙群岛和南威岛正如整个南沙群岛及东沙群岛、中沙群岛一样,向为中国领土……中华人民共和国在南威岛和西沙群岛之不可侵犯的主权均不受任何影响。”1958 年 9 月中国政府发布《关于领海的声明》、外交部于 1959 年 2 月就越南入侵西沙发表的声明中,均重申东沙、西沙、中沙、南沙群岛“属于中国”、“是中国的领土”。

20 世纪 70—80 年代,有限自卫与主权宣示相结合。20 世纪 70—80 年代是大陆南海政策的效果较为成功的时期。当时,大陆较好地利用了美国借助大陆抗衡苏联的机遇,解决了西沙群岛问题,并且两次对不断挑衅的越南予以了惩戒。1979 年以后,伴随中国大陆的改革开放,大陆开始进行南海的海洋调查。根据 1987 年联合国教科文组织海委会第 14 次会议的决议,大陆于 1988 年初在南沙永暑礁建立海平面观测站,同时进驻赤瓜礁等 5 礁。为宣示中国对南海诸岛的主权并加强行政管辖,大陆先后于 1982 年设立海南行政区、1988 年改设海南省,将西沙群岛、南沙群岛、中沙群岛的岛礁及附近海域纳入其管辖范围。

20 世纪 90 年代以来,以“搁置争议、共同开发”为主导的政策。1991 年,中国与东盟开始对话进程,双方建立起一套完整的对话合作机制,南海也成为中国与东盟间正在推进的务实合作领域之一。1992 年,七届全国人大常委会通过的《领海及毗连区法》规定:“中华人民共和国的陆地领土包括……东沙群岛、西沙群岛、中沙群岛、南沙群岛。”1996 年,中国政府宣布了大陆领海的部分基线和西沙群岛的领海基线,将南海诸岛中在中国实际控制之下的西沙群岛的主权权利法律化,以国内立法的形式确定了《联合国海洋法公约》中对专属经济区和大陆架的规定。2002 年 11 月,中国与东盟国家签署了《南海各方行为宣言》,各方重申以和平共处五项原则以及其他公认的国际法原则作为处理国家间关系的基本准则,在解决争议前,各方承诺保持克制,不采取使争端复杂化和扩大化的行动。

台湾一直坚称南海诸岛长久以来为“中华民国”固有疆域,并在东沙群岛与南沙最大岛屿太平岛派有常驻军力,显示维护领土主权的决心。1946 年,国民政府派遣海军“太平舰”接收南沙群岛最大岛屿——太平岛及其他岛屿。1956年之后，太平岛一直由台湾海军陆战队驻守，成为维护南海主权的坚强象征。90年代初，台湾当局在维护南海主权问题上态度相当积极。1993年台湾当局公布《南海政策纲领》中明确表示："南沙群岛、西沙群岛、中沙群岛及东沙群岛，无论历史、地理、国际法及事实，向为我国固有领土之一部分，其主权属于我国。"① 同年5月，台"行政院"核定《南海政策纲领实施纲要分办表》，强调依法管理。1995年"美济礁事件"及南海争端升温后，台湾方面也不断重申"中华民国"拥有南海主权，主张以协商方式共同开发南海资源。同年6月，台"行政院"批准成立"南海突发事件紧急处理小组"，显示台湾当局对南海问题的重视。

2000年民进党上台后，台湾当局的南海政策发生了重大变化，不再推动国民党执政时制定的《南海政策纲领》，对南海主权的立场变得消极，后期则转化为企图以"台湾"名义作为一方，参与南海问题的多边对话与谈判。其出发点并非要维护"中华民国"对南海的主权，而是围绕"台独"进行的。在中国大陆主导推动南海问题"搁置主权，共同开发"并取得进展的形势下，陈水扁当局重新重视南海问题，2005年9月，陈水扁作为台湾地区领导人首次登上太平岛。2008年2月，陈水扁再次登临太平岛，发表《南沙倡议》，呼吁南海周边国家依据《联合国宪章》与《联合国海洋公约》和平解决南海争端，台湾愿意在主权平等的基础上，接受《南海各方行为宣言》的内容，并希望参与正在研拟中的《南海行为准则》。实质上，陈水扁当局是希望台湾以一个独立的"主权国家"身份参与南海对话与合作，扩大台湾在南海问题上的影响力，提高台湾的国际参与。整个民进党执政期间，对于越南、菲律宾等国家侵占南海诸岛的行为，台湾很少表态反对，没有公开宣示维护"中华民国"对南海的主权，民进党在政治上寻求制定"台湾新宪法"，抛弃"中华民国宪法"在法理上等于放弃对南海的主权要求。国民党重新执政后，对南海问题的立场进行了调整，不断重申"中华民国"对南海岛礁的主权立场。2009年以来，菲律宾公然将南沙部分岛屿和黄岩岛列为菲律宾领

---

① 张文生：《南海威权，两岸能否合作》，《两岸关系》，2012年8月，第21页。

土、马来西亚总理登上南沙弹丸礁宣示主权，台湾都多次表达抗议、不断重申这些岛屿属于“中华民国”。这是多年来，台湾当局正式以“中华民国政府”的名义，明确重申对南海的主权及对南海争端的立场。面对南海岛屿争端，台驻守东、南沙群岛的海巡署 2010 年即多次向台湾“国安高层”提出要求，希望强化战备能力。台“外交部”、“国防部”和“海巡署”讨论后认为，直接派海军陆战队重返东、南沙太过敏感，恐引起不必要的争端，因此建议由海军陆战队“代训”海巡队员，台湾海军也移拨部分装备给“海巡署”，从人员和装备上增强海巡驻军实力。马英九决定 2011 年 6 月起由“受过完整陆战队训练的台湾海巡队员”进驻东沙、南沙群岛。这也是台湾海军陆战队自 1999 年 12 月 28 日撤离后，首次“实质”重返东沙、南沙。①

三、维护国家主权，两岸有着共同需求

随着南海争端的升温，大陆和台湾都同样感受到周边国家咄咄逼人的态势。2012 年，菲律宾在黄岩岛无端挑起问题，制造与中国大陆的摩擦；同时越南在南沙太平岛附近动作频频，给台湾造成了不少困扰。

（一）两岸面临共同的困境

自 2000 年起，台湾当局撤回海军陆战队的驻军，改由“海岸巡防署”接替东沙与南沙地区。当时“换防”主要考虑的是希望减低该区域的军事氛围，并向南海周边国家“表达善意”。但十多年来，台湾着眼于“非军事性质”的主张，并没有受到南海周边国家的认可，甚至被视为软弱退让的表现，菲律宾、越南等周边国更加有恃无恐。台湾虽一再重申对南海各群岛拥有主权，但口头声明并不能遏制他国的野心，尤其各国

① 《台当局展强硬立场海军陆战队重返南沙宣示主权》，中国网络电视台，2011 年 4 月 19 日，http：//news. cntv. cn/20110419/110565 _ 3. shtml。

近年在南海的探勘活动有增无减，不仅驱赶两岸渔民在南海的捕鱼，甚至发生了越南多次侵入太平岛海域公然挑衅。面对高温的南海争端，台湾各部门、民间智库都很关注，不过台湾在这个问题上可以出手的地方却不多。台湾虽然掌握有东沙岛及南沙最大的岛屿太平岛，但毕竟距离台湾太远，只要南海争端发生，台湾就会处于很尴尬的状况。太平岛周边岛礁早被越南、菲律宾鲸吞蚕食，现在即使是台湾船只前往太平岛补给，都得绕路而行。台湾海军有个不成文的规则，周边国家在针对南海起争端时，台湾通常只能坐壁上观。[①] 在南海争端中，台湾实际上处于“名不正、言不顺”地位。它对待南海诸岛采取的是“低姿态”的“守势”战略。它守护重点是南沙太平岛，这个岛屿处于南海心脏地，为南海诸岛中面积最大的岛屿，是大型油轮的必经航路，战略地位十分重要。

大陆对南海问题，70 年代以前是“主权宣示”，80 年代是“有限自卫”，90 年代以来主张“搁置争议、共同开发”。二十多年来，大陆一面不停地出动船舰与飞机宣示主权，一面也与相关国家交涉。就大局而言，在大陆的努力下，南海总体上维持了和平稳定，周边各国于 2002 年 11 月 4 日签署《南海各方行为宣言》，承诺在南海问题上保持自我克制，不单方采取使争议复杂化、扩大化和不采取影响地区和平稳定的行动。《宣言》签署以来，南海周边地区安全形势总体趋于缓和，但越、菲、马 3 国针对西沙、南沙的开发与政治军事活动却与日俱增，尤其是越南、菲律宾的行动最为积极。相对而言，大陆则受制于海军发展晚、距离远和国家经济建设为中心的大局考量，基本上在南海地区并不是积极进攻的态势。近年来，迫于他国更加肆无忌惮地开发能源的压力，大陆开始关注南海议题，但南海形势已经非常复杂。目前南海的形势是：打不得、谈不拢、拖不起。“打不得”是说不能启战，否则不论结果如何，和平崛起形象破损后将难以弥补，和平发展机遇也将尽失，所以除非被迫，决不轻言战争；“谈不拢”指相关国家在领土、领海的争执上往往采取“不谈”的立场，而且领海谈判和陆地边界谈判不同，困难更多，谈判的方

---

① 《周边国家在南海争端 台湾只能坐看》，环球网，2011 年 06 月 25 日，http：//taiwan. huanqiu. com/news/2011－06/1780186. html，2011－06－25.

式也存在争议，加上美国的介入，形势更加复杂；“拖不起”指以现行状态，再不着手处理，未来处境将更为不利。大陆在南海现状占有的地位非常不利，南海诸岛屿中，太平岛由台湾控制，大陆仅控制 8 个“礁”，其他岛屿均被越南、菲律宾、马来西亚、文莱等国占有，越南、菲律宾占据岛礁数量甚至比大陆和台湾加在一起还多，此外，在南海全部 1000 多口石油钻井，全数由越南、文莱及其他国家兴建，大陆和台湾一口油井都没有。

（二）两岸肩负共同的历史责任

两岸在共同维护南海权益方面有过默契与合作，这是两岸同为炎黄子孙、共同维护民族利益的真实写照，也为两岸未来的合作提供了很好的历史基础。1988 年，在大陆收复被越南占领的南沙岛屿的激战中，大陆南海舰队编队到达南沙群岛海域，在编队行至太平岛附近海面时，拉响汽笛向驻守太平岛的台湾海军官兵致意。经国民党驻太平岛守军的默许，编队所有舰艇在岛上停住一个星期，补充了淡水和主副食品，并借此瞭解越军在各礁盘上的活动情况，寻找登礁和应敌的突破口。

在南海问题上，两岸对于中国传统主权疆域的立场是一致的。抗战胜利后，时任中国政府派遣海军收复南海诸岛，并且绘制国界地图，以“十一条断续线”（1947 年国民政府公布的为 11 段线，1952 年新中国政府改为 9 段线）标注南海疆域线，这一立场在海峡两岸得到共同确认和维护。不管是台湾方面对东沙、中沙两群岛和南沙的太平岛行使主权，还是大陆对西沙群岛行使主权，双方都没有就对方的行为表示抗议，这实际上是基于“一个中国”、两岸一家的认识，对于南海周边其他国家在南沙群岛抢夺岛礁和提出所谓“主权要求”的行径，双方也共同地严加谴责和抗议，两岸有着一致性利益的。

（三）两岸拥有共同的态度立场

在领土主权问题上，两岸的立场、主张和法律规定是一致的，海峡两岸都有责任、有义务维护中华民族共同的领土主权。

在目前两岸分治的情况下，双方在由谁代表中国行使南海主权这一问题上没有共识，但是在一个中国原则之下，双方在南海问题上的总体立场和主张都很接近。台湾外事部门针对南海议题，曾多次表明以所谓的“主权在我、搁置争议、和平互惠、共同开发”的基本原则，这与大陆的“主权归我、搁置争议、共同开发”的主张相比完全一致。在具体的南海问题处理上，台湾主张“主权在我，搁置争议，和平互惠，共同开发”的基本原则，愿意与其他争端方搁置主权争议、共同开发南海资源。这和2002年大陆与东盟各国签署《南海各方行动宣言》的精神和主张有着异曲同工之妙，并且台当局在历次声明中对《南海各方行为宣言》所提倡的原则与精神表示认同。

此外，对两岸而言，南海也是国家安全的南端门户，若此海域为其他国家或组织所掌控，则南海门户洞开，国防安全亦会出现漏洞，这一点对大陆如此，对台湾也是如此。何况两岸对于维护南海主权这一中华民族的历史“祖产”都有不可推卸的责任感。

（四）两岸广泛存在着共同的呼吁

大陆一直认为在维护国家利益、民族大义上两岸应该积极合作，大陆官方多次表明立场，赞同两岸共同维护领土主权，4月25日，国台办发言人在记者会上指出：“中国对南海诸岛及其附近海域拥有无可争辩的主权。海峡两岸都有责任加以维护。”此外，大陆政界、学界和民间的此种呼吁更是数不胜数。

就台湾方面而言，也广泛存在着两岸合作、联合的呼声。不少退役将领呼吁“两岸共护南海”，认为南海问题上与大陆的主张相近，但台湾当局在与大陆共护南海的问题上总是欲言又止，希望两岸能够迈出坚实的一步；台湾不少将领公开向某媒体提议，不管是台军还是解放军，在保卫中国南海主权上，他们都是“中国军”，应该加强合作，联手对外。与此同时，港台媒体都曾出现过两岸应在南海联手、保卫中国海域主权的呼声，建议两岸在保卫南海主权上增强互信和合作，创造“国共合作”的新模式，以捍卫中华民族老祖宗留下的“遗产”。此外，学者和民间的呼声更是为数众多，有的学者公开主张说，两岸两军合作，应先从保卫南海主权开始，这里没有制度和意识形态问题；台湾不少人认为，两岸毕竟都是中国人，尽管过去双方对立很久，但在关键时刻即外敌入侵时双方还应联手。

（五）联手更能促进两岸的和平与发展

大陆之所以不能在南海问题上作出强硬姿态，其中一个重要的原因就是担忧外国势力的介入以及产生不良的国际影响。台湾若能在维护中国南海主权问题上同大陆协同立场乃至有所合作，避免域外势力的地区干预，维护南海的主权利益，共建两岸同属一家的感情记忆，不仅能现实地维护台湾在南海的利益，更是为维护国家利益、民族大义，为历史、祖先、未来和后代立下了汗马功劳。一些岛内学者指出，与其让越南占据太平岛，还不如携手大陆共管南海。台当局应在适当的时候和大陆坐下来商议，对南海资源进行共同开发规划。在两岸关系出现新形势的情况下，海峡两岸应将南海问题列入两岸协商议程，采取实际合作步骤，共同开发南海石油与海洋资源，以争取更多的经济利益。

台湾方面近期表示要“强化太平岛的军力部署，将防空导弹部署在太平岛”，这是岛内民众的强烈呼吁，但台湾当局却只强调“适度”强化，仍顾忌美国方面会对此不满。美国害怕的是，两岸两军会否出于民族感情出现联手对外的情况，从而导致南海局面失控。南海问题是中华民族的整体利益，台湾须有民族利益至上的大观念。无论两岸在历史上存在怎样的分歧，都是两岸内部的问题和矛盾，可以慢慢解决。纵观历史，当中华民族面临外来入侵时，两岸向来一致对外，维护共同的利益。即便是在两岸冷战时期，台当局对之也是保持一贯的立场。如今两岸开放了，在两岸和平发展的大好形势下，台当局却如此消极应对“黄岩岛事件”，的确不应该。新时期新时代，两岸关系和平发展迎来了前所未有的机遇，两岸和平发展得到了绝大多数民众的认同和支持。因此，在这样一大背景下，台当局必须摒弃冷战思维模式，与时俱进。新的历史时期，两岸不是对抗者，而是合作者，在捍卫民族利益上更应该是联合者。①

四、维护民族利益，两岸急需同行

南海诸岛南北绵延1800公里，东西横亘900公里，在这300万平方公里的辽阔海域内，近半数岛屿和海域存在主权争端。近年来，越南、菲律宾、马来西亚、印度尼西亚、文莱等国占据了南沙绝大多数的岛礁，对南海资源开发采取鲸吞蚕食的方法。菲律宾国会两年前制订《领海基线法》，把中沙群岛的黄岩岛与南沙的部分岛礁划为菲律宾领土。越南占据了数量最多的岛礁还不算，更利用国际招标的手段，在南海开发为数可观的石油与天然气。中国大陆受限于不利的国际环境和自然因素等原因，对南海诸岛的掌握和控制并不全面和牢固。目前台湾在南沙太平岛及最北端的东沙环礁驻防有海巡人员，台除维持定期运补与舰艇巡逻外，也针对南沙地区制定了作战计划。在南海岛屿主权的维护上，台方鲜有表态，而大陆以"主权在我，共同开发"的主张，维持与南海国家的较量。历史上，由于海权力量不足，大陆虽先后于1988年从越南手中夺回赤瓜礁，1995年收复美济礁及其邻近的岛礁，但仍不能完全控制邻近国家的不断侵蚀。目前在主权范围内被侵占的岛礁有：越南29个，菲律宾9个，马来西亚7个。大陆为了和平解决争议，以维护南海和平稳定，与南海周边各国签署《南海各方行为宣言》，呼吁各方克制，不将南海问题国际化、多边化。

从台湾方面提升南海兵力的动作来看，南海的战略情势已有重大的变动，并持续发展。台方南沙驻军已面临越南、菲律宾、马来西亚等国的威胁，提高战备非常必要，台当局日前宣示捍卫东、南沙海域主权，向菲律宾说明台方对南沙的立场，并决定以陆战队驻防南沙，提升防卫

---

① 刘隽：《南海争端，台湾不应沉默》中华网，2012年6月11日，http://news.china.com/focus/nhctsj/11101498/20120611/17250052.html.

实力，此举表明台湾反对菲律宾向联合国提交有关南海主权问题的主张。南海问题上，台湾的利益与范围与大陆完全一致，却与美国利益相悖离，虽然台湾“外交部”声称“不会与中国大陆联手处理南海主权问题”，但对于台湾而言，离开大陆恐怕无法解决问题。两岸的政治分歧与误解无论多深，都不应影响到双方对维护固有疆域的立场和态度。台湾方面需要适时建构能涵盖东沙与太平岛海域并实时展现维护海上航线安全的机动力量，并应根据法律适时展现维护南海主权的决心。大陆方面则需要思考如何深化两岸的政治认同，进而逐步推动建立两岸的军事互信机制。目前两岸联手护卫南海疆域的时机或仍不成熟，但至少可以先做出共同维护南海固有疆土的宣示。基于两岸的现实战略环境及长远共同利益，两岸政治及军事互信与合作已是不容规避的问题。[①]

此外，两岸还可以从共同护渔做起，由台湾海巡单位与大陆渔政船相互配合，维护渔民利益。两岸学者或准军事部门可以公开举办研讨会，由民间、低层再逐级往上。双方甚至可以以人道救援的方式合作与接触。如果双方可以进行学术、文化、历史、宗教、人道、护渔、开发、旅游、救援等方面进行多层次多领域的探讨和合作，将会有助于中华民族南海权益的维护，更有助于两岸政治军事互信的建立。

南海诸岛是中国的固有领土，是中华民族的历史祖产。海峡两岸同属中华民族，都是炎黄子孙，在南海诸岛问题上具有根本的利益一致性。在两岸关系来之不易并且浩浩荡荡和平发展的潮流下，如何协调海峡两岸在领土领海争端中的立场和态度、加强两岸在维护国家民族利益上的沟通与协作，维护中华民族固有的领土主权、维护国家的根本利益、保障两岸渔民的权益、促进两岸同胞的福祉，是台湾和大陆都应该认真思考的历史和现实责任。

（储斌、韩蕙蕙）

① 《南海问题：台湾与大陆利益一致》，《海峡导报》，2011 年 4 月 21 日，http：//epaper. taihainet. com/html/20110421/hxdb317701. html。

第二十九章
维护中国能源安全的战略分析

[内容提要] 能源安全问题不仅具有经济意义，而且还具有高度的战略和政治意义。作为当今时代规模最大和发展最快的发展中经济体，中国正在遭遇重大的能源安全困境，突出表现在对外石油依存度高而对外部石油相关主导要素的控制力弱。从根本上看，中国能源安全的困境是中国利益全球化与防卫本土化的矛盾在能源领域的集中反映。当前突破能源安全的困境或瓶颈，需要我们超越纯经贸的角度，深化能源战略与地缘战略相互关联、密切互动的认识，从国家战略的高度去谋划能源安全的总体布局，统筹政治、外交、经济、金融、军事、文化各方面力量，使它们做到前后跟进、相互补充、多管齐下、合力并举，唯如此才能有效缓解中国能源安全困境和切实保障中国的持续和平崛起。

当今时代，由于世界经济的快速发展，特别是随着中国、印度等新兴经济体的崛起和国际地缘政治形势的反复动荡，能源安全成为人们热议的话题。中国作为世界最大的新兴经济体，目前是仅次于美国的第二大能源消费国，大量的能源依赖于海外进口，能源安全日益成为制约我国经济能否持续健康发展的关键因素。与此同时，能源问题与国际地缘政治相互交织，彼此互动日益密切。在当前国际政治背景下，能源安全问题日益脱离纯经贸问题而发展成为国家整体战略关注的重点。

一、中国能源安全的基本内涵

事实上，中国能源资源总量丰富、品种齐全，2011 年我国能源自给率仍高达 91%。然而，我国能源结构不均衡，在石油供应自给方面存在严重短板。因此，就我国而言，维护中国能源安全的核心在于维护石油安全。掰开来看，中国能源安全主要包括六个方面：一是能源供应安全；二是能源运输安全；三是能源价格安全；四是战略能源储备安全；五是能源设施安全；六是能源使用安全（即环保问题）。其中，最根本和最核心的是能源供应安全和运输安全，这是有形的能源安全；能源价格安全也越来越重要，属于无形的能源安全；战略能源储备安全主要在于国内；能源设施安全既涉及国内防护也涉及国外防护，相对于前四者来说，它属于战术层次问题；能源使用安全则是新兴议题，尚未引起人们充分重视，但涉及抢占能源科技制高点的重大问题。

具体来看，能源供应安全，主要是指能够对能源供给地进行有效掌控，保持能源持续而稳定的流入，防止突然中断。我国石油供应安全形势严峻，突出表现在需求量大、对外依存度高、主要进口来源集中。随着工业化和城市化的加速发展，我国石油需求未来一段时期仍将处于刚性上升通道，能源供应安全问题最为重大和突出。

能源运输安全，是指联系能源来源与我们庞大国内市场的纽带的安全。这一能源纽带可称之为能源“脐带”，主要涉及三样东西：油轮、水域、通道。首先，“国油国运”。目前，我国远洋石油运输能力不足，由于缺少数量且吨位庞大的运输船队，国内货轮承运我国进口石油的份额不到 40%，“国油国运”的程度仍很低。其次，水域安全。主要指确保油轮航行过程中没有海盗袭击和敌对国家的海上袭扰。长期以来，我们能源运输的国际水域安全主要靠搭美国的便车。除了在亚丁湾海域有护航行动外，我们缺乏全面保护能源运输海域安全的能力。最后，通道安全，包括海上通道和陆地通道的安全。目前，中国现有能源进口的四大战略通道是：西部、西南、海上、东北，但重点是海上通道，因为我国油气进口90%是通过海上方向进入，但开通陆地通道是实现通道多元化、降低过分依赖海上通道的有效举措。

能源价格安全，是指以合理的可承受的价格从国际上购买到足量的石油。一般来看，由于中国缺少国际油价定价权，因此国际油价走高会成为一把利剑，往往伤害国家经济。这不仅会造成石油溢价（买石油多花的钱），中国的GDP受损失，中国人必须付出更多的努力和勤奋，而且油价上涨势必传导到各种工业品和农产品价格上，进一步加剧中国的通胀压力。

能源储备安全，是指在和平时期建立国家有效的战略石油储备。它是应对因战争、自然灾害、国际封锁、禁运等短期石油供应冲击（大规模减少或中断）的有效途径之一。

能源设施安全，是指能源开采、加工、存储、运输、销售等配套设施的安全，主要包括石油管道、油井、石油港口、油码头、油船、油库、炼油厂、加油站、运输工具等硬件设施的安全。石油是国家经济和军事的重要战略物资，其设施安全是国家能源安全战略体系中的重要环节，是一个国家持续、稳定的石油供应保障之一。在战争期间，石油和石油设施，往往是敌人首轮攻击的重要目标。

能源的使用安全，是指能源在使用过程中不应对人类自身的生存与发展环境构成任何大的威胁与破坏。能源的消费不仅推动着经济的发展，也涉及到环境的安全和保护，后者已越来越上升为是国家安全和国际政治重要议题。能源使用安全中，能源消费结构、能源开发与利用技术和能源效率等是主要的影响因素。当前，我们面临的许多重大环境问题，如气候变暖、温室效应、酸雨等，都与能源的使用有密切关系。

总之，由于我国石油需求的日益快速增长，石油进口数量的持续增加，国际石油价格的剧烈波动，石油供需矛盾的不断加剧，以及能源富集地地缘政治环境的反复动荡，我国能源安全特别是石油安全面临严峻的挑战。从根本上说，中国能源安全的窘境是自身需求外推与外部势力内压的双重挤压作用的结果。

二、中国应从战略高度看待能源安全问题

虽然能源安全包括六个主要方面，但当前中国能源安全面临的最严峻和最紧迫的挑战来自能源供应安全，主要来自突出表现在能源需求高度依赖海外，而又严重缺乏有效手段掌控海外安全局势。从根本上看，中国能源安全的困境是中国利益全球化与防卫本土化的矛盾在能源领域的集中反映。中国能源安全现在遭遇巨大困境，与国内认识上的普遍不足直接相关。当前，国内对能源安全问题的认识普遍存在三个不足：即对能源在国家利益格局中的地位认识不足、对能源安全作为重大战略问题的认识不足、对能源在中美战略大博弈中的关键性作用认识不足，造成能源安全困境长期得不到破解。针对以上三点不足，国内亟待树立三种对于能源安全的新的认识：

（一）能源问题已上升至国家核心利益，能源安全成为国家安全的新重点

国家的核心利益，就是主权、安全与发展。而在发展利益当中，能源资源是最关键的一环。

第一，能源是经济社会发展的关键性资源和物质基础。具体看，中国对海外能源的大量需求是刚性的，且依存度自 2002 年以来就超出了国际规定的 50％警戒线。2011 年，中国累计进口原油约 2.54 亿吨，石油对外依存度达到 56.5％。预计到 2020 年，我国石油需求量将超过 5 亿吨，对外依存度估计将达到 70％左右。在这样一种情况下，我国最重要的海外能源供应地海湾地区与非洲地区安全局势动荡，而我们无力掌控；同时，我国海外能源进口 90％依赖海上运输，运输通道单一，80％以上原油进口通过马六甲海峡，对于印度洋航线和马六甲海峡，我们缺乏有效的军事保障。第二，能源的占有量和使用量是衡量一个国家财富多少和人民生活水平高低的重要标志。以石油为例，目前，中国人均石油年

消费量只有2桶，而美国是25桶，日本是14桶。第三，能源是工业经济体系的根本，而经济力量是政治和军事力量的基础。英国之所以成为历史上第一个工业大国，就因为它实际上是一个煤岛，充足而低廉的煤炭为工业革命提供了巨大推动力。随着煤炭时代让位给石油时代，作为世界上第一个煤炭超级大国的英国，让位给世界上第一个石油超级大国美国。可以说，没有充足的能源，就不可能有一个国家的经济发展，更别说全面崛起。历史上，英国、美国的快速崛起与其能够获取大量的廉价的能源资源密切相关。因此，对于能源的极端重要性，我们应给予高度的重视。一个国家或军队，如果不关注或不重视能源安全问题，那么他们的国家安全研究是不完善的，现实中他们国家安全的处境将会是十分危险的。就国家层面而言，能源安全应该单独拿出来，成为国家安全筹划的新重点。

（二）能源安全问题已超越传统的经济和贸易范畴，成为十分紧迫的重大战略问题

对于能源的获取，国内往往认为只要“不差钱”，有足够的外汇，通过贸易手段买就可以了。但事实上，就像买是买不来国防和军队现代化一样，能源安全也不是靠钱能买来的。因为，能源是一种特殊的商品，具有突出的政治属性或战略属性。正如法国学者菲利普·赛比耶·佩洛兹在谈及石油与地缘政治时指出的：“在华盛顿主宰美国事务的部分政治家眼里，石油是与国防同等敏感的要害领域。正是在这种思维逻辑的指导下，一些本应主宰石油市场运行规律的经济和财政因素，有时不得不让位于地缘政治的考量。”①

能源的政治或战略属性突出表现在：第一，能源安全对地缘政治冲突最为敏感。一旦有事，能源价格则往往高企不下，在价格一上一下之间，就使得像中国这样的能源进口国把辛辛苦苦挣来的外汇大把大把送人。根据相关国际测算，国际原油价格每桶上涨10美元，中国

① ［法］菲利普·赛比耶·佩洛兹著，潘革平译：《石油地缘政治》，北京：社会科学文献出版社，2008年版，第13页。

需要多支付 185.4 亿美元。中国的 GDP 将损失 0.315%，另外还需付出 GDP 的 0.315%用于对消费者的补贴。第二，能源是国家间“说事”的工具且影响重大而广泛。我们熟悉的俄乌“斗气”、美英对伊朗的石油禁运以及美国国内广泛流行的“若台湾有事，美国对中国实行石油禁运”等，都是国家因地缘政治冲突而拿能源来说事。而且，“城门失火，殃及池鱼”。他国之间发生能源斗争，往往会使第三方成为被殃及的对象。比如，俄乌“斗气”，欧洲断了炊烟；美国要制裁伊朗，日本、韩国则被迫要从伊朗大幅减少石油进口。第三，没有政治上开道和军事上保障，本国石油企业“走出去”的难度非常大。即使走出去了，风险也很高，一旦有事，往往会血本无归。比如，中国中海油公司并购美国的石油公司，因美国议会的阻挠而没有成功。相反，由于政治友好与战略互信较高，中哈石油管道在一年多时间内就竣工投产。在利比亚战争中，由于中国没有政治和军事的介入，中国企业损失惨重，并丧失了战后再次进军利比亚的机会。2011 年南北苏丹分裂，2012 年初南北苏丹因石油过境费用问题发生争端，最后南苏丹关闭石油阀门，停止对外出口石油。苏丹在 2011 年成为中国第七大原油进口国，而突然中断了对中国的石油出口，其对中国的能源安全处境带来的被动可想而知。从美国的经验看，凡是有美国能源利益的地方，都必然有美国大兵的身影。美国打了两场海湾战争，都被认为是石油战争。阿富汗战争、利比亚战争也都有美欧石油利益的影子。近期以来，叙利亚和伊朗局势牵动人心。如果我们把叙利亚放在伊拉克石油出口的关键能源通道国的角度去考虑，就会理解美欧为什么对叙利亚必欲除之而后快。在伊朗核问题上，从能源战略的角度看，若美国控制了伊朗，则会将海湾地区这一占世界石油储量 60%以上的世界大油桶攥在了手里。这样的话，无论是中俄印潜在对手，还是欧日韩等盟友，都会在能源需求上受制于人。因此，能源安全问题在相当大程度上是战略问题。

三、能源领域正成为中美战略大博弈中攻守态势转换的枢纽

当今时代，在核威慑条件下，国家间战争往往发生在实力非对称的对手之间，而对于那些具有对称威慑和摧毁能力的对手如俄罗斯、中国，美国可能不会发动大规模的军事战争，通过硬碰硬的较量来摧毁对手，因为这样会玉石俱焚、同归于尽。当前，随着中国军事斗争准备和国防现代化建设步伐的加快，中国核威慑力量更加有效可靠，同时中国对美国常规作战能力也显著提升，比如建造航母、开发反航母导弹、具有反卫星能力等。在这一情况下，中美战略博弈的攻守态势就出现了一个悖论，那就是中国的军事斗争准备越充分，美国就越没有办法在军事上拿中国开刀，中方预想的大规模的军事冲突与战争就不会发生。因此，美国必然在保持对中国巨大的核常军事压力的情况下，在正面努力牵制中国的情况下，会从侧面积极寻找中国新的软肋，伺机在这些地方下手。美国的这种手法，用《孙子兵法》的话说就是"以正合，以奇胜"。即，在正面保持对中国强大军事压力和吸引中国主要精力同时，在中国没有注意的地方和时候猛然抽刀，杀中国措手不防，使中国损失惨重，从而达到与大规模军事战争同样的效果。根据目前情况看，这样的领域之一就是能源领域。对于能源战争的巨大威力，西方世界曾深有感触，因为它们曾经历过能源的匮乏和中断，那被认为简直是一场灾难。尼克松对于第四次中东战争期间阿拉伯国家对西方实行的石油禁运的影响曾有这样一段经典描述："断绝石油供应，就像一次核攻击一样，几乎完全毁掉西欧和日本的经济。"[①] 所以，谁又敢说这样的事情不会发生在中国身上呢？当前态势下，美国破坏中国的能源来源可能比直接攻击中国更能达

① ［美］尼克松著，常铮译：《真正的战争》，新华出版社，1980年版，第97—98页。

到釜底抽薪的效果。而从历史上看，以能源禁运、能源讹诈为重点的能源战争向来是霸权国对付新兴崛起国家的惯用手法。

四、破解中国能源安全困境的几点思考

要想破解能源安全困境，就必须要站在国家大战略的高度去谋划和布局。从世界上来看，美国就是把能源作为大战略筹划的核心内容之一加以综合考虑的。在美国历届政府的国家安全战略报告中，我们都会发现大段大段的有关维护国家能源安全的论述，如，如何保持对能源供应地的进入和稳定，如何掌控能源通道等等。其目的往往是两个：一是维护自身能源安全，二是控制能源从而控制对手和盟友。简言之，突破能源安全的困境或瓶颈，单靠贸易和市场解决不了问题，关键是国家整体外交布局和军事斗争准备。笔者认为，中国破解自身能源安全困境应着力于以下五个方面：

（一）将能源安全保障纳入国家安全总体布局，整体筹划实施

从当今美国、欧盟、俄罗斯等世界其他大国的做法看，它们都是把能源放在国家安全的总体架构中进行布局，能源安全与国家安全合而为一。目前，我国已经建立了统一的国家能源领导机构，即2010年1月成立的“国家能源委员会”，机构的建立说明能源问题已经引起我国政府的高度重视。但是，从现状来看，维护能源安全仍然没有上升到国家战略的认识高度和达到国内各机构一体化协作、共同塑造的程度。当前及今后一个阶段，加强我国能源安全保障还应该着力于三个方面工作：第一，需要出台旨在统和国家政治、经济、军事、文化等各领域安全的总的国家安全战略报告。该报告要站在国家安全的高度统一筹划布局，以能源安全为新的侧重点，从顶层设计上规划出维护能源安全的多元化手段和渠道。第二，建立统一有效的国家安全领导机构，协调跨机构跨部门力量间配合，避免各自为政，确保国家政治、外交、经济、金融、

军事、文化各力量真正能够联得上、统得起，齐心协力，确保各机构围绕能源安全保障协调施策、前后跟进、相互补充、信息共享、形成合力。第三，充分发挥中国社会科学院、各部委、各高校、地方和军队科研院所智囊机构的作用，加强这些智囊机构与对外经贸、能源职能部门和能源企业间的沟通联系和合作，建立国际能源安全危机战略预测预警机制，并研发相应预案，为我国能源安全保障提供有效的智力支撑。

（二）将打造能源支点国家列入国家外交整体布局考虑重点

当前，中国海外能源供应地主要有四大板块，呈现不同安全态势：海湾地区属能源动荡区，非洲地区属能源脆弱区，中亚—俄罗斯属能源稳定区，拉美—加拿大属能源机遇区。对于这四大能源板块的安全形势发展，中国应奉行总的外交方针是：绝不当旁观者，而是积极介入者。在地区安全形势上，中国首先加大外交上纵横捭阖力度，比如在当前叙利亚危机、伊朗核危机上，积极借助俄罗斯与美欧的角力，加强与俄罗斯的战略协作，并借势发力，维护中国在中东的能源利益。其次，也是更重要的一点，就是着眼长远、冷静布局，无论是在哪个能源板块中，都要积极打造1～2个能源供应的支点国家。事实证明，如果海外没有真正的朋友，国家的对外利益拓展以及海外维权行动就难有接力区和发力点。对于打造能源运输的战略支点，中国需要重点关注四个国家：缅甸、阿富汗、巴基斯坦、新加坡，其中特别是缅甸。缅甸既是油气资源丰富的国家，也是我国重要的能源通道和西南屏障，地缘政治和能源政治的重要地位显著。2010年6月，中缅油气管道正式开工建设，这是我们突破“马六甲困局”的重要举措。然而，自2011年11月以来，缅甸国内政治民主化进程明显加快，美国在缅甸的影响力显著上升，缅甸政府执行以小搏大、走“大国平衡”的外交路线呈现雏形，这必然会对我国在缅甸的既有利益和加强存在形成冲击。对此，我国应加大对缅甸的政治接触和经济融合力度，巩固对缅甸的政治影响力，保留对缅甸政府谈判的砝码。

（三）将保障能源安全纳入军事外交布局，并列为今后一个时期的工作重点

军事外交服从服务于国家整体外交，但相对于国家外交而言，军事外交对于稳定能源供应国和通道国家具有十分独特的作用，特别对于非洲和拉美地区国家而言。从保障能源安全的角度看，中国军事外交应着力加强以下工作：一是加大对能源支点国的军事人员培训力度，并保持长期感情联络与投入，培养真正的知华、爱华、亲华的友好使者。二是与重要能源通道国以及相关利益方积极开展以能源安全保障为主题的国际军事论坛和学术交流，以及反恐、反海盗联演联训，显示对外军事存在。比如，在马六甲海峡，加强同新加坡以及美、日、韩等国家联合演习。三是针对一些局势动荡的能源支点国大力开展军售、军援和军事技术合作。四是加大军舰和海军舰艇编队出访力度，展示中国海上军事存在，锤炼海军全球到达能力。总之，通过调整，要让维护国家能源安全成为中国军事外交工作的新重点。

（四）将加快开发东海、南海油气田提到国内油气开发的重要议程

目前，中国从中东、非洲、拉美地区的油气进口面临供应国局势不稳、运输线路长途跋涉和运输通道高度单一的突出问题，这就使得中国开发东海、南海这些“家门口”的油气资源的迫切性日益突出。长期以来，我们奉行“搁置争议、共同开发”的原则，但现实中越南、菲律宾、马来西亚等国都已引入国外多家公司联合开采，从而形成了中国主权遭侵蚀、利益遭流失的局面。在这种情况下，我们舍近求远，自己家的东西自己不用却被别人开发岂不可笑？无论中国独立开发或者真正落实共同开发，都会造成一种新的局面，而这种局面无论怎样，都比现在我们在维护海洋权益只是动口的局面要好。如果我们处理得好，我们可以独立开发；退一步，独立开发不成，可以以此为砝码，造成他国与中国共同开发局面，那也比被他国独立侵占好。总之，无论怎么，只要积极行动，总比现在消极作为和被动应对要好。

（五）将维护能源安全纳入中国今后一段时期军事斗争准备重点

军事力量是经济秩序的守护神和监护人。美国著名学者沃勒斯坦就认为，财富和权力是相互补充的，它们彼此互相依靠。今后一个时期，军队除了在积极准备应对美国对中国传统军事威胁之外，还要增加以能源安全为着眼点和重点的军事战略筹划和军事斗争准备，重点提高能源安全危机军事预警能力、战略能源设施的防护能力和能源安全突发事件应急能力。从2011年中国企业在利比亚战争和苏丹分裂过程中的遭遇来看，没有军事力量的保护，海外经济利益可谓“弱不禁风”。在国际上，我们看到，凡是有美国利益的地方，总有三种人—传教士、商人和士兵，这三种力量三位一体，形成合力，共同维护美国利益。因此，从中国国家利益发展趋势和需求看，中国军队走出国门遂行非战争军事行动、维护国家海外权益势在必行。如近些年来，中国人民解放军参与联合国维和、索马里护航等行动，不仅有效地维护了中国国家利益，而且也塑造了中国负责任的大国形象。随着中国经济利益遍布全球，中国军队走向世界的战略方向是明确的，但走出去的时机与方式需要认真设计、巧妙筹划、果断行动。今后一个时期，军队除了在积极准备应对美国对我传统军事威胁之外，还要增加和强化以能源安全为着眼点的军事战略筹划和军事斗争准备，重点提高能源安全危机军事预警能力、战略投送能力、战略能源设施的防护能力和能源安全突发事件应急能力。

总之，在新形势下，随着能源安全问题日益突出，为了避免西方国家的能源敲诈，我们国家特别是我们军队对能源安全问题要有一个全新的和更高的认识，并积极行动起来，有所作为，从而为国家能源安全和可持续发展提供有力支撑。

（赵景芳）

第三十章

中国企业海外投资状况安全分析

[内容提要] 金融危机以来，西方发达国家经济进入衰退期，国际投资市场持续走低，外商对华投资有所下降。而随着中国“走出去”战略的提出，中国对外投资额不断攀升。中国正处于经济结构转型的重要时期，大力拓展海外市场是中国未来经济发展的必经之路。2012 年中国迎来对外投资并购的又一轮热潮。在多个大型投资并购项目顺利进行的同时，我们看到的是更多的机遇与挑战，如何能使我国企业抓住这一机遇拓展海外市场？投资过程中会遇到哪些风险？是我们要关注的重点。

在改革开放 30 年的进程当中，我国通过对外资实行优惠政策，大量引进外资技术，利用我国的人口红利，大力发展劳动密集型产业。正是这样的一条发展道路，使我国成为了全球出口大国，经济有了飞速发展。伴随着经济的高速增长，中国本土企业也在不断成长发展，并开始加快了自身的国际化进程。2008 年金融危机爆发以来，西方发达国家再次陷入经济衰退期，国际投资形势随之走弱。随着社会的发展进步，我国人口红利已经逐渐失去过去的优势，而出口导向型的经济增长方式也渐渐被疲软的国际市场所限制。在这样的经济背景下，外商对华投资呈现下降趋势，而与之形成鲜明对比的是，中国企业却开始把目光扩展到海外市场，对外投资总额正不断上升。在经济发展的过程当中，我国通过贸易顺差积累了大量的外汇储备，这也为我国对外投资提供了有效的资金支持。

根据中国商务部数据显示，2012 年 1～12 月，全国新批设立外商投资企业24925家，同比下降10.1%；实际使用外资金额1117.2亿美元，同比下降3.7%。[①] 这是中国吸引外国直接投资（FDI）三年里首次出现全年下降。其主要原因是世界经济增长放缓，制造商资金转向劳动力更廉价的市场，与之形成对比的是，中国对外开支激增到创纪录的水平。

一、2012年中国对外商务概况

商务部通报的2012年中国商务运行情况显示，2012年我国境内投资者共对全球141个国家和地区的4425家境外企业进行了直接投资，累计实现非金融类直接投资772.2亿美元，同比增长28.6%。数据显示，2012年我国对外投资中，对俄罗斯投资实现高速增长，达117.8%，对美国、日本、东盟、中国香港的投资也均实现两位数的增长，分别为66.4%、47.8%、52%和32.9%。从投资者构成来看，地方对外直接投资281.9亿美元，占同期对外直接投资总额的36.5%。

在对外承包工程方面，2012年，我国对外承包工程业务完成营业额1166亿美元，同比增长12.7%；新签合同额1565.3亿美元，同比增长10%。新签合同额在5000万美元以上的项目586个，合计金额1252.1亿美元，较上年同期增长11.4%。截至2012年12月底，我国对外承包工程业务累计签订合同额9981亿美元，完成营业额6556亿美元。

对外劳务合作方面，2012年，我国对外劳务合作派出各类劳务人员51.2万人，较上年同期增加6万人，其中承包工程项下派出劳务23.3万人，劳务合作项下派出27.9万人。12月末在外各类劳务人员85万人，较上年同期增加3.8万人。截至2012年底，我国对外劳务合作业务累计派出各类劳务人员639万人。[②]

---

① 《商务部：中国2012年实际使用外资1117.2亿美元》，2013年01月16日，http：//news. hexun. com/2013－01－16/150220932. html

② 《2012中国对外投资同比增28.6%　对俄增117.8%》，中国新闻网，http：//finance. sina. com. cn/china/hgjj/20130116/103114303090. shtml。

二、2012年中国海外投资并购

数据显示，2012年前11个月中国并购市场共完成海外并购103起，同比微降2.8%；披露金额的81起海外并购共涉及交易额265.85亿美元，同比上升13.5%。①

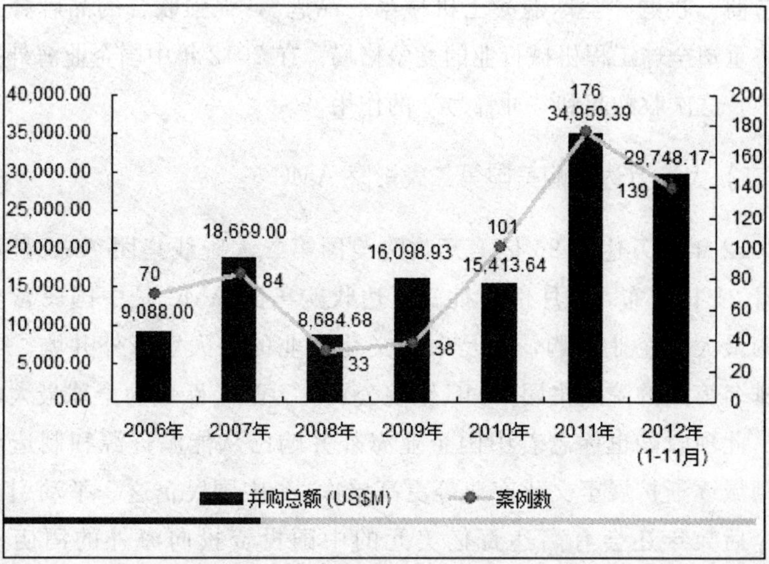

2006—2012（1—11月）中国企业跨国并购趋势

2011年以来，在"走出去"战略的推动下，中国逆全球投资市场疲软形势而动，迎来了在海外投资并购的热潮。企业"走出去"，时机非常重要。2012年，中国经济已渐回暖，但欧债危机仍未解除，全球经济比较低迷，欧美等发达国家众多企业仍在低谷中挣扎，因此不得不选择出让资本来度过危机。中国企业正是抓住了这一收购的关键时期，展现了

① 清科数据研究中心，2012年12月。

自身强大资金实力，迎来了中国企业海外收购的大年。

2012年这一年当中，许多并购项目引人关注，我们简单介绍几项重要海外收购：

（一）三一重工收购德国普茨迈斯特

三一重工以3.24亿欧元（约4.2亿美元）收购德国普茨迈斯特。此项收购于2012年1月31日宣布，2012年4月27日完成交割。虽然这一收购交易额不算大，但标志着德国著名中型企业与中国企业的首次合并，也刷新了中国工程机械行业的海外并购纪录。“全球最大的混凝土机械制造商”收购“全球混凝土机械第一品牌”，强强联合的品牌叠加效应，将重塑全球工程机械行业的竞争格局。在2012年中国企业海外并购大潮中，这次收购起到“冲锋号”的作用。[①]

（二）大连万达收购美国第二大影院AMC

2012年，万达以26亿美元收购美国第二大院线集团AMC，消息于5月21日宣布，7月份获批。万达收购美国AMC是中国民营企业在美国最大宗企业并购，也是中国文化产业的最大宗海外并购。收购世界排名第二的院线集团AMC影院公司，万达一跃成为全球最大电影院线。此项收购也标志着中国企业海外并购已从能源资源和制造业等传统领域逐渐扩展至文化产业等更高层次。[②]中国民企这一举动引人关注，今后数年还会有高达百亿美元的中国投资投向海外的酒店和零售业。

本次并购体现积极的方面，即来自民企的投资比例正在上升。2012年中国的对外直接投资中，民企占9.5%，而2010年的时候民企的对外投资还不到4%，像万达这样的民营企业进军海外的运作也正在打消一

① 《盘点2012十大“最惹眼”海外并购》，新华网，http：//www.nbd.com.cn/articles/2013－01－04/704319.html。

② 《盘点2012十大“最惹眼”海外并购》，新华网，http：//www.nbd.com.cn/articles/2013－01－04/704319.html。

些西方国家在意识形态上对中国的顾虑。[①]

(三) 2012 年“三桶油”海外收购

2012 年，中国三大油气企业中石油、中石化、中海油掀起收购热潮。

2010 年，中石油就联合壳牌以 32 亿美元收购了澳大利亚规模最大的煤层气（非常规天然气）生产商 Arrow 公司。2011 年 1 月，中石油集团寰球工程公司又认购了澳大利亚 Liquefied Natural Gas Limited。已发行 19.9%的普通股，成为该公司最大股东。2012 年 12 月 12 日，澳大利亚矿业巨擘必和必拓确认，该公司旗下 Browse 液化天然气（LNG）项目股份已出售给了中石油，报价为 16.3 亿美元（约 101.8 亿元），是中石油 2012 年最大的一笔海外资源收购。中石油在中海油完成对尼克森的收购之后公布了这一消息。具体而言，中石油收购的是必和必拓在 East-Browse 合资公司中 8.33%的股份，及位于西澳大利亚 WestBrowse 合资公司中 20%的权益。Browse 项目位于西澳大利亚的西北部沿海，可采天然气储量约 15.5 万亿立方米，项目最快将在 2018 年产出。外界认为，尽管项目总投资将高达 300 亿美元，但高质量的资源和稳定的澳大利亚政局将吸引众多投资者。这一收购将补强中石油在天然气领域的实力，提高其天然气产量。据媒体报道，中石油希望，借助该项目在 2020 年底之前实现“半数石油天然气来自海外”的目标。

2010 年 12 月，中海油与澳大利亚爱克索玛能源股份有限公司签下协议，投资 5000 万澳元（约 3.3 亿元）获得了澳煤层气项目探矿权。[②] 2012 年 12 月 7 日，加拿大总理哈珀在渥太华宣布，该国政府批准中海油收购尼克森公司。此前，经过两次延审，中海油最终以 151 亿美元完成了交易。收购尼克森使中海油的整体实力大幅提升，中国石油业“三分天下”的局面更加凸显，中海油也将加快追赶中石油、中石化的步伐。

---

① 韩巍：《中国对外投资谨防“交学费”》，搜狐财经，2013 年 01 月 23 日，http：//business. sohu. com/20130123/n364406200. shtml。

② 黄烨：《中石油收购澳天然气资产　三桶油海外收购大丰收》，人民网，2012 年 12 月 13 日，http：//finance. ifeng. com/news/corporate/20121213/7427616. shtml。

但并购成功仅仅是中海油“走出去”的第一步，除了支付151亿美元的交易资金外，中海油还将承受尼克森43亿美元的债务，使交易成本上升至194亿美元。①

不止是中石油和中海油，中石化也在加紧上游资源的布局。2011年4月，中石化与美国康菲石油和澳大利亚的Origin能源公司签署了一份金额高达850亿美元的巨额LNG采购合同和投资协议。2012年7月，中石化与加拿大塔里斯曼能源公司签署认购协议，以15亿美元收购了塔里斯曼的英国子公司49%的股份。塔里斯曼能源公司是全球大型独立石油公司之一，其英国子公司在英国北海有51个油气田，并担当其中35个油田的作业者。2012年10月10日，中石化位于印尼巴淡岛的石油仓储项目正式开工，该项目成为中石化首次在海外自建专营的石油仓储基地。除了油库项目外，中石化还计划在此建设一座炼油厂及一个石化项目。②

中国油气企业对外收购不仅有利于企业自身发展，同时也有利于我国国家经济稳定发展，保证国内资源的使用量。目前，中石油是中国最大的天然气供应商，且中国的天然气需求也在逐年增加。国际能源署预计，到2030年，中国天然气消费量将占全球消费总量的7%，成为亚太地区最大的天然气消费国。但到2020年左右，中国天然气将存在30%左右的缺口，供给将出现紧张局面，有可能出现能源安全问题。

目前中国的LNG一直依赖国外进口。如果能够通过收购外国项目，使其成为自己的“权益”，就能相对稳定天然气的价格和供给量。目前，中石油的LNG进口资源均来自于卡塔尔，价格偏高。澳大利亚是中国第二大LNG进口来源国，收购澳大利亚的项目后，中石油获得的澳大利亚的气价预期会有所降低。③

---

① 刘科：《中海油收购尼克森获批，石油企业将三分天下》，《时代周报》，2013年01月23日，http://www.mzyfz.com/cms/caijing/caijingzixun/yaowen/html/799/2013－01－23/content－647265.html。

② 《中石化开启海外囤油》，经济观察网，2012年10月13日。

③ 黄烨：《中石油收购澳天然气资产 三桶油海外收购大丰收》，人民网，2012年12月13日，http://finance.ifeng.com/news/corporate/20121213/7427616.shtml。

在2013年，中企仍将保持在海外资源收购方面的强势，尤其是欧洲市场的油气资源，预期将出现更多“三桶油”收购的身影。

三、中国近年来扩展海外投资原因

近年来，中国的海外投资无论从总量还是范围都已具有一定规模，并逐渐开始影响国际投资的现有格局。中国投资海外市场的原因很多，主要有以下几点：

（一）中国经济飞速发展，已有了一定的资本积累

改革开放初期，可以说我国基本没有原始资本积累，资本不足一直是制约我国经济发展的主要瓶颈。但我国依靠人口红利，积极吸引国外投资，发展出口导向型经济，成功地在30年时间里使我国的经济水平进入世界前列。中国的高储蓄率使中国外汇储备成为世界第一，中国已不再是资本稀缺国家。资本积累的完成就对资本的有效利用有了要求。在这样的情况下，不仅在国内，在国际间，让资金进行更合理有效的配置也就成为必然趋势。在这种形势下，对外投资的发展速度自然加快。

（二）经济全球化的发展与中国的加入

上世纪末，信息技术革命迅猛发展，成功地缩小了国与国之间的距离，世界经济也越来越向一体化发展。国际分工也在不断细化，大型跨国企业能够做到在世界范围内的生产、研发、销售完全分离。生产的国际化和资本的国际化让跨国企业可以在全球范围内寻找最合适的生产和销售地点，在这样的情况下，国际范围内的投资必然会不断增多。而随着我国经济的发展，我国企业也积极参与到国际分工当中，加快了对外投资的速度。

（三）金融危机后中国产能过剩问题

改革开放以来，我国一直是出口导向型经济，中国低廉且庞大的劳动力市场使其他国家无法与中国形成竞争，近十五年来，中国已经成为名副其实的“世界工厂”。但随着西方金融危机的爆发，国外市场渐渐缩水，我国出现了产能过剩的问题。国内很多产业逐渐发展到了饱和的状态，此时转移国内产能，积极发展对外投资，避免在国内重复投资所带来的效率低下，就成为产业升级的必经之路。

（四）规避他国针对性贸易壁垒

随着我国经济的发展，中国的许多企业与他国企业形成了产业竞争。很多国家为了本国产业的发展，设置了许多有关产业的贸易壁垒，反倾销或反补贴的条例主要针对我国相关产业。近年来，我国很多企业遭遇反倾销，造成企业大量亏损。通过直接对他国的投资则能够在一定程度上避免这些针对我国的贸易壁垒。在东道国投资，设立分支机构或原材料采购机构，能够促进东道国的就业和经济发展，相比较于直接出口产品更易被东道国所接受，而生产的产品同时也涉及到东道国自身的经济利益，遇到的贸易壁垒就会相应地减少。

（五）保障中国的资源安全

虽然我国地大物博，但我国资源储量人平均占有量却很低。应该说我国资源相对匮乏，尤其是能源安全、原材料安全等领域面临巨大的挑战。目前，我国在能源消耗方面已基本与美国持平，而随着经济的进一步发展，能源和原材料需求还会相应增加。资源匮乏在我国经济发展中成为重要问题，因此，在自然资源领域的对外直接投资就成为中国对外直接投资的重要组成部分。目前，中石油、中石化、中海油等公司均在海外布局油气项目，涉及上游勘探开发、中游炼化和下游成品油经营领域，同时还涉及深海油气的勘探开发和油气服务合同等。三家公司近年来都加强对外投资，对外投资的速度也明显加快，这与保障我国的资源安全有很大关系。①

四、海外投资并购的风险分析

企业对外投资面临着多重风险，中国企业对外投资起步晚，时间短，许多方面都还不够成熟。在进行对外投资并购活动时，尤其是大型国企，不能盲目行动，必须多方考察，谨慎投资。有相关报告显示，近年国企巨头投资海外项目数以百计，投资金额累计更高达数百亿美元，但很多投资项目却都呈现出亏损状态。

当前和今后一段时间，我国企业“走出去”面临的各类境外风险都呈上升趋势，企业海外投资要特别注意识别风险，做好风险防控工作。

（一）投资风险

随着中国经济的发展，中国外汇储备量位居世界第一，这使得中国在国际社会中的经济地位变得更加举足轻重，但同时，随着金融危机的爆发，中国也意识到持有大量外汇形成的不可避免的长期贬值风险。中国持有大量美国国债使中国外汇财富大量缩水，为了更好地利用我国外汇储备，中国希望通过加强对外投资而实现外汇储备的有效利用与增长。中国政府也一直鼓励国有企业进行海外投资，希望寻求确保经济快速增长以及13亿人民所需的各种资源。据悉，中国人民银行计划从3.3万亿美元外汇储备中拿出一部分用于帮助中国国有企业进行海外投资，在国外寻找增长机会。

应该说，进入国际投资领域是保证国家财富安全的重要手段。但同时要看到，国际投资市场环境复杂多变，陷阱重重，我国企业作为新手，常常在市场中处于被动，受市场既定游戏规则束缚，一不小心即满盘皆

① 苏剑、叶淏尹：《中国对外投资历史与展望：五大风险不容忽视》，中国经济，2010年09月07日。

输。利用国家外汇储备对外投资所形成的风险和收益会直接影响到我国的经济安全，因此投资时必须谨慎小心。

（二）汇率风险

汇率风险是指在不同币种货币的兑换或折算中，由于汇率发生预料之外的变动，而导致有关的金融主体的实际收益与预期收益或实际成本与预期成本发生背离。国家统计局发布2012年国民经济和社会发展统计公报显示，2012年年末国家外汇储备33116亿美元，比2011年末增加1304亿美元。人民币汇率为1美元兑6.2855元人民币，比2011年末升值0.25%。我国目前居世界外汇储备量之首，而长期以来，我国的外汇储备都以美元为主。人民币兑美元目前仍处在上升通道，美元价格的波动直接影响我国进行对外投资特别是对美元使用国的对外投资问题。汇率风险除了体现在对外汇储备存量价值的影响之外，对投资的回报率甚至投资的成败也有着很大的影响。如果对外投资东道国的货币相对于人民币大幅度贬值，投资所得收益可能因汇兑而被冲减，使投资出现亏损，这种情况有时对企业的打击是致命的。要防范汇率波动带来的风险，就要求投资公司对外汇金融市场有较为良好的掌握，适时地通过买卖外汇相关期货期权、进行汇率保险等方式减小乃至规避汇率风险。

（三）政治安全风险

要减少海外投资风险，重点是考察东道国的投资环境，而其中政治稳定是重要的考察因素之一。利比亚危机让中国企业第一次深切感受了政治风险给企业带来的灾难，包括中铁建在内的中国大量央企损失惨重。据统计局统计，苏丹是我国对非洲直接投资的重点国家之一，也是我国对非洲投资最多的国家。[①] 当地时间2012年1月28日，中国中水电公司工人在苏丹南科尔多凡州遭遇“苏丹人民解放运动（北方局）”劫持，这

① 《中国在苏丹有何利益存在》，2012年02月01日，http：//3g.k.sohu.com/t/n1620643。

一事件引发了国人对苏丹南北分立后当地政治及经济环境的担忧，也再次引起了人们对海外投资安全性的思考。

“阿拉伯之春”发生以来，中东和北非地区多国局势持续动荡，中国企业海外安全问题也集中爆发。基于国情，中国在处理类似问题时，政府往往处于事件的第一线。但随着中国对外投资承包项目不断扩张，政府已很难全面保证在外资产及人员安全。

大型央企是海外众多工程项目中最主要的群体，有公司的管理层、技术人员以及大量的中国工人在当地工作。此类人员通常不太熟悉当地的人情风俗和宗教文化，不具备他国的法律知识，也不知道怎么识别危险因素。相比之下，欧美国家企业在中东及非洲政局动荡国家经营历史较长，有较为成熟的商业机构和专业安保公司为其提供一系列从事前风险评估、应对预案，到人员培训以及意外发生后的应急措施等服务，甚至直接参与和一些地方武装力量的谈判，而并非仰赖政府的外交途径。因为有些危险情况来自于一国的内部矛盾，本身带有一些政治诉求，而遭遇困境的企业所属国过度的外交关切有时反而增加了地方武装对抗当地政府的要挟筹码，不利于救援。除此之外，还有很多案例不涉及政治诉求而纯粹就是图谋经济利益。“在索要为钱财的情况下，私人安保公司其实比政府更能发挥作用。”①

除了谋求政治目的和经济利益两大主要原因外，在混乱局势下，糟糕的社会治安状况常常导致很多普通刑事犯罪，抢劫和盗窃非常普遍。因此，对赴海外尤其中东北非等局势不稳定地区的人员提前进行安全培训，了解相应的应对措施对人员在海外工作生活有很大帮助。目前，中国也逐渐有专业安保公司进入这一市场，在中东等地区设立分支机构，为当地中方投资企业提供安保服务。

（四）审查风险

中海油收购优尼科的失败案例让中国企业深刻认识到了东道国审查

① 童心：《保护中国海外利益不能只靠政府》，《东方早报》，2012 年 02 月 01 日，http：//business. sohu. com/20120201/n333354406. shtml。

风险的重要性。来自波士顿咨询公司的观点显示：拥有成熟市场的政府审批回绝了中国企业（特别是国有企业）提议的部分交易并最终导致交易的失败，其背后原因主要集中于三个事实：一是中国企业未能建立起备受尊重的全球品牌；二是政策制定者和高管对中国企业的信任度不足；三是中国企业未能与全球利益相关者建立起强有力的联系。

与上述三点相关，缺乏透明度也成为了中国企业海外并购通过审查的一大障碍，它为成熟市场中的潜在合作伙伴和目标带来了不确定性，并导致政府对大型交易加大了审查力度。

近年来中国企业一系列的巨额投资，让我们看到了中企的实力，但同时我们也看到了我国企业海外投资的困境。举例说明，自2005年以来，中国已经向美国投资超过500亿美元，但比较美国接受的外商直接投资总额，中国投资仍不到总比例的2%。而被拒绝的中国投资甚至超过2000亿美元，这些投资的投资方大多数是我国国有企业，由于担心投资背后的意识形态问题，被美国以危害国家安全等理由予以拒绝。①

(五) 文化风险

跨国投资的文化风险主要源于不同国别之间的文化差异和企业文化差异。由于与东道国的语言、习惯、价值观与宗教信仰等方面的差异导致对外投资带来影响的不确定性很大。不同文化背景的员工在价值观等方面容易形成较大差异。有数据显示，全球国际并购中80%是失败的，其中80%的原因是出于企业文化整合方面。不同社会文化中发展起来的两个企业间的并购极易引起经营上的问题。每个企业都有一定的文化传统，这些文化传统可能体现在分配制度、激励制度、对内部与外部变化的反应机制、资源配置、管理理念、技术特性等因素。而企业文化一旦形成，就有一定的稳定性和惯性，即我们熟悉的文化刚性，对外来的文化冲击会很自然地做出抵触的反应。被并购企业的文化刚性越大，并购

① 韩巍：《中国对外投资谨防“交学费”》，搜狐财经，2013年01月23日，http://business.sohu.com/20130123/n364406200.shtml。

的风险越大。[①]

西方有经验的跨国公司在跨国投资并购前都要做足企业文化整合的工作，而这还通常是在他们拥有共同文化背景的前提下。中国本身就与西方国家存在着很大的文化差异，更应重视文化方面的整合。中国跨国公司在实施“走出去”战略时，通常过于看重经济方面和政治方面的问题，很可能会忽视文化方面的问题，但事实上，在西方注重企业发展和个人发展的文化理念中，是否能够清晰地表现出企业文化是非常重要的一点。在中海油收购优尼科一案中，竞争对手雪佛龙派出了50几名高管，和优尼科公司相应职位的人进行沟通，传播自己的收购意图、管理思想，第一时间将企业文化传播到优尼科，加深了相互间的了解和信任，为此次竞购成功和以后的文化整合做足了工作。而同时，虽然中海油提出了比他高很多的报价，但由于沟通不畅和企业文化的差异性，使得优尼科很难信任中海油的收购对优尼科的影响究竟如何。过于注重资金上的优势，反而成为了优尼科股东和政府部门怀疑中海油收购意图的证据。企业文化的沟通与整合非常重要。中国企业对外投资应以尊重东道国的文化习俗为出发点，在考虑公司的整体利益的原则下努力化解这些文化差异带来的风险。

小结

2012年，中国在国际投资市场中表现活跃，收获颇丰。中国之所以能够获得在国际市场上的这一宝贵投资机遇，与国际经济复苏缓慢，欧债危机持续发酵有很大关系。目前，无论发达国家还是发展中国家都需要资金支持，尤其许多企业受国际市场影响资金短缺难以维持，中国正

① 苏剑、叶淏尹：《中国对外投资历史与展望：五大风险不容忽视》，中国经济，2010年09月07日，http://www.cnstock.com/index/gdbb/201009/844489.htm。

是抓住了这一难得的机会，在外国企业的低值期积极进行投资并购，这对正处于产业转型期、十分需要先进技术设备和资产的中国企业来说无疑是意义重大的。

当然，在中国对外投资发展的道路上还会出现很多阻碍。中国境外投资中的大多数项目分布在亚洲、非洲、拉丁美洲等发展中国家，这些地区的很多国家的政局动荡不安，使投资面临的风险增大，加之生活生产条件恶劣，基础设施薄弱，随之而来的安全风险也很高。其次，随着中国经济实力的增强和对外投资规模的扩大，中国不再只重点投资发展中国家能源资源类行业，而是将目标更多地指向发达国家的技术类领域。由此“中国威胁论”不断出现，国际上对中国企业投资活动的疑虑也日渐增多，中国企业投资时面临着东道国的众多限制措施和审查。此外，由于我国国际化竞争经验的欠缺，东西方文化差异明显，中国企业往往不甚了解投资所在地的情况，处理不好与投资对象国和当地社区的关系，很容易引发矛盾与风险。

与此同时，有关境外投资，我国内部也有诸多方面需要改善。1. 境外投资有关的政策法规尚不健全，境外投资立法工作严重滞后；2. 境外投资支持力度不足，财税、金融、保险等支持政策还需要进一步完善；3. 和国际竞争者相比，对境外投资的国内企业相对规模比较小，特别是国际化经营的专业人才匮乏，跨国经营的经验不足；4. 国内企业缺乏清晰的境外投资合作的长远规划、恶性竞争现象时有发生；5. 境外投资中介服务体系不成熟。① 要解决以上问题并非短时间能够完成，但为了我国对外投资的进一步发展，我们应当积极完善对外投资制度，学习他国经验教训，为我国经济发展提供动力。

（李天惠）

① 《2012年我国企业海外投资发展局势研究分析》，2012年05月04日，http：//www.chinamining.com.cn。

第三十一章
网络安全问题对国家安全的新挑战

［内容提要］随着计算机网络的迅猛发展，网络安全已成为信息时代国家安全的支柱，它直接影响我国社会主义现代化建设进程以及我国在国际社会的地位和作用。对网络安全问题的研究具有划时代的意义，它是我国现阶段发展所必须关注的重大课题。本文以马克思主义为指导，从国家安全内涵的动态性入手，论述在信息时代网络安全对于国家安全的重要性及其地位，阐述网络安全问题对国家安全的新挑战及其变化趋势以及如何构建中国特色网络安全体系来维护网络安全。

一、网络安全的内涵及其在国家安全的地位

国家是由生活在一定区域内的人民以某种价值观念组成的拥有主权政府的实体。国家安全是一个综合的概念，从利益的角度可以给予国家安全一般性的界定：国家安全是指对内国家的社会状况、经济状况、环境状况等保持良性发展，对外国家主权不受侵犯，国家利益不受威胁。随着社会的发展，人们的利益范围不断拓展，竞争的领域和手段也在不断拓展，国家主体面临的威胁及实现安全的手段与途径亦随着时代的变

化而变化，因此国家安全的内涵具有动态性。当今世界，随着国际斗争的领域出现重大变化，与军事等“传统安全”相对应的“非传统安全”问题日益突出。其中，信息网络安全是非传统安全中最新出现且飞速发展的问题。信息安全是信息时代国家安全中最突出也是最核心的问题，广义的理解是指维持国家政治、经济、科技、军事、文化、社会生活等系统不受内外环境威胁、干扰、破坏而正常运行的状态。而网络安全作为信息安全的一种，是狭义上的信息安全。国际标准化组织（ISO）引用文献中对网络安全的定义是这样的，网络安全就是最大程度地减少数据和资源被攻击的可能性。网络安全是一个关系国家安全和主权、社会的稳定、民族文化的继承和发扬的重要问题，是指网络系统的硬件、软件及其系统中的数据受到保护，不受偶然的或者恶意的原因而遭到破坏、更改、泄露，系统连续可靠正常地运行，网络服务不中断。网络安全的具体含义会随着“角度”的变化而变化。比如对安全保密部门来说，他们希望对非法的、有害的或涉及国家机密的信息进行过滤和防堵，避免机要信息泄露，避免对社会产生危害，对国家造成巨大损失。

随着网络的迅速发展，信息技术在社会、经济、生活各个领域的广泛应用，人们对网络安全的认识也得到了深化和扩展。国家安全的内涵具有动态性，进入网络时代后，网络对社会、经济、政治、军事等方面产生重大影响，改变了国家赖以生存的安全基础。网络安全逐渐成为国家安全中的一项因素，并与其他安全因素之间的联系更为紧密，其在国家安全中的地位逐步上升，直接影响国家政治稳定、社会安定、经济有序发展。网络安全成为信息时代下国家安全领域中的重大挑战，上升为国家安全战略的新重心，成为非传统安全领域中最突出、最核心的问题之一，也是日益得到国家安全研究者重视的一项课题。在政治上，网络传播冲击国家主权，信息边疆、信息主权成为国家主权的一个重要部分，各国充分利用自己的网络信息资源，对他国施加政治影响，网络安全直接对政治安全产生影响；在经济上，网络的发展推动了经济全球化的发展，但网络发展的不平衡，加剧了国际经济中已有的两极分化现象，有些网络安全问题也会破坏经济正常运行；在文化上，网络一方面加速各种文化的传播和相互交流，另一方面，具有信息优势的国家借网络进行文化侵略、文化扩张，使得相对国的文化道德、文化准则、价值观念受到强烈冲击；在军事上，网络和信息技术使战争进一步向现代化发展，信息武器、信息战日益成为国家安全的新威胁，情报间谍活动在网络上更是愈演愈烈。[1]

如今，网络安全已成为国家安全的新内容和国际角逐的新领域。国家的信息实力决定着一个国家在国际体系中的实力与地位，全球信息战已成为“没有硝烟的新战场”。席卷全球的信息化浪潮和信息网络化让人们感受到现代信息系统的脆弱性，随着全球信息化进程的加速，网络安全问题日渐突出。网络安全不单单是一个技术问题、局部问题，已上升为事关国家安全和社会稳定的全局性战略问题。因此，在网络时代，人们一刻也离不开网络，网络已成为国家政治、经济、军事等几乎所有社会系统存在和发展的重要基础。网络一旦受到破损，所有的社会系统就不能正常运行或发挥作用，社会的稳定和发展就会受到严重破坏，国家安全就会受到极大的影响。从这种意义上说，网络安全是信息时代国家安全的支柱，并且其在国家安全中的地位必将日益重要。网络安全作为国家安全的新内涵，其在保障社会稳定、经济发展、国家统一等国家总体安全中具有举足轻重的地位。如果不重视网络安全，国家安全就会存在重大隐患。随着信息时代的到来，特别是全球化条件下的信息海量流动和西方意识多渠道单项传播的超强趋势，已把我国推向日益湍急的信息洪流中。如果不对这种信息洪流加以控制，就极有可能使我国“对社会文化的控制权力和对社会意识的导向技能失去应有的着力点与把握”。因此，在考察国家安全的现状，分析国家安全形势，制定国家安全方针和政策时，必须注意从更大的范围、更宏观的层面上去考虑问题，充分注意军事以外的其它因素特别是信息对国家安全的影响，从战略的高度强化网络安全意识，树立网络安全理念，把防御敌对势力的网络攻击、维护国家网络边疆的安全作为信息时代国家安全的重要内容。[2]

二、网络安全问题对国家安全的新挑战及趋势

随着网络的发展和普及，网络安全问题对国家安全亦呈现出诸多新挑战。挑战之一便是当前集多种特征于一体的网络威胁，这种混合型威胁包括“CIH”、“冲击波”等一般病毒以及特洛伊木马、后门程序、流氓软件、网络钓鱼等黑客程序。首先，计算机病毒成为进行网络信息战的首选武器，对国家的网络安全造成极大威胁，其像瘟疫一样袭击着世界许多国家的信息网络系统；其次，木马作为一种基于远程控制的黑客工具，具有隐蔽性和非授权性的特点，且其数量可以在短时间内激增，对网络安全构成极大威胁；另外，“无网不入”的“黑客”已经成为信息安全的严重威胁，其攻击手段复杂多变且多具致命性；种类繁多的垃圾信息秽人耳目，泛滥成灾；网络威胁事件此起彼伏，危害日益严重。这一切势必严重损害国家的政治安全、经济安全和文化安全。

在军事领域，信息技术的飞速发展和新军事革命的发生，引发了战争形态由机械化战争向信息化战争的质的飞跃，网络信息战对军事安全的影响加深。波涛汹涌的信息技术革命和信息网络化浪潮，使信息战范围迅速扩大，影响日益深刻。信息威慑正在迅速取代核威慑成为军事战略和国家安全战略的基础，使国家安全战略发生了跨跃式变化。谁控制了信息和信息网络，谁就掌握了信息战的主动权，谁就可能赢得全球信息战的胜利，从而控制整个世界。[3]

当今信息战逐步发展为以下几大趋势：网络信息战改变了传统作战方式，使其更加依赖于信息因子，形成一体化作战形式，同时改变了军事指挥组织结构以及战争中的打击重心和顺序；信息战使作战对象非现实接触，在信息网络中进行殊死较量，实时性极强，突破了传统战争疆域的束缚；另外，信息战成本低廉，交战双方实力非对称化特征明显。实际上信息战既可以在战时的刀光剑影中实施，也可在非战争状态中进行，不仅存在于军事领域，而且更多地存在于经济、社会、科技等领域，

在金融系统、保险系统、财政系统、证券交易系统、通信系统、企业系统等方面表现突出。

在政治领域，信息霸权构成对政治安全的新挑战。政治活动与政治较量特别是意识形态的斗争，越来越集中地体现于信息网络系统之中。政治安全对网络安全的依赖程度空前提高，网络安全的水平直接影响到国家政治的安全与稳定。对信息霸权的争夺已成为信息时代政治斗争的新动向，也是网络时代国家安全的最大威胁。所谓信息霸权，是指信息技术发达的国家利用技术优势如制网权妨碍、限制或压制他国对信息的自由行动用以谋求政治、经济和军事等利益。[4]

信息霸权表现为思想文化战、心理战以及非法获取和改动他国信息三个方面。随着信息时代的到来，争夺信息霸权成为冷战结束后霸权争夺的一种新的态势。信息时代争夺信息霸权之所以变得更为突出，其主要原因是：信息技术为国家实施其战略提供了新的手段，给国家带来政治、军事上新的机遇和能力，使国家在军事上占据主动。与此同时，殖民信息时代的来临亦加剧了西方霸权国家对发展中国家的剥削。在工业化时代，帝国主义对落后国家主要以赤裸裸的武力掠夺来推行其殖民主义政策，而在信息化时代，西方霸权主义大国将不再单纯依靠武力进行掠夺，在一定程度上是通过控制信息网络来实现其殖民利益。他们通过发展和垄断信息技术，确立信息霸权，并以国际互联网为工具，掠夺他国的信息资源，控制他国的信息网络系统，同时对他国进行文化和意识形态的渗透，以达到对他国政治、经济、文化的全面控制。同以往的新老殖民主义相比，信息殖民主义更具隐蔽性。其中，控制域名服务器是以美国为首的西方信息霸权的表现形式之一，拥有域名管理权，便掌握控制网权的关键所在，而最终管理权与控制权一直以来都属于美国政府。

在经济领域，网络经济犯罪对经济安全构成严重威胁。从内涵看，经济安全主要是指维护国家经济的持续、稳定、健康发展和国家经济利益不受内外界的干扰、侵犯和破坏。从外延看，经济安全主要包括国家经济生存和发展所面临的国际国内环境的安全，经济发展和经济运行安全，经济利益和经济主权安全，资源供给安全、金融安全、产业安全、经济活动的过程和各方面的安全等。在各种网络犯罪中，网络经济犯罪是主流。网络经济犯罪主要是指行为人以网络为载体，以计算机软件、硬件及其信息网络为侵害对象，通过信息采集、发布、反馈等活动实施的危害国家经济制度，扰乱市场经济秩序，侵犯国家、集体及他人合法财产安全的行为。它主要有两种类型：一类是利用计算机及其网络实施侵犯财产罪；另一类是利用计算机及其网络破坏市场经济秩序罪。网络经济犯罪严重威胁国家经济安全信息技术的发展：网络洗钱严重扰乱正常的金融秩序，侵害了金融管理秩序而且也严重破坏了公平竞争规则，破坏了市场经济主体之间的自由竞争；网络欺诈侵害了正当经济秩序，其社会危害性大，严重危害相关群体的经济利益；网络非法入侵获取的非法利益等行为无一不对一国的经济安全构成严重威胁。

在文化领域，“网络文化帝国主义”成为维护文化安全的新挑战。文化安全是指国家防止异质文化对本民族文化生活的渗透和侵蚀，保护本国人民的民族传统文化、意识形态、价值观念、行为方式、风俗习惯等不被重塑和同化的安全。信息网络技术的高速发展及其在文化领域的广泛应用，在促进各民族文化相互交融和发展的同时也对以信息接受为主的发展中国家的传统民族文化构成冲击和挑战。另一方面，西方发达国家凭借其雄厚的技术和经济优势，利用信息网络带来的一切便利大肆散布各种政治偏见，利用计算机技术制造、歪曲事实，而由于互联网络的结构及其技术的特殊性，国家和政府很难控制这种行为。由于网络信息的跨国传递不受任何传统控制形式的约束，对意识形态的影响将超过至今为止任何一种传统媒体。值得注意的是在不平衡的信息流动中，信息输出大国通过在网上推行新的政治、文化的“殖民扩张”政策，加强对我国社会主义意识形态的渗透。一些别有用心的敌对国家，甚至在网上肆意诋毁和歪曲我国的社会主义政治经济制度和党的路线、方针、政策，对我国进行所谓“民主”、“人权”的讨伐，竭力标榜资本主义政治制度的合理性，意欲通过政治理念的渗透实现其对我国进行“西化”和“分化”的图谋。国内一些非法组织和敌对分子也利用网络发布危害国家安全的信息，如“法轮功”邪教组织就通过建立自己的网站和向众多民众发送电子邮件来诋毁社会主义的民主、党和国家领导人，甚至还通过其设在台湾的发射设备来干扰我国的“鑫诺卫星”等。我国政府长久以来对意识形态的控制力主要集中于传统媒体领域，对互联网这种意识形态斗争的新领域还缺乏足够的经验，这使我们在国际意识形态斗争中处于非常不利的地位，而以美国文化为首的西方文化占据了文化的霸权地位，主导着世界文化的发展模式和趋向。由此引起的也许是一个国家或民族文化的内核被强行改变，其文化的独立自主性被极大削弱。外来文化对原生文化具有一定侵蚀性作用，一旦渗透侵蚀到原生文化的内核，原生文化主体原有的思维模式、行为方式、道德观念、价值观念、风俗习惯等的延续机制就会遭到破坏，文化继承力也会受到抑制。由此可见，一个国家在无力维护自己的网络安全的情况下，文化安全必然也无从保障，整个国家安全也处于一种长期的威胁之中。因此，我国应严防网络文化霸权主义的入侵和威胁。

三、构建中国特色网络安全体系，保障我国国家安全

当前我国信息化步伐加快，但网络安全状况不容乐观。我国电子商务、电子政务领域虽发展迅猛，但网络安全建设却滞后。在信息能力与产业政策方面，我国与西方发达国家的差距亦颇为明显。更令人担心的是，我国在网络安全漏洞的发现和研究方面与发达国家存在更大差距，至今还没有建立起系统化的安全漏洞发现与分析能力体系。

我国网络安全状况令人堪忧的原因有以下几个方面：首先，计算机网络本身非常脆弱，其系统本身的脆弱性，软件本身缺乏安全性，通信与网络设备自身的弱点以及世界上缺乏统一的操作系统、计算机网络系统和数据库管理系统，缺乏统一的信息安全标准、密码算法和协议等等都增加了网络安全的隐患；[5]其次，社会公众安全意识淡薄亦使我国网络安全状况大幅下降。据了解，目前中国国家重点企业中，已有74%的企业建立了互联网站或在互联网上建立了主页，但有55.5%的企业没有防火墙，46.9%的企业没有安全审计系统，67.2%的企业没有入侵监测系

统，72.3%的企业没有网络自动恢复系统。这种几乎不设防的现象，使中国信息安全不堪一击；[6]第三，科技力量的相对薄弱使我国的网络安全易遭侵犯；第四，基础信息技术的自我创新极为匮乏，网络安全产业水平和规模仍处于初期阶段，网络安全产业政策支持不够，缺乏必要资金手段，同时网管高素质人才的缺乏造成行业整体技术水平较低等等亦都使我国网络安全水平处于较低劣势；第五，我国针对网络安全的立法相对缺失，相关法律亦存在诸多漏洞；最后，我国在网络建设方面的管理结构不清，颇为混乱。我国网络建设总体处于一种分散管理的状态，由于商业和行政上的原因，各自在管理上相对封闭。从技术上说，互联网的层次结构和区域自治性也不利于实行集中式的管理。总之，中国信息与网络防御能力极为脆弱，形势严峻。很多重要的信息系统基本上处于不设防状态，政府上网缺乏安全保障。一些重要的信息系统使用的是从国外引进的安全设备，无法保证其安全利用和有效监管。国内信息安全研究力量分散，投入不足，已有的研究仅满足于封堵已发现的安全漏洞，无法从根本上解决国家信息安全问题，更不要说形成反击能力，这种状况令人担忧。[7]

因此建立适合中国国情的网络安全保障体系显得尤为重要。随着全球信息化的飞速发展，各种信息化系统已经成为中国国内的关键基础设施，网络信息安全已成为影响国家大局和长远利益的重大关键问题。它不但是发挥信息革命带来的高效率、高效益的有力保证，而且是对抗霸权主义、抵御信息侵略的重要屏障。网络安全保障能力是21世纪综合国力、经济竞争实力和生存能力的重要组成部分，是世纪之交世界各国在奋力攀登的制高点。因此，在网络安全问题上，不能“临渴掘井”，必须“未雨绸缪”，强化中国的网络安全意义重大。

首先，应强化网络安全意识，增强全社会对网络安全的重视。网络安全的最大特征是人与网的结合，而组织管理、决策的核心是人，人的因素贯穿在所有的关系中，所以，强化人的网络安全意识是防止网络危机的第一步。我国应把加强网络安全教育，提高全民网络安全观念放到战略地位，使人人都能认识到网络安全的重要性，从维护国家利益的大局出发，不断提高信息防范意识，自觉地维护网络安全。提高全社会的网络安全意识，可以从转变观念、开展网络安全意识教育主题讲座以及针对不同人群开展多样化教育等方面着手。

其次，我国应加强立法，建立健全网络安全法律保障机制。网络安全法制保障体系的建设，既要符合国际通行规则又要具有中国特色，体现信息共享原则、全球协调原则、强化管理原则、保障安全原则、严格执法原则与国家现行法律法规体系相协调原则等。在实际操作中，我们既要大胆借鉴和移植发达国家、新兴工业化国家、有关发展中国家制定实施网络安全法规的成功经验，又要结合我国实际，制定有关网络安全的法律法规。

第三，重视网络安全队伍建设。人才是网络安全的保障之本，我国政府已开始在众多院校有计划的培养网络安全人才，在多个高校建立了信息安全专业。但我国目前培养的网络安全人才，无论从数量上还是从质量上都远远不能满足需要。因此，我国政府要高度重视网络安全人才的培养、引进、使用和管理。具体可以从以下几方面入手：1. 探索教育发展新路，搞好人才培养。狠抓正规教育，创建完整的网络安全人才培养教育体系；2. 采取有效性措施引进人才、留住人才，重视人才的精神与物质需求，改善其工作生活环境；3. 深化用人体制改革，用好人才。在党的领导下，学习借鉴外国先进经验，从实际出发，贯彻“以人为本”的指导思想，深化改革，强化竞争机制，健全激励机制，创造有利于人力资源全面发展的良好环境。

第四，建立健全网络安全投入保障机制。如果国家从各个方面能够有计划、有目的、有序地投人足够多的资金，既可以有序地推进网络安全技术的研究，还能够维持一批强有力的科研队伍，使其能够随时根据网络安全技术的需求进行研究。建议建立国家投入、部门投入、社会融资相结合的投资机制，大力推进科研成果产业化，为我国的网络安全提供坚实的物质基础。网络安全不仅是政府的事情，也是包括企业在内的全社会的事情，因此引进社会融资很有必要。国家应制定众多优惠政策，鼓励和支持社会资本从事网络安全技术研究和产品开发，同时要加强管理、监督和引导。[8]

第五，我国应制定正确的方略，提高信息技术的自主能力。在技术开发方面应坚持独立自主、自力更生的方针，对于引进国外技术既不能过于依赖，也不能一味排斥。现阶段我国可以研究芯片和系统软件中恶意功能的侦测技术和工具，计算机系统及网络的安全漏洞检测方法和工具，商用系统构件安全性增强技术，以及非可信构件建造可信系统的技术，这些技术具有十分重要的现实意义。[9]

最后，我国还应设立专门机构全面规划和指导信息安全工作。网络安全是一个事关全局的大问题，有必要专门设立一个具有权威的网络安全委员会，全面规划和指导网络安全工作。其具体职责应包括：研究确定国家网络安全的重大决策，发布国家网络安全政策；批准国家网络安全规划，对国家面临的重大国家网络安全紧急事件做出决断；制定统一的IT产品安全技术标准；加大投入，积极开发新的网络安全系统；与国家执法部门联合组建一支“网络警察”，负责网上巡逻；制定科学合理的人才战略，来保卫国家的科技安全和经济安全；[10]尽快完善我国信息基础设施建设，包括国际出入口监控中心、关键网络系统灾难恢复中心、系统攻击和反攻击中心、信息战防御中心等等。[11]

当前，全球化进程不可避免地把各国紧密地联系在一起，各国相互依存增强。在维护网络安全方面，没有哪个国家能够置身事外，也没有哪个国家有能力单枪匹马地肩负起维护网络安全的重任。在严峻的信息安全形势下，加强国际网络安全合作将是大势所趋。

信息技术的发展具有明显的不平衡性，一些信息技术发达的国家利用自己的信息优势，推行“信息霸权”，严重威胁着包括我国在内的信息技术落后国家的网络安全，冲击着这些国家的国家安全。因此，反对“信息霸权”，建立“国际信息新秩序”就成为维护网络安全、保障国家安全的必然选择，发展中国家谋求建立“国际信息新秩序”的使命任重而道远。推动建立“国际信息新秩序”应注意以下几点：第一，要采取协商合作的态度。信息安全具有很强的扩散性和渗透性，它不是某一个国家的安全，而是世界各国的共同安全。因此，应该通过协商合作而不是冲突对抗、多边谈判而不是单边行动来建立“国际信息新秩序”。第二，在协商合作的过程中，也要做有理、有利、有度的斗争，以斗争促合作。发达国家凭借其信息优势，竭力主张没有限制的信息自由流通，以谋取其最大的经济利益并在政治、文化上影响弱小国家，其实质是推行“信息霸权”，必然损害发展中国家的网络安全。因此，在建立“国际信息新秩序”的过程中，发展中国家必须坚决明确地反对“信息霸权”，争取建立公正、合理的能够最大限度维护自己网络安全利益的新秩序。第三，应积极推动联合国在建立“国际信息新秩序”中发挥重要作用。

同时，发展中国家应推动构建长远有效的国际网络安全合作机制——“国际网络安全合作委员会”。近年，随着网络安全挑战的日益严峻，世界各国在维护信息网络稳定、开发信息技术和利用信息资源等方面有着越来越多的共同利益和广阔的合作前景。各国应着眼现实威胁与长远发展，提升网络安全保障能力，共同防范和打击信息犯罪活动，提高危机管理能力；进一步就有关技术、政策和法规等问题进行对话和交流；积极推动网络安全危机预警通报、网络安全灾害救援协作以及联合打击信息犯罪等一系列国际信息安全合作机制的建立和完善。“国际网络安全合作委员会”可以是一个独立的机构，也可以是现有组织的分支，其建立应有以下作用：第一，加强国际网络安全技术交流与合作。在加快自我技术研发的同时，加强国际网络安全技术交流与合作，是一条保障我国网络安全的现实途径；第二，针对网络犯罪的特殊性，加强各国之间的国际司法合作。这需要各国政府及立法、司法部门从立法和司法实践等各个层次加强沟通，增进共识。我国应主动融入国际网络安全法规体系，在制定国内网络安全法律法规时，要充分考虑到世界主要国家的网络安全立法现状以及有关国际条约和协定，使我国的网络安全法规和国际社会接轨。同时与更多的国家签订引渡罪犯的协定，使在境外危害我国网络安全的行为得到应有的惩罚；第三，推动制定广泛适用的网络安全国际法规。随着全球化与信息化的快速推进，日益国际化的信息安全问题已非各国仅凭自身的网络安全法规和一国之力所能解决。制定国际性法规和政策的呼声日渐高涨，这反映了国际网络安全合作与协调进一步强化的趋势。国际社会的不断努力，为制定信息安全国际法规奠定了良好的合作基础。[12]我们认为，各国应就网络安全国际立法进一步加强合作，建立良好互信，维护共同利益，明确责任义务，达成共同打击和制裁国际信息犯罪的共识，为开展国际信息合作提供规范的法律框架，为实施国际联合行动提供有效的法律依据。

参考文献：

［1］李斌、吴日强：《国际战略与国际安全》，北京：中国传媒大学出版社，2008年版。

［2］颜旭："心理边疆：信息时代国家安全内涵的新发展"，《西安政治学院报》2006年第2期。

［3］蔡晓明："信息战、电子战：夺取未来战争胜利的关键之战"，《军事经纬》2007年第6期。

［4］冯寿森、徐新照：《战略艺术：战略信息战一体化运用对策研究》，北京：军事谊文出版社，2008年版。

［5］王德恒："电子政务信息安全风险与对策"，《行政与法》2006年9月。

［6］胡键："网络时代的国家安全"，《教学与研究》2008年第5期。

［7］胡键："网络时代的国家安全"，《教学与研究》2008年第5期。

［8］胡键："网络时代的国家安全"，《教学与研究》2008年第5期。

［9］宋世锋："互联网络和国家信息安全"，《国际论坛》2007年10月第2卷。

［10］江雪茹、谢敏："新世纪国际信息安全形势与我国的战略对策"，《同济大学学报（社会科学版）》2007年10月。

［11］蔡翠红：《信息网络与国际政治》，上海：学林出版社，2003年版。

［12］杨毅：《国家安全战略理论》，北京：时事出版社，2008年版。

（金 波）

第三十二章

信息安全的新形势与新问题

[**内容提要**] 2012 年是信息安全问题更为突出的一年。在这一年中，网络空间安全问题首次被写进中共全代会报告。在这一年中，不管是“泄密门”事件的持续发酵，还是“中国网络威胁论”的甚嚣尘上，抑或是网络舆情对维稳形势的影响，都在证明信息安全的主体不仅是国家，而且是日常生活中的每个人。加强信息安全问题研究，强化信息安全管理，成为越来越重要和急迫的国家安全事务。

21 世纪是信息高速发展的时代，人们的日常生活离不开信息的传递，互联网已经成为人们生活的重要组成部分。随之而来的信息安全问题也逐步暴露出来，引发了人们的广泛关注。2012 年高速发展的互联网赋予了信息安全更新的视角，信息安全不再仅仅是技术层面的问题，甚至通过网络舆论影响到国家的政治安全，成为了影响国家安全的关键因素。

一、2012 年信息安全的大事件回顾

2012 年的信息安全领域，可以说机遇前所未有，挑战也前所未有。接下来我们就来具体了解一下 2012 年信息安全的重大事件。

（一）信息网络安全受到国家的高度重视

2012年11月在中国共产党第十八次代表大会上，胡锦涛主席代表十七届中央委员会向大会作了报告。胡锦涛在报告中强调需要高度关注海洋、太空、网络空间安全，网络空间安全上升为国家意志。为了保护网络信息的安全，自2000年以来，我国陆续制定了《中华人民共和国电信条例》、《互联网新闻信息服务管理规定》等一系列涉及互联网的法律、行政法规和部门规章，法律法规在推动和规范我国互联网建设发展过程中发挥了重要作用。

2012年12月28日，全国人民代表大会常务委员会通过了《关于加强网络信息保护的决定》。该决定共12条，包括保护公民个人电子信息、治理垃圾电子信息、网络身份管理、有关部门的监管等内容。根据决定，任何组织和个人不得窃取公民个人电子信息，不得出售或非法向他人提供；实行“后台实名制”的网络身份管理；任何组织和个人未经接受者同意，不得发送商业性电子信息。《关于加强网络信息保护的决定》对个人信息保护迈出了第一步，但对于网络信息服务、电子商务、网络安全、网络版权和知识产权保护等各个方面的立法还需要进一步研究和加强。该决定进一步强化了信息安全建设过程中国家意志的体现，对整个信息安全行业都将产生巨大而深远的影响。

（二）DDos攻击的频率和范围持续增加

传统的DDoS攻击是通过攻击者在全球范围互联网用户中建立的僵尸网络发出的，数以百万计受感染的机器在用户不知情中参与攻击。随着云计算的风起云涌，随着宽带提速等云时代的网络发展，DDoS攻击开始有了新的变化，已经开始升级到百G时代，更加容易塞满入口带宽、耗尽应用连接，造成宕机。如今的DDoS手段更加简单直接，云时代的各种虚拟化服务也为其提供了新的滋生场所。当前的主流三大DDos攻击手段是IP大包拥堵出口带宽、SYN小包冲击PPS转发和GET并发服务连接耗尽。因此在2012年DDos攻击的频率和范围都在持续增加。①

（三）“数据泄密门”持续发酵，个人信息安全堪忧

发生在2011年底的“泄密门”事件相信至今仍让业界忌惮，其影响力贯穿于整个2012年，“泄密门”事件余波未平，就又发生了多起电信、金融、电商等泄密事件，个人信息的泄露将会导致诈骗、勒索甚至威胁人身安全的事件发生频率增高，让人心悸。2012年发生的泄密事件，主要包括三种情况：黑客入侵，用户信息未加密，企业内部员工或外包人员窃密。2012年主要泄密事件回顾如下：

2012年1月，亚马逊旗下美国电子商务网站Zappos遭到黑客网络攻击，2400万用户的电子邮件和密码等信息被窃取。2012年3月，央视“3·15”晚会曝光招商银行、中国工商银行、中国农业银行员工以一份10元到几十元的价格大肆兜售个人征信报告、银行卡信息，导致部分用户银行卡账号被盗。2012年5月，1号店90万用户信息被500元叫卖。2012年7月，三星电子员工向LGD泄密AMOLED技术被起诉。2012年8月，银行外包后台成泄密重灾区，江苏银行1个月卖千份客户资料。同月，上海数十万条新生儿信息遭倒卖，出自市卫生局数据库外包维护工作人员。2012年11月，“三通一达”等多家快递公司客户信息遭贩卖。快递单号的信息被大面积泄露，甚至衍生出多个专门交易快递单号信息的网站。这些交易网站显示，被交易的快递单号来自包括申通、圆通、中通、韵达在内的多个快递公司。②

（四）大数据时代带来网络安全防护技术的变革

当前，全球数据量正在以疯狂的速度增长。据称，目前存在的90%数据来自于过去的两年间，这些数据来自传感器、交易记录、图像和视频、社交媒体、日志等。数据显示，2015年全世界的数据存储量将达到

① “温故知新—2013信息安全何去何从”，电脑之家，http://article.pchome.net/content-1579775.html。

② “盘点2012年十大泄密事件”，天极网，http://soft.yesky.com/security/132/34385632.shtml。

800万PB。机构或组织一旦发生大规模的数据泄露，造成的损失将十分巨大。

可以说，2012年大数据对网络安全防护能力提出了挑战。但同时，如果能够正确使用大数据，从中挖掘出有用的信息，就可以保护机构或组织免受高级持续性威胁和恶意软件攻击。①

(五) 移动智能终端被攻击首超PC机

随着移动互联网的快速发展，移动智能终端成为恶意攻击的主要目标，安卓平台由于开放性更易受到攻击。根据相关信息安全评测机构的报告显示，在黑莓、苹果IOS、微软Windows Phone和安卓操作系统中，安卓系统的安全性最差。目前，国内基于安卓平台的智能手机已经占据75%以上的份额，安卓平台的用户量大幅增长，应用也以惊人的速度增长。2012年，我国针对安卓平台的手机病毒翻了两番以上，对移动智能终端的攻击也首次超过了PC机。

手机恶意软件将可能会窃取手机设备中数据，并利用位置服务跟踪用户等，给用户个人信息安全带来隐患。与此同时，由于个人移动设备的普及，越来越多的工作人员将平板电脑及智能手机接入企业或者政府机关网络系统，而很多企业和政府机关当前的防御能力还不足以充分保护和管理这些设备，也无法在工作人员使用平板电脑进行访问时确保其信息安全，因此，移动设备对企业甚至国家机关而言就成为了一项新的安全威胁。

(六) “火焰”病毒大范围传播

2012年出现了一种典型的APT病毒，代表是“火焰”病毒。2012年5月，一种破坏力巨大的全新电脑蠕虫病毒“火焰”(Flame)被发现，这种病毒正在中东地区大范围传播，其中伊朗受病毒影响最严重。该病毒可以通过USB存储器以及网络复制和传播，并能接受来自世界各地多

① “大数据带来大困惑”CSDN网，http: //www. csdn. net/article/2012－02－28/312505

个服务器的指令。感染“火焰”病毒的电脑将自动分析自己的网络流量规律，自动录音，记录用户密码和键盘敲击规律，并将结果和其他重要文件发送给远程操控病毒的服务器。一旦完成搜集数据任务，这些病毒还可自行毁灭，不留踪迹。在“火焰”病毒被发现之后，一些网络分析专家认为，这似乎已形成了“网络战”攻击群。[①]

二、2012 年信息安全领域面临的主要威胁

在现代互联网信息技术的载体下，涉及国家安全的信息借助网络在世界范围内高速传播，而我们应对网络信息的管理模式又相对滞后，因此使得信息安全变得很脆弱，给国家信息安全构成了前所未有的威胁与挑战。正如美国国家安全委员会基础保护与反恐怖主义全国协调员理查德·克拉克所说的：“信息技术革命让我们把自己暴露在易受攻击的脆弱地位。”[②] 要有效解决这一问题，我们需要对新时期信息安全面临的威胁进行重新思考。

（一）境外网络攻击仍是我国面临的主要威胁

由于我国信息安全基础设施防护不足、国民信息安全意识淡薄等原因，我国境内大量主机被国外木马或僵尸网络控制。仅在 2012 年 1—4 月，境外木马或僵尸网络控制服务器 IP 数量分别为 10287 个、8213 个、10711 个、9005 个。目前美国、日本和韩国是境外网络攻击的主要来源国。境外网络攻击在使境内主机受害的同时，还通过控制境内主机发动针对其他国家的攻击，从而使我国事实上成为这些攻击的“替罪羊”，对我国信息安全危害很大。

① “温故知新 2013 信息安全何去何从”，电脑之家，http：//article. pchome. net/content－1579775. html。

② Ri. Hard Clarke. Network Security. IT Security standardization，2004（12）：6－11.

（二）"中国网络威胁论"甚嚣尘上

近些年来，西方国家屡屡炒作"中国黑客威胁"，试图将我国树为国际社会在网络安全领域的公敌，遏制我国发展。2012年上半年，英国媒体称"中国黑客为套取情报，伪造北约将军Facebook账号；澳大利亚政府以担心来自中国的网络攻击为由，拒绝华为公司竞标澳国家宽带网项目。西方国家现实世界中的双重标准、意识形态和战略竞争等问题正在延伸至网络空间，美国等大国正在加强网络空间的"合纵连横"，致力于构建网络战略同盟。2012年美国在2011年连续推出《网络空间安全国家战略》、《网络空间行动战略》的基础上，又努力加强伙伴关系建设、主导国际规则制定等，在增强其在网络空间影响的同时，进一步实施对中国的网络遏制。面对西方的无端指责，实际上，中国国家计算机网络应急技术处理协调中心的数据显示，2012年上半年，国内约有780万台计算机遭到了来自其他国家2.79万个IP地址的攻击，这些网络攻击主要来自美国。[①] 只要对网络安全稍有常识的人都知道，仅根据黑客袭击的来源地就判断此黑客所处地区是站不住脚的，因为黑客往往会用代理IP进行攻击。所以，哪怕调查结果显示中国遭受的网络攻击主要来自美国，中国也并未对攻击源做出简单推断和轻率结论，更没有因自身遭到攻击动辄对美国口诛笔伐。

（三）Web2.0时代的信息传播威胁国家意识形态安全

Web2.0时代，博客、社区、微博等网络交流工具的相继涌现并日益普及，带来了信息传播模式的重大变化，这一变化使信息流动更加便捷和畅通，加速了各国文化的传播与交流；同时信息传播广度和深度的变化也使一些国家面临维护本国文化安全的问题。

一些信息强国借助自身的便利条件，利用自己掌握的信息技术优势操纵网络传播媒介，试图将其价值观强加于目标国，对目标国倾销其文

---

① "中国计算机遭境外攻击数量增加主要来自美国"，腾讯科技，http：//www.techweb.com.cn/internet/2012－10－15/1245387.shtml。

化产品。最终导致目标国文化产业遭受严重冲击，导致本土传统文化有的甚至面临被“空心化”和“边缘化”的危险。

（四）网络突发舆情与维稳压力

2012年新浪微博注册用户数突破4亿，腾讯微博注册用户数突破3亿，微博发展进入了一个全新的时代。微博的高速发展，使人人都可以成为新闻的发布者，这一现象也被称之为“自媒体时代”。在这样一个众声喧哗的时代，互联网突发舆情的出现可以说关系到社会的稳定与国家的走向。目前，网络突发舆情的内容已经深深地影响了网络之外社会总体的态度、思维方式和价值观念。网络不良舆情会一定程度上迷惑、误导一部分人向群体极化、不理性、反社会的方向发展，因此将会给维稳带来相当程度的压力。加上西方反华势力利用互联网进行煽动，网络突发舆情事件对国家安全的影响变得越来越突出。

（五）网络犯罪规模化综合化

互联网在给世界带来便利的同时，也给世界带来了许多的挑战。网络犯罪就是一种借助网络信息技术进行违法犯罪的手段。具体是指实施者运用计算机技术，借助于网络对操作系统或信息进行攻击，破坏或利用网络进行其他犯罪的总称。既包括实施者运用其编程、加密、解码技术或工具在网络上实施的犯罪，也包括其利用软件指令，网络系统或产品加密等技术及法律规定上的漏洞在网络内外交互实施的犯罪，还包括行为人借助于其居于网络服务提供者特定地位或其他方法在网络系统实施的犯罪。网络犯罪因其隐蔽性，引起各国政府的高度重视。[①]

随着互联网技术的飞速发展，网络犯罪呈现出国际化的特点。犯罪实施者只要拥有一台联网的计算机，就可以通过互联网实施犯罪活动。通常情况下在一国作案，通过中间结点，使其国或他地联网者受害。由于这种跨国界、跨地区的作案隐蔽性强且不易侦破，危害也就更大。

---

① 丛培影：《国际网络安全合作及对中国的启示》，《广东外语外贸大学学报》，2012年第4期，第77页。

三、积极应对新形势下的信息安全挑战

从2012年我国信息安全领域面临的新形势、新问题可以看出，信息安全在一定程度上已经能改变一个国家的命运，因此不能不引发我们更深层次的思考，尤其是如何在信息化时代充分运用本国信息手段的优势，有效地维护本国的信息安全，已经成为我们需要共同关注和解决的重大问题。

网络已经无处不在地影响着社会的政治、经济、文化、军事等各个方面。面对复杂的国际国内环境，如何更好地维护好我国的信息安全，亟需转变思路，加强科学规范和调控发展。不管是现在还是将来我们都必须始终保持清醒头脑，科学分析我国全面参与经济全球化的新机遇、新挑战，全面认识信息化深入发展的新形势、新任务，进一步强化信息化建设。[①] 尤其是在制定我国网络信息安全应对策略时，我们更应该遵循客观规律，学习借鉴国外的成功经验。结合我国的国情，制定既符合国际通行规则，又具备中国特色的信息安全战略，构建有中国特色的信息安全保障新体系。[②] 这样才能切实有效地处理好信息安全给中国带来的挑战。

作为全球网民数量最多的国家，中国不仅应该着眼于国内现实威胁，更应该考虑未来的长远发展，提升信息安全保障能力。通过加强国家信息安全合作来共同防范和打击信息犯罪活动，提高国内信息安全危机管理能力；今后，我们更需要进一步在信息安全技术、政策和法规等问题和其他国家进行对话和交流，积极推动国际信息安全危机预警通报机制，以及积极完善联合打击信息犯罪等一系列国际信息安全合作机制，充分

---

① 《中共中央关于加强和改进新形势下党的建设若干重大问题的决定》，中国方正出版社，2009年版。

② 卢新德：《构建信息安全保障新体系》，中国经济出版社，2007年版。

提高我国信息安全的危机处理能力。

因此，我们必须高度重视对网络信息安全的了解和防范，认真研究，妥善应对，并应以发展的眼光、战略的高度，积极提高对信息安全问题的应对处理能力。只有不断加强对信息安全领域的投入，努力提高我国信息化水平，才能牢牢把握主动权，消除安全隐患，确保人民的安全和国家的长治久安。

（黄日涵）

第三编

重要事件

第三十三章

中菲黄岩岛对峙事件

[**内容提要**] 黄岩岛是中国固有领土，中国对黄岩岛的主权具有充分的历史和法理依据。然而，2012 年 4 月 10 日菲律宾最大军舰在南海中沙群岛黄岩岛附近发现了十余艘中国渔船，菲方认为其“在该国海域非法捕鱼”，企图登船抓扣中国渔民。随后，中国国家海洋局派“中国海监 75 号”和“中国海监 84 号”编队赶赴黄岩岛海域，及时制止菲方行动并对中国渔船和渔民进行现场保护。中方要求菲舰立即撤离黄岩岛，停止骚扰中国渔船，侵犯中国主权；菲方则在美国的支持下表示不会放弃黄岩岛。之后中菲双方都不肯离开黄岩岛海域，并宣誓主权，开始了长达一个月的对峙。

一、中菲南海纠纷再起波澜

黄岩岛作为中国固有领土，其海域也是我国渔民祖祖辈辈打鱼的传统渔场。自 20 世纪 90 年代开始，频频遭到菲律宾军方的袭扰。据农业部南海区渔政局介绍，1998 年 1—3 月，我四艘渔船相继在黄岩岛海域被菲海军拦截，51 位渔民被菲拘押近半年。1999 年 5 月，一艘中国渔船在黄岩岛遭菲军舰撞沉。2000 年—2011 年，菲律宾军舰在黄岩岛海域追赶、抢劫、抓扣等袭扰事件10宗，涉及我渔船32艘，渔民439人。[①] 特别是在2012年4月10日，12艘中国渔船进入黄岩岛潟湖躲避恶劣天气，突然菲律宾海军炮艇把潟湖入口堵住，菲舰派出12名士兵（其中6人携带武器）进入潟湖，骚扰中国渔船，欲抓扣中国渔民。中国迅速派出正在附近执行南海定期维权巡航执法任务的中国海监84、75船编队赶赴该海域，对中方渔船和渔民实施现场保护。随即，双方舰船开始对峙。

4月11日，中国外交部发言人刘为民表示，中方就此事向菲方提出了严正交涉，称菲方试图在黄岩岛海域进行所谓“执法”的行为是对中国主权的侵犯，并特别敦促菲方不要制造新的事端。中国驻菲律宾使馆也立即向菲律宾外交部提出交涉并发表声明：“黄岩岛是中国领土不可分割的一部分，其附近水域是中国渔民传统的渔业区，对此中国有大量的历史和法律支持。”[②]

4月12日，中国外交部发表声明，要求菲军舰队立即撤离黄岩岛，菲律宾在黄岩岛骚扰中国渔船的行为已经侵犯了中国主权。当日，菲律宾外交部官员透露，菲律宾已将军舰撤出黄岩岛海域，改派一艘海岸警卫队船只前往这一海域。

4月13日，中国外交部发言人刘为民在例行记者会上指出，菲方袭扰中国渔船渔民、侵犯中国主权导致的此次事件，违背了双方关于维护南海和平稳定、不使事态复杂化和扩大化的共识。在接下来的20多天内，中菲在黄岩岛进入对峙状态。[③]

4月14日，中国向黄岩岛增派了渔政船和飞机后，与菲军对峙的中国渔船驶离了黄岩岛。

4月15日，中国外交部副部长傅莹紧急约见菲律宾驻华使馆临时代办，就围绕黄岩岛海域出现的紧张局势提出交涉。18日，傅莹再次就此约谈菲代办。

---

① “黄岩岛事件四大焦点”，2012年05月10日，http：//www.sina.com.cn。

② 盛媛：《黄岩岛对峙满月，中国强烈警告菲律宾》，《第一财经日报》，2012年5月9日（A06）。

③ 石江月：《黄岩岛：中菲海战一触即发》，《世界报》，2012年4月25日（001）。

4月16日，菲律宾与美国进行“肩并肩”联合军事演习。美国媒体报道，菲律宾总统阿基诺三世表示，菲方不会因中菲舰船在黄岩岛的对峙事件而同中国交战。他还表示，为了解决双方的争端，菲方将继续同中方展开对话。

4月17日，菲律宾方面开始呼吁国际上的支持，拟将中菲黄岩岛对峙事件提交给国际法庭。

4月18日，中国外交部发言人刘为民在记者会时表示：“黄岩岛是中国的固有领土，不存在提交国际海洋法庭的问题。”

4月20日中午，中国最先进渔政船渔政310船到达黄岩岛海域，随后一段时间在此海域巡航，重点保护在该海域正常生产作业的中国渔船渔民的安全。

同日，菲外交部发言人赫尔南德斯在记者会上称，菲律宾正研究单方面把黄岩岛问题提交国际海洋法法庭的可能性，这再次激化对峙事件。

4月22日，菲律宾外交部长罗萨里奥发表声明，呼吁地区内其他国家（暗指东盟其他成员国）在这场对峙中表明立场，并称如果其他国家现在不能像菲律宾那样坦率表明立场，这些国家将会受到中国对南海主权的“负面影响”。[①] 菲律宾开始拉拢南海各国在南海问题上对抗中国的举动，将中菲黄岩岛对峙的整个事态进一步升级，企图进一步制造中国和整个东盟国家之间的矛盾。

中国渔政310船和一艘海监船4月22日离开了黄岩岛海域后。菲外长罗萨里奥23日却宣称，菲方不会把海岸警卫队船只从黄岩岛撤回，“当我们愿意离开时才离开，不是被人要求离开就离开”。[②] 24日，菲律宾又增派了警卫队船只，并且正式邀请中国到国际海洋法庭打官司。中方就菲律宾向黄岩岛增派舰队的行为提出严正交涉，并称黄岩岛不存在国际仲裁的问题。

4月26日，国防部新闻事务局局长、国防部新闻发言人耿雁生表

---

① 《菲方做法无益于事态解决》，《团结报》，2012年04月26日（004）。

② Signing of the Manila Declaration On Board the USS Fitzgerald in Manila Bay, November. 16, 2011, Manila, Philippines, http: /www. state. gov/r/pa/prs/ps/2011/11/177226. htm.

示，中国在南海问题上的立场是一贯的、明确的。根据职责和任务，中国军队将密切配合渔政、海监等部门共同维护国家海洋权益。

4月28日，中国外交部边海司司长邓中华约见了菲律宾驻华使馆临时代办蔡福炯，就菲方要求将黄岩岛领土主权归属提交国际仲裁向菲方提出严正交涉。同时，我国最先进渔政船310船返回黄岩岛执法。

4月30日，虽然中方拒绝将黄岩岛对峙事件交由国际法庭处理，但是菲律宾仍然坚持寻求利用一切外交和法律手段解决此事。菲律宾总统办公室发言人陈显达称，菲外交部希望中方重新考虑菲方的提议，将此事交由国际法庭解决。同时，菲律宾外交部部长称美国要求菲律宾以多变的方式和平解决黄岩岛争端，不考虑武力解决黄岩岛事件。

5月3日，菲律宾正式将黄岩岛称为“帕纳塔格礁”。菲外长称南海是菲律宾的国家核心利益，准备向美国购买军备。中国外交部立即作出回应，称菲律宾方面对黄岩岛采取的任何行动都是非法和无效的，改变不了黄岩岛属于中国的事实，并强烈敦促菲方回到外交解决的正确轨道上来。

5月7日，在菲方单方面重新命名黄岩岛后，菲律宾外交部向菲海岸警卫队下达指示，要求清除在黄岩岛上与菲律宾无关的标识物和建筑，菲方称，将立刻拍摄留作证据，并将建筑摧毁。中国外交部副部长傅莹第三次约见菲律宾驻华使馆临时代办蔡福炯，就黄岩岛事件向菲方提出严正交涉。她表示，中方已做好应对菲方扩大事态的各种准备。

5月8日，中国外交部发言人洪磊指责当前黄岩岛事态是由菲律宾方面单方挑起的，并称菲方在过去一段时间内一直不计后果地扩大事态。人民日报海外版发表署名文章，称“仁至亦有义尽的时候，忍无可忍就无须再忍，真到那个时候，我们不会介意和菲方共同创造一个‘黄岩岛模式’”。

5月9日，中国外交部指出，菲方在此次黄岩岛事件中不断发表措辞强硬的言论，煽动民众情绪，严重损害了中菲双边关系。菲方还鼓动国内民众和海外侨民发起针对中国的游行示威。这种行为已经引发海内外中国民众的强烈反应和关注。希望菲方不要进一步损伤两国关系。

同日，菲总统府发言人陈显达在回应中方近日的声明时声称，菲律宾没有在黄岩岛地区做出挑衅性的行动，因此，他并不把中方的声明归因于“菲律宾正在黄岩岛挑衅或扩大事态”。他仍坚称，把黄岩岛争议提交到国际仲裁机构是最好的解决方法。

菲律宾外长加斯明称，美国国务卿希拉里与防长帕内塔已于上周向菲律宾保证，将保护菲律宾在南海免遭任何形式的攻击。

鉴于菲律宾旅游的安全风险，为确保中国公民安全，国内多数旅行社已暂停赴菲律宾旅游的发团和报名，并开始实施劝退、全额退款等措施。

5 月 10 日，解放军报发表署名文章指出：“任何人，不管要弄什么诡计，指望什么靠山，拉拢什么帮凶，都休想抢走中国的半寸土地。明智的举动是赶紧从哪里来的回哪里去，老老实实遵守国际法则，方能求得中国人民的谅解，得到国际社会的包容。”

至此，中国和菲律宾的黄岩岛对峙已满月。

二、美国阴影下的黄岩岛对峙

2012 年黄岩岛之争的当事国是中国和菲律宾，但是在争议的背后却反映出美国重返亚太的战略计划，而菲律宾则是美国实现其战略目标的一枚棋子。追根溯源，美菲的《马尼拉宣言》早已为黄岩岛争端埋下了伏笔。2011 年 11 月 16 日，美国国务卿希拉里在马尼拉签署了美菲《马尼拉宣言》，并表示将在“气候变化、核扩散、恐怖主义、跨国犯罪，特别是海上安全领域展开广泛合作”①。美菲两国在军事和经济等方面都并不在一个水平线上，双方的利益交汇点仅仅在于美国想利用菲律宾插手南海问题来制衡中国，开发南海丰富的资源，所以在中菲黄岩岛对峙的

---

① 朱盈库：菲律宾官员称向南海派护卫舰不会激怒中国，2011 年 06 月 21 日，http：//news. xinhuanet. com/mil/2011－06/21/c_121560893. htm。

问题上美国虽为菲律宾撑腰，但并没有积极回应菲律宾呼吁的“选边站”。

（一）美菲强调军事同盟促使菲律宾对华的强硬态度

人们普遍认为，这次事件是菲律宾对中国态度的试探。进入2012年以来，美国不断通过强调美菲军事同盟、与菲律宾举行联合军演以及向菲律宾提供军事援助多种手段，暗中支持、操控着南海局势。2012年美菲战略防务对话中，美国再次对《马尼拉宣言》进行强调，促使菲律宾在南海问题上“挺直腰杆”。2012年4月16日，美菲举行了自1983年以来美军投入军力规模最大的一次军演。军演的地点选在离黄岩岛海域很近的巴拉望岛。选择在这个时候举行这种内容的军演，美国的用心不言而喻。美国海军陆战队太平洋司令杜安·蒂森中将曾指出，“美国与菲律宾有一项共同防御条约，条约确保我们参与彼此的防御，这一点是不言自明的。”①

（二）美国“不选边站”模糊政策凸显不愿与中国直接对立

在中菲黄岩岛对峙中，美国除了强调菲律宾在其亚太战略中的重要地位之外，其实并没有给予其什么实质性的帮助。2012年4月30日美菲的“2＋2会谈”中，美国明确地表明了自己“不选边站”的中立立场。没有美国的支持，对于菲律宾而言，其本身并没有足够的经济、军事实力与中国相抗衡。美国既没有保证提供给菲律宾武器清单上的武器，在军事援助上也仅仅象征性地给予了3000万美元。美国这样的举动恰恰证明了美国只是把菲律宾当作了其插足南海事物的一枚棋子，而美国自己也不愿意被菲律宾任意地“消费”。美国在南海的模糊态度恰恰反映出了美国想要在南海制造一种紧张的态势，牵制中国在南海的战略价值。同时美国也不希望南海爆发大规模的武装冲突，不想卷入战争，牵扯太多的精力。美国的对策是要在外交上挑拨离间，破坏中国在世界上的外

---

① 吴其胜、刘鸣：《美国南海政策真实意图何在》，《社会观察》，Social Outlook. 2012（06）。

交形象，以达到包围中国的目的。

三、黄岩岛对峙中的外交与政治智慧比拼

面对1个多月的中菲对峙，中国政府显示出了坚决维护中国对黄岩岛主权的态度，对菲律宾的反复挑衅作出积极的回应。但是作为大国，如何应对东南亚小国的无赖行为，还需要一定的外交智慧。菲律宾一面要求前往黄岩岛的船只都要悬挂表达“和平”意愿的白旗，一面不断地暗中派军舰骚扰黄岩岛海域的中国渔船，一再试探中国的底线在哪里。我国一直本着非武力和平解决南海争端的原则，显示了大国风范。但是面对菲律宾的无端挑衅，我国应该让菲律宾和其背后的美国知道中国的底线，触动了底线中国必然会彰显实力，而美国也会身陷冲突之中。

长期以来，面对南海问题各国都保持着约定俗成的“默契”，并没有明确的立法规定，保持沉默成为各国规避风险的主要手段。2012年中菲的黄岩岛对峙表明，回避这个问题会为今后的南海争端埋下伏笔。2011年8月第六届泛北部湾经济合作论坛上，菲律宾前总统拉莫斯感慨道：“在这样一个相互依存的世界，任何国家都不可能独立存在。美国、欧洲经济衰退所带来的不利影响，使亚洲国家越来越强烈地意识到，彼此之间相互依存是多么重要。”① 这说明各国还是希望能够真正建立一个稳定的南海秩序。从地缘政治上看，中国作为地区大国有着复杂的周边环境，应该有一套综合的策略来处理今后类似事情的发生。

（一）加强海域资源的开发和管控以及海域的执法巡航力度，宣示我国主权

多年以来，我国对于南海问题本着搁置主权，和平发展的原则，但其他国家并不买账，肆意开发甚至向我国索要主权。以至于造成了越南、菲律宾等国家借助西方强国撑腰，掠夺大量南沙海域资源，而我国却没

① 王晓霞：《黄岩岛对峙的警示》，《南风窗》，2012年第11期。

有什么实质性的开发。

（二）不放弃诉诸武力，一旦诉诸武力要坚决完成任务

面对菲律宾的挑衅我们要学会审时度势，不要被菲律宾的嚣张气焰搞的莽撞行事，毕竟菲律宾本身并没有太多的优势，只有在美国撑腰的情况下才较为强硬。另外，美国的模糊态度恰恰清楚地告诉我们：美国不会“选边站”贸然卷入战争，只有真正涉及其国家利益时才会有所行动。所以，我们在准备好武力的同时，要善于争取和保存“战略机遇期”。

（三）理智面对西方媒体宣扬的“中国威胁论”，用灵活的外交手段维护中国在世界上的大国形象

在中菲黄岩岛对峙中，我国例行巡航执法任务的“中国海监 84 船”和“中国海监 75 船”被国内外媒体反复报道。一些别有用心的人开始编撰一些虚假的报道，夸大事实的真相，恰恰遂了菲律宾想要博得国际舆论同情、营造大国欺压效果的心愿。为此，我们应该采用灵活的外交手段，加大宣传力度，让世界正义的国家和人民看到，在这次事件中中国维护的是国际规则和国际正义，而菲律宾对中国渔船进行武装威胁的行为才真正是破坏国际准则的行为。

（李文良　王茜茜　赵清芳）

第三十四章

新疆和田劫机事件

［**内容提要**］2012 年 6 月 29 日，天津航空 GS7554 航班在执行和田至乌鲁木齐飞行任务途中，6 名歹徒冲击驾驶舱企图劫持飞机，随即被机组人员与机上的 23 名乘客共同制服。此次事件中，9 名机组人员恪尽职守，英勇斗争，获得了“中国民航反劫机英雄机组”荣誉称号。“6·29”劫机事件的成功处置不仅为中国民航安保史写下厚重的一笔，也鼓舞了整个社会打击危害航空安全恐怖行为的斗志。

2012 年 6 月 29 日，新疆发生一起以劫持民用飞机为手段的严重暴力恐怖案件。天津航空 GS7554 航班 6 月 29 日执行和田至乌鲁木齐飞行任务，12 时 25 分由和田机场正点起飞，12 时 31 分 6 名歹徒冲击驾驶舱企图劫持飞机，随即被机组人员与机上的 23 名维汉乘客共同制服，飞机随即返航和田机场并安全着陆，6 名劫机者被公安机关抓获。据公安机关调查，GS7554 航班为海航集团天津航空公司的 EMB190 型客机，中国民航注册号为 B—3171 号。劫机事件发生时，机上共有乘客 92 人，机组成员 9 人。6 名劫机者全部为维吾尔族男性，来自喀什地区的巴楚、莎车和叶城，分别是：木沙·玉素甫、阿巴拜柯热·伊比拉伊木、艾热西地卡力·依明、买买提艾力·玉素甫、阿里木·木沙、吾麦尔·依明。其中阿里木·木沙乘机时使用叫亚森·麦麦提的假名。

一、事件始末

2011年10月至2012年2月，木沙·玉素甫、艾热西地卡力·依明、吾麦尔·依明、阿里木·木沙和阿巴拜柯热·伊比拉伊木等人，接受宗教极端、暴力恐怖内容的反动宣传，形成以木沙·玉素甫、艾热西地卡力·依明为首要分子的暴力恐怖组织，并为实施暴力恐怖活动进行了多次准备。木沙·玉素甫在事后接受采访时说，6月29日，他与另外5人参与了劫持飞机，目的是劫持飞机出境，进行（所谓的）伊吉拉特[①]“圣战”。

2012年5月中旬至6月间，木沙·玉素甫等人商议劫持飞机出境进行恐怖活动，并多次踩点、探查机场安检和机舱内情况，准备燃爆物品和金属拐杖、打火机、火柴等作案工具，又招募买买提艾力·玉素甫参与并进行策划、分工，同时商定如果劫机不成就炸毁飞机，与机上人员同归于尽。

6月29日上午11点07分，木沙·玉素甫与另一名拄着双拐的犯罪嫌疑人打车来到和田机场。11点10分两人开始接受安检。劫机分子使用的作案工具正是从这副拐杖中卸下来的金属管。监控录像显示，就在那名犯罪嫌疑人假装残疾接受安检的同时，其他4名犯罪嫌疑人先后进入候机大厅，11点38分6名准备劫机的犯罪嫌疑人全部进入候机大厅。除了拐杖，携带上GS7554航班的还有伪装后的燃爆物品。

飞机起飞后6分钟，艾热西地卡力·依明、木沙·玉素甫、吾麦尔·依明、阿里木·木沙和买买提艾力·玉素甫、阿巴拜柯热·伊比拉伊木手持拆卸后的金属拐杖，用维族语言高喊宗教极端口号撞击驾驶舱，

① “伊吉拉特”又称“迁徙圣战组织”，是一群职业暴力恐怖分子。该组织内的恐怖分子宣称为了真主而离乡背井，抛弃所有财产，迁徙集中到一个地方发动暴力活动，进行“圣战”。

殴打、威胁机组人员和乘客，并引燃爆炸装置。

紧挨着驾驶舱门坐在2F位置上的是新疆粮食局副局长刘会军。他看见暴徒手里拿着凶器，大喊大叫，离他最近的那个人，正在点燃一枚爆炸物。刘会军第一反应就是发生劫机了，一旦引燃爆炸就是机毁人亡，所以想也没想就站起来，高喊了声："劫机了!"接着他还打掉了暴徒手中试图点着的爆炸物。刘会军也因此遭到了暴徒们的袭击。邻座的新疆巨臣律师事务所主任窦刚贵见状也奋起反击，与刘会军一同与3名歹徒展开搏斗。这期间，暴徒不断用脚踹机舱门，企图撞开舱门，见习乘务长吕慧及安全员杜岳峰见状冲过去将机舱门扣锁，并与暴徒展开搏斗。刘会军的大喊惊醒了大伙，反应过来的空警、乘务员和一些乘客也上前与暴徒搏斗。

乘务长郭佳在歹徒冲向驾驶舱时，第一时间按下警示铃，向驾驶舱发送警告提示。当歹徒开不了机舱门转向与头等舱旅客纠缠时，她立即按下机长反劫机指令，推出餐车防止歹徒再次攻击驾驶舱，郭佳被歹徒击中头部。就在3名暴徒冲击飞机驾驶室的同时，机舱里又有3名暴徒持械攻击。洛浦县教育局副局长付华成也用维语喊："大家都起来，跟他们斗，不然我们都没命了。"墨玉县人民医院医生迪里夏提·艾山从23排C座赶到飞机前舱，在不到20米的路上和其他乘客一道制服了两名暴徒。空姐也通过舱内广播，号召大家联合反抗。陆续有二十多名乘客从座位上跳起来加入搏斗，旅客们用身体筑成了一道墙，有旅客被歹徒击伤仍在奋力反抗，有旅客临危不惧组织老、幼、妇女调整座位，把机舱中部的妇女、老人和儿童转移到了靠后相对安全的地带。

新疆和田地区公安局装备财务科副主任科员陆茂鹏、洛浦县公安局刑事侦察大队民警图尔洪·如则尼亚孜等5人因分别执行不同的任务前往乌鲁木齐，中午12时，他们着便装与其他乘客一道登上航班。危急关头，陆茂鹏等5名民警迅速亮明身份，一面全力制服罪犯，一面维护机舱内秩序，防止过度混乱造成飞机失衡。他们临危不惧、挺身而出，与机组人员一起同劫机暴徒展开英勇搏斗，制服暴徒。机上的少数民族乘客也义愤填膺对暴徒大声斥责，并勇猛对抗，娜迪热·吐尔逊买买提等乘客积极组织部分乘客解下腰带，捆绑被制服的6名暴徒。

经过10几分钟的搏斗，暴徒的劫机图谋在机组成员和乘客们的共同努力抗击下以失败告终。当暴徒们发现无法冲进驾驶舱，引燃爆炸物企图也失败并遭集体制服后，他们居然选择了自残。

12点47分GS7554航班安全返航降落在和田机场，木沙·玉素甫等6人被公安民警和武警官兵迅速控制并带离现场。其中，阿巴拜柯热·伊比拉伊木、买买提艾力·玉素甫在制服过程中受伤，经医治无效死亡。和田劫机事件中有24名乘客、机组人员不同程度受伤，造成财产损失2858.3万元。

12月11日，新疆和田地区中级人民法院一审公开开庭审理木沙·玉素甫等4名被告人暴力恐怖劫机案并当庭宣判，以组织、领导、参加恐怖组织罪、劫持航空器罪、爆炸罪等数罪并罚，分别判处被告人木沙·玉素甫、艾热西地卡力·依明、吾麦尔·依明死刑，剥夺政治权利终身；判处被告人阿里木·木沙无期徒刑，剥夺政治权利终身。

二、各方反应

此次反劫机事例，受到网友微博热议及中国政府的高度赞誉。2012年6月29日晚，中国民航局研究决定授予“6·29”反劫机机组“中国民航反劫机英雄机组”荣誉称号并通令嘉奖。7月2日，中共新疆维吾尔自治区党委、人民政府隆重表彰成功处置“6·29”劫机事件的有功人员。授予乘客刘会军、民警图尔洪·如则尼亚孜等10人“‘6·29’反劫机勇士”称号，并记个人“一等功”，每人奖励10万元人民币；授予航班机组“处置‘6·29’劫机暴恐事件英雄机组”称号，奖励50万元人民币。7月4日，海南省委、省政府下发决定，对海航集团天津航空公司“6·29”反劫机机组予以表彰，并号召全省各单位、各企业向该机组学习。7月6日，民航局隆重举行“6·29”反劫机斗争表彰大会，表彰奖励“6·29”中国民航反劫机英雄机组。

但一些西方媒体却强调支持这次行动的境外分裂势力的说法。法新社 6 月 30 日引述世界维吾尔代表大会（简称“世维会”）发言人的话说：“维族人认定有人劫持飞机事件是谎言。”此前一天，此人在接受美国广播公司采访时则称：“这是因为航班上的汉族与维族乘客抢座位引发的斗殴。”《印度斯坦时报》也引述“世维会”的话称：“事件发生在“7・5”事件三周年‘敏感日’到来之前，所以和田地区的‘气氛紧张’。中国当局会利用此事件对当地人进行镇压。”这些声音甚至使国内网络上也带出一些不明真相的传言和谣言。在新疆相关部门及时公布此案的初步信息后，一些境外媒体出现“遇到劫机，国际通行规则是不反抗”，甚至以此来质疑这起事件的真实性。

中国现代国际关系研究院反恐问题专家李伟 7 月 1 日对《环球时报》表示，遇到劫机事件要不要反抗，现在国际上还没有统一规定。“9・11”事件以前，各国航空安全条例规定，如果遇到暴力劫机事件，机上人员尽量不要反抗，以免造成机毁人亡的事件。但“9・11”事件后，恐怖分子劫机本身是为了制造机毁人亡的惨剧，甚至企图把被劫飞机当作武器，制造更大的人员伤亡。因此许多国家修改了航空安全条例，在飞机上派有空警，遇到暴力劫机时，可以寻机制服劫机者。事实上，“9・11”事件后，很多未遂劫机事件都是乘警或者机上人员制服暴力分子。

李伟说，“世维会”说不是劫机，是普通斗殴，这是在混淆视听。犯罪分子试图在飞机上引燃爆炸物，这是明显的恐怖行为。飞机是脆弱的航空器，对它的任何危害行为都可视为刑事犯罪活动。这些嫌犯有明显的意图和团伙行为，完全可以判定为恐怖事件，他们的目的是造成恐慌或者更大的影响。

7 月 2 日，外交部发言人刘为民也指出了这一事件的性质。刘为民在例行记者会上表示，新疆和田劫机事件的性质为“以劫持飞机为手段的严重暴力恐怖案件”，并指出，“劫持民航飞机的犯罪行径应遭到全世界的谴责。”

20 世纪 70 年代到 90 年代初，由于历史原因台湾当局为劫机者提供庇护，甚至捧为“英雄”，自 1977 年发生在新疆哈密的首例劫机案后，1985 年卓长仁团伙劫机案、1988 年张庆国、龙贵云劫机案、1989 年张振海劫机案等相继得逞，促使中国大陆接连出现多起劫机事件，仅 1993

年，我国就发生了10起民航飞机被劫持到台湾事件，虽然均未造成人员伤亡，但已引起国际民航组织的关注，要求尽快制止这种行为，在国际社会的压力下，台湾当局不得不改变这种做法，因此在90年代后期劫机事件逐渐减少。我们应对劫机事件的理念和方式在这个过程中也经历了一些变化。在早期，强调决不妥协原则，鼓励机组人员和乘客同劫机者作斗争，直到90年代发生的广州“白云山机场事件”，造成3架飞机报废、130多人死亡后，有关部门才确立在反劫机中以保护乘客和飞机安全为第一要义的原则，不再鼓励机组人员和乘客与劫机者正面交锋；“9·11”的负面影响也在鼓动着国内恐怖势力和犯罪分子蠢蠢欲动。2008年3月，一名嫌犯将“爆炸破坏装置”带上飞机被乘客和机组人员发现；2011年新疆首届亚欧博览会前，新疆破获了企图携破坏性工具上飞机的案件。

12月12日，《环球时报》在“6·29”和田劫机案的3名罪犯被一审判处死刑、1人被判无期徒刑后发表评论，认为“是法律正义的伸张，是人类超越民族、地域对恐怖主义的严正回答”。“4名重犯都是维族年轻人，他们深受极端主义的毒害，在他们没有能力全面理解国家、民族以及民主、自由的时候，莽撞地走上恐怖主义歧途，做出劫机、在机上试图引燃爆炸装置等十恶不赦之行。”反恐斗争“是难度相当高的工作，这样的高难度不是政府笨，也不是社会愚，它是时代往前走给新疆社会治理增添的新代价。全球化在一定程度上改变了斗争和博弈的规则，东突势力受到西方公开庇护，他们在与西方合演很复杂的把戏”。“宗教极端主义是境外恶势力操纵境内狂热分子的最佳工具。热比娅等东突势力很清楚他们追求的民族分离主义目标毫无实现的可能性，在中国如此强大的今天，他们高唱的所谓‘疆独’就是历史长河中的瞎胡闹。新疆有一些政治知识的人决不会跟着他们跑，所以他们只能用宗教极端思想开路，诱骗一些人当炮灰。”“这是非常残忍的政治游戏。东突势力实际上毫无‘远大抱负’，他们喊的口号连他们自己都不信。但新疆一‘出事’，他们对西方的利用价值就上升，他们就可以从西方各种组织甚至政府筹到更多‘捐款’。可以说，境外东突势力账户上的钱，很大一部分是新疆无知恐怖分子用生命换来的。对西方来说，花些钱支持‘疆独’、‘藏独’

分子，给中国民族地区多少添点乱，虽不能把中国怎么样，但可以让中国分散部分精力。这样做比他们对中国施加其他骚扰更事半功倍，也更有‘热闹’看。”“其实东突势力和新疆的恐怖分子都是新疆各族人民的公敌，他们对新疆社会发展的伤害尤其大。他们给外界制造了那些地区社会不稳定的印象，必然影响那些地区的旅游和区外人前来投资的积极性。坚决与恐怖主义斗争是捍卫新疆人的正常生活秩序，也是捍卫他们面向全国以及面向未来的竞争力。在祖国的大家庭里，国家为遏制极端主义投入力量，确保了新疆社会总体稳定，也使新疆继续获得在大中亚地区相当骄人的发展成果。这个局面值得包括新疆在内的全体中国人倍加珍惜。”

和田劫机案件的审理在国际上也引发关注，其中美联社等外媒援引了中方的报道。但也有一些西方组织或媒体利用此次事件，挑拨我国民族对立。7月4日，“大赦国际”组织就新疆2009年“7·5”事件3周年发表报告，指责“中国持续压制新疆声音”。美国《华尔街日报》刊登热比娅的文章，称“中国政府控制维吾尔族人口”，并指责“新疆被武警完全占领，当地言论自由受限，与外界信息接触受到极大影响”。

三、事件启示

“6·29”和田劫机事件，暴力恐怖性质严重，不仅危害民众的生命财产安全，还制造了恐怖气氛，对新疆稳定发展不利。在事件处置过程中，机组临危不惧、果断处置，2名安全员、2名乘务员光荣负伤；飞行人员沉着冷静、妥善应对，驾驶飞机安全返航。机组获得了“中国民航反劫机英雄机组”荣誉称号，这既体现了他们的良好专业素质，也反映出机组承担着守护航空器安全的重要安保职责。

此次事件中，空警、机组人员和乘客共同制服了劫机者。除了机上的空警、乘务员，因公到乌鲁木齐出差的洛浦县和和田5名警察对制服暴徒也起了很大作用。这5名警察中，既有汉族干警，也有维吾尔族干警。正是这些维族警察听明白了暴徒们叫喊中所透露出的意图，这为制服恐怖嫌犯们起了重要的作用。一名新疆学者对《环球时报》称，和田劫机事件中维汉警民联手制服暴徒，印证了暴力恐怖分子与其个人民族身份无关，是各族人民的共同敌人。因此他们的罪恶行径遭到各族人民的反对，这也是“6·29”事件发生后，新疆社会平静如常的原因。一两起偶发的事件既不能动摇新疆稳定的大局，也不会改变新疆人民已形成的生活轨迹。

此次事件中，6名劫机者未使用制式枪支和制式爆炸品，表明三股势力的资源获取能力、技术协调能力仍然有限，这要归功于近年来对三股势力的打击以及对涉枪、涉爆的严格管理。在各种事件频出的表象之下，我国保持了一些关键措施和细节的严密。新疆这几年暴力恐怖事件的作案方式和工具几乎没有变化，和田劫机事件与类似空中恐怖主义相比，作案者的技术水平属于较低的一类。此外有统计显示，尽管这几年对恐怖活动的报道多了，但新疆“7·5”事件后发生暴力恐怖事件的频率实际在降低。

此次事件的结果是令人欣慰的，但是我们也要深入思考事件背后包含的深层次信息。

首先，此次事件反映出暴力恐怖势力制造恐怖事件的图谋一直没有停下，他们在政府的严打之下仍在寻找机会。我们和“三股势力”包括其他分裂势力的斗争是一个长期过程，必须保持对暴力恐怖势力的严打态势。

其次，事件反映出暴力恐怖势力的活动手法在不断变化，同时反映出民航安全检查存在严重漏洞。东突暴力恐怖分子已从在地面进行暴力活动发展到空中，针对航空器的破坏方式也不断在变。爆燃物和点火器被带上飞机，令人难以置信。其原因要么是制度存有漏洞，要么是技术能力存有不足。不管是什么原因，都对民航安全检查敲响了警钟。民航部门必须要加强技术进步和研发，提高利用技术手段预防针对航空器恐怖活动的能力。同时要深入研究恐怖主义的作案手法、形式以及发展趋势，真正做到防患于未然。

此次事件同样对民航应急处理机制提出了挑战。空警的数量应如何配置？假如今后遇到有歹徒群体性劫机比如一半乘客是歹徒，应该如何处理？在地面上的见义勇为行为在飞机上如何实行？乘客是应该自发反击还是应该听从空警指挥？这些都要求有关部门要审视和检讨现有的民航紧急事件应急处理机制和预案，不断做出修正，应对今后可能面临的民航公共安全危机。

（孙先伟）

第三十五章

三沙市设立

［**内容提要**］2012年7月24日，在世人的瞩目与期待中，三沙市人民政府正式挂牌成立。三沙市的设立，是我国通过行政治理宣誓国家主权的新尝试，是我国对南海诸岛礁及其海域行政管理体制的调整和完善，有利于进一步加强我国对南海的主权维护、行政管理和开发建设。

一、国务院批准设立三沙市

2012年6月21日民政部发布公告，宣布国务院批准撤销海南省西沙群岛、南沙群岛、中沙群岛办事处，设立地级市三沙市，下辖西沙、南沙、中沙诸群岛及海域。2012年7月24日，三沙市人民政府正式挂牌成立，市政府驻地位于永兴岛。

三沙市位于中国南海，是中国地理纬度位置最南端的城市，涉及岛屿面积13平方千米，海域面积260多万平方千米，大约相当于全中国陆地面积的1/4，是中国陆地面积最小、总面积最大、人口最少的城市。三沙市辖南沙群岛暗沙组的曾母暗沙、立地暗沙、八仙暗沙及其海域，也是中国最南的领土海域。

中国是最早发现、命名并持续对西沙群岛、中沙群岛、南沙群岛的岛礁及其海域行使主权管辖的国家。据史料记载，西汉武帝元封元年（公元前 110 年），海南始置珠崖、儋耳郡，标志着中央政权对海南岛及南海诸岛直接统治的开始。此后，随着生产发展和航海技术的进步，中国人民经常航行于南海之上，并在西沙群岛和南沙群岛一带居住和生产。南海诸岛与祖国大陆的关系越来越密切，历代统治者对南海和南海诸岛的认识不断加深。中华人民共和国建立以来，中央政府一直重视对南海岛屿和领海的管辖和治理，于 1959 年设立西沙群岛、南沙群岛、中沙群岛办事处，隶属广东省，又在 1988 年撤销海南行政区，设立海南省，西沙群岛、南沙群岛、中沙群岛办事处相应划归海南省管辖。

2012 年 6 月 21 日，国务院正式批准撤销海南省西沙群岛、南沙群岛、中沙群岛办事处，设立地级市三沙市。7 月 19 日，中央军委批复广州军区，同意组建中国人民解放军海南省三沙警备区。21 日，西南中沙 1100 多名选民票选三沙市第一届人大代表。22 日，海南省三沙市第一届人民代表大会代表名单公布，共有 45 名代表当选。23 日，三沙市第一届人民代表大会第一次会议闭幕，会议选举产生了市一级权力机构，符戆当选首届人大常委会主任，肖杰当选第一任市长，并出任三沙市首任市委书记。

2012 年 7 月 24 日，海南省三沙市成立大会暨揭牌仪式在永兴岛举行。海南省委书记、省人大常委会主任、党组书记罗保铭，广州军区副司令员邢书成，海南省政协主席、党组书记于迅，海南省委副书记李宪生共同为三沙市揭牌，宣告三沙市正式成立。

此次设立地级市三沙市，是中国对南海诸岛礁及其海域行政管理体制的调整和完善，有利于进一步加强中国对南海的行政管理和开发建设。作为中国最年轻的地级市，三沙万象伊始，其发展拥有广阔的空间和美好的前景。海南省委书记罗保铭表示，当前要重点加强三沙市政权建设，确保三沙市行政管理有序高效，加快推进基础设施建设，编制中长期建设总体规划、海洋环境保护等重要规划，扶持发展渔业、旅游业、油气资源开发等特色产业，把三沙市建设成为维护南海主权和为南海资源开发服务的重要基地。可以预期，一颗独具特色、极具魅力的南海明珠将在祖国最南端熠熠闪光。

二、建市具有重大战略意义

从6月21日民政部公布设立三沙市的公告，召开三沙市第一届人民代表大会，到警备区的设立，再到三沙市正式成立，仅仅用了一个多月时间。如此快速、高效，正是我国因应南海局势发展的果断决策。三沙市的设立，开辟了以行政治理宣誓国家主权的新途径，强化突出了海南作为海洋大省的战略地位，势必加速中国在海洋利用方面的发展步伐。

三沙市的设立，意味着我国在对南海各大群岛、岛礁有关领海的控制迈出了重要一步，标志着中国对南海及其附属岛屿、岛礁及有关领海的控制有了更为有利的法理依据，使我国在外交斗争中能够更加有力的维护国家主权和领土完整。而三沙市警备区的设立，改变了南海以往只有海军单一兵种的局面，从而使得防卫能力得到进一步提升。《国务院关于同意海南省设立地级市三沙市的批复》明确提出，三沙市应把维护国家主权和安全放在突出位置，在各项建设中认真贯彻国防需求，军民兼顾、平战结合，实现国防建设与经济建设协调发展，阐明了设立三沙市的目的。三沙市政府是集党政军权力于一身的地方一级政权机构，这样的一元化领导，有利于中国政府对南海地区施行有效的管理运作，在应对南海局势日益复杂化的今天，具有重大的战略与现实意义。

7月20日，海南省委书记、省人大常委会主任罗保铭率领省“八一”拥军第一慰问团对海南省某部队进行慰问时指出，海南在维护国家主权、海洋权益和南海军事斗争中作用十分特殊，战略地位极端重要。今年6月，党中央、国务院审时度势，作出了在西沙永兴岛设立地级市三沙市的重大决策，中央军委批准在三沙市设立警备区，世界瞩目，人民期待。

外交部发言人洪磊就中国民政部设立三沙市等问题答记者时表示，中国对包括西沙群岛、中沙群岛和南沙群岛在内的南海诸岛及其附近海域拥有无可争辩的主权，此次设立三沙市是中国政府对现行行政管辖机构的调整。

凤凰卫视总编杜平表示，三沙市的设立在国内外，特别在国际媒体上受到很大的关注，原因就在于三沙市是在中国南部边防和海防的前沿。三沙市建立的重要意义在于，它把中国海防线大大地往南推进，进而对周边的一些国家，特别是跟中国有海上纠纷的一些国家起到了强大的辐射作用，使得我国对周边国家的军事威慑力进一步增强。未来三沙市主要的任务有二：既维护主权，又在捍卫主权的同时求得发展。此两者应该并行不悖，或者说相辅相成，相得益彰。无论如何，它是中国海防历史上非常重要的一页。

中国人民解放军罗援少将表示，三沙市的设立以及建立相应的军事单位，是中国国防重要标志，它使中国有了一个“主权归我”的更合理的行政载体，在法理上堵死了有些国家的非分之想，体现了我国有理、有利、有节地捍卫国土主权和利益的决心。

同时，三沙市的设立为我国在南海地区有效行使管辖权奠定了坚实的基础。近年来，我南海海域、岛屿屡遭越南、菲律宾等国的侵占，南海的油气资源被非法开采。如，南沙群岛的第二大岛中业岛，自1971年起被菲律宾侵占后，已被设立为菲军事指挥中心。该岛上有菲律宾常驻军人并建有军用机场。经过40年经营，菲律宾已在其所占岛礁上修建了两个小型空军基地，其中的3个岛礁为陆军基地。截至目前，越南、菲律宾、马来西亚、印度尼西亚和文莱联合西方石油公司，已在南海勘探开发近30年之久。此外，我国渔民在南海的捕捞权遭到剥夺，甚至面临人身安全危险。据统计，1989年至2010年，周边国家在南沙海域袭击、抢劫、抓扣、枪杀我渔船渔民事件达380多宗。涉及渔船750多艘、渔民11300人。其中，25名渔民被打死或失踪，24名渔民被打伤，800多名渔民被抓扣判刑。三沙市及其警备区的设立，进一步加强了我对南海海域的控制，宣誓了主权与领土主张，为反击他国非法侵占，保护海洋资源，有效进行公民利益保护提供了依据。

《环球时报》评论认为，三沙市的设立有利于加强所辖“三个群岛”及其海域的行政管理，有助于强化我维护南海的海洋权益，对我国南海海洋开发利用、海洋环境保护、国防安全以及海洋防灾减灾等各方面起到积极推动和促进作用，因此具有特殊的战略意义和深远的历史意义。

军事专家尹卓少将认为，在三沙设立警备区，作为政府军事部门的一部分，是中国行使管辖权、行使主权的标志，这是非常重要的，它表明国家对西沙、南沙在主权管辖方面走出了重要的一步，具有浓烈的主权宣誓的意味。军事评论家张召忠少将表示，三沙市的设立是根据国家发展建设的需要，是水到渠成的过程，对管理南海是很好的开始。中国国际问题研究所副所长阮宗泽认为，中国海上维权的组合拳，是加强对领土的实际管理和控制。

此外，南海经济资源丰富，无论是海洋油气、海底矿床、渔业还是旅游，都极具开发潜力。南海是世界四大海底储油区之一，这里的石油天然气储量据估计超过200亿吨。此外，南海还贮藏有锰、铁、铜、钴等三十多种金属，有可燃冰、多金属结合等珍贵资源。南海的渔业资源也极其丰富，盛产各类海产品，有2800多种海洋生物生活在南海广阔的水域中。三沙市的成立，也为这些资源的开发创造更加有利的条件。

海南省海洋渔业厅厅长赵中社认为，三沙市的设立是海南继建省和国际旅游岛之后的第三次重大战略机遇。在南海问题成为国家核心利益的情况下，随着三沙设市，海南成为在国家总体战略中具有重要地位的一个省份，成为事涉国家核心利益、国家主权和海洋权益的省份。

《舰船知识》主编、军事专家宋晓军表示，三沙所辖诸岛具有重要的军事意义，但三沙市的设立并非完全出于领土主权和军事安全，而是更多考虑到经济开发、生态保护等多重因素，目的是为了获得经济、政治、军事、文化等综合利益。特别是南海海域资源丰富，如何有效的进行开发利用是三沙市面临的重要任务。

中国南海研究院院长吴士存认为，南海蕴藏着石油、天然气、可燃冰等多种资源，但目前我国在南海的油气资源开发仅局限于近海。三沙市的建立，使海南面向南海的海洋经济发展将迎来新的春天，不仅海洋油气开发，海洋运输、海洋旅游等海洋产业将迈上发展的快车道，同时，它可以为赴南海捕鱼的海南渔民提供更好的避风，补给的条件，促进海洋渔业的大发展。

三、建市引发各方强烈反弹

我国设立三沙市的举动引起了南海主权声索国及区域外大国的强烈反响。越南外交部立即向北京提出抗议，批评我国成立行政区和驻军的做法违反国际法，指责我国“严重侵犯越南的主权”。越南外交部要求中国立刻撤回成立三沙市和军备区的行动，并促请各方展示友善与合作态度，以维持南海的和平与稳定。菲律宾在 7 月 24 日也传召中国驻马尼拉大使，以抗议中国设立三沙市的举动。菲律宾外交部发言人进而表示，三沙市的设立有违南海各方行为准则的精神，并重申包括南沙群岛大部分、黄岩岛及周边海域，是菲律宾领土主权的一部分。为增加日后同中国谈判的筹码，相关国家也在加紧进行军备建设，并以多种形式宣誓“主权”。12 月 27 日，菲律宾外交部称中国计划在资源丰富但存在争议的中国南海大片区域进行开发和设防活动，在国际法上缺乏依据。菲律宾已经与意大利和韩国公司签订 16.3 亿比绍（约合 2.5 亿元人民币）的军购合同，展示出“保护国家主权和领土完整的意图”。越南有关方面称，越南海洋法将于 2013 年 1 月 1 日生效，该法将中国的西沙和南沙群岛列入越南的“主权”和“管辖”范围。

此外，鉴于全球多达一半的海上贸易通过南海，中国与南海主权声索国的纠纷已成为国际关注焦点。特别是美国高调“重返亚太”，积极介入南海问题，企图借此遏制中国崛起，破坏中国周边安全环境。美国此举为越南和菲律宾壮了胆，使它们敢于以更加强悍的方式维护自己在南海的权益。

在我国设立三沙市后不久，美国国务院代理副发言人帕特里克·文特瑞尔于 8 月 3 日就中国南海问题发表声明，指责中国进一步加剧南海地区紧张局势。声明称，美国对南海局势紧张升级表示关切，正在对形势发展密切跟踪。近来局势发展中对抗性言论、资源开发分歧、胁迫性经济行动、包括使用障碍物阻止进入黄岩岛周边事件不断升级，特别是中国提升三沙市行政级别，在南海有争议地区建立一个新的警备区之举有违通过外交合作解决分歧，进一步加剧地区紧张局势升级风险。声明表示，美国在南海领土争端中不选边站队，也没有领土野心，但美国相信该地区国家应通过合作及外交努力解决分歧，而不应强迫、恫吓、威胁和使用武力。

针对此项声明，中国紧急召见美国驻华使馆临时代办王晓岷，对美方的言论提出严正交涉。中国外交部部长助理张昆生表示，美国发出了严重错误信号，无助于有关各方维护南海乃至亚太地区和平稳定的努力。外交部发言人秦刚也针对美方的言论发表了声明，称这则声明罔顾事实，混淆是非，发出了严重错误信号，无助于有关各方维护南海乃至亚太地区和平稳定的努力，声明重申了中国的主张，即中国拥有相关海域及岛屿的绝对主权，有权设立一个城市对该地区进行行政管辖。

美国卡内基国际和平基金会研究副总裁包道格在接受采访时表示，美国在亚洲最重要的战略目标，就是在不损害美国在地区内核心利益的前提下，应对中国似乎已不可避免的崛起。要平稳渡过这个转折期，则需要认识不断变化的现实，更需要实力和连贯一致性。包道格猜测国务院发布声明，是因为华盛顿有很多人不满中国最近在东盟地区论坛的强硬态度，再加上中国宣布提升三沙市的行政级别，似乎把华盛顿推至忍无可忍的地步。

北京大学国际关系学院副院长贾庆国认为，美国的声明只指责中国，明显偏袒其他南海主权声索国，“因为南海问题不仅涉及中国，还有其他方面”。他表示，这份声明无助于解决纠纷。

早在这份声明前，美国针对我国设立三沙市的声音就已甚嚣尘上。7月25日，美国国务院首次对中国建立三沙市作出回应，称美国反对任何单边行动，南海问题只能通过相关国家以对话、多方合作的外交方式来解决。美国参议员麦凯恩则在24日称，中国成立三沙市是“不必要的挑衅”。

清华大学当代国际关系研究院研究员鲁世巍认为，美国给南海争端国家撑腰已是公开的秘密，此前暗中唆使，现在明里介入南海问题，都是出于美国的战略需要。中国设立三沙市的行动，对越南和菲律宾此前的猖狂有所遏制，南海局势显得没有那么严峻突出，主动权也在向中国倾斜。在这种情况下，美国发表声明表示一种对越、菲公开的支持。根本原因则是中国在持续快速的发展，势必在本地区和世界扩大影响。美国担心中国崛起会威胁到自己，为维护其全球霸权和在南海的影响，于是加大对南海问题的介入，希望能及时对中国进行遏制。

近期，在美国、印度等国的高调介入之下，南海局势呈现出国际化、复杂化的趋势，菲律宾、越南等国不断试探中国政府的底线。要应对日益复杂的南海局势，中国应以三沙市的建设为契机，加强对相关岛礁及海域的行政管理，维护国家主权和安全，坚决反击有关国家对我领土主权的悍然侵犯，同时进一步加大对南沙的开发力度，形成政治利益、经济利益最大化。

（姜微微）

第三十六章

日本政府“购岛”引发中日钓鱼岛新危机

［内容提要］日本政府“购岛”是2012年影响中国的十大安全事件之一。日本将我国钓鱼岛“国有化”的“购岛”闹剧无法改变钓鱼岛属于中国的事实。“购岛”闹剧是日本政府在钓鱼岛问题上采取的最严重的单边行动，严重破坏了中国主权，触及了中国核心利益，危害了中国能源安全，在军事和战略上加大了中国面临的压力，恶化了中国周边安全环境，加深了东北亚安全结构的缺陷。日本“购岛”还是美国遏制中国战略棋盘上的“飞来一棋”，不利于中国和平崛起的安全战略环境。日本“购岛”一事严重伤害了中国人民感情，对中日政治、经济、外交和人员往来等造成全方位深刻的负面影响，为中日关系增添了不可测的“擦枪走火”的变数，损害了中日关系和东亚和平发展大局。

2012年，日本右翼分子和日本政府不顾中国政府和中国人民的强烈抗议和反对，在钓鱼岛问题上不断制造摩擦，挑衅中日关系，包括为我钓鱼岛附属岛屿起名、允许国会议员登岛、允许地方议员登岛、在钓鱼岛附近海域举行钓鱼大赛等。夏秋以后，又强行拦截和逮捕中国保钓人士，纵容日本右翼团体和人士登岛宣誓“主权”，允许东京都政府沿我钓鱼岛周边进行测量和地理资源调查等。日本还拉美国“入伙”，声称《美日安保条约》适用于我钓鱼岛，日本自卫队还与美国军队举行了意在我钓鱼岛的“夺岛”联合军演，日本众议院通过对我钓鱼岛宣称“主权”的决议，日本参议院也通过涉及我钓鱼岛的“修法”决议。特别是野田政府借着东京都知事石原慎太郎“购买”钓鱼岛的谋划，竟于9月10日宣布购买“尖阁诸岛”（即我钓鱼岛及其附属岛屿）中的钓鱼岛、北小岛和南小岛。9月11日，日本政府最终与钓鱼岛的“拥有者”栗原家族签署了以上岛屿的“买卖合同”，将我钓鱼岛进行所谓“国有化”。日本严重破坏了中国的主权，严重伤害了中国人民的感情，使钓鱼岛紧张局势持续升级，增添了不可测的“擦枪走火”的变数，损害了中日关系和东亚和平发展大局。

一、日本政府“购岛”始末

（一）中国的钓鱼岛及其附属岛屿被日本窃取，还出了个日本人“岛主”

钓鱼岛及其附属岛屿（Fishing Islands）（以下简称钓鱼岛），由钓鱼岛（主岛）、黄尾屿、赤尾屿、南小岛、北小岛和3块小岛礁组成，自古以来就是中国的固有领土，中国最早发现、记载和命名钓鱼岛。早在明朝，中国已将钓鱼岛作为台湾的附属岛屿纳入海防区域。至迟在清代，钓鱼岛已被纳入台湾地方政府的行政管辖。清朝1871年出版官方史书《重纂福建通志》，在“台湾府葛玛兰厅（即今台湾省宜兰县）”下明确记有“钓鱼台”。1884年，日本人古贺辰四郎非法上岛进行探险，认为可以在岛上从事鸟毛、鱼翅、贝壳等事项。后来古贺辰四郎向日本政府提出申请“开发”钓鱼岛，未获准。1885年及其后数年间，日本冲绳县秘令“查勘”我钓鱼岛，并多次上书日本中央政府，谋求在岛上建立“国标”。当时日本政府对钓鱼岛属于中国心知肚明，不敢轻举妄动。特别是清政府建立总理海军事务衙门、设立台湾省、大力加强海防之后，日本政府更为忌惮，于是下令冲绳县“切记目前不可建立国标”。直至甲午战争末期清政府败局已定，日本政府认为“今昔形势已殊”，方以“先占”为由对钓鱼岛实施非法侵占。我钓鱼岛实被日本窃取。1895 年 1 月 14 日，日本内阁会议“批准”将我钓鱼岛和黄尾屿“划归”冲绳县管辖，并决定在岛上修建“界碑”。1895 年 5 月 14 日，古贺辰四郎再次向日本政府提出对钓鱼岛列岛“租借”申请。1896 年 3 月 5 日，日本政府颁布第 13 号敕令，将我钓鱼岛、黄尾屿、南小岛和北小岛“并入”冲绳县八重山郡，并将之列为“国有土地”。1896 年—1932 年，古贺辰四郎和其子古贺善次先后以“租借”和“购买”的方式得到了钓鱼岛及其四个附属岛屿的开发权。1945 年，日本战败后，琉球列岛和钓鱼诸岛被美军占领。1972 年，古贺善次将南小岛、北小岛“转卖”给了日本埼玉县实业家栗原国起。1978 年古贺善次死后，其妻花子将钓鱼岛也“转卖”给栗原家族。2002 年，日本总务省开始与栗原家族签署“租赁合同”，每年支付 2，450 万日元“租借”三岛。需要提及的是，所谓“岛主”栗原国起只登过一次岛，而钓鱼岛及其附属的南小岛和北小岛上，除了几个坍塌的小屋以及日本右翼建造的灯塔之外，几乎一无所有。

（二）从东京都购买的鼓噪到日本中央政府“国有化”

日本右翼势力代表、东京都知事石原慎太郎一直有从栗原家族手中“购买”我钓鱼岛的想法。2010 年 10 月，在电视节目中他透露已同栗原家族进行了“购买”交涉，为了“防止这些岛屿落入外国人之手”。由于钓鱼岛诸岛的“租约”将于 2013 年 3 月到期，石原慎太郎加快了“购岛”步伐并有“收获”，此中“交涉”得益于与栗原家族有着 30 多年交情的日本国会议员山东昭子为石原“穿针引线”。2012 年 4 月 16 日，石原慎太郎在美国保守智库“传统基金会”演讲时，突然放言东京都政府将购钓鱼岛，国际舆论随之一片哗然，也招致中国政府和民众的强烈抗议。

挑起事端后，石原又接二连三地抛出有关“购买”钓鱼岛的妄论，鼓动日本民众捐钱“购买”。当时的野田政府只是低调处理，没有表达官方的、明确的态度。两天后的 4 月 18 日，曾担任过日本防相的自民党议员中谷元向野田提出质询，要求野田对石原慎太郎“购买”钓鱼岛一事做出答辩。野田在答辩中宣称，“作为政府，一直与所有的离岛土地‘所有权拥有人’保持着密切联系，我们将向相关‘拥有人’进行重新确认，采取恰当的对应措施”。6月底，石原又故弄玄虚地称，东京都政府将于伦敦奥运会开幕前在美国报纸上刊登关于购岛意见的广告。[①] 石原还宣称，美国曾将钓鱼岛“作为冲绳县的一部分返还日本”，如果中方要打破日本的“实际控制”，“这些话听起来就像是针对日本的宣战布告”，日本政府必须更加强硬。石原越来越出格，《朝日新闻》在社论中就批评石原“极其不负责任”，“身为地方政府官员的石原并没有解决领土问题的办法。明知会对政府的外交带来负面影响，他还大放厥词，只能说明他毫无责任感。”

自石原发出“购岛”言论后，日本在钓鱼岛问题上动作频频，并将所谓“购岛”闹剧推向实质性的行动。6月10日，日本右翼政治团体加油日本全国行动委员会在我钓鱼岛附近海域举行钓鱼大赛，显示所谓“主权”。有包括6名国会议员在内的120多人和14艘渔船参加了此次钓鱼比赛。6月11日，日本众议院就东京都政府筹募资金购买钓鱼岛一事展开听证会，这是日本国会第一次举行有关钓鱼岛问题的公开听证会。6月23日，日本首相野田佳彦视察位于冲绳大坝的海上保安厅第十一管区海上保安本部，要求保安官们加强对我钓鱼岛的警备。继7月4日右翼政党“奋起日本”推出竞选政纲，叫嚣要在我钓鱼岛驻扎自卫队之后，5日，两名冲绳县石垣市间均市议会议员又登上了北小岛。6日，日本右翼再次自曝其对钓鱼岛的“窃土”行径，石原宣称将争取年内实现东京都“购岛”计划目标。据日本媒体7月6日披露，石垣市市长中山义隆还曾专程向石原转赠了50册文献。据介绍，这些文献是琉球大学的学者在20世纪50年代至60年代实施的5次生态系统调查的资料集，以及有关钓鱼岛的自然和开发利用等历史文献。

7月6日，野田派遣了首相辅佐官（助理）长岛昭久和内阁官房副长官藤村修造访石原，传达了将我钓鱼岛、南小岛、北小岛三岛“国有化”的方针。7月7日，野田宣称政府正就购买有关岛屿并实现“国有

① “石原知事：为购入尖阁要在美国报纸刊登意见广告”，《每日新闻》，2012年6月30日。

化”，进行综合研究，明言将我钓鱼岛“国有化”的方针。7月13日，石原又放出新的刺激性言论，在当日记者会上称日本自卫队应“常驻钓鱼岛”。7月24日，日本启动钓鱼岛“国有化”程序。日本外相玄叶光一郎在24日举行的参院预算委员会上称“已与希拉里确认，钓鱼岛适用于《美日安保条约》，今后一旦钓鱼岛发生什么事情，美日将可联合进行应对。”7月24日野田在日本参议院接受质询时称，政府已着手筹措预算，正式启动我钓鱼岛“国有化”程序。野田甚至在7月26日公开表示：“在包括尖阁诸岛在内的我国领土领海上若发生不法行为，政府将视必要，毅然采取包括动用自卫队在内的应对措施。”[①] 野田也成为中日外交关系正常化以来，第一个公开扬言要在我钓鱼岛动武的日本首相。

从8月开始，日本首相官邸直接与栗原家族进行谈判，希望栗原家族将岛屿直接“卖给”政府。此后影响中日关系的事件频发。8月19日包括数名地方议员在内的10名日本人登上我钓鱼岛，并将日本国旗绑在岛上的灯台上。8月24日，日本众议院通过决议，称我钓鱼岛是“日本领土”，并谴责中国“保钓”人士登岛。9月2日，日本东京都调查团25人乘坐包船，在我钓鱼岛海域展开非法调查。9月3日，日本中央政府与我钓鱼岛所谓日本人“岛主”展开正式“购岛”谈判，日本政府准备出价20.5亿日元（当初日本政府评估的岛屿价值是5亿日元左右，但是为了比已经为购买募捐了近15亿日元基金的东京都更快地购买岛屿，政府决定支付更高价格，这个售价，比34年前栗原用的4630万日元购买价高出了50多倍。）9月10日，日本政府决定，由政府“购买”我钓鱼岛、北小岛和南小岛，并将其“收归国有”。9月11日，日本政府最终与栗原家族正式签署“购岛”合同，实现了岛屿的“国有化”。

日本直接以中央政府的名义进行“收购”，意味着石原发起的“东京都购岛”计划破产，而日本在控制我钓鱼岛上却又迈出了更远的一步。日本自知理亏，做贼心虚，很是担心这次“侵占”之举会遭到中国的反制。根据日本共同社报道，首相野田佳彦9月11日上午出席在防卫省召

---

① “日本防卫相称有可能出动自卫队保卫尖阁诸岛”，共同网，http://china.kyodonews.jp/news/2012/07/34552.html.

开的自卫队高级干部会议训话时提到了中国军力扩张，要求自卫队做好万全准备。他说：“我国所处的安全环境不透明度正在上升。自卫队应肩负的责任和期待比以往任何时期都大。在国防上不允许有意外情况”①。

二、中日钓鱼岛新危机

在中日邦交正常化40周年即将到来的时候，日本政府却对我钓鱼岛进行了“国有化”，日本的“购岛”闹剧严重侵犯了中国领土主权，加剧了中日之间的紧张关系，中日安全环境恶化。一向注重维护两国关系大局的中国方面终于“忍无可忍”，一方面重申严正立场，另一方面也积极展开有针对性的措施捍卫领土主权的行动。

1. 日本政府“购岛”对中日政治外交等产生深刻的负面影响，使钓鱼岛紧张局势持续升级，增添了不可测的“擦枪走火”的变数。

针对日方有关动向，7月7日，中国外交部和驻日本使馆负责官员就分别在北京和东京提出严正交涉，表明中国政府捍卫钓鱼岛领土主权的坚定立场，强调中方决不允许日方对钓鱼岛及其附属岛屿采取任何单方面行动。此后，围绕钓鱼岛问题，中国外交部又多次重申严正立场，强调日本对钓鱼岛采取任何单方面行动都是非法和无效的。中方要求日方停止制造新的事端，以实际行动维护中日关系大局。面对中方的一再抗议和交涉，日本政府依然执意推动其“购岛”进程，中日之间在钓鱼岛上的一次正面冲突就在这样的背景下发生了，骤然加剧了两国之间的紧张态势。8月15日下午，载有14名香港保钓人士的“启丰二号”保钓船进入钓鱼岛海域，7名保钓人员登上钓鱼岛并竖起中国国旗。5名登岛的保钓人士遭到日本海上保安厅的逮捕，两人返回保钓船上。随后，日本海上保安厅用两只巡逻船“夹持”保钓船，控制其航向，并逮捕了

① “中国多部门密集表态抗议日本购岛”，网易，http：//news.163.com/12/0912/02/8B5T1J2R0001124J.html。

船上另外9名保钓人士。8月17日，一共14名保钓人士被无条件释放。

从石原明确表示认可日本政府的“购岛”意向并将日本政府彻底推向前台之后，一边是日本执意推进钓鱼岛“国有化”，一边是中国各个层面的抗议、交涉和反制，中日间展开了密集博弈和交锋。自9月5日开始，在每个工作日举行的中国外交部例行记者会上，关于钓鱼岛问题的问答从未间断。中国外交部发言人洪磊一再重申，钓鱼岛及其附属岛屿自古以来就是中国的固有领土，中国政府捍卫钓鱼岛领土主权的决心和意志是坚定不移的，中方会采取必要措施维护国家领土主权。

9月10日和11日两天，日本第一天先是由内阁会议正式决定“购岛”，第二天与“岛主”签订“购岛”合同，两项实质性的“购岛”动作引发了日本媒体所称的“中方的最强烈反弹”，中国最高层领导接连进行了措辞严厉的表态。早在9月9日，胡锦涛主席在符拉迪沃斯托克（海参崴）出席亚太经合组织领导人非正式会议期间，当面就向野田佳彦首相表示：中日关系因钓鱼岛问题面临严峻局面，日方采取任何方式“购岛”都是非法的、无效的，中方坚决反对，中国政府在维护领土主权问题上的立场坚定不移，日方必须充分认识事态的严重性，不要作出错误的决定，同中方一道，维护中日关系发展大局。10日上午，正在伊朗访问的全国人大常委会委员长吴邦国，在与伊朗议长拉里贾尼会谈时，应询介绍了钓鱼岛问题的由来和最新发展情况。吴邦国强调，钓鱼岛自古以来就是中国的固有领土。在钓鱼岛问题上，中方的立场是一贯的、明确的。中国政府和人民在维护领土主权问题上的立场是坚定不移的。9月10日，中国国务院总理温家宝在中国外交学院发表讲话时说，在主权和领土问题上，中国政府和人民绝不会退让半步。9月11日，中国国务院副总理李克强在宁夏银川表示，日本在钓鱼岛问题上的立场是对世界反法西斯战争胜利成果的公然否定，是对战后国际秩序的严重挑战。

9月10日，中国外交部部长杨洁篪在外交部紧急召见日本驻华大使丹羽宇一郎，就日本政府非法“购买”钓鱼岛提出严正交涉和强烈抗议，中国驻日本大使程永华向日本外务省负责人提出严正交涉并递交了抗议照会。同日，中国外交部对此发布声明，称日方的非法“购岛”行为是对中国领土主权的严重侵犯，是对13亿中国人民感情的严重伤害，是对历史事实和国际法理的严重践踏。9月11日，全国人大外事委员会强烈敦促日方不要一错再错。全国政协外事委员会强烈敦促日方立即停止在钓鱼岛问题上玩火。国防部新闻发言人耿雁生同日发表谈话时表示，中国军队对此表示坚决反对和强烈抗议，并称中国政府和军队捍卫国家领土主权的决心和意志是坚定不移的。军方正密切关注事态发展，保留采取相应措施的权利。国家海洋局国家卫星海洋应用中心发布消息说，2020年前，我国将发射8颗海洋系列卫星，形成对我国全部管辖海域乃至全球海洋水色环境和动力环境遥感监测的能力，包括加强对我国黄岩岛、钓鱼岛以及西沙、中沙和南沙群岛全部岛屿附近海域的监测。

最受关注的是9月10日中方发布的一份《中华人民共和国政府关于钓鱼岛及其附属岛屿领海基线的声明》，公布了钓鱼岛及其附属岛屿的领海基线。这是中国针对日本“国有化”钓鱼岛行为所采取的法律反制措施。中国政府公布领海基线的声明还指出，中国有关部门将对钓鱼岛及其附属岛屿开展常态化监视监测。9月11日当天，中央电视台开始播出钓鱼岛海况预报、钓鱼岛天气预报。有消息称，钓鱼岛及周边海域的天气预报预报除在中央电视台播出外，还将通过中央人民广播电台、中国气象局门户网站、中国天气网、中国气象报、海洋气象广播电台等渠道进行发布。

9月11日当天上午，两艘中国海监船——中国海监46、中国海监49船已抵达钓鱼岛外围海域，将视情况开展维权行动，宣示主权。9月14日早晨6时许，由中国海监50、15、26、27号船和51、66号船组成的两个维权巡航编队，抵达钓鱼岛附近12海里海域。这是中国政府宣布钓鱼岛及其附属岛屿领海基线后，首次在该海域巡航执法，其规模也是前所未有的。不仅如此，10月1日至8日节假日期间，中国海监船编队每天都坚持巡航，宣示中国对钓鱼岛周边海域的管辖权，显示了从此开始常态化巡航的坚定决心。9月15日国家海洋局公布钓鱼岛及其部分附属岛屿地理坐标。9月16日中国海监船首次进入钓鱼岛12海里领海范围。9月17日中国千艘渔船赴东海作业，海监船护航。9月18日中国渔政船抵达钓鱼岛，警告日船撤出领海。9月19日16艘中国公务船进入钓鱼岛海域护航。9月23日中方推迟纪念中日邦交正常化40周年活动。9月

28日《钓鱼岛是中国的固有领土》白皮书出版，系统完整地说明了中国拥有钓鱼岛主权的依据。中国海监B—3837飞机抵达中国钓鱼岛领空，与正在中国钓鱼岛领海内巡航的中国海监50、46、66、137船编队会合，对中国钓鱼岛开展海空立体巡航。期间，中国海监编队对日方进行了维权喊话，严正声明我国政府立场，要求日方船只立即离开中国领海。截至目前，我国海监船从未间断对钓鱼岛海域的巡航执法。据日本共同社报道，中国渔政船“渔政206”于12月16日早晨7点40分左右驶入钓鱼岛附近海域，除“渔政206”外，中国海监船“海监50”、“海监110”、“海监111”和“海监137”当天也在钓鱼岛附近的毗连区航行。这是日本政府9月实施将钓鱼岛“国有化”之后的中国公务船第18次驶入钓鱼岛附近海域。①

2. 日本政府“购岛”还对中日经济和人员交流等造成全方位深刻的负面影响，导致中日关系大幅后退，损害了东亚和平发展大局。

9月11日，山东省副省长夏耕取消访日。同日，正在中国访问的福岛县知事佐藤雄平与中国民航总局局长李家祥的会谈被取消，佐藤原计划向中方介绍福岛的重建情况，争取早日恢复中国东方航空公司“上海——福岛”定期航班。共同社指出，此次会谈被取消对福岛县可谓一大打击，争取早日恢复定期航班的目的或将难以达成。9月11日夜，日本驻中国大使馆接到中方通知，称要求推迟日本青年干部访中团行程，这个访中团由55名日本政府机关的青年干部和大企业青年管理人员组成，原定本月21日前往北京，在中共中央党校与中国青年干部进行交流。12日，上海方面联系日本大阪和香川有关方面，以当前政治形势下难保安全为由劝其取消参加上海旅游节。同日，中华全国青年联合会通知日方，拒绝接受表彰其“长期组织青年交流活动，为扩大日中友好交流和促进相互理解做出贡献”的“日本外务大臣奖”。中国外文局局长周明伟和湖北省武汉市市长唐良智12日也分别通知日方，推迟或取消访日

① “钓鱼岛最新消息：日媒：中国公务船第18次驶入钓鱼岛附近海域”，中国经济网，http://www.ce.cn/xwzx/gnsz/gdxw/201212/17/t20121217_23946001.shtml.

计划。此外，根据日本新闻网9月12日报道称，据日本政府关系人士透露，为纪念中日恢复邦交40周年而原定于26日的30名日本跨党派国会议员访华计划也被取消。共同社还发表报道称，中国著名作家余秋雨决定取消参加将于22日召开的日中邦交正常化40周年研讨会京都大会的计划。针对这些现象，中国外交部发言人洪磊在9月12日的例行记者会上表示：“当前中日关系的严峻局面是日方一手造成的。中方强烈敦促日方改正错误行径，为中日关系的改善和发展创造氛围和条件”。①

9月11日，中国民众在日本驻华使领馆前举行抗议活动。此外，全国多地也都掀起抗议活动，民众走上街头，高举标语和中国国旗，抗议日本对中国钓鱼岛的所谓“国有化”行径，并高喊“保卫钓鱼岛”口号。9月15日开始的一周，在中国内地五十多个城市，爆发了一场声势浩大的反日运动，规模空前。激愤的人群打着“还我钓鱼岛”、“抵制日货”等标语，朝日本使领馆内投掷鸡蛋、饮料瓶，袭击日系车辆及其车主，焚毁日资公司和店铺……

日本的旅游业和日系车行业也都受到了日本“购岛”闹剧的负面影响。据报道，受日本政府“购岛”影响，中国各大旅行社开始告知日方，大批取消9月和10月的赴日旅行团。“十一”黄金周期间，约有十万中国游客取消原本预定赴日旅游的行程，中国赴日游旅行社总退团率逾40%。据摩根大通预计，与2011、2012年第一季度平均值相比，第四季度中国赴日游客数量将下降70%，日本旅游收人将减少670亿日元（1日元约合0.08元人民币），占日本当季预计出口损失的38%。据《朝日新闻》报道，日本全日空航空公司2012年8月的中国旅客同比增加22%，但9月则减少3%。9月至11月已有两万人取消了预定的航班，往返合计四万人次。此外，长崎到上海的航班年内停飞，2012年7月刚恢复的仙台到长春和上海的航班暂时停飞，那霸到北京和上海的航班在10月27日前停飞。② 中国东方航空上海至仙台新航线推迟开航，吉祥航

---

① “日本拒撤‘购岛’决定，专家称中国可军事制裁”，腾讯网，http://news.qq.com/a/20120913/000134.htm。

② 《朝日新闻》，2012年9月27日。

空也推迟开航至冲绳的新航线，南方航空宣布缩减9月、10月部分涉日航线，海南航空暂停了北京—冲绳航线，春秋航空取消了上海至鸟取的临时包机，中国国航计划取消杭州、武汉等二线城市的赴日航班。还有，持续37年的日本经济协会访华代表团行程被延期。中国财长、央行行长以及中国银行、中国工商银行、中国建设银行和中国农业银行等中国大型银行缺席2012年10月9日至14日在东京召开的国际货币基金组织和世界银行年会。日系车在华产销也大幅下降。摩根大通发布的一份研究报告显示，2012年四季度丰田、本田、日产等日本汽车制造商对中国的汽车出口量将同比暴跌，而2012年全年都可能维持在低水平。

三、钓鱼岛新危机的产生原因

日本“购岛”闹剧无法改变钓鱼岛属于中国的事实。非法“购岛”是日本政府在钓鱼岛问题上采取的最严重的单边行动，严重损害了中日关系的健康发展。表面上看是政府出钱购买“私人”土地，以维持岛屿现状，实际上是日本企图通过显示其对我钓鱼岛的所谓“有效控制”，进而达到向国际社会宣示非法主权的真实目的。“购岛”闹剧不断升级并实行的深层次原因有：

1. 挽救民主党颓势地位，欲借“购岛”之举在未来的大选中获得中间选民和右翼势力的支持，并试图将日本民众对经济下滑的不满情绪外引的考虑。近年来，日本政坛政局动荡，混乱不堪，以野田为首的日本内阁已遭到众议院多次问责，再加上小泽一郎突然从执政党民主党退党，执政的民主党和在野的自民党的民意支持率很低。而在日本政界，不管是执政党还是在野党，大多数人都支持钓鱼岛“国有化”。在石原将“购岛”越炒越热的情况下，如果野田表示反对，势必将招来更多的反对声。日本《读卖新闻》称，首相之所以在这个时候正式做出“国有化”的决定，原因在于民主党代表选举在即，政府必须表明“毅然决然”的外交姿态。①

2. 是日本对中国产生焦虑后的极端反应。中日国力对比正在发生历史性变化，中国经济总量已经超越日本成为世界第二大经济体，使得许多日本人难以接受并陷入焦虑，在领土争端方面有危机感，不惜在钓鱼岛问题上玩火。

3. 是日本国内右倾势力恶劣发展的结果。战后日本始终没有对二战的战争罪行真心悔悟、彻底清算，这也直接导致了其国内右翼思潮的膨胀。

4. 是日本政府为避免“麻烦”之举。以右翼立场著称、天天叫嚣“中国威胁论”的石原慎太郎如得手，日本中央政府对钓鱼岛的管控将会遭遇很大麻烦，为加强对钓鱼岛的“管控”，日本政府“被迫”“购岛”。

四、日本“购岛”对中国国家安全的影响

日本政府“购岛”对中国国家安全产生了多方面的负面影响。

1. 危害中国的主权安全，对中国的领土安全构成挑战，触及了中国的核心利益。钓鱼岛自古就是中国的固有领土，日本公然对钓鱼岛的“购买”是对我国主权和“核心国家利益”的挑战。2012 年 1 月 17 日，《人民日报》首次将钓鱼岛列为“核心国家利益”区域，中国所谓的“核心国家利益”，是一个极其重要的定位，此前只用于台湾、西藏和新疆。这也说明钓鱼岛对中国的特别重要性。另外，从钓鱼岛本身放眼出去，我们应该看到钓鱼岛在海洋划界中至关重要的作用，《联合国海洋法公约》的批准生效，不可避免地使各国在划分管辖海域时出现重叠和矛盾。日本早已观察到了这一点，日本海洋产业研究会编著的《迈向海洋开发利用新世纪》公然将位置重要、有主权争议的岛屿，作为“扩大与俄罗

① “日本政府‘购岛’激化中日争端中国反制升温”，腾讯网，http://news.qq.com/a/20120912/000301.htm。

斯、朝鲜、韩国、中国等邻国海洋经济区间的边界起到重要作用”的关键所在。因此，钓鱼岛的主权归属哪方将极大地影响大陆架的划分。如果日本“侵占”到钓鱼岛，以此为基础划分东海的专属经济区日本将多占7万—20万平方公里的海域。而中国则将失去更多的主权权益。

2. 侵害中国的能源利益，危害了中国的能源安全。钓鱼岛列岛是个“资源宝岛”，其周边海域有丰富的渔业和油气资源。按照联合国1992年公布的《国际海洋法公约》关于“主权国家以200海里内的海域为其经济专属区”的条款，钓鱼岛的实际价值是以该岛屿为依托，半径为200海里的庞大海域以及周围海域内的海底石油、矿产、海洋渔业等海洋资源以及海空的交通、运输权和未来潜在的资源，这些资源均应属主权国。就海底资源而言，1966年联合国亚洲及远东经济委员会经过对包括钓鱼岛列岛在内的中国东部海底资源的勘察，得出的结论是，东海大陆架可能是世界上最丰富的油田之一。钓鱼岛周围海域海底石油储量巨大，可达30—70亿吨。有人就曾经断定，钓鱼岛附近水域的石油资源使之“有可能成为第二个中东”。而且其渔业资源也十分丰富，年可捕量达15万吨。日本“购岛”行为危害我钓鱼岛及其附属岛屿周边的资源利益，对我国的能源安全构成损害。

3. 钓鱼岛具有重要的军事价值和战略价值，日本“购岛”加大了对中国军事威胁和战略威胁的程度。岛屿是大陆的前沿，在战争中具有重要的屏障作用。钓鱼列岛处在台湾岛东北最远端，直接与琉球诸岛相对，在地理位置上，它正处于中国大陆与琉球群岛之中，东西各距200海里。其前沿位置不仅对台湾岛的军事防御意义重大，而且对中国东南沿海方向的安全也有重要影响。钓鱼岛处于西太平洋第一岛链，是外海进入中国海的跳板。日本一旦控制了该海域，就会对中国会形成战略封堵线，将从第一岛链又前推到中间线以西，从而扼住中国海的战略咽喉，打压中国海军战略空间。日本政府“购岛”在这一方面走出了更远的消极步伐。

4. 日本“购岛”使中国周边的安全环境恶化，加深了东北亚安全结构的缺陷。此轮钓鱼岛危机，既暴露也加深了东北亚安全结构的缺陷。在很长时间内，东北亚地区的主要安全挑战来自朝鲜半岛，持续多年的

"六方会谈"机制推进着该区域安全结构的形成。但是，日本不断挑起的领土争端，恶化了区域战略对话和合作的气氛。日本"购岛"所表现出来的"一意孤行"让观察家们甚为担心。如果日本已经决心要在未来成为同中国竞争的地缘政治棋手的话，那么东北亚地区将面临着新的紧张局面，并刺激其他地缘政治棋手，如俄罗斯，进一步参与进来。诸多力量的积极参与，推动着该地区的地缘政治转型。如果钓鱼岛问题导致中日关系完全破裂，战略信任丧失，东北亚地区的安全形势定会进一步恶化。

5. 日本"购岛"是美国遏制中国战略棋盘上的"飞来一棋"，不利于中国和平崛起的战略安全环境。众所周知，今日之所以会出现中日钓鱼岛主权之争，从根本上讲，美国是始作俑者。也就是说，没有当年美国的非法暗箱操作，"私相授受"，就不会有今天的钓鱼岛主权争端。美国通过在中日之间埋下钓鱼岛主权争端的根源，并利用在这个问题上中日两国的矛盾，企图掌控该问题的主导权。而今天日本在我钓鱼岛问题的非法举动背后也有美国欲主导亚洲地区事务的重大战略考量，日本"购岛"有利于美国的战略重心东移，对中国崛起势必构成威胁。

五、结语

2012 年本是中日邦交正常化 40 周年，但这一年日本却接连发生了诸如河村否认"南京大屠杀"言论、"疆独"在日本大行其事，从石原东京"购岛"论到日本政府"国有化""购岛"等背离中日两国关系主流的负面事件。特别是日本政府"购岛"闹剧已经成为影响 2012 年中日关系的最为重要的事件，也是 2012 年影响中国的十大安全事件之一。据《朝日新闻》2012 年 9 月所做舆论调查显示，日本受访者的 83％认为日中关系"不好"，38％认为两国关系中的最大问题是"围绕领土的问题"，占首位，其次才是"历史认识问题"，占 30％。①

---

① 《朝日新闻》，2012 年 9 月 24 日。

作为此次“购岛”闹剧的决策层，野田政府虽然在“购岛”之初宣称是为了阻止石原等极右翼势力的不可控行为，才决定由日本政府出面“购岛”，但从事态的发展看，其对中方的再三警告置若罔闻，视察自卫队强硬表态敦促自卫队提高警惕，派遣警察登岛“警戒”等举措，都显示出野田与石原仅是处理方式略有不同，其对华强硬的实质没有什么差异。日本决策层在钓鱼岛问题上表现出的战略冒进，缺乏政治应有的弹性和灵活性，这不仅加剧了中日两国的对立情绪，也大大压缩了双方消极冲突时的回旋余地，严重破坏了中日邦交正常化40周年的友好气氛，甚至使中日关系严重地倒退。

可以预见，钓鱼岛问题将长期影响中日关系。经过此番危机，日本将进一步试图挣脱二战以来的相关约束，其国内的对华舆论与中国观也将发生相当程度的转变。日本有可能加快联盟体系的再造。一个可以预想到的结果是，日本将加紧联络、构建海洋联盟，以平衡其假想敌——中国的力量。早在2005年，日本东京财团的一份对华政策报告就提出，在同中国打交道时，日本应重新思考作为全球海洋国家的优势。日本学者诸如川胜平太等也频频强调日本要以“海洋联邦”对抗“不断膨胀”的中国。

其实，有关钓鱼岛之争，摆在中日两国面前的是“零和模式”和“共赢模式”两种完全不同的选择。在钓鱼岛问题上，如果今后的日本当政者仍在大量历史事实和法理面前理屈词穷又罔顾国际法，修改国内法，最终有可能“图穷匕见”，甚至脱离战后和平发展轨道。钓鱼岛这一局部敏感问题，很可能演变为中日冲突、全面对抗的导火索，甚至把美国卷入其中，导致中美关系和东亚安全急剧恶化。钓鱼岛问题将在很长时间内是我国国家安全视野中的重要问题，值得我们特别关注。

（孟晓旭）

第三十七章

从美国“封杀华为与中兴案”反思中国竞争力安全

［**内容提要**］2012 年 10 月 8 日，美国国会众议院情报委员会以国家安全可能受到威胁为由，公布了《中国电信企业华为与中兴影响美国国家安全事务的调查报告》，报告对华为和中兴两家中国企业持不合理的怀疑态度，外界普遍认为这只是美国的一个“万能”借口罢了。然而，笔者虽然同样不认同美国对于这两家企业在其制造的设备中安装“后台”、甚至授意于中国政府进行所谓“间谍活动”等相关指控，但相信美国的这一封杀行为一定是其出于对“国家安全”的考虑，只不过此“安全”非彼“安全”，这里所谓的“国家安全”应该是其“竞争力安全”。反观中国，在这方面所考虑的确实欠缺了许多。自改革开放以来，中国对于来自世界的投资（以美国为主）很少给予相应的监督与审查，而是讲求“多多益善”。于是导致了中国过分依赖外来投资，自主创新能力发展缓慢，民族企业生存艰难的现状，严重影响了中国的“竞争力安全”。借此次“封杀华为与中兴案”，一方面探究美国封杀华为、中兴的真正原因，另一方面结合这些原因反思中国在维护国家“竞争力安全”方面所存在的问题，以及提出解决这些问题的具体建议。

一、美国封杀华为、中兴的真正原因

2012年10月8日，美国众议院情报委员会在经过近一年的“调查”后公布了一份报告，认为华为与中兴两家中国公司对美国电信设备市场的影响会损害美国核心安全利益。并建议禁止涉及中兴和华为的并购活动，以及美国网络提供商或系统开发商需在华为、中兴之外另寻供应商等。这一做法不仅严重损害了两家企业在美的实际利益，也玷污了中国企业在世界的形象，因此引起了两国商界和政界极大的争议。通过分析可知，美国对于华为和中兴两家企业的怀疑显然是不合理的：首先，美国国会的报告中频繁出现“可能”、“怀疑”、“无法确定”等字眼，在这样一个讲求证据合法性与必要性的国家，如此重要的官方文件居然出现上述词语，可见起草这份报告的国会议员们心里也没有底气；其次，作为分别于1998年和2000年就在美国设立研发中心的华为和中兴而言，其在美经营期间一直秉承诚信经营、依法纳税、接受监管的原则。始终对美国的监督审查部门采取积极合作的态度，并不断完善自身的公开化和透明化。在这种情况下，美方依旧拿不出任何确凿的证据说明两家企业参与间谍活动。由此可见，报告中所表现出来的怀疑根本就是“欲加之罪”；最后，作为在高科技领域一直处于领先地位的美国，其“后台”技术可谓是无人能比。倘若正像美国所说，中国企业在其设备中加入“后台”，如此重视国家安全的美国难道会马虎到找不出一丁点儿证据？两家企业登陆美国市场已有十多年之久，美方现在找出如此低劣的借口实在难以让人信服。

排除了报告中美方所谓的理由之外，接下来就要探究一下美国封杀华为、中兴到底是为什么？在这之前，为了更好地概括说明原因，本文采用了“竞争力安全”一词。那么，什么又是“竞争力安全”呢？笔者认为，所谓“竞争力安全”，就是一个国家同世界其他国家在经济、科技、文化、安全等领域的竞争中保持领先地位，至少是不落后于其他国家的状态，该状态取决于一个国家的经济发展水平、经济发展持久力、科学技术发展能力以及能够对上述方面产生影响的其他因素。因此，在接下来的文字中，笔者将依据“竞争力安全”一词的含义对美国封杀华为、中兴的原因进行具体分析。

（一）中美两国经济发展水平日趋接近

从中美两国的经济发展水平来看，美国虽然在苏联解体之后建立了短暂的霸权，但是随着欧盟一体化进程的加快，欧元的出现、日本的崛起直接挑战了美元的霸权地位，形成了美元、欧元、日元三足鼎立的局面，而且随着中国等新兴发展中国家的不断崛起，由美国所主导的世界单极格局很快被打破，形成了当今“一超多强”的局面。此外，美国在世纪之初接连卷入了阿富汗和伊拉克战争，军费开支急剧加大，财政赤字迅速膨胀。最严重的是 2008 年发端于美国的金融危机，对于美国经济而言可谓是雪上加霜。

反观中国，自改革开放三十多年来，已经取得了举世瞩目的成就，经济发展速度之快、人民生活水平变化之大创造了一个又一个奇迹。三十多年来，中国年均 GDP 的增长速度始终保持在惊人的 10%左右。2010 年，中国正式超过日本，成为世界上经济总量第二大的经济体，紧随美国之后，这一切不得不让美国人感到紧张。

按照美国人霸权转移理论（power shift）的思维模式，世界第二（中国）永远是世界第一（美国）最大的威胁。美国人始终相信，只有第二才有可能扳倒第一以取而代之，而作为世界第一的美国，为了防止这种霸权更替情况的出现，必然要联合第三、第四对中国进行挤压，防止中国企业在美国继续“做大”、“做强”，从而对中国经济的发展和海外扩张尽可能地进行遏制。由此，通过对两国经济发展水平的比较，可以得出美国封杀华为和中兴两家中国企业的宏观层面的原因。

（二）美国保护自主品牌

保护美国本土的自主品牌，同样是这次美国封杀华为、中兴的重要原因之一。众所周知，在美国经历多年的发展之后，华为已经逐渐成长为能够对美国本土著名企业思科（Cisco）形成一股直接威胁的力量。作为曾经占据美国70%网络设备市场的思科，2003年之后，受到了来自华为的全方位竞争，无论是从交换机到路由器，还是从企业市场延伸到核心设备市场，抑或是在电信网络产品领域。因此，有人曾警告思科的首席执行官钱伯斯说："华为将是思科的全球性的噩梦。"[①]

这就不难理解，一向重视培养本土企业、把本土企业视为重点保护对象的美国，为什么要发布这样一份怀疑华为与中兴"侵犯"其"国家安全"的报告。

（三）美国保持科技优势地位

科学技术领域一直被美国看做是与世界其他国家竞争中的关键，是维护美国"竞争力安全"的核心要素。早在冷战时期，美国在同苏联争夺世界霸权时就曾经寄希望于通过高科技的开发和应用抵消与苏联的核均势状态。

最明显的例子当属里根时期美国的"星球大战"计划，美国当年投入这一计划的科学家便达到一万八千五百多人，全美一百家大公司中有五分之四卷入这一研究项目当中。[②]由此可见，重视科技立国始终是美国的一项长期不动摇的国策。

虽然目前中国电信企业的技术实力尚难以撼动美国的技术优势，但华为、中兴等中国企业发展迅猛，具有挑战美国企业核心竞争力的潜力。[③]因此，为了做到"未雨绸缪"，美国自然要不择手段维护其以科学技术为核心的"竞争力安全"。

（四）美国坚持传统冷战思维

虽然冷战已经结束了二十年之久，但是并不能说那积累了半个世纪、

---

① 卫晓："思科与华为十年争锋"，《业界调查》（CHINA SME），2012年12月，第56页。

② 顾关福：《战后国际关系（1945—2010）》，天津人民出版社，2010年10月版，第175页。

③ 孙海泳："华为、中兴在美深陷'成长的烦恼'"，《国际融资》（International Financing），2012年12月，第27页。

甚至深植于一些美国决策者的思维逻辑惯性，就能够消失得无影无踪。尤其是当冷战结束之时，福山的“历史终结论”曾经给西方国家以无限遐想，认为资本主义将是人类最终的发展阶段和最好的制度方式。

然而中国改革开放以来，尤其是新世纪以来的快速发展，使世界又重新看到了社会主义的发展活力与潜力。这对于美国来说，不仅仅是局限于经济与技术领域的威胁，而是已经延伸到“意识形态”领域的挑战了。由此不难理解，美国对于来自社会主义中国的企业给予如此格外“关照”的原因了。

综上可以得出一个结论，即美国国会报告中所提到的华为、中兴两家公司可能侵犯到美国国家安全的言论是毫无根据的，无论是其所谓的通过设置“后台”还是为中国政府进行谍报收集的说法都是没有任何证据可以证明的，所谓的国家安全威胁只是一个借口罢了，其真实意图是要维护本国与经济发展水平、技术经济优势、文化影响力等相关的“竞争力安全”。

二、反思中国的竞争力安全

通过上文对美国封杀华为、中兴原因的分析，可以看出，美国对于保护其国家“竞争力安全”可谓是煞费苦心，甚至不惜冒着别人“说一套、做一套”、“双重标准”、“欲加之罪、何患无辞”的指责。当然，我们不提倡美国上述的这些做法，这实在有损作为一个负责任大国的形象。但是，美国人在维护其“竞争力安全”方面所表现出来的警惕性以及将这种警惕性付诸于行动的决断力是很值得我们体会与学习的。因此，借这次美国国会出台封杀华为、中兴报告事件，很有必要探讨与反思一下我国在维护“竞争力安全”方面还需要继续加强哪些方面的建设。

还是套用对于“竞争力安全”的界定，本文将通过以下方面反思我国“竞争力安全”的现状，即科技自主研发能力，外资引进审查力度，建设本土企业良好的生存发展环境，中国企业继续坚持“走出去”战略等四个方面。

（一）提高自主创新能力

早在1988年，邓小平同志就已经提出了“科学技术是第一生产力”的精辟论断。自工业革命以来，正是科学技术井喷式的发展，才使得人类生活各个方面的变化发展速度在近两三百年中，远远超过了过去几千年的速度。通过回顾历史，我们还可以清楚地认识到，往往是那些掌握了世界上最先进、最尖端技术水平的国家才能够成为历史的引导者，才具有改变历史发展轨迹的强大能力，而那些技术落后、且缺乏自主创新能力的国家往往扮演着被动、挨打的角色，中国的近代史便是一个很能说明问题的例子。因此，将自主创新能力作为一国“竞争力安全”的核心要素实不为过。

改革开放以来，我国科学技术水平虽然取得了长足的进步与发展，但是，同样存在着这样或那样的问题，例如：过渡依赖于从国外引进技术，而对于这些引进的技术又缺乏应有的消化吸收，不能够充分做到为己所有；高层次人才短缺，人才资源密度低；企业难以掌握本行业核心技术等。胡锦涛曾于2012年7月在北京举行的全国科技大会上指出：“我国自主创新能力还不够强”，这句话让我们更加认识到仅仅靠引进是远远不够的，因为有些涉及别国经济安全和国防安全领域的核心技术、关键技术是根本引进不来的。美国一直对我国实行关键技术领域（尤其是军事领域）的限制出口政策就是一个很好的例子。

为了扭转这种被动的局面，加强自主创新能力已经到了刻不容缓的地步，总体指导方针可归纳为：进一步解放思想、深化改革，破除一切束缚创新的思想观念桎梏和体制机制障碍，最大限度解放和发展科技第一生产力，努力走中国特色自主创新道路，大幅度提高国家竞争力，[①]从而做到从根本上维护我国的“竞争力安全”。

---

① 郭俊奎：“胡锦涛强调‘我国自主创新能力还不够强’的启示意义”，人民网，http：//opinion. people. com. cn/n/2012/0709/c1003－18475693. html（2012年7月9日）

（二）加大对于外资引进的审查力度

改革开放的伟大决定使中国从过去的封闭走向了对世界的开放，随着开放进程的不断深化，中国逐渐成为世界引进外资最多的国家之一。在过去的几十年里，外资的引进对于中国经济的发展起到了至关重要的作用，可以说，没有外部资金与技术的大量流入，中国的现代化程度绝不可能像今天世人所看到的这样发达。

但是，在肯定外资对我国有利一面的同时，绝对不能够忽视其对于发展我国综合竞争力以及维护我国“竞争力安全”所造成的消极影响。这种消极影响表现在多个方面，例如越来越多的外资企业对我国本土企业的并购，会造成本国在该领域逐渐失去竞争力，也就失去了与这些跨国公司讨价还价的能力，这样不仅不利于本土民族企业的发展，更可能威胁到我国的经济、技术安全。因此，建立健全我国对于外资引进及其流向用途的监督审查制度是很有必要的。

然而这并不是说，我们要对所有外资进行绝对严格的限制，因为在经济全球化高度发达的今天，作为一个得益于开放的最大的发展中国家而言，中国不可能将所有外资拒之门外、也不可能对进入到中国的外资规定严格的条条框框，这样做会导致中国市场逐渐对外资失去吸引力，而最终将导致两败俱伤的结局，贸易保护主义决不是一个明智的选择。对此，既要做到充分利用外资以帮助发展我国经济，又要对外资加以必要的甄别，从而区分哪些可以引进、哪些要谨慎对待，正所谓：“取其精华，去其糟粕”。

对于如何辨识和加大审查可能影响我国“竞争力安全”的外资，本文认同“法律＋机制”的做法。法律方面，我国在外资审查领域曾经出台了《反垄断法》，该法规定：“对外资并购境内企业或者以其他方式参与经营者中，涉及国家安全的，除依照本法规定进行经营者集中审查外，还应当按照国家有关规定进行国家安全审查。”从中我们可以看出，该法的出台对于维护我国的国家安全确实能够起到积极的作用，但是它的某些规定对于我国利用外资发展经济、技术仍然具有一定的不合理性，容易造成排除、限制市场竞争的情形，最终影响消费者权益或技术进步等，一定程度上不利于维护我国的“竞争力安全”。[①] 因此，建议我国立法部门更加充分地考虑到外资引进与维护安全之间的辩证统一关系，结合我国实际适时制定外国投资法律法规，从立法层面对我国“竞争力安全”给予保障。

除了制定有效的法律法规外，完善相关的监督机制也是对于部分外资进行审查的必要手段。国务院2011年出台的《关于建立外国投资者并购境内企业安全审查制度的通知》规定：“在并购安全审查过程中，申请人可向商务部申请修改交易方案或撤销并购交易。外国投资者并购境内企业行为对国家安全已经造成或可能造成重大影响的，商务部可以采取相应的措施”。分析通知的内容，不难看出该通知还是以维护我国的国家安全为重，这个出发点是好的，但是《通知》没有做出对并购安全调查由谁监督，并购交易方如果对审查意见不服，应通过什么途径维护自己的权利等明确规定，这样很容易造成交易双方之间不必要的麻烦，不利于营造我国良好的投资环境。因此，“法律＋机制”的模式没有问题，而且必须通过立法和监督对可能影响我国“竞争力安全”的外资进行必要的审查过滤，但是如何能够在过滤不良投资的同时，又不将有利于增强我国综合竞争力的投资拒之门外，是一个值得进一步探讨的话题。

（三）政府努力帮助本土企业营造良好的成长环境和创造发展机会

通过分析美国封杀华为、中兴两家企业的原因，很多专家学者发现在这个案子后面存在着一个幕后推手，那就是美国通信领域内的本土企业—思科（Cisco）。正是华为、中兴在美国市场份额的大幅增加，才逐渐威胁到了思科的生存空间。此外，考虑到美国大企业与政界的紧密联系，据媒体报道，美国会有73名议员持有思科的股票，这无疑强化了思科在国会的影响力。[②]

① 张伟：“外资并购的国家安全审查制度研究”，《西南政法大学学报》，2012年4月，第12页。

② 同上。

当然，美国如此行事不免会给人留下贸易保护主义的把柄，但是其保护和发展自己本国企业的坚决态度还是值得借鉴的。尤其是在当今经济全球化的大潮下，很多国家的本土企业在外来跨国公司侵入之时很难避免受到冲击、甚至是被冲垮的情况发生。因此，这在一定程度上也是考验政府在维护本国企业时所展现出来的态度及其发挥的作用。

最近一则有关中国制动器企业遭冷落的消息见诸报端，报道中称政府出台的《外商投资产业指导目录》是为了扩大对外开放，优化外资结构，促进产业升级。为了达到上述目标，中国政府给予外国企业优惠政策，而对于本土同类企业却以二等公民相待，这让那些苦苦研发 ABS 等制动产品的中国企业着实有苦说不出。自从加入世贸组织以来，中国政府在区别对待本土企业与外资企业的问题上可谓是慎之又慎，生怕由于对本国企业采取保护和扶持措施而落下“贸易保护主义”、“不公平竞争”等把柄。但其实，有些政府官员非但没有对本土和外资企业一视同仁，反而还为了短期利益，对于具有技术和成本优势的外资企业给予优于中国企业的投资政策。[①] 这样做虽然在短时间内能够取得见效快、收益高的效果。但是，从长远来看，从保护民族工业、发展民族企业的角度来看，存在着重大的安全隐患，极大地威胁着本土企业的“竞争力安全”。

对此，在帮扶和鼓励本土企业发展方面，本文给出以下几点建议：第一，要给予本土企业更多利于它们成长发展的优惠政策，以政策为导向调动它们的生产、创新积极性。在这方面，可以借鉴二战后初期，德国在鼓励本土企业时所出台的政策，即对于企业所得利润只要用于再生产，国家对这部分利润便免征税收[②]；第二，加大财政投入力度，鼓励本土企业建设高水平研发中心。众所周知，创新是企业竞争力的核心，建设高水平研发中心可以切实提高企业创新能力。只有这样，才能真正增强本土企业抵御外来跨国公司的冲击的能力，从根本上帮助企业“做大”、“做强”；第三，要改变政府官员考核制度，不仅仅要注重招商引资

---

① 吕钊凤：“政府应该保护谁?”，汽车网，http：//www. cnautonews. com/pl/201210/t20121025_165513. htm（2012 年 10 月 25 日）

② 顾关福：《战后国际关系（1945—2010）》，天津人民出版社，2010 年 10 月版，第 334 页。

的量，更要具体评价招商引资的质，即着重参考这些投资对于我国今后持久的发展的影响、对于增强我国国际竞争力的贡献值，因为“企业强则国强”，所以更多地给本土企业以发展的机会，更多扶持帮助它们，才能使我们整个民族工业体系变得更加强大，切实维护我国的“竞争力安全”。

（四）要继续坚持本土企业“走出去”战略

事实证明，此次封杀事件已经不可避免地影响到中国企业在国际上的形象，而且会给中国企业“走出去”平添些许顾虑。但是，中国的企业绝不能够因此就失去信心，畏手畏脚，停滞不前。俗话说：“事物的发展取决于外因，更取决于内因，外因通过内因才能够起作用”。本土企业要想发展，仅仅依靠国家全方位的政策扶持是远远不够的，更要从自身内部出发，深刻分析形势，审时度势，制定出符合自身情况的“走出去”战略。

具体可能的建议包括：一方面加强自身建设。除了上文提到的要增强企业自身的自主创新能力，还要注意进一步提高企业的透明度，尽可能减少、甚至消除外国政府对中国企业“与政府有关系”的暧昧指控；通过与东道国企业加强合作，加深两国企业间的融合，为自身撑开一把保护伞，从而利于防止外国政府的政治干扰；要尽量在海外宣传上淡化自己的强势姿态，坚持“低调做人，理性规划，认真做事”的原则等①；另一方面提高本土企业在东道国的公关技巧，加大公关力度。相关统计数据表明，华为、中兴的主要竞争对手思科自从1998年以来就开始游说国会，截止到2012年，用于公关的投资高达1500多万美元。而相较之下，由于进军美国市场的时间所限，华为、中兴两家中国企业从2005年才开始投入专项资金用于对美国国会的游说，时间起点上已经远远落后于思科，而且从投入规模和力度上，也远远跟不上思科的步伐，两家企业六年相加总共只有300多万美元的投入。通过上述简单的数字对比就

① 孙海泳：“华为、中兴在美深陷‘成长的烦恼’”，《国际融资》（International Financing），2012年12月，第29页。

不难看出，美国国会更容易倾向于谁而排斥谁了。因此，华为、中兴要想在今后发展的道路上更少地遇到来自美国国会的阻挠，必要的公关投入是只能多、不能少的；此外在公关技巧上也要多下功夫加以研究，可以与美国本土的一些著名的公关公司加大合作力度，通过这些在美有较高知名度和信誉度的公关公司帮助自身提升在美国的形象，以获得更多的理解与支持。

归根结底，只有本土企业真正“走出去”了，通过其对外贸易和技术转让等商业行为，才能为母国带来更多的收益，当代美国的强大在很大程度上是来源于其分布于全球的跨国公司的支撑。因此，为了增强我国的综合竞争力、维护我国的“竞争力安全”，我们要学习借鉴美国政府与其企业之间相辅相成的良性互动。

小结

作为2012年中美两国关系中的一件大事，美国国会“封杀华为中兴案”着实给两国本就复杂的竞争关系又凭添了一丝不快与纠结，这一行为的受害者不仅仅只有中国方面的两家公司，而且对于中美两个世界上最大的经济体也会造成一定的不利影响。在当今经济全球化高度发达，国与国之间复合相互依赖的情况下，最大的债权国和最大的债务国之间的任何一场博弈，如果处理不当，都会对两国，甚至是世界经济起到负面的作用。

然而，并不能完全否定此次封杀事件的全部意义，正是该事件让国人更加清醒地认识到了维护国家“竞争力安全”的重要性。美国的行为未免有些偏激，甚至是无理取闹，然而其重视国家“竞争力安全”的态度与坚决维护其“竞争力安全”的决心是很值得同样作为世界经济大国的中国学习的。尤其是当中国经济总量跃升至世界第二、并继续保持年均高增长率发展的情况下，难免会受到来自其他国家的本能自卫性的封杀。在这种情况下，我国“竞争力安全”是否可靠，更加关乎今后自身利益的维护以及经济长远健康的发展。我们绝对不能因为改革开放三十多年以来所取得的成绩就骄傲自满，我们需要看到在经济高增长、生活水平发生翻天覆地的变化的背后，我国经济、科技、国防等各个方面的综合竞争力，和他国相比究竟处在何种境地？是不是真正能够做到低依赖性和低脆弱性？到底还存在着哪些问题？这些问题如果得不到及时的发现和解决，中国就不能够真正维护自身的“竞争力安全”，也就不能够实现真正意义上的崛起。

（彭博）

第三十八章

进口黄金大米试验曝光

［内容提要］2012 年 8 月，美国塔夫茨大学的汤光文等在《美国临床营养杂志》发表了题为《“黄金大米”中的β—胡萝卜素与油胶囊中β—胡萝卜素对儿童补充维生素 A 同样有效》的研究论文。这篇科研论文再次引发人们对转基因大米的恐惧，对转基因食品的担忧：一项实施于 2008 年的大米试验，缘于 2012 年绿色和平组织的介入，呈现公众面前。由于该项试验未能满足公众的知情权、非法携带转基因食品入境以及违反伦理规范程序等问题，使其迅速演化成为民众格外关注的社会事件。而该事件也再次警醒我们时刻都要注意“转基因”所隐含的食品安全、生态安全以及进出口安全等问题。

一、黄金大米的由来

黄金大米（Golden Rice）的发明者是瑞士联邦理工学院苏黎世分校（Swiss Federal Institute of Technology Zurich）植物科学研究所的名誉教授印戈·珀特里库斯（Ingo Potrykus）和德国弗莱堡大学应用生物科学中心的教授彼得·拜尔（Peter Beyer）。黄金大米的研发采用了转基因技术。经过对世界各地的水稻品种的调查，没有发现富含维生素 A 前体

(β—胡萝卜素）的品种资源，所以不能用传统育种方法来研发黄金大米。采用转基因技术，可以只将所需的特定基因插入到水稻基因组中，大大提高了育种的准确性和可控性。1999年的第一代黄金大米转入了来自水仙花的两个基因，目前的黄金大米则是2005年开发的第二代产品，通过分别来自玉米和一种常见土壤微生物的基因的共同作用，第二代黄金大米中β—胡萝卜素的含量与第一代相比大幅提高。

二、黄金大米缘何成为事件的“主角”

(一) 事件回顾

2002年12月由美国国立卫生研究院（NIH）糖尿病消化道和肾病研究所批准美国塔夫茨大学的汤光文主持的“儿童植物类胡萝卜素维生素A当量研究”项目，其中荫士安是该项目的成员之一。

2003年9月，荫士安以课题中国部分项目负责人的身份，与浙江省医科院签订了美国NIH课题合作协议书。

2003年11月，浙江省医科院伦理审查委员会通过了美国NIH项目的伦理审查。

2004年8月塔夫茨大学与浙江省医科院签订合作研究协议备忘录，合作项目负责人是汤光文，中方负责人是荫士安和王茵。

2008年，该项目转移至湖南省衡阳市衡南县现场，与荫士安在该地开展的国内项目“植物中类胡萝卜素在儿童体内转化成为维生素A的效率研究”合并进行，确定衡南县江口镇中心小学为项目点。

2008年5月22日，课题组召开学生家长和监护人知情通报会，但没有向受试者家长和监护人说明试验将使用转基因的“黄金大米”。

2008年5月29日“黄金大米”由汤光文在美国进行烹调后，未按规定向国内相关机构申报，携带入境。

2008年6月2日午餐时，汤光文等人将加热的“黄金大米”米饭与白米饭混合搅拌后，分发给受试儿童食用。

2008年6月2日，塔夫茨大学伦理审查委员会才通过了对NIH项目中文版知情同意书的伦理审批。而项目负责人却未按规定，于5月22日提前开展了受试对象知情同意工作。

2012年8月，美国塔夫茨大学汤光文、湖南省疾病预防控制中心胡余明、中国疾病预防控制中心营养与食品安全所荫士安和浙江省医学科学院王茵等在《美国临床营养杂志》发表了题为《"黄金大米"中的β—胡萝卜素与油胶囊中β—胡萝卜素对儿童补充维生素A同样有效》的研究论文。

2012年8月30日，国际环保组织绿色和平就《"黄金大米"中的β—胡萝卜素与油胶囊中β—胡萝卜素对儿童补充维生素A同样有效》称：美国塔夫茨大学一科研机构研究人员曾对中国湖南省24名儿童喂食"黄金大米"，即转基因大米。

2012年12月6日，中国疾控中心、浙江省医科院和湖南省疾控中心联合发布关于"黄金大米"事件的调查结果。调查结果称称"黄金大米"试验的确于2008年6月在江口镇中心小学开展，有25名儿童于当年6月2日中午，每人食用了60克"黄金大米"米饭。25名食用黄金大米的儿童，每人获得补偿8万元。未食用的儿童每人获补偿1万。并对相关人员予以处分。

（二）事件焦点

1. 关于知情权：隐瞒转基因试验

2008年5月20日至6月23日，含"黄金大米"实验组的试验在湖南省衡南县江口镇中心小学实施。试验对象为80名儿童，随机分为3组，其中1组25名儿童于6月2日随午餐每人食用了60克"黄金大米"米饭，其余时间和其他组儿童均食用当地采购的食品。2008年5月22日，课题组召开学生家长和监护人知情通报会，但没有向受试者家长和监护人说明试验将使用转基因的"黄金大米"。现场未发放完整的知情同意书，仅发放了知情同意书的最后一页，学生家长或监护人在该页上签了字，而该页上没有提及"黄金大米"，更未告知食用的是"转基因水稻”。[1]也就是说，项目在实施时，汤光文、荫士安和王茵作为项目负责人未在现场履行告知义务，在试验期间始终没有告知当地主管部门和项目承担单位其开展的是“黄金大米”试验；在与学生家长签署知情同意书时故意使用“富含类胡萝卜素的大米”这一表述，刻意隐瞒了使用“黄金大米”。

2. 关于合法性：滥用公权“盗”用公章

2008年6月2日，塔夫茨大学伦理审查委员会通过了对NIH项目中文版知情同意书的伦理审批，而项目负责人未按规定，于5月22日提前开展了受试对象知情同意工作。塔夫茨大学于2008年批准的该研究知情同意书中未提及试验材料是“转基因水稻”，只是称为“黄金大米”。该大学伦理审查委员会在2003年至2006年间批准的该研究知情同意书中均有“黄金大米”是“转基因水稻”的描述。2003年11月，浙江省医科院伦理审查委员会通过了美国NIH项目的伦理审查。而2008年项目现场工作转到湖南后，项目负责人未按规定再次申请伦理审查，而是王茵根据荫士安提供的材料，利用职务之便，私自加盖公章以浙江省医科院的名义向汤光文出具了英文版“2003年的伦理审查结果仍然有效”的证明。

3. 关于伦理规范：未通过伦理审批即开展试验

卫生部对于开展涉及人的生物医学研究，包括生物医学的伦理研究，有明确的规定。结合国际惯例与中国实际，卫生部于2007年正式印发了《涉及人的生物医学研究伦理审查办法》。其中规定，开展涉及人的生物医学研究和相关技术应用活动的机构，比如科研院所，要设立机构伦理委员会，主要对本机构或所属机构涉及人的生物医学研究和相关技术应用项目进行伦理审查和监督，并对涉及人的生物医学研究有权对研究方案作出批准或不批准等决定。意即人体实验的开展必须要经过实验机构伦理委员会的监督和批准方可开展。

而该黄金大米“试吃”项目在实施时，汤光文、荫士安和王茵作为项目负责人未在现场履行告知义务，在试验期间始终没有告知当地主管部门和项目承担单位开展的是“黄金大米”试验；在与学生家长签署知情同意书时故意使用“富含类胡萝卜素的大米”这一表述，刻意隐瞒了使用“黄金大米”的事实。根据塔夫茨大学有关规定，单一试验项目的伦理审查应每年重审，项目内容如有变化应重新进行审查。汤光文于2008年在伦理审查重审未完成前，即在衡南县开始了试验，违反了伦理规范要求。

（三）事件相关人的处理

根据调查情况认定：项目所用“黄金大米”从境外带入时未经申报批准，违反了国务院农业转基因生物安全管理有关规定。项目在伦理审批和知情同意告知过程中，刻意隐瞒了试验中使用的是转基因大米，没有向学生家长提供完整的知情同意书，违反了卫生部《涉及人的生物医学研究伦理审查办法（试行）》规定以及科研伦理原则，存在学术不端行为。项目主要当事人在接受有关部门调查项目实施情况时，隐瞒事实并提供虚假信息，严重违反科研诚信。

根据《事业单位工作人员处分暂行规定》（人力资源和社会保障部、监察部令第18号）、《国家科技计划实施中科研不端行为处理办法（试行）》（科技部令第11号）、《中国共产党纪律处分条例》等规定，中国疾控中心营养食品所给予荫士安撤销妇幼营养室主任职务、技术职称从二级研究员降至三级的处分、三年内不得主持科研工作，取消其博士生导师资格，所党委决定撤销其党内职务；浙江省卫生厅党组决定撤销王茵浙江省医科院科技处处长职务，浙江省医科院决定撤销王茵保健食品研究所营养与食品卫生研究室主任职务、取消二级研究员推荐资格、取消院学术委员会委员资格和院伦理委员会委员资格、三年内不得参与职称晋升评委会工作的处分，浙江省医科院党委决定对其给予党内警告处分；湖南省疾控中心鉴于胡余明在课题实验现场管理中存在疏于管理、工作失职的行为，决定撤销胡余明疾控中心主任助理、科主任职务，湖南省疾控中心党委决定给予其党内警告处分。[2]

三、"黄金大米"事件折射出的国家安全问题

（一）粮食与生态安全

转基因稻米会带来诸多生态环境和粮食安全方面的风险。在食品安全方面，稻米在大多数情况下是直接食用的主粮。正所谓：国以民为本，民以食为天。粮食既是关系国计民生和国家经济安全的重要战略物资，也是人民群众最基本的生活资料。粮食安全与社会的和谐、政治的稳定、经济的持续发展息息相关。完善粮食应急储备体系，确保粮食市场供应。最大限度地减少紧急状态时期的粮食安全风险，是政府的职责，也是粮食安全保障体系的重要组成部分。而转基因大米的出现，则意味着作为主粮之一的大米，既存在着食品安全隐患，也存在着对非转基因大米的威胁。

生态安全是指生物及其与环境形成的生态复合体、相关生态过程达到一种平衡的状态，保证物种多样性、遗传多样性和生态系统多样性。而由于转基因稻米在种植过程中可能发生转基因逃逸，通过花粉和种子，转基因会转移到相邻的同类型非转基因品种中。转基因农作物的花粉和种子会意外地传播到邻近田野，令相近的传统品种改变，如杂草在吸取抗除草剂的基因后，可能会变成超级杂草，这样，既扰乱了生态平衡，也对粮食生产构成危害；种植能对抗除草剂的农作物，也可能导致农民增加使用除草剂，对泥土和环境造成更大的损害。

（二）进出口安全

在农业转基因生物安全管理方面，我国已形成一整套适合国情并与国际惯例相衔接的法律法规、技术规程和管理体系。2001年，国务院颁布了《农业转基因生物安全管理条例》，对在中国境内从事的农业转基因生物研究、试验、生产、加工、经营和进出口等活动进行全程安全管理。

农业部和质检总局制定了《农业转基因生物安全评价管理办法》、《农业转基因生物进口安全管理办法》、《农业转基因生物标识管理办法》、《农业转基因生物加工审批办法》、《进出境转基因产品检验检疫管理办法》等配套规章，发布了转基因生物标识目录，建立了研究、试验、生产、加工、经营、进口等环节的许可和标识管理制度。为保护消费者知情权和选择权，我国对转基因产品实行目录标识制度，列入标识目录的转基因产品需要标识。目前市场上的转基因食品如大豆油、油菜籽油及含有转基因成分的调和油已标识。[3]

2002 年卫生部颁布《转基因食品卫生管理办法》，称未经卫生部审查批准的转基因食品不得生产或者进口，也不得用作食品或食品原料。但该办法 2007 年废止，目前卫生部没有关于转基因食品的专门管理规定。目前国家关于转基因生物的管理规定主要集中在农业部的《农业转基因生物管理条例》中。该条例规定，从中华人民共和国境外引进农业转基因生物用于研究、试验的，引进单位应当向国务院农业行政主管部门提出申请。但是该条例所称农业转基因生物，是指利用基因工程技术改变基因组构成，用于农业生产或者农产品加工的动植物、微生物及其产品，而“黄金大米”则属于营养实验，并不在农业部规定之列。原则上，所有涉及转基因的实验都应当申报，但现行的管理细则制定得还不是特别明确，需要进一步细化管理细则，方能够避免美国转基因作物流向中国。

（三）科研安全

作为黄金大米试验项目的主要负责人荫士安以“当时没想那么多，只是为了试验尽快完成”为由解释这项违反伦理、违反法律、泯灭人性的行为，着实让人愤慨。为了完成科研项目就可以弃法律与伦理于不顾，其所谓的“科学”意义又何在呢！可谓科学理性荡然无存。因此，我们认为以所谓完成科研项目来做为伤害人的理由，是一种典型的恶行。究其根源，除去商业利益的考虑，还有就是对技术理性、技术至上主义的迷信，是技术崇拜与价值理性迷失的必然结果。因此，为维系科研安全，我们需要始终秉持人类社会的共同价值与核心价值。

参考文献：

[1]“环保组织呼吁审核试验合法性”，中国网 http：//news. china. com. cn/live/2012—08/31/content _ 15965020. htm。

[2] 中国疾控中心：“关于《黄金大米中的β—胡萝卜素与油胶囊中的β—胡萝卜素对儿童补充维生素 A 同样有效》论文的调查情况通报”，http：//www. chinacdc. cn/zxdt/201212/t20121206 _ 72794. htm。

[3] 中国疾控中心：“湖南农业厅：从未批准转基因大米试验”，http：//www. chinacdc. cn/mtdx/rdxw/201209/t20120906 _ 68599. htm。

（杨华锋）

第三十九章
湄公河惨案的追凶与审判

［内容提要］2011年10月5日湄公河惨案发生后，中国政府经过长达一年多的对犯罪分子糯康及其同伙的追捕和侦查，于2012年11月6日由昆明市中级人民法院一审判处主犯糯康死刑，桑康、依莱、扎西卡死刑，扎波被判死刑缓期执行，扎拖波被判有期徒刑8年。12月26日，云南省高级人民法院驳回糯康等被告的上诉，维持一审判决。此案的追凶、侦查和审判既告慰了无辜惨死的13名中国船员，也彰显了中国政府打击和严惩跨国犯罪、切实保护身处境外的中国公民生命财产安全与合法权益的决心。

一、案件回顾

2011年10月5日，两艘中国商贸船只在湄公河“金三角”地区水域遭劫持，13名中国籍船员在湄公河泰国水域被枪杀。这就是令国人愤慨和国际社会震惊的“湄公河惨案”（也称“10·5”湄公河案件）。从案发、侦破到抓捕主犯糯康等人，并对他们进行审判，经历一年多的时间。从时间上看，“10·5”湄公河惨案大致可以分为两个阶段：第一阶段主要是侦破案件和抓捕罪犯；第二阶段则是处理和审判罪犯。

湄公河惨案发生后不久，就有媒体报道，泰国的少数士兵涉嫌参与此案。2011年10月28日，泰国警察总监飘潘明确表示，在湄公河杀害中国船员的嫌犯已经到案，他们是隶属于泰国第三军区“帕莽”军营的9名士兵。可以说，在2012年之前，公众及舆论关注的主要是泰国的少数士兵为什么会制造这样的惨案及此案背后是否还有更深的原因。在当时，湄公河惨案多少让人感觉有点扑朔迷离。这种情况的出现，是与当时湄公河惨案正处于侦破阶段相关。2011年11月下旬，在中国政府的积极倡导下，中、老、缅、泰四国迅速建立了湄公河流域安全执法合作机制，并在此机制下开展情报交流、联合巡逻执法、联合整治治安突出问题和打击跨国犯罪。

2012年初，经中、老、缅、泰四国警方联合工作，有证据显示，长期盘踞湄公河流域“金三角”地区的特大武装贩毒集团首犯糯康及其骨干成员与泰国个别不法军人勾结策划、分工实施了“10·5”案件。糯康武装贩毒集团长期盘踞于湄公河两岸，从事制贩毒品、绑架杀人、抢劫商旅、敲诈勒索、收取保护费等严重暴力犯罪活动。

为彻底摧毁糯康武装贩毒集团，中老缅泰四国执法部门开展了大量侦查工作，组织了多次围捕行动，先后抓获了伞康、依莱等一批糯康武装贩毒集团及“10·5”案件的犯罪分子，收集掌握了该集团的大量犯罪证据。2012年4月25日，在中国和老挝警方合作下，该集团首犯糯康在老挝被成功抓获，糯康贩毒集团受到摧毁性打击。2012年5月10日，糯康由老挝依法移交中方。

2012年11月6日，造成13名中国船员被害的湄公河惨案的糯康、桑康·乍萨、依莱、扎西卡、扎波、扎拖波等6名被告人，由昆明市中级人民法院一审宣判，主犯糯康被判死刑，桑康、依莱、扎西卡均被判死刑，扎波被判死刑缓期执行，扎拖波被判有期徒刑8年。2012年12月20日，云南省高级人民法院对湄公河中国船员遇害一案进行二审公开开庭审理。上诉人糯康及其委托辩护人，桑康·乍萨及其委托辩护人，依莱、扎西卡、扎波、扎拖波及其指定辩护人到庭参加诉讼，云南省人民检察院认为，一审法院根据6名被告人的犯罪事实、犯罪性质、情节、在共同犯罪中的地位、作用，对各被告人的定罪准确，量刑适当，建议二审法院全案驳回上诉，维持原判对6名被告人的定罪量刑。12月26

日，云南省高级人民法院驳回糯康等被告的上诉，维持一审判决。对糯康等罪犯虽然还没有最后执行判决，但从总的过程来看“10·5”湄公河惨案基本尘埃落定，几个主犯是必须受到严惩的，只有如此，才能彰显中国政府打击跨国犯罪的决心，才能告慰我国13名无辜渔民的在天之灵。为了便于人们了解湄公河惨案的大概过程，这里根据相关的媒体资料，整理出湄公河惨案的大事记，以表格形式附后。

湄公河惨案大事记

<table>
<tr><th>时间</th><th>事件</th></tr>
<tr><td>2011年</td><td>10月5日：两艘中国商船在湄公河金三角缅甸水域遭劫持，13名中国籍船员在湄公河泰国水域被枪杀。
10月6日：云南省西双版纳州公安局启动边境警务合作机制，派出工作组赶赴事发地区，走访调查了解案情，协助打捞遇难船员遗体。
10月13日：外交部召见泰国、老挝及缅甸驻华使节提出紧急交涉。遇难船员家属抵达泰国认领亲人遗体。
10月15日：外交部、公安部、交通运输部组成两个联合工作组分赴泰国和云南省开展工作。赴云南工作组看望慰问了遇难者家属。
10月17日：中国政府联合工作组在泰国警方有关负责人及中国驻泰国使馆领事官员的陪同下，对湄公河惨案的事发水域现场进行勘察。
10月23日：国务委员、公安部部长孟建柱在云南西双版纳召开会议，研究处理湄公河惨案有关事宜，部署澜沧江—湄公河航道安全工作。同日，公安部副部长张新枫率中国公安代表团抵达曼谷。
10月29日：国务院总理温家宝与泰国总理英拉通电话。温家宝要求泰方加紧审理此案，依法严惩凶手。
10月30日：国务委员、公安部部长孟建柱在钓鱼台国宾馆分别会见了来华参加中老缅泰湄公河流域执法安全合作会议的老挝副总理兼国防部部长当斋、泰国副总理哥威、缅甸内政部部长哥哥。
10月31日：中共中央政治局常委、中央政法委书记周永康在钓鱼台国宾馆集体会见了中老缅泰湄公河流域执法安全合作会议各国代表团团长。同日，湄公河流域执法安全合作会议在北京举行，会议通过了《湄公河流域执法安全合作会议纪要》，发表了《关于湄公河流域执法安全合作的联合声明》。
11月25日至26日：中老缅泰湄公河联合巡逻执法部长级会议在北京举行。会议同意自当年12月中旬开始在湄公河流域开展联合执法。</td></tr>
</table>

续表

时间	事件
2011年	12月9日：云南公安边防总队水上支队在云南西双版纳正式成立并举行湄公河联合巡逻执法誓师大会。中老缅泰湄公河联合巡逻执法联合指挥部在云南西双版纳关累港码头揭牌。 12月10日：中老缅泰湄公河联合巡逻执法首航仪式在西双版纳关累港举行，四国联合巡逻执法正式启动，湄公河国际航运开始恢复通航。
2012年	4月25日：在中老警方合作下，湄公河惨案首犯糯康在老挝被抓获。此前，糯康犯罪集团三号人物依莱、二号人物桑康等先后落网。 5月10日：湄公河惨案首犯糯康由老挝依法移交中方。当日，糯康被押送抵京。中国公安机关在机场向糯康宣读了对其的逮捕令。同日，国务委员、公安部部长孟建柱迎接凯旋抵京的公安部专案组成员，表示“10·5”专案是我国开展国际执法合作的典型范例。 7月2日：泰国警方表示，通过调查证实9名泰国军人杀害中国船员。当天，泰国警方对9名军人发出逮捕令。这些军人面临两项指控：参与杀人、藏匿尸体。泰国警方同时证实，中国商船没有夹运毒品。 7月8日至12日：国务委员、公安部部长孟建柱访问老挝、缅甸和泰国，就推动湄公河执法安全合作与三国领导人和相关部门会谈。 7月19日：老挝应邀派工作组来华提审糯康等犯罪嫌疑人。 7月19日至23日：公安部派出专家工作组前往泰国，与泰方就湄公河惨案进行会商，相互通报了各自掌握的案情，并交换了相关证据材料。 8月6日：泰国警方来华提审糯康等犯罪嫌疑人。 8月12日：昆明市人民检察院对“10·5”湄公河惨案的糯康、桑康、依莱、扎西卡、扎波、扎拖波6名被告人分别以故意杀人罪、运输毒品罪、绑架罪、劫持船只罪依法向昆明市中级人民法院提起公诉。 8月21日：缅甸军警联合工作组来华提审糯康等被告人。 9月20日：湄公河惨案将在昆明市中级人民法院开庭审理。 2012年11月6日，昆明市中级人民法院一审宣判。主犯糯康被判死刑。桑康、依莱、扎西卡均被判死刑，扎波被判死刑缓期执行，扎拖波被判有期徒刑8年。 2012年12月20日，云南省高级人民法院对湄公河中国船员遇害一案进行二审公开开庭审理。云南省人民检察院建议二审法院全案驳回上诉。12月26日，云南省高级人民法院宣布维持一审原判。

二、主犯糯康

“10·5”湄公河惨案发生在中、缅、泰、老交界的“金三角”地区。“金三角”地区地理位置十分复杂，且缅甸和老挝境内百姓生活相当困苦，而缅甸境内一些少数族群为了闹独立，还发展了自己的武装，尤其是毒品的种植与走私近年来出现死灰复燃的势头。中国国家禁毒委员会公布的《2011 中国禁毒报告》显示，“金三角”现在仍是对我国危害最大的毒源地。

湄公河惨案的主犯糯康就是金三角地区最大的毒枭，他涉嫌杀人、绑架、勒索、制贩毒品、贩卖人口和贿赂。据了解，他曾被中、缅、老、泰四国通缉。为了缉捕糯康，缅甸动用了一支军队对其展开了一次名为“成功行动”的清剿，但行动过后不久糯康又回到了金三角。

糯康这位“毒枭”本是坤沙的手下，1996 年坤沙向缅政府投降后，27 岁的他决定继续从事毒品生意。在当地拉祜族等少数民族武装组织配合下，糯康组建了一支近百人的武装，他们不仅装备了突击步枪，还有重机枪、手榴弹和地雷。据国外媒体报道，糯康还从事人口贩卖生意，这一行为也会为他每年带来上千万美元的收入。糯康生性多疑，居无定所。只有很少的一些人才知道他每天住在哪里。糯康很不喜欢中国人。有媒体报道，他认为湄公河上的中国货船多且商品价格又便宜，让当地的商人无生意可做。他很抵制中国政府大力推进的“替代种植”项目，因为这会让越来越多的当地农民弃种罂粟。“糯康认为替代种植对自己的毒品生意属于釜底抽薪。”2008 年 2 月 25 日糯康武装贩毒集团在老挝“老岳哥”附近水域公然开枪扫射中国云南省西双版纳州公安局外出工作的水上公安分局巡逻快艇，造成 2 名民警和 1 名船员受重伤。2009 年 2 月 18 日中国“宏源 3 号”、“中油 1 号”、“富江 3 号”、“盛达号”等 4 艘船舶在从泰国清盛码头承载货物返回途中，至孟喜岛处先后遭该团伙枪击，造成中国 1 名船员死亡、大量船只受损。2011 年 5 月 2 日在湄公河距离“金三角”经济特区上游约50公里处水域，中、老双方各1人遭该团伙枪杀。2011年8月23日，糯康团伙在湄公河流域三颗石附近武装拦截我旅游客船“金孔雀1号”（载24人，其中游客17人、船员7人），抢劫游客相机、金项链等财物价值8万余元。据不完全统计，仅2008年以来，糯康贩毒集团涉嫌针对中国籍船只和公民实施的抢劫、枪击就达28起，致3人伤，16人死。

湄公河惨案的发生，与糯康的贩毒集团有着直接的关系。在审讯糯康的时候，糯康交待，两条中国商船长期在湄公河上航行并不交保护费，让他很生气，几次要求船主商谈均被置之不理。2011年9月，缅甸军方征用一条中国商船突袭糯康组织的团伙，打死打伤多人。糯康怀恨在心，便决心伺机报复中国商船。实际上，出事的玉兴8号和华平号并不是被征用的船，但糯康集团误以为是这两艘。于是，糯康勾结泰国个别不法军人一起作案，他还有个目的是让泰国不法军人查获毒品，立大功，对方则承诺可以为糯康集团在泰国清盛码头出入提供便利，并可以卖一些枪支弹药给糯康集团。总之，所有的证据都表明，“10·5”湄公河惨案就是糯康为了其贩毒集团的利益而策划的一起专门针对中国商船的恶性跨国犯罪案件。

三、惨案性质

湄公河惨案的受害人是中国国籍的船员，发生地是在湄公河泰国水域。“华平号”和“玉兴8号”是中国籍的商船，而制造这起惨案的是缅甸籍人糯康和以其为首的“金三角”地区特大武装贩毒集团骨干及泰国的个别不法军人。糯康是在老挝被中老警方联手抓获。由此可见“10·5”湄公河惨案是一起较为典型的跨国犯罪刑事案件。跨国犯罪刑事案件可以依据涉外刑事案件来处理。涉外刑事案件是指由我国司法机关处置的具有外国相关因素的犯罪案件。构成涉外刑事案件的要件主要有以下四方面。

1. 犯罪主体涉外。只要实施犯罪的主体是外国人，不论是单独实施犯罪还是以共犯的形式实施犯罪该犯罪案件都可以成为涉外刑事案件。“10・5”案件的犯罪主体是缅甸籍的糯康和以其为首的“金三角”地区特大武装贩毒集团骨干与泰国个别不法军人，他们在湄公河缅甸水域实施了针对我国公民的犯罪。

2. 犯罪客体涉外。即犯罪行为所侵犯的社会关系涉及非本国的社会关系。“10・5”案件的犯罪目标和对象指向的是中国国籍船员，且糯康等人的行为构成了缅甸、泰国、中国等国家的刑法上所认定的犯罪。

3. 犯罪事实涉外。即犯罪行为地或犯罪结果在国外，犯罪主体涉及中国公民和外国人，犯罪行为发生在外国，该案件因其发生地在外国而具有涉外因素。“10・5”案件的犯罪行为地和犯罪结果都在中国领土之外，犯罪主体并非中国公民，该案件具有涉外因素。

4. 案件管辖涉外。即刑事管辖主体具有涉外因素。“10・5”案件发生后中国警方与泰国、缅甸和老挝警方共同合作，联手破获了这起案件。根据涉外刑事案件管辖的原则，中国有权对“10・5”案件进行管辖。

“10・5”湄公河惨案发生后，中国政府高度重视，要求尽快查明案情，缉拿凶手，给遇难者家属一个负责任的交代，切实保护我国人民生命财产安全。中国公安部、云南省公安厅迅速抽调200多名精干警力组成专案组，全力开展案件侦办工作。在中国方面的积极倡导下，中老缅泰四国建立了湄公河流域执法安全合作机制，并在此机制下开展情报交流、联合巡逻执法、联合整治治安突出问题和打击跨国犯罪。

四国警方很快查明，湄公河“金三角”地区特大武装贩毒集团首犯糯康及其骨干成员与泰国个别不法军人勾结策划、分工实施了“10・5”案件。此后，中老缅泰四国执法部门开展了大量侦查工作，组织了多次围捕行动，成功抓获了糯康、桑康、依莱、扎西卡、扎波、扎拖波等主要犯罪嫌疑人。随后，公安机关依法搜集、调取和固定证据，进一步查清了糯康犯罪集团针对我国船只和公民的犯罪事实。

2012年11月6日，云南省昆明市中级人民法院对糯康等被告人故意杀人、运输毒品、绑架、劫持船只案进行一审公开宣判，以故意杀人罪、运输毒品罪、绑架罪、劫持船只罪数罪并罚，判处被告人糯康、桑康·乍萨、依莱死刑；以故意杀人罪、绑架罪、劫持船只罪数罪并罚，判处被告人扎西卡死刑；以故意杀人罪、绑架罪、劫持船只罪数罪并罚，判处被告人扎波死刑，缓期两年执行；以劫持船只罪判处被告人扎拖波有期徒刑八年；同时判决六被告人连带赔偿各附带民事诉讼原告人共计人民币六百万元。云南省高级人民法院审理查明，昆明市中级人民法院在一审认定糯康犯罪集团为报复中国船只和船员，勾结泰国不法军人，于2011年10月5日在湄公河缅甸和泰国水域劫持中国船只“玉兴8号”、“华平号”，并枪杀中国船员，运输大量毒品的犯罪；为劫持往来船只、索取财物，于2011年4月2日至6日在湄公河缅甸水域劫持中国船只、绑架中国公民、勒索巨额赎金的犯罪，事实清楚，证据确实、充分，足以认定。

云南省高级人民法院于2012年12月20日对此案进行了二审开庭审理，充分听取了各上诉人的上诉理由，审阅了全案案卷材料和各辩护人、诉讼代理人的辩护意见和代理意见，听取了云南省人民检察院的检察意见，并对案件进行了全面综合评议。2012年12月26日，云南省高级人民法院进行了二审宣判，裁定驳回上诉、维持原判，并根据《中华人民共和国刑事诉讼法》的规定，对糯康、桑康·乍萨、依莱、扎西卡的死刑裁定，依法报请了中华人民共和国最高人民法院核准。

湄公河惨案的侦破与审理，反映了在全球化背景下中国与周边国家紧密合作、全力打击跨国犯罪、切实保护身处境外的中国公民生命财产安全与合法权益的决心。

四、深刻启示

1. 打击跨国犯罪是长期任务

澜沧江—湄公河流经中国、缅甸、老挝、泰国、柬埔寨、越南六国，全长4880公里，被誉为“东方多瑙河”。2001年6月26日，中老缅泰四国在澜沧江—湄公河800多公里的航道上实现自由通航。10多年来，该河段已成为大湄公河次区域经济、商贸、旅游发展的“黄金水道”。可是，就是这样一条重要的经济生命线，在给流域人民带来繁荣和发展的同时，也引来一些亡命之徒的垂涎，途经货船被劫、被抢成了家常便饭。中国西双版纳州官方数据显示，2011 年以来，湄公河金三角河域货船遭遇劫持案有近 50 起。

湄公河流经多国，按照国际法一般属地管辖原则，发生在哪个河段的安全事件，就应当属于哪国管辖，他国执法力量难以进入其管辖区域内执法，加之湄公河流经的金三角区域处于多国交界处，执法难度很大，给了各色犯罪分子可乘之机，湄公河成了贩毒、抢劫、走私等犯罪多发之地。

众所周知，对付恶性跨国犯罪，仅依靠一国之力难有作为，各国密切合作，防范和打击跨国犯罪成为首选。“10·5”湄公河惨案是一起典型的跨国有组织犯罪。在彻查湄公河惨案真相，缉捕凶手的过程中，中国向泰国、老挝和缅甸提出请求，组成调查机构，共同开展本案的侦查和取证工作。《联合国打击跨国有组织犯罪公约》第 19 条规定了联合调查方式，中国和老挝同为该公约签约国，此乃双方开展联合调查法律依据；尽管泰国尚未加入该公约，但是《中国和泰国关于刑事司法协助条约》第 10 条就双方安排有关人员到对方境内协助调查作出了规定。据此，中国和泰国、中国和老挝开展双边调查取证合作具有充分的法律依据。打击跨国犯罪公约自 2003 年生效以来，缔约国已达 146 个，该公约为各国携手打击跨国犯罪提供了平台，促进了各国在打击跨国犯罪领域的交流与合作。但目前跨国犯罪也正以惊人的速度多样化和全球化，对国际社会的威胁日益严重。

为有效地遏制跨国犯罪，各国应从打击跨国犯罪、建设和谐世界的大局出发，超越政治制度、法律传统和意识形态差异，在相互尊重主权和平等互利的基础上，通过各种渠道开展对话，增进共识，增强合作。同时，缔约国大会也应根据各缔约国的实际需要，将引渡、司法协助、没收犯罪资产和技术援助确定为国际合作的重点领域。其中尤其应当照顾发展中国家的需求，并应该尽量协助发展中国家加强能力建设。

2. 强化区域合作与国际安全

近年来，中国与湄公河流域各国已经在打击毒品犯罪、拐卖妇女儿童犯罪等领域开展了有效合作。早在1995年5月，中国和缅甸、老挝、柬埔寨、泰国、越南签署《次区域禁毒行动计划》，形成了湄公河次区域多边禁毒合作框架；2003年11月，该六个国家正式提出大湄公河次区域国家合作反拐计划（COMMIT），并于2004年10月签署了《湄公河次区域反对拐卖人口区域合作谅解备忘录》，强调了加强湄公河次区域六国的跨国执法合作，通过刑事司法程序，打击拐卖人口犯罪等内容。该流域的六个国家应当在现有的打击毒品犯罪和跨国拐卖妇女儿童犯罪执法合作机制的基础上，构建一种更为紧密的联合执法区，就各类跨国犯罪的预防、侦查、犯罪人缉捕和审判等方面开展密切合作。

"10·5"湄公河惨案发生后，2011年11月25日至26日，中老缅泰湄公河联合巡逻执法部长级会议在中国北京举行，决定从12月中旬开始，在湄公河流域开展联合巡逻执法。同年12月10日，中国、老挝、缅甸、泰国湄公河联合巡逻执法首航仪式在云南西双版纳关累港举行，四国联合巡逻执法正式启动，以共同维护和保障湄公河航运安全、促进湄公河流域经济社会发展和人员、船舶安全往来。自2011年12月10日首航以来，至2012年12月初，中老缅泰四国执法部门逐步加大警力投入并先后成功进行了7次湄公河联合巡逻执法。这极大地遏制了该区域一度猖獗的跨国犯罪活动。"10·5"湄公河惨案的发生，使得我国和周边国家对建立和完善湄公河流域各国防范和打击跨国犯罪的长效合作机制有了紧迫感，湄公河联合巡逻执法所取得的成果表明，只有加强区域合作，才能维护好地区间的安全和国际安全，才能保证地区间各国的友好往来和经济发展。

3. 保护海外华人正当权益

随着经济全球化进程的加快，中国与世界的交往越来越频繁，在海外工作、学习和生活的中国公民也越来越多。而如何更好地保护中国公民在海外的生命和财产安全，也摆在了中国政府面前。为打击海盗，中国向亚丁湾、索马里海域派遣了海军护航编队；在利比亚国内局势动荡之际，中国通过海陆空三种方式紧急撤离三万中国公民，为此还派出军舰远赴地中海。这些行动不仅在世界上得到了积极的评价，也为处理类似事件积累了经验。湄公河惨案虽说有相当的偶然性和特殊性，但这也意味着，中国政府需要运用更多的国家资源来保障公民在海外的安全。

湄公河被誉为“东方多瑙河”，是一条国际黄金水道，但是这条河流中游一些地区正面临极为严峻的安全问题。基于国际关系和外交政策的考虑，过去中国更多地把这个问题看作该地区相关国家的内政，并希望由他们自己解决。湄公河惨案表明，打击跨国犯罪已成为该区域各个国家所面临的一个共同而严峻的话题。犯罪分子流窜于湄公河流域，对过往商船进行非法武装抢劫、敲诈，不仅威胁到各国往来商船，也严重威胁着沿岸各国人民的生命财产安全。联合执法，打击跨国犯罪，是沿岸各国人民的共同利益之所在。

中国的发展，促使更多的中国人走向世界，中国公民与各国的经济、社会往来也更为密切。在这样的情况下，保护海外中国人的生命权、财产权就显得尤为突出，这也关系到中国在国际舞台上的形象。无论是利比亚大撤侨，还是护航亚丁湾以及圆满解决苏丹劫持人质事件等，都显示出无论在什么地点、什么情况下，中国政府都是有能力捍卫海外华人利益的。中国对“10・5”案件主犯的审判，再次宣示了我们打击跨国犯罪、保护中国公民权利的决心，这不仅符合人民和国家的利益，更是表明，中国今后将会在区域安全和国际安全方面承担更多的义务，毕竟中国是一个负责任大国。

（王湘林）

第四十章
韩国海警打死中国渔民事件

[**内容提要**] 2012年10月16日下午3时左右，韩国木浦海警以涉嫌“非法捕捞”为由，对正在捕鱼的30余艘中国渔船进行驱逐。冲突中，韩国海警向中国渔民发射橡皮弹，致使一名中国渔民被击中后救治无效死亡。韩国政府在事发后立即展开行动，包括通报情况、表示遗憾、慰问遗属等。中国驻韩国使馆在第一时间派领事官员探视了中国船员，并表示中方愿与韩方积极合作，认真调查，妥善处理有关问题。在中韩双方的共同努力下，事件没有影响两国关系大局。但是，中韩之间的渔业冲突短期内不会结束，中韩双方应共同努力，找到切实可行的办法，尽量避免伤亡事件的再次发生，保障中国渔民的生命安全。

一、事件回顾

2012年10月16日下午3时左右，韩国木浦海警以涉嫌“非法捕捞”为由，对正在捕鱼的30余艘中国渔船进行驱逐。冲突中，韩国海警向中国渔民发射橡皮弹，致使一名中国渔民被击中后救治无效死亡。韩国海警还扣押了“鲁营渔”号等两艘中国渔船。

事发后，中国外交部领事司、中国驻韩国使馆和驻光州总领馆有关负责人分别向韩方提出严正交涉，要求韩方立即公正、负责任地彻查此事，严惩责任人。中方要求韩方采取切实措施，杜绝暴力执法，确保不再发生类似事件，切实保障中国渔民的人身安全与合法权益。

10月17日下午，韩国木浦海警署召开新闻发布会，公布韩海警在执法过程中导致一名中国渔民死亡事件的初步调查结果。据韩联社报道，韩国木浦海警署署长江盛熙表示，16日15时10分许，韩国海警在全罗南道新安郡黑山面红岛西北90公里海上发现了30多艘正在“非法捕鱼”的中国渔船。韩国海警迅速上前制止。这期间，中国一艘渔船对海警的执法进行暴力反抗，韩海警登船后发射了5枚橡皮子弹。前4发子弹射向无人区域，第5发子弹射中了44岁的中国船员张某。张某随后被韩海警紧急送往医院，但伤重不治身亡。江盛熙表示，尚不能确定中弹是张某的直接死因，需要法医进行检验。

10月18日，韩国木浦海洋警察署表示，警方将对此次事件中的其他11名中国船员以涉嫌“妨碍特殊公务执行罪”申请“拘捕令”，进行“司法处理”。中国驻光州总领事滕安军已于17日前往慰问被扣留的中国船员并进一步向韩方提出交涉，要求韩方负责任地彻查事件并及时通报中方，给予有关被扣船员人道主义待遇，确保其人身安全和合法权益。韩国外交通商部发言人18日向被韩国海警橡皮子弹击中身亡的中国渔民家属表达深切慰问，并希望此事不要影响韩中两国友好关系。他说，韩中两国是具有战略合作伙伴关系的宝贵近邻，不能因此影响两国国民之间的感情，或致两国之间出现紧张局面。

10月20日，韩国《朝鲜日报》最新报道称，韩国国立科学搜查研究院（简称研究院）对16日中弹死亡的中国渔民张树文的遗体进行了尸检。据尸检结果，张树文左胸部中弹，导致部分左侧肋骨断裂，心尖部破裂2毫米左右。但断裂的肋骨并未扎到心脏。研究院法医学部部长崔永植说，一般情况下，心脏破裂后血液很快就流入心囊。张树文的心囊里积有相当多的血液，据此判断，张树文的死因很可能是心脏破裂。他还说，遗体未发现殴打等其他外部冲击导致的头盖骨破裂，或死者在生前患有疾病的痕迹。研究院还将对遗体进行药物、毒品、血中酒精含量、

DNA等检查。得出尸检的最终结果通常需要10天左右，而研究院考虑到此次事件的严重性，计划加紧尸检工作，争取尽早得出并公开结果。

韩国木浦海洋警察署还扣押了另外11位中国渔民，没收了渔具，并处以1.4亿韩元的担保金，约合人民币80万元。据称，他们在缴纳担保金之后可被释放。

二、韩国媒体的报道与反响

事件发生后，韩国媒体大都认为韩国海警属于正当防卫，指责中国渔民在韩国专属经济区非法捕捞，并抗拒执法。

韩联社10月16日报道称，中国渔民在渔船上放上铁钉子并挥舞铁锯条、刀等“凶器”进行激烈抵抗。受到“人身威胁”的海警使用“镇压装备”，开始逮捕正在“无证非法捕鱼”的2艘中国双拖网渔船。

《每日经济》17日以“挥动凶器叫嚣的中国船员死亡”为题报道称，中国船员之所以中弹死亡，起因在于非法捕鱼，中国船员的死亡和去年韩国海警被中国船员刺死情形“如出一辙”。文章称，虽然韩国海警从去年末开始大幅放宽了对阻碍执法时枪支的使用限制，但中国渔民的“残忍性”愈演愈烈。该报道称，中韩围绕渔业争端遭受的人命损失“大部分”是韩国人，从2007年至今年7月末，共有2名海警死亡和37人受伤。

《文化日报》17日发表社论称，虽然中国渔船船员死亡事件是不幸的，但海警打击非法捕鱼的意志“决不能后退”。本次事件的责任在中国，中国渔船不仅造成韩国“渔业资源枯竭”，且去年12月还造成一名韩国海警遇刺身亡，中国政府对本国渔船的“非法行径”采取“放任不管”的态度。文章称，海上专属经济区就是不许侵犯的“经济领海”，韩国政府应该就此事件“堂堂正正”向中方说明，并以此为契机显示韩国打击非法捕鱼的意志。韩国海警应该更加带着“自信心”打击非法捕鱼，对自己的力量没有必要“藏着掖着”，政府也应该加大相关支援力度。

韩国《中央日报》18日称，中国渔民死亡令人遗憾，但这是在持有武器激烈抵抗的情况下“不得不发生”的事。虽然最终调查结果还没出来，但基本判断海警打击行为“合法”。《首尔新闻》18日则称，“武装的中国渔民就是海盗”，韩海警对其开枪是“正当的”。首尔市立大学国际法教授李昌伟表示，在国际法上，一国可以对入侵本国领土的侵犯行使武力，因为中国渔民“手拿凶器”，因此，对此行使武力“不仅充分而且正当”。

韩国媒体还对中国政府流露出不满。《中央日报》18日发表社论称，之所以非法捕鱼屡禁不绝，都是因为中国政府打击意志薄弱。如果中国政府不对本国渔船加强管理，韩国海警与中国渔民之间的“流血战争”只能继续。

韩联社17日的评论中指出，中方就中国船员死亡事件要求韩方不要暴力执法，不过是老调重弹。“中国与韩国一样，都不希望该事激化，因为中国正与日本就钓鱼岛展开全面对抗，没有必要扩大外交纷争战线。但是由于中国网民对本国渔民死亡事件反应强烈，要求政府强硬应对，因此中国政府很有可能作出某种强硬的表演姿态”。评论同时指出，必须对韩国海警执法过程中是否存在错误进行调查，如果有问题须立刻改正。不管出于什么目的执法，如果造成人员死亡，将导致对方国家舆论的恶化，希望海警在执法过程中最大限度避免危及人员生命行为的发生。

三、两国政府的态度及事件对中韩关系的影响

中韩因渔业问题引起的冲突时有发生，这使两国民间的情绪都很激动。很多人担心这一事件会影响到两国的外交关系。纽西斯通讯社称，中国船员死亡事件有可能演变成中韩外交摩擦。《韩民族新闻》17日发表社论称，中国政府对此次事件表示出非常重视的姿态，韩方无论如何应该彻底查明真相，在表现最大诚意的基础上妥善处理该事件。

韩国政府希望该事件不要在中韩建交20周年之际对两国关系造成恶

劣影响，并在事发后立即展开行动，包括通报情况、表示遗憾、慰问遗属等。

韩国联合通讯社16日报道，韩国外交通商部在当天向中国驻韩国大使馆通报情况后，就此深表遗憾并向遗属表达了慰问。韩外交通商部表示，韩国有关部门将根据相关法律规定对此事进行调查和善后处理工作。韩国政府有关官员表示，这是一起偶发性事件。韩国政府正在努力防止此事演变成韩中之间的外交问题。

韩国外交通商部发言人18日向被韩国海警橡皮子弹击中身亡的中国渔民家属表达深切慰问，并希望此事不要影响韩中两国友好关系。他说，韩中两国是具有战略合作伙伴关系的宝贵近邻，不能因此影响两国国民之间的感情，或致两国之间出现紧张局面。

中国驻韩国使馆在第一时间派领事官员探视了中国船员，向韩国提出严正交涉和强烈抗议，要求韩方尽快向中国通报调查情况和处理结果。韩方表示将认真调查事件经过，并详细通报中方，依法处理善后事宜。

在中韩两国政府的共同配合下，这一事件没有影响到两国关系。中国外交部发言人刘为民在12月14日就韩国海警与中国渔民冲突事件表示，这是一起个案，相信在中韩双方的共同努力下，事件不会影响两国关系大局。

四、事件的深层次原因

韩国海警杀死中国渔民这一事件不是偶然的，是近年来中韩渔业冲突加剧的结果。中韩渔业纠纷由来已久，尤其在最近几年，事态更是愈演愈烈。究其原因，主要有以下几个方面：

第一，这是中韩海域划界遗留的问题。

依照国际法，在黄海海域上，中韩两国从领海基线往外，各自拥有12海里领海和200海里专属经济区，但中韩的200海里专属经济区延伸有所重叠。随后，两国在2000年签订了《中韩渔业协定》，其中划定了

“暂定措施水域”，由双方采取共同的养护和管理措施。对违反规定者，双方按各自的国内法处理本国渔船。中韩没有划线时，渔民们都知道那是公海，中国渔船可以进，韩国渔船可以进，日本渔船同样可以进，渔民们习惯将其作为传统渔场涉足。但“暂定措施”的两片水域5年后自动转成中韩各自的专属经济区，而中国渔民的传统渔场有一部分正好位于韩国的专属经济区内。像韩国水域的对马、大小黑山、济洲岛等水域，一直是中国渔民的传统外海渔场。这种现象和鱼类的生长规律密切相关。很多种类的幼鱼生活在靠近中国水域一方，长大后则会游向韩国水域一方。所以，长期以来中国渔民一直将其视为自己的传统渔场。但这部分现在已成为韩国的专属经济区。

按照协定中的规定，两国渔船可申请配额进入对方专属经济区管理水域捕鱼。中国渔民要想进入韩国专属经济区捕鱼，必须获得韩国颁发的捕捞证。每年，中韩双方都要举行一次渔业共同委员会会议，确定下一年中国渔船进入韩国专属经济区和韩国渔船进入中国专属经济区捕鱼的额度。然而随着在韩国管辖海域捕鱼的渔船越来越多，为保护本国的渔业资源，韩国方面逐渐收紧政策，严格限制中国渔船进入的船只数和渔获配额。不仅如此，韩国对中国渔船的准入管理，也越来越精细、越来越严苛，甚至具体到对网具网目的尺寸规定、渔获量记载数目、作业日志填写等的检查。

韩国还不断加大对中国渔船的打击力度。2011年12月26日，韩国政府公布了“根除中国渔船非法捕捞综合对策”，决定斥资9324亿韩元（约合52亿元人民币），同时增强海警人力装备并改变枪支使用等规定，以加强“监管和根除”中国渔船的“非法捕捞活动”。新方案还包括将原8名快艇队员中仅有2人佩枪的规定更改为全部8人佩枪，同时规定韩国海警可以在生命受到威胁或无法执行公务的情况下立即开枪。除此之外，韩国海警上调了外籍非法捕鱼船保释金，并加大了巡逻力度。据韩联社报道，韩国西海地方海洋警察厅作出决定，针对在韩国专属经济区进行非法捕鱼或违反有关规定而被逮捕的外籍渔船，将保释金从现行的最高7000万韩元调高至1亿韩元（约合人民币56.4万元）。

第二，这是中国近海渔业资源枯竭的结果。

近些年来，中国近海的渔业资源面临严重的萎缩问题。一是由于中国水产品需求大增，导致渔业资源开发过度，“掠夺式”的捕捞方式把近海几乎掏空；二是中国近海的工业化发展破坏了当地的生态环境，污染导致鱼类无法生存。国家海洋局2011年5月公布的数据显示，2010年中国管辖海域有4.8万平方公里的近岸海域水质劣于第四类海水水质标准（即严重污染海域），较上一年增加了62%，其中黄海和东海的污染水域增加最多。过度捕捞和海水污染使鱼类资源日益减少。以中国最大的渔场舟山渔场为例，这个以盛产大黄鱼而驰名的渔场，如今已经难觅大黄鱼的踪影，由于过度捕捞，舟山传统渔场已难以形成渔汛，迫使当地渔民的捕捞越走越远。渤海渔场的遭遇同样悲惨。10年前，这里随便一捞就能捞上100多种鱼类；10年后，很多鱼种已经渐渐消失。

居住沿海一带的中国渔民，很多祖祖辈辈都靠海吃饭。然而，随着中国近海渔业资源的不断减少，无鱼可打的处境迫使这些赶海人把目光投向远海。“走出去”发展远洋渔业，已成为中国渔业不得不为的一种选择，远洋捕捞因此不时成为周边外交的燃爆点。这种情形在中国与周边国家的海域，尤为显著。

第三，韩方的过度执法有时也是导致冲突加剧的主因之一。

中国在黄海渔业方面的执法，完全是在海监和渔政的管理下面采取行政管理的方式，而韩国方面是以军队在海上执法，过度执法甚至暴力执法，就容易激发矛盾，引发更大的冲突。

五、解决冲突的思路

中韩渔业纠纷已非一日之寒，中韩两国官方一直都在探寻一条快捷的解决途径。但似乎很难在短期内找到好的解决办法。解决这个问题不仅需要两国加强沟通和协调，更需要从根源上为化解纠纷找到出路。

中国海洋发展研究中心郁志荣在环球时报（2012年12月29日）撰文指出，解决渔业纠纷，中韩应联合巡航。他指出，韩国公布了根除非法捕捞的综合对策，将允许海警队员使用枪支应对所谓越界非法捕捞的中方渔民。这种想法和做法大错特错，如果韩国允许海警今后在海上对我渔民舞刀弄枪，只能将简单的问题复杂化，中韩关系必然会受到严重影响。中韩渔业纠纷造成伤亡事件是谁都不愿意看到的意外，但如果韩方一味要将责任完全推到中方渔民的身上，中方则也可以认为此事件主要是韩方海警执法不当造成的，这对解决问题于事无补。郁志荣认为，要想在目前情况下有效解决渔业纠纷问题，中韩海上执法部门应积极采取预防性的做法，即建立综合性联合巡逻执法制度。中韩开展海上联合巡航执法，无论从形式上，还是实际效果上，都是解决中韩目前海上渔业纠纷和冲突的有效方法。中韩双方海洋主管部门同时派船舶、飞机进行联合巡逻执法，对正常作业的渔船进行监护，一旦发现有非法和违法作业嫌疑的渔船，就进行现场调查取证以及依法处置。当需要登船检查时，则根据船旗国管辖的原则由本国海洋执法人员实施。中国渔船不需要由韩国海警强行登临检查，发现韩国非法作业渔船也不用中方人员登临检查，这样可以最大限度地发挥船旗国管辖的优势，既避免和防止误会，又有效预防海上暴力执法和野蛮执法的倾向。同时，由于遵循了船旗国管辖原则，本国海洋主管部门监管本国渔船的效果也必然会大大提高，暴力抗法、相互斗殴的现象也会大大减少，甚至会降至零。

要从根本上减少“非法捕捞”现象，需要改造中国渔业的整个生态环境。除了国家加大对养殖业的扶持、鼓励渔民转型之外，还需从可持续发展的角度规划沿海经济的开发，注重经济发展与生态保护之间的平衡，否则，中国近海渔业资源终有一天会绝迹。

（王小满）

第四十一章

中国首艘航母服役

［内容提要］2012年9月25日，中国第一艘航空母舰“辽宁”号正式交付海军服役，这标志着中国成为了世界航母俱乐部的一员，使中国在维护国家海洋安全上的实力和灵活性得到极大提升，不再像过去一样只能在近海甚至近岸活动。

一、我国第一艘航空母舰正式交付海军

在苏联航母基础上改造的中国第一艘航空母舰“辽宁”号于2012年9月25日正式交付海军。国家主席、中共中央军委主席胡锦涛和国务院总理温家宝等领导人在位于大连港口的航母上出席了交接入列仪式。尽管这艘航母还无法很快投入实战，但此次高调的仪式在象征性地显示中国日益增强的军事实力，向其他国家显示中国捍卫主权的决心。

“辽宁”号的前身“瓦良格”号由苏联涅瓦设计局在30年前设计。当时苏联决定建造两艘第三代“重型载机巡洋舰”作为远洋舰队的舰队核心舰种，另一艘便是现在在俄罗斯海军服役的“库兹涅佐夫”号。

作为联合国安理会五个常任理事国之一和“金砖四国”成员，没有航母与中国的国际地位和影响力极不相称（其他安理会常任理事国和“金砖四国”成员均拥有航母），发展航母，提升保卫世界和平的能力，

是中国履行国际义务的必然要求。

今天的中国，已不是当年任人宰割的中国；今天的中国军队，更不是甲午战争时期一击即溃的军队。在捍卫国家主权、安全和发展利益上，我们的决心坚定不移。中国人民爱好和平但绝不畏惧强权，不当头也绝不会低头，不惹谁也绝不会怕谁，不称霸也绝不会吞下损害国家和民族根本利益的苦果。

我国发展航空母舰是党中央、国务院、中央军委着眼国家安全和发展全局做出的重大战略决策。第一艘航空母舰顺利交接入列，对于提高我军现代化水平、促进国防科技工业技术进步和能力建设，增强国防实力和综合国力，对于振奋民族精神，激发爱国热情，鼓舞全党全军全国各族人民奋力夺取全面建设小康社会新胜利、开创中国特色社会主义事业新局面，具有重大而深远的意义。

在 9 月 25 日正式服役之前，中国航母平台在 7 月份进行了长达 25 天的第九次海试，航行试验近 600 小时，是历次海试中时间最长的一次。国际上对航母海试是否成功的主要评价之一，正是其航海时长，在海上的航行时间越久，证明其各项性能越完善。“瓦良格”号在交付中国前，发动机、武器和导航系统均被拆除，中国得到的实际上只是一个航母的外壳，现有的动力装置、武器系统、舰载机起落辅助装置和雷达通信系统均为中国自行安装。

中国首艘航母服役，标志着中国成为了航母俱乐部的一员。航母的出现，使中国在海洋问题上的灵活性得到极大提升，不再像过去一样只能在近海甚至近岸活动。在执行反介入作战中，航母可以成为海陆空军及二炮部队的有力支点。

二、航母将成为解放军争夺主动权的力量倍增器

二战以来，海上力量的交锋，主要是基于双方航空兵部队作战，但是岸基航空本身航程不足的问题始终存在，使得其在目标区域作战能力严重

受限，尤其是在深海大洋作战，只有轰炸机才可以有一定行动能力。

而具有机动能力的大型航空母舰，可以携带完整的预警—歼击—攻击力量移动，在深海大洋区域作战具有压倒性的优势。航空母舰，是现代海上作战力量的核心和基础，只有拥有大型航空母舰，才能称得上是真正的海军，缺乏有效海上航空作战能力的所谓“海军”不过是水师的一个代名词，在当今世界上拥有合格航空母舰的只有美国、法国、俄罗斯和中国。

制海权依附于制空权存在，而航母则是以制空权为基础实现制海权的关键。岸基飞机虽然数量大、维护容易，但是其必然受到航程和雷达侦测能力的限制。在400公里距离上雷达只能探测到10000米高空目标，一旦目标低于这个高度则无法侦测，因此离开海岸线一定距离作战，除非有预警机协同，不然不可能得到战场引导，各种飞机等于是蒙着眼睛的瞎子和对方的一群明眼人对抗。

在航母服役后，依托其组成的航空母舰特混编队（CVBG）将成为解决这个问题的关键因素，航空母舰特混编队本身拥有大量防空舰艇和先进的相控阵雷达，具有很强的防空和空管能力，同时还可以使用舰载机和重型歼击机，其前出至海峡中线附近。

可以依靠舰载机和防空导弹掩护空警2000大型预警机，同时舰载预警机可以担负起一部分空情管制任务，而大型的“海之星”相控阵雷达则可以为指挥中心提供最高精度的敌区中空以上空情信息。航空母舰编队的出现，使得中国在东海制空权—制海权争夺中处于了和敌方接近对等的态势，是极为重要的力量倍增器。

同时，舰载战斗机前出部署，更有利于掩护潜艇突破敌方封锁线进入太平洋区域作战，舰载战斗机可以极大增强在琉球附近的活动能力以使得敌方反潜飞机减少活动能力，而航母特混编队舰艇携带的鹰击62反舰导弹则可以用于驱逐敌方反潜舰艇。

由于地球曲率影响，过去远程反舰导弹必须依靠直升机进行引导，面对对方飞机，直升机生存率极低，在高强度对抗中其实战价值很低，而拥有航空母舰后则可以使用舰载机进行中继引导，极大的提高了引导机生存率和引导效率。

在另一方面，航空母舰并不仅仅是一个防御性的平台，其更重要的特性则是高度机动性带来的进攻性，航母舰载机编队向琉球群岛和琉球群岛以东发起突击作战，可以对敌方航空母舰编队构成严重威胁，尤其是其可以为岸基反舰弹道导弹提供目标引导，使得敌方航空母舰处于高度危险之中。在中国航空母舰的攻势吓阻下，可以有效地使得敌方航空母舰不敢过分靠近中国海岸线区域行动，使得其舰载机难以对中国沿海目标制造威胁。

三、航母如部署在南海将使中国攻守自如占据优势

南海地区局势错综复杂，最主要的一点在于距离遥远，比如说最主要的海权争端国马来西亚距离中国超过1700公里，而越南南部、菲律宾距离中国距离也相对遥远。特别是一旦在南海发生争端，南海石油通道将受到严重影响，向欧洲的出口也必须中断。南海国家最主要的优势在于距离。

中国的战斗机即使有空中加油也无法在作战区域停留，也缺乏强有力的空管雷达网，这样的情况下水面舰艇部队根本没有办法在南海遂行作战任务，对方的掠海飞行反舰导弹可以轻松的袭击哪怕是中国最先进的052C型驱逐舰而中国根本无法发现。

在这样的情况下，航空母舰巨大的海空威慑能力则成为了保证南海地区安全稳定的关键。“瓦良格”号在满载状态可以携带三十余架歼—15战斗机和四架预警机（机库携带22架歼—15和7架KA—27直升机，飞行甲板上可以再携带一定数量），其战斗力已经强于大部分南海国家一国的全部空中力量，配合航母编队的机动性优势，可以对除新加坡以外的任何一国海空军实现压制，在航空母舰的威慑下，才能保证有些国家不铤而走险。只有让对手明白挑起战争将要面对的损失，才能让他们放弃挑衅甚至挑战的企图。

同时，航母最重要的优势不仅仅在于其自身的打击能力，而且其作为一个前沿部署的传感器平台具有更重要的价值，依靠舰载的战斗机和预警

机，可以对敌方区域进行信息搜索，这样可以为携带长剑巡航导弹的轰炸机以及水面舰艇提供目标信息，以方便利用远程打击力量。如果没有前沿侦察能力，射程远精度高的巡航导弹对于常规目标的打击能力实际上根本无法发挥。

中国第一艘航空母舰的出现，使得中国在海洋问题上的灵活性得到极大提升，不再像过去一样只能在近海甚至近岸活动，但是瓦良格号毕竟是一艘苏联时代遗留的航空母舰，其设计和建造上的缺陷使得其只能作为一个短期的过渡手段使用。

苏联作为一个寒带国家，其舰艇设计上只适应于高纬度地区作战，在库兹涅佐夫号从黑海航渡到北冰洋加入北方舰队的航行中，其在地中海上就发生了严重的适应性问题，空调功率严重不足、淡水变质、燃油蒸发等。而在中国的瓦良格号也必然同样存在这些问题，苏联舰艇的空调、淡水供应、燃油舱管理等将在东海和南中国海的高温下接受严峻的考验。同时，苏联海军自身也缺乏航空母舰的使用经验，仅仅是一个舰载机的甲板调度流程，他们就接近于原始。

在未来，“瓦良格”号的最大价值不在于作战，而是在于告诉中国海军和中国造船人，什么才是航母，应该怎么使用航母，自己有哪些缺陷需要在下一代舰艇中进行改进，航空母舰的操作需要哪些诀窍，这些才是最宝贵的财富。

（师丹）

第四编

学术动态

第四十二章
国家安全学术会议

［**内容提要**］中国的国家安全学术活动近年来处于持续活跃状态，2012年更是达到了一个新高峰。这些国家安全学术活动在形式上既有学术会议，也有学术报告和讲座，内容上既涉及传统安全领域，又涉及大量非传统安全领域，其中包括食品安全、药品安全、医疗卫生安全、网络信息安全、社会安全、饮用水安全、能源安全、生态环境安全、农产品安全等方面；既涉及国内安全，也涉及外部安全、地区安全、国际安全、全球安全等论题。

一、2012年全国卫生系统食品安全与卫生监督工作会议

2012年1月13—14日，“全国卫生系统食品安全与卫生监督工作会议”在北京召开。据报道，会议主题是深入贯彻党的十七大、十七届五中、六中全会和2011年中央经济工作会议精神，认真落实2012年全国卫生工作会议要求，全面回顾总结2011年全国食品安全与卫生监督工作情况，部署2012年重点工作。卫生部部长陈竺、副部长陈啸宏出席会议并作重要讲话。全国各省、自治区、直辖市、新疆生产建设兵团及计划

单列市卫生厅局主管厅局长，省卫生监督处、食品安全综合协调处、卫生监督机构、疾控中心和职防院（所）负责人，卫生部有关司局、直属单位、相关协会负责人等共230人参加了会议，会议还邀请了中编办、全国人大、发展改革委、公安部、人力资源社会保障部、环境保护部、铁道部、农业部、国资委、工商总局、质检总局、安全监管总局、国务院法制办、国务院食品安全办、全国总工会、总后卫生部、国家食品药品监管局、国家中医药局、北京大学、复旦大学、哈尔滨医科大学、四川大学等相关部门有关负责人参加。

二、2012年国家食品安全风险监测工作会议

“2012年国家食品安全风险监测工作会议”于3月14—15日在江苏省南京市召开。会议的主题是贯彻落实国务院食品安全委员会第四次全体会议精神和国务院2012年食品安全重点工作安排，部署2012年全国食品安全风险监测，并对做好卫生系统食品安全重点工作进行再动员和再部署。卫生部副部长陈啸宏同志出席会议并作重要讲话，江苏省副省长何权同志出席开幕式并致辞。会议由卫生部食品安全综合协调与卫生监督局局长苏志主持。参加会议的有全国31个省、自治区、直辖市及新疆生产建设兵团卫生厅局主管厅局长，食品安全相关处处长，疾病预防控制中心、卫生监督所（局、总队）、职业病防治院负责人；卫生部相关司局负责人；中国疾病预防控制中心、卫生部卫生监督中心、国家食品安全风险评估中心负责人；食品安全国家标准审评委员会、国家食品安全风险评估专家委员会相关专家；国务院食品安全办、科技部、工业和信息化部、公安部、农业部、工商总局、质检总局、食品药品监管局等有关部门和总后卫生部负责人；有关协会负责人共计200余人。

三、2012 年国际食品安全论坛

2012 年 4 月 19—20 日，在国家相关部委的全力支持下，“2012 年国际食品安全论坛”在北京友谊宾馆召开。会议以“保障食品安全，迎接全球挑战”为主题，汇聚诸多国际一流专家的智慧，有效导入国际先进的食品安全管理与预防理念与国际食品企业开展食品安全工作的先进经验，为来自政府、科技界、工业界的专家提供交流与沟通的高端平台，服务于中国食品安全事业的不断进步！

食品安全问题已成为全球面临的共同挑战，给全球带来巨大影响。在此背景下，处于转型期的中国食品工业目前正在经历巨变，中国食品安全工作集中了多种矛盾，也面临着诸多挑战，具有典型意义。

为此，国际食品科技联盟于 2009 年成立了全球食品安全专家委员会，并在此基础上与中国食品科学技术学会合作，自 2010 年开始已在北京成功主办了两届国际食品安全论坛。两次论坛凝聚全球智慧，把脉中国的食品安全，通过全球食品安全经验的交流和共享，为中国的食品安全工作服务，论坛产生了广泛而深远的影响，并得到全球食品科技界、产业界和政府管理界的高度认可。

四、第七届清华国际安全论坛

2012 年 4 月 21 日上午，由清华大学当代国际关系研究院主办、王雪莲基金会赞助的第七届“清华国际安全论坛”在紫光国际会议中心顺利举行。清华大学谢维和副校长出席论坛并致辞，赞赏本论坛是清华大学社会科学学科的品牌性活动，是适应国家发展战略需要的重点活动。

本次论坛以“中国外交改革与调整”为研讨主题，邀请了中国军事科学学会副秘书长罗援少将、人民大学国际关系学院副院长金灿荣教授和清华大学当代国际关系研究院院长阎学通教授，着重讨论了中国外交政策和战略的改革与调整问题，三位专家结合当前的南海问题和中国不结盟问题分析讨论了中国外交改革与调整的迫切性和必要性。

五、第十三届中国信息安全大会

2012 年 5 月 10 日，第十三届“中国信息安全大会”在北京光华路五号国际会展中心隆重召开。本届大会由中国电子信息产业发展研究院主办、中国计算机报承办。大会以“构建安全生态系统——新一代信息安全防护”为主题，主要围绕全新 IT 环境给信息安全防护体系建设带来的挑战及应对策略展开深入探讨。本届大会得到了公安部第一研究所、中国信息安全认证中心、中国计算机学会计算机安全专业委员会等单位，以及众多业内权威专家、国内外知名企业的支持。

在大会主论坛，来自赛门铁克、腾讯、H3C、绿盟、360 等企业的技术专家，特别针对云计算、移动互联网衍生的安全威胁及应对策略提出了各自的观点。在以自主可控、数据泄露及个人信息保护为研讨主题的大会分论坛上，杭州攀普、金山、亿赛通等企业也发表了精彩的演讲。

作为中国规模最大的信息安全展览、交流平台之一，中国信息安全大会已经陪伴中国信息安全产业走过了 13 个年头，见证了中国信息安全产业成长、成熟的过程，目前已成为业内最权威的信息安全盛会。

六、第二届网络犯罪与社会安全中国论坛

2012 年 5 月 26—27 日，第二届网络犯罪与社会安全论坛在上海召开。该论坛在上海市公安局的正式授权支持下，由公安部第三研究所，

上海市公安局网络安全保卫总队以及上海防灾安全策略研究中心共同主办，会议同时获得了国际权威网络应用安全组织 OWASP 中国分会以及国际信息安全审计联盟 ISC2 的全力支持。本届论坛涉及应对网络犯罪、净化互联网环境的最新举措、黑色产业链及 WEB 应用安全防护、美国网络外交战略与行动等多个研讨单元。作为关注中国网络犯罪与安全的高端国际会议，论坛吸引了来自全球 14 个国家和地区的企业和行业代表，共同就“网络安全的发展现状及解析”主题进行深入探讨和交流。

在我国整体网络安全形势不容乐观的情况下，与会嘉宾都对早期预警产生了浓厚的兴趣。我国政府在“十二五”规划中，明确提出了要建立自主和领先的信息网络安全产业及技术体系。要打造安全、健康、高效、舒心的网络环境，需要政府、安全厂商和用户等共同努力。希望安全厂商之间能加强交流与合作，通过建立早期预警和共同响应机制，来优化信息配置，完善技术互促，提升网民整体安全意识，为用户打造良好的绿色上网环境。

七、全国食品安全宣传周启动仪式暨第四届中国食品安全论坛

2012 年 6 月 11 日，“全国食品安全宣传周启动仪式暨第四届中国食品安全论坛”在北京举行。全国食品安全宣传周启动仪式由国务院食品安全委员会办公室、工业和信息化部、农业部、商务部、卫生部、国家工商总局、国家质检总局、国家粮食局、国家食品药品监管局、中国科协共同主办，经济日报社、中粮集团承办，中国经济网执行承办。

八、2012年中俄东北亚地区安全与合作学术研讨会

2012年6月29日，天津社科院东北亚研究所、日本研究所主办的“2012年中俄东北亚地区安全与合作学术研讨会”在天津社会科学院举行。此次会议俄方代表俄罗斯科学院远东所日本研究中心主任瓦列里·基斯塔诺夫教授与会，天津社会科学院院长、当代日本研究首席专家张健，副院长兼东北亚研究所所长信金爱，中国人民大学国际关系学院钟亚平教授，《东北亚学刊》副主编姚同发研究员，日本所所长程永明，以及东北亚研究所、日本研究所的研究人员出席会议。会议由信金爱副院长致欢迎辞并主持，瓦列里·基斯塔诺夫教授做了题为《普京政权与俄日关系》的演讲，张健院长发表关于俄日关系历史与现状的学术报告。

九、“美国战略重心东移与中国国家安全”学术研讨会

2012年6月30日，“美国战略重心东移与中国国家安全”学术研讨会在国际关系学院举行。国际关系学院院长陶坚致辞，国际关系学院副院长郭惠民主持开幕式。中国社会科学院荣誉学部委员、美国研究所研究员陶文钊，清华大学国际战略与发展研究所教授楚树龙，中国人民大学国际关系学院副院长金灿荣，中国现代国际关系研究院研究员、《现代国际关系》主编林利民，中共中央党校国际战略研究所副所长刘建飞等出席研讨会并发言。与会专家学者就美国战略重心东移及其影响、亚太地区利益重组与秩序重建、中国面临的安全挑战与对策、美国战略重心东移的理论探讨四个议题展开了深入讨论。会上，各位专家、学者回顾、

评估、总结了近期美国战略重心东移的实施情况和对中国的影响，厘清了中国等亚太国家在应对美国战略转移的过程中扮演的角色。讨论中，与会代表尤其关注中国在这个过程中面临的安全挑战及应对措施。该问题不仅涉及到单纯的国际关系理论，而且富有重大实践和政策意义。包括南海问题如何应对、周边关系如何处理、面对《跨太平洋伙伴关系协定》如何对待，乃至如何在媒体、网络等新兴疆域回应美国战略重心东移带来的安全挑战等等，各位参会代表分别阐述了自己的见解。本次研讨会，学者们通过密集的思想碰撞，相互砥砺、互相启发，推进了学术界对“美国战略重心东移”这一重大战略问题的理解。会议效率高，成果丰，取得了圆满成功。研讨会由《国际关系学院学报》编辑部、国际关系学院国际战略与安全研究中心主办。来自各高校、研究机构和媒体的百余人参加会议。

十、世界和平论坛

2012年7月7日至8日，世界和平论坛在清华大学隆重举行。世界和平论坛是清华大学主办、中国人民外交学会协办的中国第一个高级别、非官方的国际安全论坛。此次主题为“各方共赢：和平、安全、合作”，共有7名外国前政要、来自19个国家的22名外国智库人员，34名中国智库人员，37国共37名驻华使馆大使和代表，3个国家共20名观察员以及外交部、教育部等多位国家部门的领导出席了会议，来自十个国家的17家外国媒体对论坛做了报道。前国务委员、清华大学当代国际关系学院名誉院长唐家璇主持开幕式，国家副主席习近平发表题为“携手合作、共同维护世界和平与安全”的重要讲话。清华大学校长陈吉宁、校务委员会主任胡和平等学校领导和部分师生出席了论坛。

论坛共设3场全体大会，主题为当前国际安全形势、国际安全合作方向、大国关系与国际安全。秘鲁前总统加西亚、马来西亚前总理巴达维、巴基斯坦前总理阿齐兹、法国前总理德维尔潘、日本前首相鸠山由纪夫、俄罗斯前国家安全会议秘书伊万诺夫、欧盟理事会前秘书长兼共同外交与安全政策高级代表索拉纳等外国前政要分别发表了主旨演讲，并回答了提问。

中国外交部部长杨洁篪、中国军事科学院副院长任海泉、中国商务部部长助理李荣灿会议期间先后就中国的外交政策、军事国防政策和对外经贸政策发表演讲。

十一、南海安全战略与强化海洋行政管理研讨会

2012年7月20日至22日，由中国社会科学院亚太与全球战略研究院和海南大学联合主办、海南大学政治与公共管理学院承办的第二次“南海安全战略与强化海洋行政管理研讨会”在海南隆重召开。

本次研讨会分为五个单元进行，来自全国研究南海问题的四十多位专家学者参加了研讨会。他们围绕会议主题，以独特的研究视角和研究方法，对南海主权的维护策略、南海安全战略构建与对策、整合与优化我国南海管理职能的策略、强化南海行政管理的对策、南海能源开发与周边国家关系、南海非传统安全与区域合作、南海历史主权与传统文化等问题进行了深入探讨，提出了许多新的见解和研究成果。尤其是每个单元发言后的交流互动更为精彩，碰撞出许多新思想、新观念、新思路和新对策。

本次研讨会的召开，恰逢国务院设立地级三沙市以及强化南海行政管理的战略部署，无疑会进一步推动和促进我国南海区域发展问题的研究。

十二、自然地理学与生态安全学术研讨会

2012年7月24至25日，“自然地理学与生态安全学术研讨会”在

甘肃省兰州市举行。本次会议由中国地理学会自然地理专业委员会、CNC-IGBP & CNC-IHDP 土地变化科学工作组、国际景观生态学会中国分会、中国地理学会山地分会、全国高等院校综合自然地理教学研究会、全国生物地理教学研究会、全国土壤地理教学研究会、甘肃省地理学会等 8 个学术团体共同主办，由兰州大学资源环境学院、西部环境教育部重点实验室、西北师范大学和中国科学院地理科学与资源研究所土地室承办。

来自全国 70 多个教学与科研单位的 200 余名专家、学者和 40 余名参加第三届全国自然地理学骨干教师培训班的学员参加了此次会议。

十三、2012 年全国物联网与信息安全学术年会

2012 年 7 月 27 日至 29 日，由中国通信学会青年工作委员会、中国人工智能学会智能数字内容安全专业委员会联合主办，北京邮电大学信息安全中心和东北大学秦皇岛分校物联网与信息安全研究所联合承办的“2012 年全国物联网与信息安全学术年会”在秦皇岛东北大学培训中心召开。

物联网作为新兴产业在我国异军突起，它是继计算机、互联网与移动通信网之后，世界信息产业的第三次浪潮，而其市场前景远超前二次浪潮，被誉为下一个推动世界高速发展的“重要生产力”。各级政府的政策出台、各高校院所的技术研发、标准化进展以及重大专项的设立都将对未来几年中国物联网产业发展的走向产生至关重要的影响。

本届年会邀请物联网与信息安全领域多名专家、学者就最新研究热点问题作专题报告，同时邀请近年来承担国家级物联网项目研究的课题负责人进行经验交流。

十四、2012年亚洲非传统安全研究年度会议

2012年7月30日至31日，亚洲非传统安全研究年会在北京诺富特和平宾馆举行，此次年会由中国社科院亚太与全球战略研究院、中国社科院地区安全研究中心、新加坡南洋理工大学拉惹勒南国际问题研究学院非传统安全研究中心和浙江大学非传统安全与和平发展研究中心共同举办，来自中国、新加坡、孟加拉国、斯里兰卡、印度尼西亚、泰国、菲律宾、印度、老挝、越南、马来西亚、柬埔寨等国的30多位专家和学者参加了这次会议。

十五、第27次全国计算机安全学术交流会

2012年8月21日，第27次“全国计算机安全学术交流会”在四川省阿坝藏族羌族自治州九寨沟县隆重召开。本次会议由公安部网络安全保卫局、工业和信息化部信息安全协调司指导，中国工程院信息与电子工程部学部和中国计算机学会计算机安全专业委员会主办，四川省网络安全保卫总队为会议支持单位。本次会议的主题为“面向‘十二五’的信息安全”。公安部网络安全保卫局总工程师郭启全，中国人民公安大学党委书记、校长程琳，中国科学院办公厅副主任廖方宇，公安部第一研究所所长助理于锐，工业和信息化部信息安全协调司处长王宏等领导出席会议并致辞。

十六、第22届全国信息保密学术会议

2012年8月27日，第22届“全国信息保密学术会议”在宁夏回族自治区银川市召开。中共宁夏回族自治区党委副秘书长、保密委员会副主任刘桓，中国工程院院士、信息保密专委会名誉主任沈昌祥，国家保密局总工程师、中国科学院信息工程研究所党委书记、中国计算机学会信息保密专业委员会主任杜虹，以及信息保密专委会副主任委员等领导出席了开幕式。来自部分省（区、市）国家保密局的负责同志，全国各地科研院所、高等院校以及信息安全企业的专家、学者、科研人员，共110余人参加会议。会议开幕式由信息保密专委会秘书长孙德刚主持，刘桓、杜虹同志分别致辞。

十七、2012中国信息安全年会暨第十届中国CSO俱乐部大会

2012年9月12日，由工业和信息化部信息安全协调司指导，计算机世界报社承办的“2012中国信息安全年会暨第十届中国CSO俱乐部大会”在北京国宾酒店正式召开。本届CSO年会以“落实‘十二五’规划，应对信息安全挑战”为主题，来自政府、金融、电信、制造、医疗、能源、交通、互联网等行业用户，信息安全领域的顶级专家，以及来自各行各业的系统集成商等多个行业领袖人物共聚一堂，共同探讨如何落实十二五规划下的中国信息安全问题。工业和信息化部信息安全协调司司长赵泽良、公安部一所检测中心主任助理兼信息安全技术部主任范红、国家信息中心专家委员会副主任宁家骏、工业和信息化部电子科技情报所所长洪京一、工业和信息化部电子科技情报所副所长万鹏远等领导和

嘉宾出席了本次大会。

中国信息安全大会发展至今已是第十届，各网络安全厂商及业内人士欢聚一堂，通过一年一度的信息安全大会，与业内人士进行交流沟通，发现问题，并树立行业标杆，带领中国信息安全向世界级水平迈进。

十八、第二十届海峡两岸及香港、澳门地区职业安全健康学术研讨会

2012年9月12日—14日，第二十届海峡两岸及香港、澳门地区职业安全健康学术研讨会暨中国职业安全健康协会2012年学术年会在成都市金牛宾馆召开。国家安全生产监督管理总局副局长杨元元出席会议并讲话，四川省人民政府副省长刘捷到会并致辞。出席会议的还有全国政协常委、中国职业安全健康协会理事长张宝明，全国人大常委、中国科学技术协会副主席、中国职业安全健康协会副理事长冯长根，中国职业安全健康协会副理事长鲍培德等。会议由中国职业安全健康协会主办，四川省安全监管局（四川煤监局）安全技术中心和四川省安全生产科技研究院协办，省安全监管局副局长文卫平、吴金炉参加了会议。

此次年会的主题是“安全、健康、交流、合作”，会上两岸四地的同行主要围绕职业健康法规、风险辨识与控制、安全文化与安全社区建设、安全科技和风险管理体系等方面，集中交流展示各行各业在职业安全、健康领域的新思路、新举措、新成效，共同促进两岸四地职业安全健康事业发展、提升劳动者的生活品质，多位专家就职业安全健康主题做了系列报告。

十九、第三届中国信息安全法律大会

2012 年 10 月 12 日，第三届中国信息安全法律大会圆满完成各项议程，在北京闭幕。此项大会由工信部信息安全协调司和公安部网络安全保卫局指导，西安交通大学校长郑南宁担任组委会主席，中国信息安全法律大会组委会主办，西安交通大学、中电集团信息技术研究院承办，中国计算机学会计算机安全专委会提供支持。由中国云计算安全政策与法律工作组编写的《中国云计算安全政策与法律发展蓝皮书 2012》也在大会同步发布。

二十、2012 生态安全研讨会

2012 年 10 月 25 日，由中国国际问题研究基金会主办的“2012 生态安全研讨会”在北京成功召开。

2012 生态安全研讨会的主题是“携手行动解决生态危机”，重点关注当前我国所面临的生态形势以及生态安全、可持续发展的焦点问题，参会嘉宾围绕“生态安全、可持续发展与青年参与”和“中国生态安全状况与应对措施”两大议题展开了互动对话与学术交流。

全球经济一体化快速发展的同时，生态危机已经显露端倪，维护生态安全，实现可持续发展势在必行。全国人大环境资源保护委员会副主任张文台上将讲话指出，科学技术是维护生态安全的基础，各级政府和领导要在经济社会发展中处理好“三观”，贯彻以人为本的发展观、造福子孙的道德观、可持续发展的价值观。中国国际问题研究基金会理事长张德广在讲话中指出，胡锦涛总书记所提出的“经济安全、生态安全、国家安全”的战略构想，充分体现了中国政府对生态文明与生态安全的高度关注。联合国人居署全球监测主任欧拉让·班吉认为，青年是我们未来的领导者，城市的繁荣与可持续发展，必须鼓励广大社会青年的参与。

二十一、“科技支撑水产品质量安全”研讨会

2012年10月29—31日，由中国水产科学研究院主办的“科技支撑水产品质量安全”研讨会在北京召开。来自农业部农产品质量安全监管局、农业部渔业局相关部门负责人，高等院校、科研机构、质检机构及大中型企业等近70家单位的150余位代表参加了此次研讨会。会议主要围绕提高水产品质量安全科技支撑能力和研究的前沿进展进行探讨。

会议分为主题报告和专题报告两个阶段。在主题报告阶段，由中国检验检疫科学研究院食品安全研究所所长储晓刚研究员、中国兽医药品监察所徐士新研究员、中国农业大学李道亮教授、农业部农药检定所陶传江研究员、国家食品安全风险评估中心李敬光博士代表中心首席专家吴永宁教授做了大会报告。

二十二、2012年农产品质量安全学术研讨会

2012年11月3—4日，由农业部农产品质量安全监管局支持，农业部科技发展中心主办，江苏省农业科学院食检所承办的“2012年农产品质量安全学术研讨会”在南京隆重召开。会议对当前我国农产品质量安全监管工作进展及下一步工作方向进行了通报；邀请了国家食品安全风险评估中心技术总顾问陈君石院士、中国农业科学院农业质量标准与检测技术研究所叶志华研究员、农业部农药检定所顾宝根研究员、中国农科院植保所彭于发研究员、扬州大学焦新安教授以及江苏省农委朱叶芹

研究员等国内知名专家学者，以及来自美国农业部和欧盟消保总司的 4 位专家，就农产品质量安全科学管理的理论与实践进行了专题报告和学术交流。

农产品质量安全事关民生稳定和国际形象，党中央、国务院高度重视，人民群众密切关注。当前我国农产品质量安全总体水平稳定，但仍需加强基层农产品安全监管能力和农产品质量安全智库建设，不断推进农产品质量安全依法管理、科学决策、应急管理等工作。会议通过丰富的学术报告、热烈的专题研讨，不仅交流了农产品质量安全信息与知识，还增强了与会者做好农产品质量安全相关工作的责任与信心。农业部农产品质量安全专家组全体专家以及全国各省区农产品质量安全管理、检验检测、风险评估、科学研究等单位的 150 余名专家学者出席了此次会议。

二十三、全国大坝抗震安全及风险管理高级学术研讨会

2012 年 11 月 9 日至 10 日，“全国大坝抗震安全及风险管理高级学术研讨会”在湖北省武汉市举行。根据可再生能源十二五规划要求，我国将力促水电发挥可再生能源的主体作用，中国水利水电迎来新一轮的建设高潮。我国是一个多地震国家，目前全国已建或在建的高于百米的大坝数量已经一百多座，一批在建和拟建的 200 米—300 米级战略性水电工程，规模巨大、地震烈度高，抗震防灾成为工程建设中的关键。汶川特大地震，人民生命财产遭受了巨大损失，根据震害实践中的教训和启迪，研讨水工抗震设计的关键技术十分重要和必要。

本次学术研讨会将对高坝抗震设计标准、健康诊断与鉴定、水库地震、抗震安全评价体系、高坝大库风险管理等关键技术等专题，进行深入的学术交流研讨。热诚欢迎抗震防灾专委会委员，以及全国水工、岩土、地震工程的设计、科研、建设单位的专家参加。

二十四、2012年西部矿业安全全国博士生学术论坛

2012年11月22—23日，由教育部学位管理与研究生教育司、国务院学位委员会办公室主办，西安科技大学承办的“2012年西部矿业安全全国博士生学术论坛”在陕西西安举行。来自全国各地的专家学者和20所大学和研究机构的百余名博士生参加了论坛。西安科技大学能源与安全学院5名博士生代表参加了此次论坛。

开幕式由西安科技大学副校长李树刚教授主持。论坛召开期间，与会专家围绕“西部矿业安全创新与发展”的论坛主题进行了深入交流，交流议题涉及冲击矿压的动静载叠加诱发机理及其控制研究、矿井紧急避险技术的研究、安全管理学科的研究内容和进展等方面；25名博士生代表分别针对自己的研究方向进行了学术交流汇报。博士生们认真倾听专家学者的真知灼见，积极思考钻研学术问题，深入探求理论知识。

全国博士生学术论坛的召开拓展了学术交流平台，开阔了广大博士研究生的学术视野。

二十五、首届“中国海权战略与国家安全”研讨会

2012年11月24日，首届“中国海权战略与国家安全”研讨会在上海政法学院求实楼413会议室召开。会议由上海政法学院海权战略与国防政策研究所、国际事务与公共管理学院、应用社会科学研究院联合举办，来自上海交通大学、华东师范大学、上海外国语大学、上海政法学院、上海海事大学、上海社科院、西北大学、海军学术研究所、海军指

挥学院、海军大连舰艇学院、海军航空工程学院、解放军南京政治学院上海校区、海军北海、东海、南海三大舰队共 30 多位专家学者参加了研讨会。

研讨会由海权战略与国防政策研究所所长倪乐雄教授主持，原中国人民解放军海军副司令兼参谋长、军科院政委张序三中将与上海政法学院党委书记杨俊一教授为成立不久的“海权战略与国防政策研究所”揭牌，并为会议致辞。海权战略与国防政策研究所还聘任张序三中将和海军指挥学院、海军学术委员会高级专家徐锡康教授为研究所“高级学术顾问”，国际事务与公共管理学院院长兼校长助理王蔚教授致闭幕辞。

二十六、第八届信息安全与密码学国际会议

2012 年 11 月 28 日至 30 日，信息安全国家重点实验室与中国密码学会联合主办的“第八届信息安全与密码学国际会议”（INSCRYPT 2012）在北京国际会议中心召开，来自 12 个国家和地区的 60 余人参加了会议。

会议安排了两名来自信息安全领域的国际著名专家作了精彩特邀报告。韩国首尔大学 Jung Hee Cheon 教授的特邀报告以“离散对数的公开问题”为题，介绍了关于离散对数求解相关问题的最新进展，相关的研究结果发表在最新一期的密码学顶级期刊 Journal of Cryptology 上；日本知名学者 Goichiro Hanaoka 研究员的特邀报告以“具有短密文结构的 ElGamal 型的 CCA 安全的公钥加密方案”为题，总结了 ElGamal 型公钥加密方案的历史发展，并提出有效的构造手段使得方案具有短密文结构。会议还邀请到 Junfeng Fan 博士和 Miroslaw Kutylowski 教授做侧信道和数字认证方面的专题培训，得到了与会者的积极响应。此外，23 位论文作者就对称密码、公钥密码、密码学基础、安全协议、密码分析、视觉密码等多个领域分别进行了学术报告。

在为期三天的会议中，与会者对信息安全和密码学的前沿和热点问

题进行广泛的讨论和交流，学术氛围浓郁。本次会议为信息安全与密码学的国际间交流提供了一个重要的平台，大力推动了国内信息安全与密码学专业的发展，提高了我国在国际密码学领域的地位和影响，会议取得圆满成功。

二十七、第十一届中国国家安全论坛

2012年12月8日—9日，由中国政策科学研究会国家安全政策委员会主办的“第十一届中国国家安全论坛”在北京举行。中国政策科学研究会国家安全政策委员会名誉主席、全国政协副主席李金华发表了主题报告。来自军队有关单位的近200名专家学者围绕“美国战略调整与中国国家安全”的主题展开了研讨交流。论坛就美国全球战略重心东移的战略背景与动因、战略企图与性质、战略规划与布局以及对我国安全的影响展开讨论，并就我应采取的战略对策与举措提出建设性意见。本次论坛由中国政策研究会国家安全政策委员会主办，北京大学、新华社世界问题研究中心、北京航空航天大学战略研究中心、国际关系学院、上海国防战略研究所协办。

二十八、第四届中国产业安全论坛

2012年12月29日，由北京交通大学主办、中国产业安全研究中心协办的“第四届中国产业安全论坛”在钓鱼台国宾馆隆重举行。本届论坛主题为“聚焦国家产业安全，助力经济协同发展”。

对本次论坛给予特别支持的有人民日报、新华社、光明日报、经济日报、经济参考报、中国新闻社、科技日报、人民政协报、第一财经报、21世纪经济导报、中国青年报、金融界网站等40多家新闻媒体，以及

《管理世界》、《管理现代化》、《中国流通经济》、《中国国情国力》、《中国流通经济》等核心学术期刊。

本届论坛首度公开发布了《中国保险产业安全报告（2011)》、《中国轻工业安全与发展报告（2011—2012)》、《中国产业外资控制报告（2011—2012)》、《中国私募股权产业安全与发展报告（2012)》、《中国海洋产业安全报告（2011—2012)》、《中国金融产业安全报告（2011—2012)》、《中国能源产业安全报告（2011—2012)》和《中国新能源产业安全报告（2011—2012)》。产业安全系列报告直面保险、轻工、私募、海洋、金融、能源和新能源等产业发展的热点和难点及外资对我国产业的控制问题，揭示了这些产业 2011—2012 经济运行态势，具体分析了产业安全目标和影响因素，并运用行业内的多年数据建构了产业安全评价和预警体系。

二十九、“虚拟社会管理创新与国家安全”高峰论坛

党的十八大报告指出：“加强网络社会管理，推进网络规范有序运行。”2012 年 12 月 29 日，在华中科技大学举行的第二届“虚拟社会管理创新与国家安全”高峰论坛上，与会者围绕相关议题展开了深入研讨。

（刘亚芹　周绍东　杨云柯　陈雨）

第四十三章
国家安全学术著作

［**内容提要**］对某一学术领域最新科研成果特别是学术著作的了解和关注，是推动本领域学术研究持续进步的基础工作之一。2012年公开出版的国家安全著作，呈现出安全领域覆盖面广、年度系列报告多的特点；相较于对于现状的总结与分析，对安全理论的深入研究和创新较为薄弱。为给国家安全学术研究提供一个相对集中便捷的沟通、检索、参考途径，方便同一研究领域的学者共同学习、彼此借鉴、相互促进，从中选取2012年1月1日至12月31日之间正式出版的国家安全学术专著作，以出版时间排序，对每部著作给予简要介绍。

一、《国际战略与安全形势评估（2011—2012）》

自2002年以来，中国现代国际关系研究院每年推出1本年度国际战略与安全形势报告，《国际战略与安全形势评估（2011—2012）》（2012年1月，时事出版社出版）是第11本。该年度报告分为全球篇、地区篇、大国篇。在全球篇中，该报告对金融危机推进世界大变革大调整、后危机时期世界经济在颠簸中艰难复苏、国际金融乱象治理、网络空间国际合作等全球趋势做了深度分析；在地区篇中，该报告对东北亚、东南亚、中亚、中东、非洲、拉美地区的总体形势和未来发展作了全面的评估；在大国篇中，该报告对美、俄、欧盟、日本、印度的对外战略做了全面阐述。

该报告认为：政治上，世界已经进入大动荡、大调整新时期，全球社会政治风潮迭起，凸显治理困境；新兴大国与西方大国博弈面上升，传统与非传统安全挑战同步增长，亚太地区竞争加剧，力量格局重组，在这种情况下，中国的和平发展迎难而上。经济上，全球经济增速放缓，国际发展环境险峻，世界经济在欧美债务危机阴霾下蹒跚前行，西方债务危机乱象纷呈。军事与安全上，国际反恐进入新一轮调整期，美国反恐战略调整引导国际反恐新格局，国际反恐新议题逐渐凸显；国际军控则聚焦于非传统领域，国际核安全合作提速，常规武器贸易管制逐步升温，“无核世界”运动声势趋弱；国际海洋安全形势动荡加剧，大国海权竞争升温，北极成为争夺新热点，东亚海洋安全形势趋向复杂，中国维护海洋权益面临挑战；此外，严峻的网络与信息安全形势使信息社会治理问题迫在眉睫，网空外交博弈围绕治理问题全面铺开，新媒体的普及对传统治理思维形成挑战。

该报告分别分析了东北亚、南亚地区、非洲、拉美等地区形势，认为，东北亚局势总体上合作与竞争并存，大国战略竞争加剧，地区合作面临挑战，朝鲜半岛局势缓中存忧。南亚则呈现出东西两重天的局势，阿巴安全形势持续恶化，印度扩大对巴基斯坦的战略优势，东部南亚一体化进程初露端倪。非洲地区在逆境中求稳定谋发展，非洲经受了“阿拉伯之春”和“选举年”考验，热点问题依然突出，结构性问题是影响非洲实现千年发展目标的根本因素。拉美地区政治形势总体稳定中求发展，温和左翼占主导；经济“体质”有所改善，但不确定因素仍多；“拉美意识”普遍增强，中拉关系迈入了新阶段。

二、《中国周边安全形势评估（2012）》

《中国周边安全形势评估（2012）》（张洁，钟飞腾主编，2012年1月，社会科学文献出版社出版）是中国社会科学院亚太与全球战略研究院的一项集体研究成果，每年发布一次，该书是第2本。该书总结了2011年中国周边安全的五种变化，并对2012年的两大安全战略走势进行了研判。该书以影响中国周边安全环境变革的两项最大因素——中国自身的变革和美国的新亚洲战略为依托，分析美国以雁型的方式展开其在亚洲的战略部署，并突出在美国的带动下其同盟体系的互动如何影响中国的周边战略环境。

该书认为，中国周边安全形势出现五大变化，它们是：(1)“六方会谈”在李明博政府任期内很难恢复，朝鲜半岛局势进入新一轮周期。(2)以海洋安全和海洋权益为焦点的争夺日益增强，海上邻国“合纵连横”制衡中国。(3)日本大地震暴露了日本外交战略中的同心圆排序，日本继续强化美日同盟。(4)尽管中国采取防御性国防政策，但周边国家担忧与焦虑日甚，本地区军备竞赛势头不减。(5)海啸、地震、水灾、核泄漏等问题凸显出非传统安全进入社会化、地区化扩展的进程中，中国需要提供更多的公共产品来维护地区稳定。

展望2012年的周边安全环境，该书认为有两项值得密切关注：(1)在美国新一轮亚洲战略背景下，美国进入了战略焦虑期。随着中美竞争加剧，中国周边的利益分化重组也将加快。中国要以更加贴近周边国家发展目标的方式增强对周边的战略塑造力度。(2)2012年是周边国家地区的大选年，各国国内政治变化可能引发地区外交格局新变化。一方面，政局更替有可能使原本情绪性、策略性的对华观点升级为国家政策，另一方面，选举的叠加效应使某些建立在经验积累上的外交手段失效，亚太地区存在着很难掌控的选举引爆点。总之，2012年的周边安全形势存在不确定性加大的态势，这对各国领导人的政治掌控能力、外交决策部门的反应能力以及战略界的情报分析能力，都是一项严峻的考验。

三、《国际形势黄皮书：全球政治与安全报告（2012）》

《全球政治与安全报告（2012）》（李慎明、张宇燕主编，2012年1月，社会科学文献出版社出版）是国际形势年度系列报告的第12本。该系列报告的宗旨是根据形势发展，以专题的形式阐述一年来国际政治与安全的现状，分析原因并提出预测。

该报告包括1个年度报告《2010—2011年全球政治与安全形势：分析与展望》，具体分析了2010—2011年全球政治与安全形势，此外还包括“大国关系与周边形势”、“国际安全”、“全球问题与全球治理”、“国际组织与世界政党”、“国际关系理论”5个部分共计14个分报告，分别为《国际金融危机与世界格局》（李慎明）、《大国关系在发生怎样的变化》（李少军）、《中国周边安全形势评估（2010—2011）》（王雷）、《全球重大武装冲突与军事形势评估》（徐进）、《中东北非变局（2011）》（郎平）、《全球恐怖主义与反恐怖斗争（2010—2011）》（邵峰）、《全球气候谈判进程：通往德班的路》（王东）、《全球能源政治（2010—2011）》（薛力）、《全球灾害与治理（2011）》（王鸣鸣）、《国际人口迁徙的动向、影响及趋势（2011）》（李小丽）、《联合国对北非中东的干预及其影响》（李东燕）、《世界经济政治变革中的国际组织》（袁正清、赵洋）、《西方左翼学者、共产党人关于国际关系思潮的反思》（刘志明）、《国际关系研究的若干新进展》（袁正清）。这14个研究报告盖了战争与武装冲突、大国关系、国际组织、恐怖主义、能源问题、全球灾害、气候变化等重大现实议题。

该报告通过归纳事实和分析数据，总结了本年度国际形势发展的基本特点，并在此基础上给出了前瞻性结论，兼具知识性、理论性和参考价值。

四、《中国地缘安全》

《中国地缘安全》（陆俊元著，2012年1月，时事出版社出版），以全球化和信息化为背景，选择侧重于地缘政治的综合视角，运用新地缘政治理论，并结合其他相关学科知识，考察了中国在安全领域与国际社会的关系，特别是大国和有关国家对华战略与政策营造的安全态势，为人们理解中国安全环境提供一种认知的思想框架和方法。该书从众多地缘政治学说中提炼出经得起考验的方法论精髓，整理出了一份地缘政治理论的“族谱”，提出了地缘政治理论发展包含的要素关联分析法、空间—权利关系分析法、结构分析法这三大谱系，厘清了各种流派在地缘政治理论大家族内上下左右的关系。

该书认为：任何地缘政治现实都是特定时空条件下政治行为体互动的产物，地缘政治关系的形成是在时间系统和空间系统同时作用的前提下进行的；而时间系统与空间系统既相互关联又彼此相对独立，一旦特殊的时间条件与特殊的空间条件同时产生作用并相互影响，将可能引发地缘政治的耦合效应，导致激烈动荡的地缘政治关系和错综复杂的地缘政治事端。当前中国的地缘安全状况体现了中国特殊的历史发展阶段与全球化背景下国际地理空间的耦合，是信息化技术条件下、全球化进程中特定时间与空间的地缘政治耦合效应的产物。简而言之，它是全球一体化趋向空间中中国国家发展的特殊时期与全球化进程中国际政治经济空间的耦合。该书建立了一个立体式的地缘政治分析框架，通过空间的水平方向和垂直方向两个维度来观察，对中国安全环境进行解构剖析，认为，一个国家同外界之间在特定的地缘政治连接关系基础上进行相互作用形成相对稳定的地缘结构；中国的安全环境是在中国与外界的地缘连接关系基础上，受到中国自身国家安全利益的地缘分布规律控制，通过中国同外部世界中的政治行为体之间的相互作用而形成；中国的安全环境在地理空间上必定存在内在的关系结构。

该书的基本结论包括：自改革开放以来，中国安全环境总体向好——总体安全态势由危急向平和方向转变，安全空间上由单方位保障向多方位保障方向转变，安全领域由局部保障向综合保障方向发展，安全环境塑造由被动型向主动型方向发展；然而，中国安全环境中不断出现的新问题与新挑战，中国与外界的矛盾与摩擦增加，中国安全面临的问题增多，一些对象对中国的压力加大，潜在的安全隐患不少，新的和不明形态的安全挑战逐渐出现，安全环境的不确定性更加突出。

五、《人、国家与安全治理：国际关系中的非传统安全理论》

《人、国家与安全治理：国际关系中的非传统安全理论》（李开盛著，2012 年 2 月，中国社会科学出版社出版）为教育部重大项目“中国非传统安全威胁的应对能力建设研究”的一部分，旨对非传统安全研究进行理论化梳理。

该书认为：自冷战结束以后，国际关系中的各种不同于传统安全理论的范式很多，如哥本哈根学派、批判安全研究、人的安全研究和女性主义安全研究等。它们思想来源迥异，所提出的问题、关注的重点看起来也各不相同。但它们确实拥有不少迥异于传统的现实主义安全理论的共同特征。这些理论特征，不仅反映出它们之间的共性，更反映出安全理论在演进过程中的一些规律性东西，如总体上对人的安全的重视、跨越国内国际边界的安全问题研究、研究中对非理性主义方法的注重等。特别是，通过对国家安全的研判，非传统安全理论促使人们重新审视人与国家的关系问题，从本体论的角度引起了一场安全研究的革命。

另外，在梳理诸非传统安全理论的同时，该书还提出了关于安全问题方面的理论思考。其一，提出了一个“安全阶梯”范式，在从生存安全到发展安全、再到本体安全的阶梯式演进中，不同国家不同人民很可能位于不同的位置，有着具体的安全场景。其二，提出了基于人的安全的安全治理方式：（1）加强国家建设，改进国家性质，使之最大程度地保障人的安全；（2）打破国家的垄断，提升其他共同体的作用；（3）弱化国际无政府结构，缓解安全困境与冲突。特别是其中的国家建设，从有效性和正义性两个维度改善国家的作用，从理论上比较有效地实现了国家安全与人的安全之间的调和。

六、《地缘政治视野下的西南周边安全与区域合作研究》

《地缘政治视野下的西南周边安全与区域合作研究》（卢光盛著，2012年2月，人民出版社出版）为云南大学林文勋主编的“中国边疆研究丛书”中的一本。

该书分为三个大的方面。一是对“地缘政治经济学”进行初步的概念界定与理论探索，并尝试性提出地缘政治经济学的分析框架。二是对中国西南周边安全和区域合作的互动关系进行理论分析，对两者之间的相互影响与制约作用进行探讨。三是对中国与东南亚、南亚国家开展合作过程中的几个关键问题进行实证分析，主要包括从角色、利益与制度的角度研究大湄公河次区域经济合作，从公共产品的视角分析后金融危机时代的中国与大湄公河次区域国家的关系，从大国因素的角度分析其对中国西南周边安全和区域合作的影响，从非传统安全问题的角度分析其对中国西南周边安全和区域合作的影响，最后还特别对中国西南与周边国家的能源合作以及云南在中国周边安全与区域合作中的定位与发展进行专题研究。

七、《国际战略形势与中国国家安全 2011/2012》

《国际战略形势与中国国家安全（2011/2012）》（国防大学战略研究所编，2012 年 3 月时事出版社出版）为国防大学战略研究所推出的国际战略形势与中国国家安全分析的年度报告，其前身是《国际战略形势分析》。该年度报告旨在从中国国家安全的角度，分析年度重大国际国内战略形势，提出结论性的判断，并在此基础上提出相关的政策咨询建议。其特色和优势在于汇集军队、地方和国外专家对当年重大国际形势变化和重大战略问题的研究和政策分析，在国家安全战略研究领域搭建一个促进对内对外学术交流的平台。

该书对 2011—2012 年度的世界总体战略形势、地区战略形势、中美关系、南海局势及其发展趋势、国际战略变迁与中国国家安全战略调整等重大国际热点、焦点问题进行了深入阐述和剖析，主要包括：《变化的世界与中国国家安全》（唐永胜）、《美国战略调整的内外因素》（袁鹏）、《美国安全战略调整及对中美关系影响》（孟祥青）、《债务危机与欧洲政治安全格局》（徐弃郁）、《朝鲜半岛安全形势与中国的政策选择》（鹿音）、《中日战略互惠关系评估》（邱静）、《中亚地缘政治变化与地区安全趋势》（许涛）、《中东战略形势评估》（王宝付）、《南海局势及其发展趋势》（［新加坡］李明江）、《南海局势及其发展趋向》（赵毅）、《国际网络空间战略态势评估》（温柏华）、《国际反恐怖斗争形势分析》（庞宏亮）、《后 ECFA 时期海峡两岸政治谈判路线图探析》（朱卫东）。

八、《自然风险对我国粮食安全的影响》

《自然风险对我国粮食安全的影响：统计测度与保险定价研究》（梁

来存著，2012 年 3 月经济科学出版社出版）主要从技术层面而非理论层面论述如何通过推进粮食保险来确保粮食安全。本专著为国家社科基金“我国粮食安全自然风险影响的统计测度与保险定价研究”的最终研究成果。

该书认为，粮食生产面临的自然风险种类繁多，各地的灾害种类各异，风险程度不同。科学的风险区划和费率厘定，能够揭示风险水平在全国的分布规律，为制定粮食生产布局、分区分类地发展粮食保险事业提供科学依据，推进粮食保险在不同地区的全面开展，进而有助于各地区及时地防灾、减灾、抗灾，最终确保粮食安全。

该书主要包括：国内外研究综述、影响粮食安全的主要自然风险、自然风险影响粮食安全的基本特征及测算影响程度的视角、自然风险影响粮食安全的统计测度指标体系、粮食作物保险风险区划及其模型验证等。

九、《社会转型期中国共产党执政安全研究》

《社会转型期中国共产党执政安全研究》（付铎著，2012 年 3 月中国财政经济出版社出版）理性解读了在世情、国情、党情发生深刻变化的情况下如何破解社会转型期中国共产党执政所面临的风险和考验以及目前世界政党执政过程中的瓶颈问题。

该书认为，执政安全是执政党在执政过程中始终重视的一个目标，对执政规律、执政方式、执政经验、执政制度、先进性建设等方面的研究也是为了维护和巩固党的执政安全。

在国际生态与执政安全方面，该书认为，新时期挑战党的执政安全的国际生态因素主要有国际社会意识形态差异、中国和平崛起衍生的国际社会恐惧、人权干涉、瓦解主权完整等，因此，巩固党的执政安全的国际战略构想是：充分利用中国和谐文化的价值及其反渗透功能、不断拓展与西方发达国家的对话机制和交流平台、切实承担大国责任以彰显执政党的影响力、重视第三世界冲突阵地的加强和巩固、扩大世界范围内党际交往以增进了解和互信等方面。

在国内生态与执政安全方面，该书认为，国内生态是指中国共产党执政的国内环境，包括经济、政治、社会等方面。巩固党的执政安全要求党的执政系统适应国内生态变迁的要求，并能够促进国内生态的良性发展。这就要求坚定不移地以经济发展为中心，坚定不移地坚持两个基本点，坚持以人为本的科学发展观，以构建和谐社会为目标。

在党内生态与执政安全方面，该书认为，党内生态主要指与中国共产党执政系统相关并对党的执政造成影响的党内环境。新时期影响党的执政安全的党内生态因素主要有部分党员理想信念的淡化与党组织凝聚力的下降、基层组织的涣散与战斗力的渐减、作风的嬗变与执政形象的恶化、制度的非健全对执政功能的制约、腐败的滋生和蔓延对执政安全的瓦解等。因此提升中国共产党执政安全的党内建设路径是：切实加强思想、组织、制度和作风等传统党建领域的传承与创新，持之以恒地反腐败，坚持依法执政。

在网络信息化与执政安全方面，该书认为，信息时代兴起的网络民主具有虚拟性、平等性、开放性和双重性等特征，网络信息技术在民主政治活动中具有表达意愿、舆论监督、政治社会化和社会和谐化等功能。网络信息化对党的执政安全构成的挑战主要表现在网络信息化对党的意识形态的挑战、使社会控制难度加大、可能形成网络无政府主义和数字鸿沟使社会两极分化进一步加剧。因此，网络信息化条件下巩固党的执政安全的应对策略主要是积极推进电子政务、加快网络立法、加强网络文化建设和加快信息化基础建设。

在执政合法性与执政安全方面，该书对合法性的一般意义和执政合法性获得的一般路径进行了分析，探讨了党的执政安全合法性面临的挑战，在此基础上提出开发党的执政安全合法性资源的科学路径是积极开发经济资源为党的执政安全奠定坚实的物质基础、大力开发政治资源为党的执政安全提供可靠的政治保障、切实开发党的组织资源为党的执政安全提供组织保证和深入开发思想文化资源为党的执政安全提供智力支撑和精神动力。

十、《非传统安全蓝皮书·中国非传统安全研究报告2011—2012》

《非传统安全蓝皮书》将逐年对中国非传统安全理论与实践问题进行科学、系统、全面的剖析，《非传统安全蓝皮书·中国非传统安全研究报告2011—2012》（余潇枫主编，2012年4月社会科学文献出版社出版）为该年度系列报告的第一年度报告。该报告从“非传统安全”的视角，就国际非传统安全态势、国内各个领域非传统安全问题现状以及中国非传统安全能力建设的对策等问题，展开了全面考察与深刻分析。

该报告认为，非传统安全的内涵包含四个要素：非军事性、跨国性、非国家行为体引发、具有普遍威胁性。目前，中国非传统安全研究已基本形成制度化，从非传统安全研究的学术期刊、研究机构（智库）、研究项目与基金、学术网络到非传统安全管理博士点与硕士点的学科建设与教学课程，都在并不断走向成熟。非传统安全现实形成了国际问题国内化、国内问题国际化的特点，其中，国际领域的非传统安全重大事件有：非传统安全问题的政府间合作，欧洲、亚洲、非洲等地区的非传统安全问题及中国与之的合作应对，中南半岛非传统安全隐患与中国的应对之策，中韩非传统安全的合作与展望等；国内领域的非传统安全重大事件有：边疆安全、能源安全、核安全、人口与环境安全、食品安全、政府信息安全、土地资源安全、水资源安全等。

该报告描述并分析了当前非传统安全的三个典型特征，即“时代性”、“交织性”与“复合性”。时代性，即时代主题从“战争与和平”、“和平与发展”正在转向“安全与发展”的时代，安全是发展的前提，安全是发展的核心。“交织性”，即传统安全与非传统安全相互交织，并表现在起因、手段、过程、特征、影响、与传统安全的关系上相互交织的多种“样式”。“复合性”，即在全球化的作用下，非传统安全呈现“复合性”的特征，威胁主体的模糊性、威胁成因的隐蔽性、威胁发生的不确定性和威胁形态的动态性等特点更加明显，综合了地缘因素。

该报告将 2011 年中国非传统安全研究的议题分为五类：一是与全球安全治理紧密相关的议题，二是与国际及地区性安全治理相关的议题，三是与中国参与全球治理相关的议题，四是与中国自身社会治理相关的议题，五是与非传统安全研究的理论建构相关的议题。该报告还特别介绍了学界业已形成的诸多非传统安全方略的设想，如“包容性发展”、“创造性介入”、“和合主义”、“标本兼治”、“多中心治理”、“国家级体系”、“人类安全机制”等创新点。

该报告的分报告主要包括：《非传统安全与政府间国际合作》（郭延军、任娜）、《欧洲非传统安全问题趋势分析》（宋黎磊）、《中南半岛非传统安全隐患及中国的应对之策》（陈锴）、《中国与韩国非传统安全合作》（魏志江、张旻彦）、《中国陆疆非传统安全问题》（徐黎丽、孙春日）、《中国能源安全问题》（潜旭明、倪世雄）、《人口城市化、碳排放与环境安全》（米红、周伟）、《中国核安全问题》（姜振飞）、《食品安全》（周洁红）、《政务信息安全》（傅荣校）、《土地资源安全》（谭荣）、《水资源安全》（周章贵）。

十一、《国际恐怖主义与反恐策略》

《国际恐怖主义与反恐策略》（张金平著，2012 年 5 月人民出版社出版）认为，全球化结构矛盾成为当代恐怖主义滋生成长的基本原因，而社会进步则是反恐怖斗争的最高准则。

该书对当代国际恐怖主义现象、当代国际恐怖主义的暴力生成线路、国际恐怖主义组织能量膨胀的社会线路、国际反恐怖体系、政治与社会反恐怖策略等内容进行了分析，认为全球化结构矛盾导致游离于社会秩序之外的力量迅猛发展，成为当代恐怖主义滋生成长的基本原因。在空间上，当代国际恐怖主义越来越超越国家边界以及任何其他文化、自然地理和人群等的边界。

该书认为，自冷战结束以来，特别是“9·11”事件以来，恐怖主义活动呈现全球化、常态化的趋势，反恐怖斗争成为国家和国际事务中的常项。国际恐怖主义与经济安全、金融安全、生态环境安全、信息安全、贩毒、海盗等问题一道凸显为全球化时代的非传统安全问题，并与国际冲突相伴相生在全球蔓延。国际反恐怖斗争策略，包括武力反恐怖、政治反恐怖和社会反恐怖。反恐怖“问题意识”的差异造成了各国反恐怖策略的不同。社会进步，是反恐怖斗争的最高准则。国际合作反恐怖斗争，在双边、地区和联合国层次，都取得了一定的成果。但国际反恐怖合作面临霸权主义、强权政治和“双重标准”的挑战。中国面临着长期的恐怖主义威胁，有全球、周边、边疆三个圈层。中国的反恐怖斗争，不仅要注重常规防范与打击，还要突出和建设中国的反恐怖“软实力”优势。

十二、《2011年中国国家安全概览》

国际关系学院国际战略与安全研究中心从2005年开始推出的对中国国家安全进行全面综述的系列年度报告，《2011年中国国家安全概览》(李文良主编，2012年6月时事出版社出版）是第7本。

该书力求全面透视2011年度中国国家安全的重点、热点问题和发展态势，主要是概述中国国家安全大政方针，分析中国国家安全的国际环境和国内形势，追踪中国国家安全主要事件和中国国家安全学术动态。

该书认为，在中国国家安全大政方针方面，以通过《刑法修正案》和《反恐怖决定》为标志，中国国家安全立法取得了新进展，国家开始以行政法规（规章）的方式来规制外资并购的安全审查，以期维护国家国防军工和经济金融安全。在国际安全形势方面，2011年国际形势剧烈动荡，世界经济面临陷入长期低迷甚至衰退的危险，世界主要国家纷纷调整对外战略；美国加快全球战略重心东移、欧债危机、日本核泄漏事故、北非中东动荡、非洲安全局势变化等等国际事件使得中国国家安全环境面临的风险性、不确定性和复杂性进一步突出，中国面临着传统安全威胁和非传统安全威胁并存的严峻挑战。在国内安全形势方面，中国仍处于发展的重要战略机遇期和社会矛盾凸显期；社会矛盾加剧、社会诉求增多以及信息技术的发展，使社会管理面临严峻挑战，构建动态的、开放的社会管理机制成为社会安全建设的重中之重。此外，中国经济安全则面临两个主要挑战——国内持续的通货膨胀和在发达国家蔓延的主权债务危机。文化安全形势不容乐观，中国文化产品的国际认知度有待提升，文化产业区域发展不平衡的问题仍然很严重，文化产业的立法保护也存在很大差距。2011 年，全民信息安全保障问题浮出水面，信息安全已经成为影响社会稳定和国家安全的核心因素，加强对信息安全问题的深层次研究已经变得迫在眉睫。在国内工业经济迅速发展的同时，生态环境问题不仅关系到国内自然、生态系统的健康性和完整性，而且和国际经济交流、国际政治对话以及国际形象树立密切相关；国内民众参与生态保护的行动在 2011 年上了一个新台阶，从零散无力的表达走向了有组织的与政府双向沟通的多渠道表达。

十三、《中国能源报告（2012）：能源安全研究》

《中国能源报告（2012）：能源安全研究》（魏一鸣、吴刚、梁巧梅等著，2012 年 6 月科学出版社出版）从世界能源地缘政治和我国能源安全的历史着手，针对国际能源市场的复杂性、中国能源进口贸易风险、战略能源储备策略、能源危机对中国经济的影响、能源贫困与可再生能源、能源消费的环境健康效应、重点节能行业和地区节能潜力、能源供应预警与应急预案以及能源安全的国际比较等科学问题，开展了系统研究。

该书认为，中国在能源安全方面取得了一定成效：能源进口量持续增长，能源对外依存度继续攀升；能源运输通道实现多元化，运输风险逐步降低，国家能源储备规模庞大，能源储备体系相对完善；能源市场化改革继续深入，价格体系逐步完善；能源贫困人口快速下降，但彻底消除能源贫困任重而道远。同时，中国能源安全也面临以下挑战：能源消费量快速增长；能源安全影响因素多样化；单一安全向多元安全转变；能源消费总量带来的挑战；全球气候变化以及环境治理与保护带来能源安全挑战。在能源供需方面，中国能源需求增速逐渐回落，但回落幅度存在较多不确定性；煤炭消费比重缓慢下降，天然气和可再生能源消费比重陆续提高；原油煤炭产量增长日趋减缓，清洁低碳能源总体发展较快；国内能源生产重心继续西移，大规模、长距离能源调运带来新的安全问题和管理挑战；煤炭、石油、天然气净进口量将持续位居全球首位或者第二位，天然气价改日趋紧迫。

为此，该书提出了保障我国能源安全的对策建议：完善储运—市场—合作体系，构筑国家能源安全框架；优化产业结构，实现低碳化发展路径；实现能源进口的多元化，降低进口运输风险；运用财政税收手段，实现可再生能源产业化；加强规划与宏观调控，满足能源投资需求；构筑能源安全预警体系，保障能源供应安全。

十四、《多重复杂背景下的中国经济安全问题》

《多重复杂背景下的中国经济安全问题》（雷家骕、林苞、王艺霖主编，2012 年 6 月机械工业出版社出版）介绍了中国经济安全所面对的新的复杂背景和环境，分析了金融安全、产业安全、制度及文化因素对于一国经济可持续发展的影响，分析了中国经济体制转轨、融入两类全球体系、进入工业化中期等背景下出现的新的经济安全问题，提出应积极倡导“基于全体国民利益的国家经济安全观”，构建差异化的产业安全评价与管理框架，建设并发展基于复杂理论的国家经济安全监测预警体系。

该书认为，国家经济安全是指一国最为根本的经济利益不受伤害。中国短期、中期、长期的经济安全问题分别是金融安全问题、产业安全问题和制度、文化因素导致的经济安全问题。中国经济体制转轨后面临的主要经济安全问题是区域产业同构化、区域间发展水平差距导致以及贫富差距扩大导致的经济安全问题。进入工业化中期后，中国面临的经济安全问题主要表现在：产业结构转型滞后且困难，制约产业国际竞争力的提升；低水平的产业区域转移使后发地区生态环境压力日益增大；对矿产资源能源的巨量消耗制约经济的可持续发展。

该书提出：要完善中国发展新阶段中的国家经济安全体系，就要切实实践科学发展观，加强战略意识，进一步完善经济体制与运行机制，构建差异化的产业安全评价与管理框架，发展基于复杂理论的国家经济安全监测预警体系；同时，在融入全球经济政治体系过程中应更加关注我国的经济安全利益。

十五、《2011 国际生态安全年度报告》

《2011 国际生态安全年度报告》（蒋明君主编，2012 年 6 月世界知识出版社出版）是国际生态安全合作组织和中国国际问题研究基金会首度共同发布的国际生态安全年度报告，旨在通过该年度报告吸引更多有识之士对气候变化、生态安全与可持续发展等议题深入关注。

该书认为，生态安全是地球生命系统赖以生存的环境（空气、土壤、海洋、森林、水等）不被破坏与威胁的动态过程。生态安全可分为三类，自然生态安全、生态系统安全和国家生态安全。自然生态安全是由天文地质原因引起的；生态系统安全由森林系统安全、湿地系统安全和海洋系统安全构成；国家生态安全是由于人类生活和经济活动引起的。生态安全有三个基本特征：一是生态危机可以削弱国家的经济支撑能力；二是生态危机可以形成大量的生态难民，易引发局部动乱和社会不稳定；三是生态危机可以给一国及周边国家甚至全球带来冲击，易引发外交纠纷，甚至局部战争。

十六、《中国农村贫困人口食物安全研究》

《中国农村贫困人口食物安全研究》（高峰，公茂刚，王学真著，2012年7月中国经济出版社出版），通过对中国农村贫困人口的微观食物安全状况及其影响因素的分析，提出了实现中国贫困人口微观食物安全的措施，以期提高人们对于贫困人口食品安全的重视。

该书对目前国内外食物安全理论进行了综述与分析，认为食物安全是一个不断发展的概念，随着理论界研究的不断深入，其内涵和外延也不断丰富和扩展。目前食物安全的含义包括三大方面：从数量的角度，要求人们既能买得到、又能买得起需要的基本食品；从质量的角度，要求食物的营养全面、结构合理、卫生健康安全；从发展的角度，要求食物的获取注重生态环境的保护和资源利用的可持续性。

该书采用与全国平均水平和其他发展中国家进行比较归纳的分析方法对中国农村贫困人口的贫困状况及其食物安全状况进行了分析，救济式扶贫与开发式扶贫、中国的扶贫方式与印度等其他国家的扶贫方式对于解决贫困人口食物安全的不同效用做了比较，并提出了实现中国农村贫困人口微观食物安全的对策：进行扶贫开发；增强农村贫困人口的食物生产能力；提高农村贫困居民食物购买力；提高农村贫困居民所在地的食物流通能力以及引进先进技术，提高农村居民素质。

十七、《国际关系与国家安全》

《国际关系与国家安全》（余建军、缪开金主编，2012年8月人民出版社出版）是“中浦院书系·大讲堂系列”中的1本。中浦院即中国浦东干部学院，是中高级政府官员的培训学校，其培训以能力培养为重点，强化中高级官员执政能力建设，突出国际性、时代性和开放性。

该书收录了2009年为主的7篇有关中国对外开放中的国际关系问题的研究成果，分别是《全球危机背景下中国面对的三大挑战》（王逸舟）、《中国对外开放30年回顾与展望》（吴建民）、《国际关系理论前沿与中国外交理论的最新发展》（吴心伯）、《新中国国防建设60年》（徐焰）、《当前国际形势特点和中国外交战略调整》（杨洁勉）、《我国周边安全环境与若干地区热点问题分析》（俞新天）、《信息化时代的战争与经济》（张召忠），这些文章分别论述了当前金融危机环境下国际冲突的新动向、新根源；阐述了当前中国外交所面临的经济高速发展、国家主权安全和国际责任三个方面的挑战；强调中国在未来的发展道路上一定能够战胜三大挑战，实现和平崛起，为世界带来福音。

十八、《社会管理创新与国家安全——第十届中国国家安全论坛论文集》

2011年12月5日，中国政策科学研究会国家安全政策委员会在北京举行了“社会管理创新与国家安全”为主题的第十届中国国家安全论坛，《社会管理创新与国家安全·第十届中国国家安全论坛论文集》（巴忠倓主编，2012年9月，时事出版社出版）是此次论坛的论文集。

该书认为，要从国家战略的高度认识社会管理问题，在感情上贴近人民群众，在解决人民群众关心的问题上下功夫，要加强维权机制、管理体系建设和矛盾调解，全面推进中国特色应急管理体系建设；应按灾害划分预定区域，在巨灾时强化政府权力，加强对第一时间响应力量建设；地球结构失调性灾害发生进入高峰期，重大灾害呈现全球性群发、并发和频发阶段，应做好防大灾准备，预警关口前移，重在防范。后拉登时代国际恐怖势力将在反恐薄弱地带发动更多恐怖袭击，互联网成为恐怖组织联络和进行恐怖袭击的工具，靠人海战术对付恐怖袭击不能解决根本问题，恐怖组织有可能借用国内利益矛盾纠纷进行恐怖袭击，应有充分的防范准备；城市，尤其首都等大城市是国家政治、经济、军事、文化、教育、科研、交通、信息的中心，是财富和人口聚集地，是国家重要活动区和国际交往密集区，城市公共安全对国家安全、社会稳定和军队作战能力意义重大，城市安全面临核生化袭击与污染、网络瘫痪、远程精确打击等威胁，一旦威胁来临将严重影响国家功能运行、军队作战能力和国家安全，应及早防范和做好必须的全面准备；目前我国社会管理体制、机制和网络不断完善，初步制定了社会管理基本法规、规章和应急保障体系，社会管理以保护生命财产为第一位。建议国务院成立社会管理委员会加强社会管理，深入检查社会管理机构职责落实情况，加强城市安全威胁预警研究，各种应急预案必须进行演练，通过演练发现问题，提高国家应急能力。

十九、《当前中国文化安全问题研究》

《当前中国文化安全问题研究》（张小平等著，2012年11月社会科学文献出版社出版）通过对当前中国重要的文化现象与文化问题的典型调研，分析了中国文化安全面临的外部威胁和内部隐患，同时总结了美国、加拿大、日本、法国等发达国家的文化安全经验以及苏联解体的文化教训，并对症中国文化安全亟待解决的问题展开了宏观层面的思考，提出了对策性思路。

该书认为，文化安全是指国家拥有的文化主权不受侵犯、民族文化的主体地位不致失落、意识形态的主导地位不受威胁。在开放的新的历史条件下，科技的迅猛发展正在改变人类的生存方式和生活方式，全球化、信息化、市场化正在改变中国传统的文化安全概念，消费文化才能保卫文化，文化走出去、输出去，扩大交流对话才是根本的安全之道。当前，威胁中国文化安全的外部因素是文化操纵、文化病毒与文化渗透；内在隐忧则表现在互联网安全防御体系不健、教育体制失衡、文化产业忽视文化安全导向、文化遗产保护不到位以及宗教虚热等因素给文化安全带来的冲击和挑战。

该书对西方发达国家如何维护文化安全进行了总结，指出，美国的经验在于政府对文化输出的扶持和灵活复合的文化输出方式，加拿大的经验在于其文化认同；日本则通过立法、现代科技手段积极保护和传播传统文化；法国则通过文化外交实践不断加强国际交流，大力传播法国文化。在此基础上，该书提出，借鉴他国经验，提升中国文化影响力的思路在于：建立文化自信，提高文化认同；突出文化特色，加强文化输出；树立文化品牌，注重传播技巧；立足全球视野，规划文化战略。

该书提出了确保中国文化安全的对策性思路，对外，在国际文化交流中应设置屏障；借鉴并联合西方发达国家共同反对“文化霸权”；运用文化外交展示中华文化的独特魅力，占领国际文化市场；加强文化认同，强化大中华文化圈；同时在对外文化交流方面要构建以非政府组织为主、政府为辅的新主体结构。对内，要着力消除内部隐患，应多渠道并与高科技相结合开发利用文化资源；加大政府资金投入，扶持研发项目；加快文化体制改革与创新，转变文化发展方式；协调文化发展与民族、宗教、教育各部门之间的互动配合，此外，还要从国家文化战略的角度反思少数民族文化保护。

（齐琳）

第四十四章

国家安全学术人物

［内容提要］当前中国既没有在高校设立国家安全专业，也没有建立起系统的国家安全学科体系，因而在研究队伍方面既没有受过专门训练的国家安全科班出身者，也缺乏长期把国家安全作为研究方向的专门人员。这里的国家安全学术人物，都是2012年出版了国家安全学术著作的研究人员，并按其姓氏音序排列介绍。

一、巴忠倓

巴忠倓，男，1930年出生，山东烟台人，《社会管理创新与国家安全·第十届中国国家安全论坛论文集》（时事出版社2012年9月版）主编，原上海国防战略研究所所务委员会主任，高级研究员，现任中国政策科学研究会副会长、中国政策科学研究会国家安全政策委员会会长、上海水资源保护基金会理事长、中国人民解放军军事统筹学会副总顾问及战略研究中心主任、中国军事科学学会特约高级研究员、中国政策科学研究会副会长、中国社会公益工作委员会副主任、国家信息中心博士后科研工作站博士后导师。在国家安全领域的学术成果有：《中国国家安全战略问题研究》、《外国国家安全战略评析》、《大国兴起中的国家安全》

等。在2012年第十一届中国国家安全论坛上担任主席，他认为，在目前复杂多变的国际形势下，就美国全球战略重心东移的战略背景与动因、战略企图与性质、战略规划与布局以及对中国安全的影响展开认真讨论，积极为国家安全建言献策，对维护中国安全发展的大环境意义重大。

二、高峰

高峰，男，1967年出生，山东省邹平县人，《中国农村贫困人口食物安全研究》（中国经济出版社2012年7月版）主编之一。现为山东理工大学经济学院副院长、教授，校学术委员会副主任、人文社会科学分委员会主任，山东省产业经济学基地首席专家，是应用经济学和农业经济与管理两个科学学位、农村与区域发展和MBA专业学位的硕士研究生导师。1989年毕业于山东工业大学应用数学专业获工学学士学位；1998年毕业于南京农业大学国际贸易专业获经济学硕士学位；2005年毕业于上海理工大学管理科学与工程专业获管理学博士学位，2010年在新西兰Wintec做访问学者。其主持省部级以上课题13项，参加20多项。国家安全研究主要体现在非传统安全方面，成果有：《微观粮食安全理论分析》（载《山东社会科学》2006年第10期）、《微观粮食安全研究及启示》（载《经济问题探索》2006年第1期）。

三、公茂刚

公茂刚，男，1982年3月出生，山东蒙阴人，《中国农村贫困人口食物安全研究》（中国经济出版社2012年7月版）主编之一。毕业于东北师范大学世界经济专业，获经济学博士学位，现为山东理工大学商学院经济系讲师，主要讲授中级微观经济学、中级宏观经济学、计量经济学、产业经济学等；主要研究农业与农村经济问题；主持国家社科基金青年项目1项。

四、蒋明君

蒋明君，男，山东青岛人，1956年出生，《2011国际生态安全年度报告》（世界知识出版社2012年6月版）主编。先后毕业于黑龙江政法管理学院、俄罗斯圣彼得堡国际生态安全科学院，现为国际皇家遗产科学院院士，国际生态生命安全科学院院士，大连理工大学兼职教授，中国俄罗斯东欧中亚学会副会长。历任亚太地区国际协调委员会秘书长，联合国发展计划（项目）中心主任兼联合国开发计划署ISIC项目执行官，联合国教科文组织国际教育中心副主任、教授，联合国国际生态安全科学院副院长（分管亚太事务），联合国人居署城市管理指导委员会常务委员、北北合作组织副主席兼亚太地区首席执行官，国际生态安全合作组织主席。

五、雷家骕

雷家骕，男，1955年生，陕西西安人，《多重复杂背景下的中国经济安全问题》（机械工业出版社2012年6月版）主编之一。清华大学经管学院教授、博士生导师。清华大学中国企业成长与经济安全研究中心主任，清华大学技术创新研究中心副主任、深圳研究生院创新与管理研究所副所长。2000年宾州大学沃顿商学院高级访问学者。其主要研究领域：创新创业与企业成长、学生创业倾向与态度、国家经济安全理论、技术经济及管理学科发展、新技术及新技术商业化。围绕前述领域，承担相关研究课题20余项；在有关核心期刊、大报理论版、国内外学术会议等发表论文百余篇；出版教材和专著18种。其在国家安全领域的研究成果有：《国家经济安全导论》（陕西人民出版社2000年6月版）、《国家经济安全的理论与方法》（经济科学出版社2000年12月版主编）、《国外国家经济安全研究与战略》（经济科学出版社2000年12月版主编之一）、《中国金融安全：制度与操作层面的问题》（经济科学出版社2000年12月版主编）等等。2012年在《中国软科学》2012年12期发表文章《基于国民利益的国家经济安全及其评价》，指出在我国现实国体和国情下，全体国民的共同利益与国家利益高度一致，故应当将全体国民的共同利益作为思考国家经济安全问题的出发点和落脚点。维护基于国民利益的国家经济安全，就应该努力实现国民经济持续发展、国民财富合理分配、国民生活质量与国民经济同步提升。

六、李慎明

李慎明，男，汉族，1949年10月生，河南温县人，《全球政治与安全报告（2012）》（社会科学文献出版社2012年1月版）主编之一，中国社会科学院党组副书记、副院长，研究员、博士生导师，1997年被授予少将军衔，还担任中国政治学会会长、国家社科基金国际学科评审组组长、中国科学社会主义学会副会长、中国思想政治工作研究会副会长、中国国际友好联络会顾问等职，主要从事党的建设、民主政治、国际战略研究。除主编《全球政治与安全报告（2012）》外，其主要研究成果还有：《中国和平发展与国际战略》、《战争、和平与社会主义》、《全球政治与安全报告》（系列）等。2012年，在《人民日报》1月4日第7版发表《文化安全是建设文化强国的前提》一文，指出建设社会主义文化强国，维护文化安全是前提和必然要求，认为维护文化安全主要有四个方面的内涵，即国家根本制度安全、意识形态安全、价值观念安全、优秀传统文化安全。

七、李开盛

李开盛，男，1976年生，湖南望城人，《人、国家与安全治理：国际关系中的非传统安全理论》（中国社会科学出版社2012年2月版）作者，湘潭大学哲学与历史文化学院副教授。目前的主要研究领域包括：国际关系理论史、国际伦理、中国外交战略、朝核问题与非传统安全问题研究。

八、李文良

李文良，男，汉族，1963年3月生，吉林通榆县河南人，《2011年中国国家安全概览》（时事出版社2012年6月版）主编，国际关系学院公共管理系主任，博士，教授，英国南安普顿大学访问学者，主要从事行政管理、国家安全管理、国际政治、政治学等领域的教学与科研工作，参加或主持国家、省部级科及学院科研项目10余项，研究成果主要有：《公共部门与人力资源管理》（专著）、《西方国家行政伦理研究》（专著）、《美国政府运行机制》（专著）、《WTO与中国政府管理》（主编）、《中国政府职能转变问题报告》（主编）等，在包括核心期刊在内的各类学术刊物发表论文40余篇，其中6篇被国内权威期刊人大复印资料全文转载。近年来，开始关注和研究国家安全问题，特别是国家安全管理问题，主要成果包括《新疆“7·5”事件》、《东盟安全机制研究》、《2010年中国国家安全概览》（副主编）、《2011年中国国家安全概览》（主编）等；已经撰写完成的《国家安全管理学》即将由吉林大学出版社出版。

九、梁来存

梁来存，男，1965 年 6 月出生，湖南长沙人，《自然风险对我国粮食安全的影响：统计测度与保险定价研究》（经济科学出版社 2012 年 3 月版）作者。现为湘潭大学商学院副教授，数量经济学专业硕士生导师。主要研究方向为：应用经济统计，保险精算。已主持或参与了十余项国家级、部省级科研课题的研究，本专著为国家社科基金“我国粮食安全自然风险影响的统计测度与保险定价研究”的最终研究成果。

十、梁巧梅

梁巧梅，女，壮族，1979 年出生，广西南宁人，《中国能源报告（2012）：能源安全研究》（科学出版社 2012 年 6 月版）作者之一。现任北京理工大学管理与经济学院副教授，兼任中国优选法统筹法与经济数学研究会能源经济与管理研究分会常务理事。目前主要研究领域为能源复杂系统建模、能源与环境政策。

十一、卢光盛

卢光盛，男，广西桂平人，生于 1972 年 12 月，《地缘政治视野下的西南周边安全与区域合作研究》（人民出版社 2012 年 2 月版）作者。现为云南大学国际关系研究院教授、博士生导师、东南亚研究所副所长，又任中国东南亚研究会常务理事。主要从事东南亚国际关系、区域经济合作和大湄公河次区域研究，主要著作有《地区主义与东盟经济合作》、《柬埔寨》、《GMS研究》和《投资东盟》等，曾在《世界经济与政治》、《当代亚太》、《世界经济研究》等刊物上发表学术论文多篇。

十二、陆俊元

陆俊元，男，1963年生，《中国地缘安全》（时事出版社2012年1月版）作者。江南社会学院教授、博士，华东师范大学特聘教授，国际关系学院兼职教授。享受国务院特殊津贴专家，江苏省首批“333人才工程”培养对象，全国极地战略研究专家网络成员。主要研究方向为地缘政治、地缘经济、国际关系、国家安全、极地事务等。陆俊元教授是我国国家安全地理学科的创始人、我国地缘政治研究学术带头人。承担和完成多个国家级、省部级研究项目，研究成果丰富，出版专著6部，发表论文100多篇，多次荣获省部级优秀成果奖励。其代表性著作有：《北极地缘政治与中国应对》（2010年）、《地缘政治的本质与规律》（2005年）、《中国国家安全地理》（2001年）、《国家安全地理》（1995年）；关于安全问题研究的代表性论文包括：“中国安全环境结构——一个地缘政治分析框架”（《人文地理》2010年第2期）、“界定中国国家安全利益”（《江南社会学院学报》2001年第2期）、“美国国家安全战略中的地缘政治思想”（《人文地理》1999年第3期）、“俄罗斯联邦国家安全战略的地缘政治分析”（《今日东欧中亚》1997年第3期）、“论中国国家安全利益区”（《人文地理》1996年第2期）、“台湾的地缘战略价值及其对大国安全的作用”（《台湾研究》1996年第1期）、“从地缘政治看日本的国家安全战略”（《日本学刊》1995年第3期）。在地缘政治研究的方法论方面，博采众长，主张运用要素关联法、空间—权力关系分析法、结构分析法等进行综合研究；同时重点在结构理论中创新，努力构建以行为体为主体的新地缘政治结构理论，并将这些理论与方法运用到大量的实现问题研究之中，取得了诸多新的发现。

十三、魏一鸣

魏一鸣，男，1968 年 3 月生，江西安远人，《中国能源报告(2012)：能源安全研究》（科学出版社 2012 年 6 月版）作者之一。现任北京理工大学管理与经济学院院长，北京理工大学能源与环境政策研究中心主任，教育部“长江学者奖励计划”特聘教授。兼任中国优选法统筹法与经济数学研究会副理事长；能源经济与管理研究分会理事长、复杂系统研究分会理事长、计算机模拟分会副理事长。

十四、王学真

王学真，男，1955 年出生，山东临朐人，《中国农村贫困人口食物安全研究》（中国经济出版社 2012 年 7 月版）的主编之一。现任山东理工大学党委常委、副校长。中国世界经济学会理事，山东省经济学会副会长，山东省世界经济学会副会长，山东省对外经济学会顾问，山东省农业经济学会常务理事，淄博市社会科学界联合会副主席，东北师范大学兼职教授、世界经济学科博士生导师。

主要从事农业经济与农村发展领域的研究。研究领域涉及发展中国家的农业发展，现代农业建设，农业国际化与外向型农业，工业化、城市化与农业结构调整，农业保护政策，农业科技进步、农业标准化推广，粮食安全等方面，形成了比较稳定的研究方向和学术团队。

十五、吴刚

吴刚，男，河北唐山人，1977年5月生，《中国能源报告（2012）：能源安全研究》（科学出版社2012年6月版）作者之一。现为中国科学院科技政策与管理科学研究所副研究员，美国哈佛大学访问学者（2010.09—2011.09）。吴刚博士2006年毕业于中国科学院科技政策与管理科学研究所&中国科学技术大学，一直从事能源领域的研究工作，在能源安全政策、能源复杂系统建模、全球气候变化与碳排放、节能与可再生能源政策等方面开展了一些有价值的研究工作。

十六、余建军

余建军，男，《国际关系与国家安全》（人民出版社2012年8月版）的主编之一，复旦大学法学博士。中国浦东干部学院教学研究部政治与公共管理系副教授，主要研究教学领域为中美关系，亚太地区安全问题，政党政治等。

十七、余潇枫

余潇枫，男，浙江宁波人，1957年出生，《非传统安全蓝皮书·中国非传统安全研究报告2011—2012》（社会科学文献出版社2012年4月版）主编，浙江大学公共管理学院教授、博士生导师，哈佛大学、牛津大学高级访问学者。目前主要研究方向是非传统安全理论。主持中国非传统安全能力建设、国际组织研究、非传统安全与公共危机管理研究等多个福特基金会、中国社会科学院、浙江省哲学社会科学规划办重点课题等项目。另著有国家安全方面的专著《非传统安全概论》（浙江人民出版社 2006 年 11 月版）、《非传统安全与公共危机治理》（浙江大学出版社 2007 年 10 月版）等。2012 年，其在《国际政治研究》2012 年 01 期上发表文章《国际安全研究是一门“学科”吗?》，在《中共浙江省委党校学报》2012 年 04 期发表《“平安中国”：价值转换与体系建构——基于非传统安全视角的分析》一文，强调非传统安全威胁的凸显与应对，强化了“平安中国”建设的现实诉求，中国改革开放的不断深化，揭示出“平安中国”建设的历史必然。平安中国的价值取向是“社会安全”与“人的安全”得以维护，社会和人成为安全的价值基点。在当下的安全治理方式转变过程中，要特别重视“平安中国”的“大外交”、“大戍边”、“大民防”的体系建构。

十八、张金平

张金平，男，汉族，山东省曹县人，1967 年出生，《国际恐怖主义与反恐策略》（人民出版社 2012 年 5 月版）作者。国际关系方向硕士、国际关系史博士，云南民族大学教授。研究方向为：国际恐怖主义与反恐怖斗争、中东国际关系、国际关系理论、中国相关外交策略。

十九、张小平

张小平，女，1964 年出生，山西吕梁人，《当前中国文化安全问题研究》（社会科学文献出版社 2012 年 11 月版）作者之一。中国社会科学院马克思主义研究院文化与意识形态建设研究室主任，副研究员，哲学博士。主要研究领域为：中国近现代哲学文化思潮，当前文化与意识形态领域重大理论与现实问题等。在中国社会科学院主持多项院级、所级重点课题。目前主持“先进文化的理论与实践”院重点课题，“当前确保我国文化安全面临的新情况新问题”重大国恒调研项目。

二十、张洁

张洁，女，汉族，1973年生，山西人，《中国周边安全形势评估（2012）》（社会科学文献出版社2012年1月版）主编之一。2002年毕业于北京大学历史学系，获博士学位。现为中国社会科学院亚洲太平洋研究所副研究员，担任外交与安全研究室主任以及中国社会科学院地区安全中心的非传统安全项目主任等职位。其主要研究方向包括中国周边外交与安全、非传统安全、东南亚政治与民族冲突等问题。

二十一、张宇燕

张宇燕，男，1960年生，《全球政治与安全报告（2012）》（社会科学文献出版社2012年1月版）主编之一，中国社科院世界政治与经济研究所研究员、所长、博士生导师，兼任中国世界经济学会会长、中国国际关系学会副会长、中华美国学会副会长、新兴经济体研究会会长、外交部外交政策咨询委员会委员、中国公共外交协会会员。1997年担任中国驻纽约总领事馆领事，现于中国社会科学院世界经济与政治研究所工作。长期从事国际政治经济学、制度经济学等领域研究，曾参与和主持多项国家和省部级社会科学研究项目，在《经济研究》等核心刊物发表数十篇学术论文，著有《经济发展与制度选择》《全球化与中国发展》《国际经济政治学》《键盘上的经济学》等学术专著。1995年，所著《经济发展与制度选择》获中国社会科学院第二届青年优秀成果奖专著类一等奖；2004 年，获国务院政府特殊津贴；2006 年，被人事部等部委确定为“新世纪百千万人才工程”国家级人选，2012 年，被中宣部等部委评为全国宣传文化系统“四个一批”理论界人才。曾于 2005 年 2 月 23 日在中共中央政治局第九次集体学习会上讲解《世界格局和我国的安全环境》。

二十二、钟飞腾

钟飞腾，男，浙江富阳人，1979 年出生，《中国周边安全形势评估(2012)》(社会科学文献出版社 2012 年 1 月版）主编之一。现为中国社科院亚洲太平洋研究所副研究员。主要研究方向为国际政治经济学、对外直接投资、东亚与美国。

（周绍东　魏启晋）

第四十五章
“2012年中国国家安全十大事件”调研成果发布

［内容提要］2012年12月30日，国际关系学院重大科研项目组通过媒体向社会发布“2012年中国国家安全十大事件”，随后又对这十大事件进行了学术解读，指出调研结果显示出2012年中国国家安全的一些特征：“钓鱼岛悬崖”演变成“钓鱼岛战火”的可能性陡增；海洋国土安全已成中国当前面临的最为严峻的外部安全问题；国内政治安全面临来自党政军内部严重贪腐的重大挑战；传统安全威胁与非传统安全威胁交织中传统安全问题兀显。

一、“2012年中国国家安全十大事件”调研结果

2012年12月30日，国际关系学院“中国国家安全年度概览”项目组向媒体通报了“2012年中国国家安全十大事件”调研评选结果，入选的十大事件依次是：（1）日本政府“购岛”引发中日钓鱼岛危机；（2）中菲黄岩岛对峙；（3）中国首艘航母“辽宁号”服役；（4）薄熙来事件；（5）王立军叛逃外国驻华领馆；（6）中共十八大召开，最高领导层顺利

交接；（7）新疆和田劫机事件；（8）三沙市成立；（9）“黄金大米”事件；（10）韩国海警杀死中国渔民。

“中国国家安全年度概览”项目始于2005年，由刘跃进教授领衔策划并历任年度主编或副主编。刘教授指出，之所以要调查研究并向社会发布中国国家安全年度十大事件，是希望通过这一形式强化全民的国家安全意识，促进我国的国家安全事业；同时也是为了深化和细化《中国国家安全年度概览》中的“重大事件”一编内容，使其更加科学、准确。这次调查结果表明，当前中国国家安全虽然呈现传统安全问题与非传统安全问题相互交织的特点，但传统安全问题依然占主导地位。他特别强调：天下兴亡，匹夫有责，这一调查研究成果是学术性、民间性的，不代表任何官方意见。据介绍，《中国国家安全年度概览》研究项目得到了国际关系学院领导和科研部门的大力支持，2012年更是被列为该校重大科研课题，而且还确定今后将把“中国国家安全年度十大事件”作为独立的重点课题立项支持。

据项目主要成员、《2011年中国国家安全概览》主编、公共管理系主任李文良介绍，被调查对象较多提到的2012年中国国家安全事件还有：马英九连任台湾地区领导人、朝鲜发射“光明星”3号卫星、湄公河惨案主犯受审、杀人狂周克华被击毙、朝鲜劫持中国渔民、薄谷开来杀人案审结、香港“国民教育”风波等。作为公共管理系主任，李教授认为，国家安全是最大的公共事务，研究国家安全管理是公共管理专业义不容辞的责任，也是公共管理学科需要开拓的一个重要领域。

该项目主要成员、《2010年中国国家安全概览》主编、研究生部主任杨建英教授指出：多年来，国际关系学院在国家安全教学科研领域独树一帜，取得了一系列重要成果，除本科生的“国家安全学”、“外国间谍情报斗争”、“国家安全地理”、“国家安全管理学”等课程外，该校还为研究生开设了“国家安全理论研究”，该校主编的《国家安全学》及《中国国家安全年度概览》等更是在学界、政界和社会上产生了广泛的积极影响。

二、对“2012年中国国家安全十大事件”调研结果的解读

发布“2012年中国国家安全十大事件”后，项目策划者和主持人刘跃进教授又在《外战的危险与内政的考验——2012年中国国家安全十大事件回读》一文中，从如下几个方面对调查统计结果进行了解读。

第一，“钓鱼岛悬崖”演变成“钓鱼岛战火”的可能性陡增

近年来，中日两国钓鱼岛争端不断升级，2012年更因日本政府“购岛”的错误决策使这一争端演变为剑拔弩张的危机。对此，中国民众和专家看得非常清楚，因而项目组收回的问卷几乎都把“日本政府‘购岛’引发中日钓鱼岛危机”列入“2012年中国国家安全十大事件”，从而使其高居榜首。在填写“原因”一栏时，不少人指出了这一危机对中国国家安全的极端重要性，明确认定这是关系到中国领土安全和主权安全的重大问题。例如，中国社科院专家在返回的问卷中指出，此事“关系到领土、领海等问题，意义重大”。广东某高校专家在问卷中写道：“这将是一个会持续爆发出热点、难点的问题，考验的是中日两国领导人的智慧及大战略。”借用美国人在描绘其财政严重危机时使用的“财政悬崖”一词，2012年的钓鱼岛危机既是一个彰显危机也隐藏生机的“悬崖”，即“钓鱼岛悬崖”。

刘教授文中指出，在处理与周边国家的领土争端上，中国政府长期以来都十分克制、忍让。虽然这种做法不断受到本国不少民众的指责，但中国政府还是承受着越来越沉重的舆论压力，从长远和宏观的战略高度认识和处理各种争执，以免激化矛盾、引起冲突。这一点也体现在处理中日钓鱼岛争端上。反观日本政府，不仅不理解中国政府的良苦用心，反而还在2012年错误地做出了由政府“购买”钓鱼岛的决定，从而使局势严重恶化，陷入危机。更有甚者，中国海监船编队在钓鱼岛及其附属岛屿毗连区巡航时，日本海上自卫队飞机竟飞到海监船编队上空盘旋；

中国海监飞机在东海海域上空进行例行巡航时，日本航空自卫队认定其“目标指向钓鱼岛”，出动F—15战机进行拦截。如此等等，都在不断把事态引向军事冲突，使两国行走在“钓鱼岛悬崖”边缘。

纵观2012年延续到2013年的中日钓鱼岛危机，日本依然是主动出击，中国是依然是被动应对，危机的根源是日本政府得寸进尺、不断逼进。从年后最新形势的演化来看，日本政府不仅不可能在钓鱼问题上做出实质性让步，而且还可能进一步向前逼进。中国政府虽然非常不愿意看到钓鱼岛争端演变为军事冲突，但也不得不进行军事斗争的准备，也可能在日本的步步紧逼下不得不采取必要的军事行动。虽然我们非常不愿意看到“钓鱼岛之战”的爆发，但当前却难以排除中日两国从“钓鱼岛悬崖”坠落、走向“钓鱼岛之战”的可能性。如果真是这样，“钓鱼岛战火”便将成为2013年中国国家安全的头号事件。

如果说2012年的形势使中国民众、专家及项目组成员都认定“钓鱼岛危机”是首屈一指的中国国家安全大事，那么调查结果公布后的事态发展则使人们越来越担心这一危机将在某个不确定的时刻演变成某种形式的军事冲突甚至局部战争，从而由“钓鱼岛悬崖”演变为“钓鱼岛战火”。

虽然许多专家学者总在用“擦枪走火”来描绘中日未来战争的导源，但刘教授认为，如果战争降临，那绝对不会是因为“擦枪走火”，而必然是两国“深思熟虑”的战略性选择，所不同的依然如旧：日本将是基于扩张野心的主动选择，中国还是不得已的被动选择。一年多来，日本通过陆海空多种形式军演和调动，已经磨刀霍霍；中国无论是政治动作还是军事准备，也已严阵以待。无论是主动方还是被动方，战争无疑是一个前景莫测的“高危动作”，结局很难说谁输谁赢，而只会两败俱伤，因而两国都需慎之又慎。对此，有国际关系领域的年轻学者在调查问卷中写道：钓鱼岛之争“有可能导致中日之间的战争，虽然可以通过战争严惩日本，但中国也会有不小损失。”也有普通公民认为，“中日是经济大国，因日本的行为导致双方对峙，两国关系恶化，严重危及中国的经济发展和社会稳定。”还有学者指出：“中日关系很重要，需要长期谨慎处理。”

第二，海洋国土安全已成中国当前面临的最为严峻的外部安全问题与“中日钓鱼岛危机”的紧迫性和严峻性相比，2012年的“中菲黄岩岛对峙”无疑处于次要位置，但它与“十大事件”中处于首位的“中日钓鱼岛危机”、位居第3的“中国首艘航母‘辽宁号’服役”、位居第8的“三沙市设立”一样，都是事关中国海洋国土安全和海岛国土安全的重要事件，并在当前中国国家安全特别是对外安全中占有极为重要的地位。另外，处于第十位的“韩国海警杀死中国渔民”，虽然并非中国海洋安全问题，但也是一个海上安全事件，是中国的“涉海安全问题”。如此来看，调查结果中的涉海安全事件在“十大事件”中就多达五件，占到了一半，足见其重要性。

刘教授在文中指出，中国长期以来被描绘为一个大陆国家，国土面积被不自觉地缩小为960万平方公里，多达300多万平方公里海洋领土被弃之脑后，然而中国事实上不仅是一个大陆国家，同时也是一个海洋国家，中国既有长达32000多公里的总海岸线（其中大陆海岸线长18000公里，海岛沿线长14000多公里），更有多达300万平方公里的海洋国土。在科学技术迅猛发展、海洋收益日丰厚、海洋开发举世瞩目的时代，海洋争夺已经成为世界各国特别是亚洲各国领土之争的重心，许多国家都不仅仅是与某一个国家有海洋争执，而是同时与若干国家有海洋争执。这既是当今中国所面临海洋安全问题的特点之一，也是那些与中国有海洋争执的国家所面临的一个基本态势。这既使各国面临的海洋安全问题变得十分复杂，同时也给不同国家在维护海洋利益和安全方面进行纵横捭阖的外交斗争和谋略运用，提供了想象的充分余地和施展的广阔空间。在“韬光养晦”、“搁置争议”等良好愿望和互惠战略被他国逼进死角的时候，中国政府必将把重点放到“有所作为”上，必将在“有所作为”方面做更多更大的文章。

维护国家海洋国土的安全，已经成为当前维护中国领土安全的首要任务。为此，中国需要有与自己的海岸线、海洋领土、海洋利益相匹配的海空军事力量。在“十大事件”排名第三的“首艘航母‘辽宁号’服役”，无疑是中国海空实力提升的重要标志，但这只不过是中国海空实力建设中的一小步，今后中国还必然迈出更大的步伐，以保证具有维护国家领海领空安全的绝对实力。对此，有军内专家在返回的调查问卷中写道：“辽宁号近几年内很难形成战斗力。众所周知，航母形成战力必须有三艘，履行不同任务。”但也有学者认为，“辽宁号”服役是“中国维护国防安全的一个重要步骤，其意义不在于‘辽宁号’的战斗力，而在于中国航母从0到1的突破。”北京财贸职业学院团委干部的评价可能更为全面：“大国之利器，崛起之必须，象征也罢，实力也罢，都得有。”

在发展军事实力，不放弃军事准备的同时，中国更需要继续通过各种非军事手段来应对日益复杂的海洋安全形势，有效维护自己的海洋国土和海洋利益，包括海洋领土之外的海洋利益和海外利益。2012年以来，中国政府在三沙设立地级市、中国海监船和飞机接连出洋巡航、中国地图出版集团推出更能彰显中国海洋国土和海岛国土的竖版中国地图等等，都是这样一些重要的非军事措施。此外，在网上和网下、会上和会下、以及我们的调查问卷中，民众和专家还提出了一些其他可供政府参考的意见和建议。例如，针对力量分散的“九龙闹海”，不少人提出应整合海监、渔政、缉私、港管、海事、海警、海巡等机构，组建中国的海岸警卫队或海洋警卫队。

第三，国内政治安全面临来自党政军内部严重贪腐的重大挑战

刘教授认为，虽然薄熙来事件和王立军事件的反复被提及，会使人们有一种在揭执政党和政府疮疤的联想。但毒瘤就是毒瘤，毒瘤不去必然伤害整个机体，而且不向人们说明毒瘤的危害性更难动员更多人去主动发现和去除毒瘤。当前危害中国政治安全和整个国家安全的问题，并不是某些人眼里的国内民众的越级上访、散步游行、聚众闹事、冲击政府、网上骂娘等等，而是生长在政治肌体上的毒瘤越来越多、越来越大，除之不尽，灭之不绝，反复发作，危害日重，其中首当其冲的就是党政军官员的贪污腐败。绝大多数群体事件的发生，其根源都在党政官员的贪污腐败、官商勾结导致处事不公、损害公益。薄、王事件虽肇始于“王立军叛逃外国驻华领馆”，但后来揭露出来的更为严重的问题却是在权力机构中屡屡发生的贪腐和滥权。

回收的调查问卷之所以会把“薄熙来事件”和“王立军叛逃外国驻华领馆”列入其中，并使其处于第4和第5的位置上，说明受访对象对两件密不可分的重大事件的国家安全意义具有深刻的认识。国际关系学

院教授在问卷中写道："薄熙来的行为严重违反党的纪律，给党和人民的事业造成重大损失，对国家改革发展和社会稳定带来很大的负面影响。"北京财贸职业学院政治理论课教师认为，王立军进入美国驻华领馆是"涉外政治事件，且王为党的高级干部，性质恶劣，严重危及国家安全。"还有学者认为，"把二人合并起来比较合适，因为整个事件非常真实地反映出中国政治的原生态。"在说明挑选其为国家安全重大事件的原因时，许多人都以"负面影响大"作为回答。现代国际关系研究院专家更是言简意赅地写道："政治安全，风险源于内部。"这个"内部"，既有党的内部，也有政的内部，还有军的内部。以薄熙来为代表的党内贪腐，以王立军为代表的政界贪腐，还有近年来揭露出来的军界贪腐，以及其中交织着的官民对立、官商勾结、官场倾轧，暴露出官场政治生态的混乱与乖戾，使国内政治安全面临来自党政军内部严重贪腐的重大挑战。古人说的好："国家之败，由官邪也；官之失德，宠赂章也。"数不尽的贪官、恶官、坏官，以及明目张胆的官贪、官恶、官坏，更使百姓逐渐丧失了对党政军的信任和信赖，由此严重危害到整个国家安全。从整个国家安全形势来说，当前中国是外患内忧并存，在外部面临战争危险的同时，内政更面临着前所未有的严峻考验。刘教授强调，在国内日益严重的社会对立中，对国家安全造成最严重威胁和危害的，并不是那些处于弱势的底层群众，不是下层群众在被逼无奈时的上访闹事、为匪做盗、打家劫舍、杀人放火以及"黑社会"横行等表面现象，而是社会机制不健全造成的权力和财富的分配不公，是处于中层特别是上层的贪官污吏对国家权力的不加限制的滥用，以及穷奢极欲的暴富阶层对广大民众和公共财富的横夺暴敛，是由此造成的某种程度上的"社会黑"。缺乏有效制约的权力新贵和丧失道德底线的暴富阶层，已经成为我国社会动荡和断裂的罪魁祸首。

贪腐不除，国无宁日。但是，要从根本上遏制贪污腐败的滋生和蔓延，保障国家安全，还必须从制度上着手，进行必要的政治体制改革。这一共识，在中共十八大报告中得到了充分体现。在收回来的调查问卷中，人们既对薄熙来王立军事件对国家政治安全的严重冲击感到忧心，同时也对十八大的胜利召开和最高领导层顺利交接感到欣慰，认为这

“对于中国国内的稳定和发展具有重大意义”。有年轻学者在调查中表明：“中国共产党是中国的领导核心，中国能否长治久安，关键在于党，尤其在于党中央。”有公安院校专家指出，这是“事关国家全局安全的根本性事件”。因此，中国的政治安全可以说是黑暗与光明同在，挑战与机遇并存。具有政治智慧的中国人民，一定能够直面挑战，抓住机遇，冲出黑暗，奔向光明。

第四，传统安全威胁与非传统安全威胁交织中传统安全问题凸显

2002年中共十六大以来，执政党和中央政府多次强调当前中国面临着“传统安全威胁与非传统安全威胁相互交织”的复杂局面，2012年的十八大报告依然认为：我国面临着“生存安全问题和发展安全问题、传统安全威胁和非传统安全威胁相互交织”的局面。但是，在这一基本判断的前提下，我们还应该看到，在传统安全威胁与非传统安全威胁相互交织的复杂局面中，传统安全威胁和传统安全问题近年来又成为我国国家安全的主导方面。这两个方面，在本次调查统计推出的“中国国家安全十大事件”中得到了明显而准确的反映。

首先，在调查推出的“十大事件”中，既有传统安全问题，也有非传统安全问题，前者如中日钓鱼岛危机、中菲黄岩岛对峙、首艘航母服役、薄熙来事件、王立军事件、中共十八大召开和最高领导层顺利交接等，后者如新疆和田劫机事件、“黄金大米”事件、韩国海警杀死中国渔民等。这明确显示出当前中国国家安全基本态势中传统安全问题与非传统安全问题相互交织的重要特点。

其次，无论是从所占比例来看，还是从严重性程度来看，中国的传统安全问题都远在非传统安全问题之上。从数量上看，“十大事件”中，前六大事件是明显的传统安全问题，“三沙市设立”反映出来其实也是传统安全问题。这样一来，传统安全事件就在十大事件中占了十分之七，而非传统安全事件只有十分之三。从严重性程度看，七个传统安全事件只有一个排在第八位，其他排在前六位置，其中排在前三位的是传统的外部安全问题，排在次三位的是传统的内部安全问题。更重要的是，“中日钓鱼岛危机”还在继续恶化，而且很可能演变成“钓鱼岛之战”；薄熙来、王立军事件折射出来的国内政治不安全问题，并没有因为二人的下台和被处理

而得到根本改善。这说明，在传统安全威胁与非传统安全威胁交织的复杂局面中，中国面临的传统安全问题近年来又复凸显，且占居了主导地位，使整个国家安全形势在以往的复杂性之外又呈现出极端的严峻性。

再次，调查统计中没有直接显现但事实上隐含的另一个重要特征是：几乎所有的传统安全事件中都不同程度地包含着非传统因素，非传统安全事件也多有传统安全的背影。例如，中日钓鱼岛危机、中菲黄岩岛对峙和三沙市设立，总体上是传统的领土安全事件，但它们却不完全是传统的领陆安全问题，而是具有非传统特征的领海安全、海洋安全和海岛安全问题。再如，中国首艘航母服役本是传统的军事安全事件，但其中无疑包含着科技安全、信息安全等非传统的安全要素。还有，薄熙来事件、王立军事件和中共十八大召开及最高领导层交接，都是传统安全事件，但其中也包含着许多非传统安全要素，如政治体制改革、民主政治建设等对国家安全的作用问题。

虽然当前中国国家安全形势不仅表现出传统与非传统交织、内忧与外患并存、复杂性与严峻性同在的特点，同时还有网上与网下呼应、虚拟与现实共振、极左与极右牴牾、极端民族主义与空想世界主义相冲、海外国民安全与国内国民安全并重等特点，但就2012年的中国国家安全来说，最明显、最突出的还是传统安全威胁迅速加重。

第五，网民对调查结果的多方面反响与期许及我们应有的努力

2012年中国国家安全十大事件的调查结果发布后，引起了一些不同的反响和评论，这也引起了促使人们进行一些新的思考。共识网率先发布上述调研结果后两三天内，网民便有如下评价：

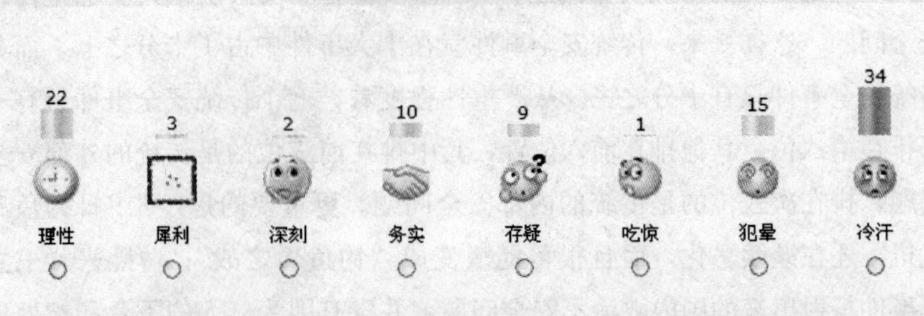

从图中可以看到，网友对此反馈极不相同，既有“冷汗”、“犯晕”、“存疑”等负面反馈，也有“理性”、“务实”、“深刻”等正面反馈。这种多样性反馈说明，我国网民，对国家安全问题的认知存在着不同程度的分歧，对我们调查统计国家安全十大事件的做法和结果有不同看法。就反馈最多的“冷汗”来看，国家安全在一些人心目中依然是远离人性、人情、温情而只会给人带来恐惧的事情，或者说国家安全活动还没有从过去的残酷斗争模式演进为以人为本、以民为本的执政新理念和执政新模式。

但是，只要简单回顾一下国家安全研究的学术进程，人们就不难发现改革开放以来特别是本世纪以来，我国国家安全事业的进步和发展。比如，通过问卷调查和统计筛选向社会公布国家安全十大事件，这在过去就是一个不可想象的事情，因为国家安全不仅是一个高阶政治领域，而且在过去一直是一个绝对秘密的政治领域。在一个政治严重不透明的时代，在一个普通国民只能绝对顺从最高决策而无权提出自己任何政治见解和意见的时代，在多数人看到“国家安全”一词只觉“恐惧”而缺乏“温暖感”甚至缺乏“安全感”的环境下，学术在无形中被排斥在这一领域之外，学者更是避之不及。事实上，不仅中国大陆经历过这样一个特殊的历史时期，即便是西方民主国家以及中国台湾，也都在不同程度上有过相似经历。在人类陷入“冷战”的历史时期，特别是在这一时期的早期阶段，没有任何一个国家的学术界和传媒界能够去调查研究国家安全事件，一些所谓的“安全研究”也多是在政治的轨道上运行，而难以挣脱各自政府编织的种种“藩篱”，难以进入比政治要大得多的学术领域。虽说完全摆脱狭隘极端的政治藩篱而进入宽阔自由的学术领域，在当前的国家安全研究中依然不可能，也不现实，但当前全球形势下的中国大陆还不能完全令人满意的政治进步，已使学界可以进行某种形式的国家安全调查研究了。比如已经完成的“2012年中国国家安全十大事件”的调查研究。

刘跃进教授在该文结束时指出，就像不同的调查对象对2012年国家安全十大事件的选择和评论并不完全一致，我们在这里对这一调查结果及相关事件的评论，也只反映了我们自己的认识，既不可能是学界共识，更不可能完全符合政界意见。然而正如发布十大事件时我们强调的那样：

天下兴亡，匹夫有责，这一调查研究成果是学术性、民间性的，不代表任何官方意见。该项目组做这件事，主要是希望通过这一形式强化全民的国家安全意识，促进我国的国家安全事业。

三、课题组将推出《中国国家安全十大事件调研报告》

在发布调查“2012年中国国家安全十大事件”的基础上，以刘跃进教授牵头的课题组还将对调查统计资料进行深入研究，编写出版《2012年中国国家安全十大事件调研报告》。《调研报告》将在前期调查得出的“2012年中国国家安全十大事件”和“2012年中国国家安全次十大事件”（共20个事件）的基础上，运用当前的国家安全理论，对每个事件进行个案研究和分析，从中总结和提炼出相应的结论和可行性对策建议，然后再分别对十大事件和次十大事件中的外部安全事件和国内安全事件进行综合分析，从中概括和提炼出我国对外安全和国内安全的主要问题，并据此提出相应的可行性对策建议。最后再对所有问题进行综合性研究分析，从中概括和提炼出我国国家安全面临的主要问题，并据此提出相应的可行性对策建议。

该课题组认为，虽然国际国内学者多有关注和研究不时发生的各种中国国家安全重大事件，但通过问卷调查和专家咨询后科学得出中国国家安全年度十大事件，并对这些事件进行研究分析，这样的事在国外和国内目前都还没有人员或机构做过。因而这一研究项目具有良好的学术发展前景，会引起学术界和社会各界的广泛关注，促进中国国家安全事业。

从20世纪90年代初开始，在国内还很少有单位和人员进行国家安全研究和教学工作的时候，该课题主持人及主要参与人就开始了国家安全理论和实务方面的教学科研工作。此后，主持人带领在这一过程中形成的国家安全教学科研团队，完成了北京市教委立项的《国家安全学的学科地位及教学内容与方法探讨》和本校立项的“精品通识课‘国家安全学’体系建设”。《国家安全学》2004年由中国政法大学出版社出版后，2006年被评为北京高等教育精品教材，2008年获北京市第十届哲学社会科学优秀成果二等奖；“国家安全学”课在2005年被评为学校A级精品课程后，2009年又被评为北京高等学校精品课程；“精品通识课‘国家安全学’体系建设”也在2008年获得北京市教育教学成果（高等教育）二等奖。与此同时，与中国国家安全现实及本课题密切相关的《中国国家安全年度概览》也在2005年由课题主持人牵头策划推出，其中《2006年中国国家安全概览》和《2009年国家安全概览》由本课题主持人主编，《2010年中国国家安全概览》和《2011年中国国家安全概览》由本项目两个主要参与人杨建英和李文良分别主持。这些前期成果，为本项目的研究和顺利完成奠定的坚实基础。

按刘跃进教授计划，该研究团队还将继续作好以后各年度的中国国家安全十大事件调查研究工作，并及时发布各年度的中国国家安全十大事件，编写出版各年度的中国国家安全十大事件调研报告。

（姜微微 毕凤娜 张宁林）

附录

2012年中国国家安全大事记

1月

1月3日

外交部就日本4名右翼分子登上钓鱼岛表态　外交部发言人洪磊就日本右翼分子登上钓鱼岛事件表示，中国政府已就此向日方提出严正交涉和抗议。钓鱼岛及其附属岛屿自古以来就是中国的固有领土，中国对此拥有无可争辩的主权。中国政府捍卫钓鱼岛领土主权的决心是坚定不移的。

1月14日

2012年台湾地区领导人选举落幕　1月14日，台湾地区领导人与民意代表两项选举结果揭晓。国民党候选人马英九与吴敦义在选举中击败了民进党候选人蔡英文与亲民党候选人宋楚瑜，成功连任台湾地区领导人。

落实《南海各方行为宣言》高官会在北京举行　中国和东盟国家在北京召开落实《南海各方行为宣言》第四次高官会。中国和东盟十国高官及东盟秘书处官员出席会议。会议由中国外交部部长助理刘振民和越南外交部副部长范光荣共同主持。

1月17日

中印签署《关于建立中印边境事务磋商和协调工作机制的协定》　中国外交部部长助理刘振民和印度驻华大使苏杰生在新德里分别代表各自政府，正式签署《中华人民共和国政府和印度共和国政府关于建立中印边境事务磋商和协调工作机制的协定》。

1月31日

外交部副部长谢杭生就中水电苏丹项目部遇袭一事向苏丹驻华使馆负责人提出紧急交涉。

2月

2月4日

联合国安理会表决叙利亚问题决议草案　俄罗斯、中国两国投反对票。

2月6日

“嫦娥二号”7米分辨率全月球影像图发布 国家国防科技工业局发布了探月工程嫦娥二号月球探测器获得的7米分辨率全月球影像图，这是目前国际上已公布的分辨率最高的全月球影像图，表明我国探月工程又取得一项重大科研成果。

2月9日

中国机器人首次在南极冰盖实现自主行走 经过近两个月的试验，由中国自主研发的长航程极地漫游机器人顺利通过在南极的“身体素质”测验，并在内陆冰盖地区完成了30公里的自主行走。

2月13日

国家副主席习近平对美国展开为期5天的正式访问。

2月14日

国务院总理温家宝在中欧领导人会晤后就叙利亚问题表态 国务院总理温家宝在第十四次中欧领导人会晤后会见中外记者时表示，中国在叙利亚问题上绝不会庇护任何一方，包括叙利亚政府，叙利亚的前途命运要由叙利亚人民自己决定。

中美发布《关于加强中美经济关系的联合情况说明》 中美发布《关于加强中美经济关系的联合情况说明》，双方同意采取综合性政策措施实现更加平衡的贸易，中国愿增加包括商用高科技产品在内的自美进口。

2月16日

外交部外交部副部长翟隽就叙利亚问题表态 中国外交部副部长翟隽表示，中方不赞成对叙利亚实施武力干预或强行推动所谓“政权更迭”，我们谴责一切针对无辜平民的暴力行为，敦促叙利亚政府和各政治派别立即、全面停止所有暴力活动，尽快恢复国家稳定和社会正常秩序。

2月17日

联合国大会就叙利亚问题新决议草案进行表决，中俄投反对票 联合国大会就叙利亚问题的新决议草案进行表决，这一草案以137票赞成、12票反对、17票弃权的表决结果获得通过，中国、俄罗斯、古巴、朝鲜、伊朗等国投了反对票。

2月20日——24日

南京市与日本名古屋市“断交” 2月20日，日本名古屋市长河村隆之在与南京市访日代表团会面时，发表了“南京大屠杀很可能不存在”、“牺牲的人只是正常战争死亡”等歪曲历史史实的言论。21晚间10时许，南京市人民政府外事办公室新闻发言人向外宣布：鉴于现任名古屋市市长河村隆之否认南京大屠杀史实，严重伤害了南京人民的感情，南京市暂停与名古屋市政府间的官方交往。

3月

3月8日

《全国海岛保护规划》经国务院批准正式颁布实施　《规划》明确了海岛分类、分区保护的具体要求，确定了海岛资源和生态调查评估、偏远海岛开发利用等十项重点工程，并在组织领导、法制建设、能力建设、公众参与、工程管理和资金保障等方面提出了具体保障措施。国家海洋局将按照《规划》要求，推进省级海岛保护规划的编制工作，将《规划》的思想、原则、目标和内容根据各地实际情况予以细化和落实。

3月16日

我国第三代核电站建设取得关键进展　我国自主研发的世界首套第三代核电AP1000主管道，从四川德阳出发运往山东海阳核电站，标志着我国摆脱了第三代核电站关键装备对国外的依赖，同时也为我国第三代核电站的修建铺平了道路。

3月22日

第五次国共高层会晤在北京举行　中共中央总书记胡锦涛在北京与国民党荣誉主席吴伯雄举行第五次国共高层会晤。胡锦涛呼吁两岸应该继续沿着反对台独、认同“九二共识”的道路迈进。吴伯雄也表示，两岸彼此都坚持一个中国，但他提出“一国两区”的概念。

3月25日

梁振英当选香港特别行政区第四任长官　香港特别行政区第四任行政长官选举举行投票，候选人梁振英以689票在选举中胜出，当选为香港特别行政区第四届行政长官人选。香港特区第四任行政长官的任期自2012年7月1日至2017年6月30日。

3月26——27日

第二届核安全峰会举行，胡锦涛主席发表重要讲话　第二届核安全峰会在韩国首尔举行，53个国家和4个国际组织领导人或代表参加了本届峰会。会议通过了《首尔公报》，提出了13项非约束力承诺或鼓励措施，内容涉及全球核安全体系、国际原子能机构作用、核材料、放射源、核安全与核能安全、运输安全、防止不法交易、核检查、核安全文化、情报安全、国际合作等11个领域。

3月31日

伊朗和伊核6国同意举行新一轮伊朗核问题谈判　土耳其总理埃尔多安宣布，美国、英国、法国、俄罗斯、中国、德国和伊朗已经同意于4月13日在土耳其伊斯坦布尔举行新一轮伊朗核问题谈判。

4月

4月6日

赖昌星一案在厦门依法开庭审理 赖昌星走私犯罪集团首要犯罪嫌疑人赖昌星涉嫌走私、行贿犯罪一案，在厦门市中级人民法院依法公开开庭审理。

4月10日

中央停止薄熙来同志职务，中纪委就相关问题展开调查 鉴于薄熙来同志涉嫌严重违纪，中央决定，依据《中国共产党章程》和《中国共产党纪律检查机关案件检查工作条例》的有关规定，停止其担任的中央政治局委员、中央委员职务，由中共中央纪律检查委员会对其立案调查。

4月19日

公安部部署打击"毒胶囊"犯罪 公安部4月19日召开视频会议，部署全国公安机关积极配合有关部门严密排查、严厉打击"毒胶囊"犯罪，全力维护人民群众生命健康安全。

4月22日

"海上联合——2012"中俄海上联合演习在青岛举行 双方以海上联合防御和保礁作战为主题，进行包括联合护航、联合防空、联合反潜、联合反劫持、联合搜救、联合补给和对海、对潜、对空实弹射击等内容的演练。

4月30日

首次"一箭双星"发射导航卫星取得成果 中国在西昌卫星发射中心用"长征三号乙"运载火箭，成功发射两颗北斗导航卫星，卫星顺利进入预定转移轨道。这是我国北斗卫星导航系统首次采用"一箭双星"方式发射导航卫星，也是我国首次采用"一箭双星"方式发射两颗地球中高轨道卫星。

5月

5月1日

中美举行第14届科技合作联委会 第14届中美科技合作联委会5月1日在北京钓鱼台国宾馆举行，全国政协副主席、科学技术部部长万钢与美国总统科技助理兼白宫科技政策办公室主任霍尔德伦共同主持本届联委会。

5月3日

第四届中美战略与经济对话在京举行 3日至4日，第四轮中美战略与经济对话在北京举行，胡锦涛主席特别代表王岐山副总理和戴秉国国务委员与奥巴马总统的特别代表希拉里·克林顿国务卿和盖特纳财长共同主持了对话。本次对话的主题为“深化战略沟通与务实合作，推进持久互利的中美经济关系”。

习近平会见日中友好议员联盟代表团 国家副主席习近平3日下午在人民大会堂会见了以高村正彦为团长的日本日中友好议员联盟代表团。习近平积极评价了日本日中友好议员联盟长期以来为发展中日友好关系所作的努力。

5月4日

国防部长梁光烈访美 5月4日至10日，国务委员、国防部长梁光烈对美国进行了正式访问。期间，梁光烈会见了美国家和军队领导人，与美国防部长帕内塔举行了会谈与联合记者会，双方就深化中美军事合作深入地交换了意见，并宣布将在更多的领域开展合作。

我国首个宇航动力学国家重点实验室通过验收 我国首个宇航动力学国家重点实验室于2009年9月经科技部批准立项建设，2012年5月4日该实验室在西安卫星测控中心通过科技部验收，标志着我国初步建立了一个集宇航动力学领域基础理论、前沿技术及实践应用于一体的公共科研平台。

5月7日

外交部副部长傅莹就黄岩岛事件再次约见菲律宾驻华使馆临时代办 外交部副部长傅莹约见菲律宾驻华使馆临时代办蔡福炯，就当前黄岩岛事件向菲方提出严正交涉。傅莹强调，黄岩岛是中国固有领土。希望菲方不要误判形势，不计后果地不断推动事态升级。中方再次敦促菲方认真回应中方关切，尽快回到正确道路上来。

5月9日

我国首座深水钻井平台南海正式开钻 我国首座自主设计、建造的第六代深水半潜式钻井平台“海洋石油981”的钻头在南海荔湾6—1区域约1500米深的水下探入地层，标志着我国海洋石油工业的“深水战略”迈出实质性的一步。

5月10日

“金三角”大毒枭糯康移交中国警方 湄公河流域“金三角”地区特大武装贩毒集团首犯糯康在老挝万象被正式依法移交给中国警方。

中国一箭双星成功发射“遥感卫星十四号”和“天拓一号” 我国在太原卫星发射中心用“长征四号乙”运载火箭，成功将“遥感卫星十四号”送入太空。它的成功为我国微小卫星新技术探索和后续研究发展奠定了基础。

5月14日

温家宝主持第五次中日韩领导人会议 第五次中日韩领导人会议在人民大会堂

举行。中国国务院总理温家宝、韩国总统李明博、日本首相野田佳彦出席会议，会议由温家宝主持。

5月20日

我国出台海洋观测预报管理条例　国家海洋局和国务院法制办在联合召开的《海洋观测预报管理条例》发布会上宣布：在已有实施的海洋观测预报基础上，我国将对包括黄岩岛和钓鱼岛周边海域在内的53个渔场实行系统化的海洋预报，将对这些渔场的风向、风速、能见度、气温和海浪等进行预报以服务海洋防灾减灾。

5月22日

中国出席上合组织成员国外长理事会会议　上海合作组织（简称上合组织）成员国外长理事会例行会议22日在乌兹别克斯坦首都塔什干举行，中国外交部长杨洁篪出席了该会议。与会各国就重大国际地区问题、国际形势基本走向、巩固中亚稳定与安全、进一步提升上合组织的国际影响和地位，以及扩大其与其他多边组织的交往等交换了意见。

5月25日

国家食品药品监管局通报铬超标胶囊剂药品基本查清　国家食品药品监管局25日对外公布铬超标胶囊剂药品基本情况，抽样检验覆盖全国31个省市区，以及全部胶囊剂药品生产企业共1993家。

6月

6月1日

人民币对日元实现直接交易　人民币和日元直接交易在上海和日本东京两地市场启动。这是世界第二和第三大经济体的货币在全球金融市场首次“握手”，中日货币“直兑”最大的意义在于推动人民币国际化进程以及优化中国外汇储备的资产结构。

王岐山与德沃尔科维奇举行中俄能源谈判代表第八次会晤　中俄能源谈判中方代表、国务院副总理王岐山在人民大会堂同中俄能源谈判俄方新任代表、俄罗斯副总理德沃尔科维奇举行中俄能源谈判代表第八次会晤。

6月6日

上合组织成员国元首理事会会议在京举行　上海合作组织成员国元首理事会第十二次会议在人民大会堂举行。与会领导人签署了《上海合作组织成员国元首关于构建持久和平、共同繁荣地区的宣言》及11项合作文件，涉及战略规划、安全合作、组织扩容等方方面面。

6月16日

神舟九号载人飞船发射成功 北京时间16日18时37分，执行中国首次载人交会对接任务的神舟九号载人飞船在酒泉卫星发射中心发射升空，准确进入预定轨道，顺利将3名航天员送上太空，并于29日10时03分在内蒙古四子王旗大草原着陆，为中国首次载人交会对接画上圆满句号。

6月21日

中国设立地级三沙市管辖西沙中沙南沙群岛 国务院批准撤销海南省西沙群岛、南沙群岛、中沙群岛办事处，在西沙永兴岛设立地级三沙市，管辖西沙群岛、中沙群岛、南沙群岛的岛礁及其海域。

中国外交部就越南国会通过《越南海洋法》发表声明 中华人民共和国外交部21日就越南国会通过《越南海洋法》发表声明，重申西沙群岛和南沙群岛是中国领土，任何国家对西沙群岛和南沙群岛提出领土主权要求，并依此采取的任何行动，都是非法的、无效的。

6月24日

"蛟龙"号载人潜水器海试成功突破7000米 "蛟龙"号载人潜水器在马里亚纳海域进行的7000米级海试第四次下潜试验中成功突破7000米深度，再创中国载人深潜新纪录。

6月29日

新疆和田发生劫机事件 由新疆和田飞往乌鲁木齐的GS7554航班于12：25分起飞，10分钟后飞机上有6名歹徒企图暴力劫持飞机，随后被机组人员和乘客制服，飞机随即返航和田机场并安全着陆，6名歹徒被公安机关抓获。

7月

7月1日

庆祝香港回归祖国15周年大会暨香港特别行政区第四届政府就职典礼举行 庆祝香港回归祖国15周年大会暨香港特别行政区第四届政府就职典礼1日上午在香港会展中心隆重举行，中共中央总书记、国家主席、中央军委主席胡锦涛出席并发表重要讲话。

7月4日

三峡电站全部投产 4日，三峡工程最后一台70万千瓦巨型机组正式交付投产。至此，总装机容量达到2250万千瓦的三峡电站全部投产，成为世界装机容量最大的水电站，三峡工程发电效益全面发挥。

部长傅莹紧急召见日本驻华大使丹羽宇一郎，并与日本外务副大臣山口壮通电话，就日方在钓鱼岛非法抓扣中国公民事提出严正交涉。傅莹重申中国对钓鱼岛及其附属岛屿拥有主权的立场，要求日方确保14位中国公民的安全并立即无条件放人。

8月17日

日本放还非法抓扣的香港"保钓"人士　14名中国香港公民搭乘"启丰二号"船只抵达钓鱼岛，随后遭到日方非法抓扣。经中国政府多次严正交涉和多方努力，日方8月17日无条件放还了全部14名中方人员及船只。中国外交部发言人称，日方对中国公民采取的任何措施都是非法和无效的，改变不了钓鱼岛属于中国的事实，动摇不了中国政府和人民捍卫国家领土主权的坚定意志和决心。

8月20日

中俄举行第七轮战略安全磋商　国务委员戴秉国在莫斯科同俄罗斯联邦安全会议秘书帕特鲁舍夫举行中俄第七轮战略安全磋商。双方就中俄关系和共同关心的重大国际和地区问题深入交换了意见。

薄谷开来、张晓军故意杀人案一审宣判　安徽省合肥市中级人民法院对被告人薄谷开来、张晓军涉嫌故意杀害英国人"尼尔·伍德"一案作出一审判决，认定薄谷开来犯故意杀人罪，判处死刑，缓期二年执行，剥夺政治权利终身；张晓军犯故意杀人罪，判处有期徒刑九年。

8月27日

首届中非地方政府合作论坛在京举行　首届中非地方政府合作论坛在北京国家会议中心开幕。本届论坛是自2000年中非合作论坛创立以来，建立的首个中非地方政府领导人集体对话平台。来自中国和非洲40个国家的首都城市和其它主要城市的地方政府代表以及部分企业家代表近2000人出席了会议。

8月28日

中越首次举行跨国界海上搜救联合演习　中越两国首次举办的海上搜救应急通信联合演习，演习设置了险情报告、信息收集、搜救力量协调、医疗远程救助等7个场景。此次演习为今后探索中越海上搜救合作新形式、更好地服务东盟海上交通安全奠定了基础。

8月31日

两岸金融合作取得重大进展　两岸货币管理机构签署《海峡两岸货币清算合作备忘录》，两岸将据此启动货币清算机制。这是落实《海峡两岸金融合作协议》的重要举措。两岸货币清算机制的建立，将降低两岸民众和企业的汇兑成本和汇率风险，促进两岸投资贸易更为便利，进一步深化和扩大两岸经济合作。

9月

9月2日

第二届中国—亚欧博览会暨中国—亚欧经济发展合作论坛开幕 第二届中国—亚欧博览会暨中国—亚欧经济发展合作论坛下午在乌鲁木齐市隆重开幕。中共中央政治局常委、国务院总理温家宝出席开幕式并发表题为《再创丝绸之路新辉煌》的主旨演讲。

9月4日

中韩议会定期交流机制第七次会议举行 全国人大常委会副委员长陈至立在首尔会见了韩国国会议长姜昌熙，并与韩国国会副议长李秉锡共同主持了该会议。双方就中韩关系、东亚区域合作、朝鲜半岛形势及国际和地区问题等深入交换了看法。

9月6日

亚太经合组织峰会系列会议在俄罗斯符拉迪奥斯托克召开 第二十四届部长级会议以"融合谋发展，创新促繁荣"为主题，并通过了部长级会议《联合声明》。中国外交部部长助理马朝旭和商务部部长助理俞建华代表中国参加会议并发言。在工商领导人峰会上，国家主席胡锦涛发表主旨演讲。他表示，中国的发展将为亚太地区创造良好发展机遇，欢迎亚太工商界人士继续积极参与中国改革开放和现代化建设，分享中国发展机遇和成果。国家主席胡锦涛出席在第二十次领导人非正式会议第二阶段会议上就加强粮食安全和创新增长合作议题发表讲话，并和智利总统皮涅拉共同出席了《中智自由贸易协定关于投资的补充协定》签字仪式。

9月10—11日

《中国人民共和国政府关于钓鱼岛及其附属岛屿领海基线的声明》和《领海基点保护范围选划与保护办法》发布 9月10日，人民日报发表《中国人民共和国政府关于钓鱼岛及其附属岛屿领海基线的声明》，宣布中华人民共和国钓鱼岛及其附属岛屿的领海基线。9月11日国家海洋局印发了《领海基点保护范围选划与保护办法》，要求国家应对领海基点划定保护范围，实行特别保护。中国常驻联合国代表李保东大使约见联合国秘书长潘基文，提交了中国钓鱼岛及其附属岛屿领海基点基线坐标表和海图。至此，我国已履行了《联合国海洋法公约》所规定的义务，完成了公布钓鱼岛及其附属岛屿领海基点基线的所有法律手续。

9月11日

世界经济论坛2012年新领军者年会（第六届夏季达沃斯论坛）开幕 中共中央政治局常委、国务院总理温家宝出席开幕式并致辞。

9月17日

全国人大常委会委员长吴邦国会见斯里兰卡总统拉贾帕克萨 正在斯里兰卡进行正式友好访问的中国全国人大常委会委员长吴邦国当地时间上午在总统府会见了斯里兰卡总统拉贾帕克萨。

9月17日—18日

第十届中德人权研讨会在河北省承德市举行 与会的中德专家以“联合国人权普遍定期审议机制及对外交政策的影响”为主题，积极探讨，在共促中德人权事业发展和推动国际人权事业发展的许多问题上形成了广泛共识。全国政协副主席、中国人权发展基金会理事长黄孟复出席研讨会并致辞。

9月20日

国务院总理温家宝出席第八届中欧工商峰会 温家宝发表了题为《做21世纪国际合作的典范》的讲话。与会的欧洲理事会主席范龙佩和欧盟委员会主席巴罗佐对欧中关系在过去10年的发展表示满意，认为欧中关系至关重要。

9月21日

周永康对新加坡进行访问并出席“中新社会管理高层论坛” “2012中新社会管理高层论坛”当地时间9月21日下午在新加坡开幕，论坛主题为“城市化进程中的社会管理”。中共中央政治局常委、中央政法委书记周永康和新加坡副总理张志贤共同出席并发表题为《加强中新社会管理交流合作，促进两国社会和谐人民幸福》的讲话。

9月21日

中国海军“郑和”舰返回军港完成“和谐使命—郑和舰环球行”任务 经过158天环球航行的中国海军“郑和”舰驶回辽宁省大连市旅顺某军港，圆满完成了“和谐使命—郑和舰环球行”任务。

9月22日

中央政法委书记周永康访问喀布尔 应阿富汗政府邀请，中共中央政治局常委、中央政法委书记周永康抵达喀布尔，开始对阿富汗进行正式友好访问。这是1966年以来中国党和国家领导人首次访阿。

9月24日

王立军案件宣判 四川省成都市中级人民法院对重庆市原副市长、公安局原局长王立军徇私枉法、叛逃、滥用职权、受贿案作出一审宣判。

9月25日

“辽宁舰”正式交付中国海军 我国第一艘航空母舰“辽宁舰”已按计划完成建造和试验试航工作，上午在中国船舶重工集团公司大连造船厂正式交付海军。中共中央总书记、国家主席、中央军委主席胡锦涛出席交接入列仪式并登舰视察。中共中央政治局常委、国务院总理温家宝一同出席并宣读党中央、国务院、中央军委的贺电。

9月26日—27日

金砖国家智库论坛在重庆举行　由中国当代世界研究中心、中国和平发展基金会主办，重庆市外侨办协办的2012年金砖国家智库论坛在重庆举行。此次论坛主题为“调整、创新、合作”，来自中国、巴西、俄罗斯、印度、南非的40多位专家就“国际金融危机背景下金砖国家发展模式的调整”、“创建金砖国家开发银行可行性问题”和“进一步推动金砖国家之间的经贸合作”等议题进行了深入探讨。

9月28日

中央政治局通过中纪委关于薄熙来严重违纪案的报告　中共中央政治局会议审议并通过中共中央纪律检查委员会《关于薄熙来严重违纪案的审查报告》，决定给予薄熙来开除党籍、开除公职处分，对其涉嫌犯罪问题及犯罪问题线索移送司法机关依法处理。

9月29日

海洋科学综合考察船“科学”号正式交付使用　由中国自主设计建造、目前中国最先进的海洋科学综合考察船——“科学”号在青岛正式交付使用，中国海洋科学考察能力实现了新的突破，迈入国际先进行列。

10月

10月11日

莫言获得诺贝尔文学奖　瑞典文学院宣布，将2012年诺贝尔文学奖授予中国作家莫言。瑞典文学院常任秘书彼得·恩隆德评价说莫言的“魔幻现实主义融合了民间故事、历史与当代社会”。

10月23日

“子午工程”通过验收　我国空间科学领域首个国家重大科技基础设施项目——东半球空间环境地基综合监测子午链（简称子午工程），在京通过国家验收，进入正式运行阶段。这项工程将大幅提高我国空间天气预报能力和服务水平，有力支撑我国空间科学取得重大原创性成果，并将使我国空间环境地基监测能力快速步入先进国家之列。

10月24日

《中国政府与西共体经贸合作框架协定》签署　商务部副部长李金早与西非国家

经济共同体委员会副主席麦金托什在尼日利亚首都阿布贾，正式建立双方经贸联委会工作机制。这是中国与非洲次区域组织建立的第二个经贸合作机制。

10月25日

我国二代北斗导航工程的最后一颗卫星发射成功　23时33分，我国在西昌卫星发射中心用“长征三号丙”火箭，成功将第16颗北斗导航卫星送入预定轨道。这是我国二代北斗导航工程的最后一颗卫星，至此，我国北斗导航工程区域组网顺利完成。

11月

11月5日

国务院总理温家宝出席第九届亚欧首脑会议第一次领导人会议并作发言　国务院总理温家宝在老挝万象出席第九届亚欧首脑会议第一次领导人会议，并作了题为《共同担负起促进世界经济稳定增长的重任》的主旨发言。

11月8日

中国共产党第十八次全国代表大会在北京人民大会堂开幕　大会的主题是：高举中国特色社会主义伟大旗帜，以邓小平理论、“三个代表”重要思想、科学发展观为指导，解放思想，改革开放，凝聚力量，攻坚克难，坚定不移沿着中国特色社会主义道路前进，为全面建成小康社会而奋斗。

11月8日

中国代表在联合国人权议题会议上发言　中国常驻联合国副代表王民在纽约联合国总部人权议题会议上表示，国际社会应“摒弃在人权问题上搞政治化和双重标准，加强人权对话与合作”，以应对国际人权事业所面临的挑战。

11月15日

中国共产党第十八届中央委员会第一次全体会议在北京举行　全会选举了中央政治局委员、中央政治局常务委员会委员、中央委员会总书记；根据中央政治局常务委员会的提名，通过了中央书记处成员，决定了中央军事委员会组成人员；批准了十八届中央纪律检查委员会第一次全体会议选举产生的书记、副书记和常务委员会委员人选。习近平同志当选中共中央总书记、中共中央军委主席。

11月19日

第15次中国—东盟领导人会议在柬埔寨金边举行　中国国务院总理温家宝和东盟十国领导人出席。温家宝与柬埔寨首相洪森共同主持会议。会议发表了“纪念《南海各方行为宣言》签署十周年联合声明”。

11月20日

中日韩三国宣布启动中日韩自贸区谈判 在柬埔寨金边召开的东亚领导人系列会议期间，中日韩三国经贸部长举行会晤，宣布启动中日韩自贸区谈判。

11月25日

歼—15舰载机研制现场总指挥罗阳突发疾病逝世 歼—15舰载机研制现场总指挥罗阳在大连执行任务时突发疾病逝世。中共中央总书记、中央军委主席习近平作出重要指示，要求很好地总结和宣传罗阳同志的先进事迹．广大党员、干部要学习罗阳同志的优秀品质和可贵精神。

11月26日

交通运输部南海航海保障中心正式挂牌运转 该中心将负责我国2/3海域面积的航海保障服务。南海航海保障中心辖区范围覆盖广东、广西、海南三省区，海域面积达到210万平方公里，约占全国海域面积2/3。

12月

12月5日

中国国家开发银行与俄罗斯储蓄银行在莫斯科签署金融合作协议 根据这项有效期5年的协议，国家开发银行和储蓄银行将在俄境内大型政府项目及基础设施领域项目、国际结算和贸易融资、代理行业务、托管服务及人员培训和经验交流等方面开展合作，总体合作规模不超过20亿美元。

12月5日—6日

中华人民共和国国务院总理温家宝对俄罗斯联邦进行正式访问 应俄罗斯联邦政府总理德·阿·梅德韦杰夫的邀请，中华人民共和国国务院总理温家宝于2012年12月5日至6日对俄罗斯联邦进行正式访问。

12月7日

加拿大批准中海油并购案 加拿大政府宣布，决定批准中国海洋石油有限公司（简称中海油）以151亿美元收购加拿大尼克森公司的申请。这标志着中海油乃至中国企业完成在海外最大宗收购案，此次收购首次开拓了中国石化在英国北海地区油气业务，标志着中国能源企业首次进入北海油气资源投资开发行列。

12月12日

大湄公河次区域（GMS）经济合作第十八次部长级会议决定成立GMS铁路联盟 在南宁闭幕的大湄公河次区域（GMS）经济合作第十八次部长级会议决定成立GMS铁路联盟，协调域内铁路干线对接，加快推动跨境铁路项目实施，以促进各成员国间的互联互通和经济社会协调发展。

12月13日

嫦娥二号首次飞越小行星 嫦娥二号卫星，成功飞抵距地球约700万公里远的深空，以10.73公里每秒的相对速度，与编号为4179的图塔蒂斯小行星擦身而过，并拍摄到该小行星照片，首次实现我国对小行星的飞越探测。承担“落月”任务的嫦娥三号正样研制进展顺利，各项工作抓紧推进，将于明年下半年择机发射。

12月12日

朝鲜成功发射“光明星3号”卫星 朝鲜官方12月12日宣布，当天成功发射第二颗“光明星3号”卫星。卫星搭载了进行地球观测所需的测试设备和通讯设备。

12月19日

第二十三届中美商贸联委会会议举行 第二十三届中美商贸联委会会议当地时间12月19日在美国首都华盛顿举行。国务院副总理王岐山与美国商务部代理部长布兰克、贸易代表柯克共同主持。

12月27日

北斗系统正式投入使用 我国自主建设、独立运行的全球卫星导航系统——北斗卫星导航系统12月27日起正式提供区域服务，范围覆盖包括我国及周边地区在内的亚太大部分地区，这是中国北斗系统开始真正投入使用并提供正式服务。

（王茜茜 陈裕邦 罗霜 彭加石）

“后之视今，亦如今之视昔”（代跋）

林宏宇

经过课题组全体同仁近一年的努力，这本《2012年中国国家安全概览》终于呈现在读者面前。欣喜之余，匆成下文，聊以为跋。

古人云：“后之视今，亦如今之视昔”。后人总会对我们现在的工作或成果作出某种评价，就像我们现在评价前人一样。回顾和总结，是为了更好地理解和诠释过去，更好地看待现在，更好地面对未来，因此，回顾和总结过去非常重要。国际关系学院国际战略与安全研究中心一年一度隆重推出的《中国国家安全年度概览》就是对过去一年中国国家安全的回顾和总结。从2005年至今，《概览》已走过了8个年头。它集中国国家安全年度分析报告和中国国家安全相关资料于一身，既可以为关心中国国家安全的普通读者提供系统便捷的资料信息，又可以为专家学者深入探究中国国家安全战略与动态发展提供有益的参考和借鉴，已成为国际关系学院的品牌科研成果。同时，它还是我校特色学科专业建设的重要举措，致力于国家安全学科的理论研究和现实探索是其终极目的。

被玛雅人号称“世界末日”的2012年终于平安过去了，不平静的2012年发生了很多影响中国国家安全的事情，有“让人欢喜”，也有“让人忧”。“让人忧”的是美国战略东移、重返亚洲，南海问题激化，钓鱼岛危机加深，世界经济继续下沉；“让人欢喜”的是中国实现了政局平稳交接，保持了经济持续平稳增长，国内社会总体稳定，人民生活水平显著提高；同时，由于中国和平崛起进程“被加快”，由此带来的国际和国内的传统和非传统安全挑战和压力也空前增大，中国国家安全形势空前严峻。对此做出系统的梳理和回顾，将有助于我们了解我们当前所处的世界，有助于我们理解中国和平崛起的艰辛与实现“中国梦”的伟大。

本课题组主要由国际关系学院的教师和研究生组成，同时也吸收了部分校外专家和学子的参与。尽管我们已尽力，但我们深知本书肯定还有很多的缺陷和不足，尤其是本书已系列出版了 7 本，热心的读者们肯定会有所比较，有所批评。尽管我们希望能做得更好，希望能得到读者的更多肯定，但我们更期待大家的真诚评价，我会把大家的意见转呈给下一年度的主编，我衷心希望我们的《概览》能越办越好！

最后我要真诚感谢课题组全体同仁，没有你们的付出和辛勤，就不会有本书的精彩呈现；尤其要感谢刘跃进教授、杨建英教授和李文良教授，正是在你们的大力支持和配合下，我才能顺利完成对全书的统稿和整编；还要感谢我们多年合作单位——时事出版社的支持和帮助，尤其是要感谢副社长、副主编苏绣芳同志的专业支持和热心指导。

“后之视今，亦如今之视昔”，我衷心希望《概览》能继续在关心中国国家安全的学者和读者之间传承下去，衷心希望后人继续给我们的工作予高度的评价，就像我们今天感恩前人所作过的贡献一样。

（2013 年 4 月 28 日于坡上村）

图书在版编目（CIP）数据

2012年中国国家安全概览/林宏宇主编．—北京：时事出版社，2013.7
ISBN 978-7-80232-375-9

Ⅰ．①2… Ⅱ．①林… Ⅲ．①国家安全－概况－中国－2012 Ⅳ．①D631

中国版本图书馆CIP数据核字（2013）第153300号

出版发行：时事出版社
地　　址：北京市海淀区巨山村375号
邮　　编：100093
发行热线：（010）82546061　82546062
读者服务部：（010）61157595
传　　真：（010）82546050
电子邮箱：shishichubanshe@sina.com
网　　址：www.shishishe.com
印　　刷：北京昌平百善印刷厂

开本：787×1092　1/16　印张：34.75　字数：520千字
2013年7月第1版　2013年7月第1次印刷
定价：86.00元